Kunst-Reiseführer in der Reihe DuMont Dokumente

Zur schnellen Orientierung – die wichtigsten Orte und Sehenswürdigkeiten Brasiliens auf einen Blick:

(Auszug aus dem ausführlichen Ortsregister S. 396 ff.)

In der vorderen Umschlagklappe: Übersichtskarte von Brasilien

In der hinteren Umschlagklappe: Rio de Janeiro, Innenstadt

Wolfgang Pfeiffer

Brasilien

Mit einem Beitrag von Ray-Güde Mertin und
Fotos von Günter Heil

DuMont Buchverlag Köln

Titelbild: Parati, Fischmarkt und »Igreja de Santa Rita«

Vorderklappe innen: Urwald am »Estreito de Brejes«, der zum Amazonas führt

Rückseite: Ornamente von den Bögen im Schiff der »Matriz Nossa Senhora da Conceição« in Sabará (Minas Gerais)

Frontispiz: Aleijadinhos Entwurf für die Fassade von »São Francisco de Assisi« in São João Del Rei

CIP-Kurztitelaufnahme der Deutschen Bibliothek

Pfeiffer, Wolfgang:
Brasilien : [Völker u. Kulturen zwischen Amazonas u. Atlantik] / Wolfgang Pfeiffer. Mit e. Beitr. von Ray-Güde Mertin. – Köln : DuMont 1987.
(DuMont-Kunst-Reiseführer)
ISBN 3-7701- 1434-5

Satz und Druck: Rasch, Bramsche
Buchbinderische Verarbeitung: Bramscher Buchbinder Betriebe

Printed in Germany ISBN 3-7701-1434-5

Inhalt

»Tupi or not tupi« – Literarische Streiflichter

Vorwort

Brasilien ist ein in der Menschheitsgeschichte sehr junges Land. Als fünftgrößtes einheitliches Staatsgebilde der Erde bietet seine vorwiegend zu den Tropen gehörige natürliche Struktur Landschaften sehr verschiedenen Charakters. Trotz einer schon mehr als 135 Millionen Menschen zählenden Bevölkerung besitzt es im Vergleich mit anderen Ländern auch heute noch viel ungenutzten Raum. Das bedeutungsvolle kulturelle und künstlerische Schaffen wuchs an der Eingangsseite empor. Dahinter liegt ein sehr weites Land mit ebenso sehr extensiver Bewirtschaftung. Mancherorts ruft die Ausdehnung der sogenannten modernen Zivilisation auch in Brasilien Besorgnisse und kritische Stimmen auf den Plan, die sich für die Erhaltung der Naturschönheiten und des ökologischen Gleichgewichts einsetzen. Der langandauernde Raubbau an Naturschätzen führt auch in diesem Land bereits zu Katastrophen: Hier sei nur das radikale Eindringen in den riesigen aber schutzbedürftigen Urwald des Amazonasbeckens genannt.

An der Atlantikküste, mit mehr als 7000 km ausgedehnten Stränden, an deren Mehrzahl Palmenhaine wachsen, ziehen sich dahinter fruchtbare, teils intensiv bebaute, teils verlassene und gebirgige Landstriche hin. Hier kamen die Europäer an, als das Land noch wie ein Paradies war. Hier entstanden in erster Linie die Orte, die uns ihre Kunstdenkmäler bewahrt haben. Wir finden zwar nicht so großartige Bauten vergangener Kulturen wie in Mexiko oder Peru. Die Eingeborenen, die hier weit verstreut in kleinen Stammeseinheiten in den Wäldern lebten, haben keine den andinen Reichen vergleichbare Stufe der Zivilisation erreicht. So war es für die Portugiesen, an manchen Stellen auch Franzosen und später Holländer, leicht, an der langen Küste zu landen und Niederlassungen zu errichten. An den Flußmündungen und geschützten Meeresbuchten schufen ihre Handelsleute, Soldaten und Missionspriester die ersten Zentren der neuen Entwicklung. Von den an der Küste liegenden Faktoreien, Verteidigungsposten und Missionskirchen aus wurde dann der riesige dahinterliegende Raum erforscht und besiedelt. Es entstanden viele Orte, die noch heute malerische Bauten aus der Zeit der Kolonisation bewahrt haben. Oft hat sich dort der Reiz des Ursprünglichen, der Sensualität wie der Religiosität der Gründer in künstlerisch bewundernswertenWerken erhalten. Einige Städte aus ihrer Reihe sind in moderner Zeit, im Sog der Industrialisierung, so angeschwollen, daß sie nun beängstigend eindrucksvolle Aspekte modernen Bauens und sozialer Gegensätze bieten. Zwischen den Hochhäusern und Autobahnen in und um Rio de Janeiro, Salvador, Recife, ja teils auch noch São Paulo sind trotz radikaler Abbruchsmethoden und – allerdings sehr spät einsetzender – Schutzmaßnahmen noch Kunstdenkmäler hoher Qualität zu finden. Von dort aus muß man zu den stimmungsvollen und ganz andersartigen kulturellen Stätten vordringen, was mit Flugzeug und Auto bis in die entlegensten Gegenden sehr gut möglich ist; dort kann der Reisende das Exotische und das Abenteuerliche des vielfach noch unbekannten Brasiliens auch heute noch finden.

In diesem Band soll der Weg zu den Kunstwerken erleichtert werden. Dies gilt für die Reste vorkolumbianischer Kulturen und das, was die indianische Urbevölkerung noch darstellt. Es setzt sich breiter fort mit der Architektur des Kolonialbarock, wie die Kunsthistoriker es nennen, die mit dem Reichtum ihrer vergoldeten Schnitzereien und den ›Azulejos‹ genannten Kachelbildern den Betrachter gefangen nehmen. Die in unserem Jahrhundert entstandenen Werke moderner Prägung schließen sich würdig an. Nicht vergessen darf man den reichen Schatz an Volkskunst, der mit vielen Bräuchen und Festen dazugehört. Vom Karneval, von Sambatänzern und Fußballbegeisterung haben weltweit schon viele als brasilianischen Elementen gehört. Diejenigen, die sich näher mit Brasilien beschäftigt haben, stellten jedoch fest, daß das eigentlich Brasilianische, vom Indianischen über die afrikanischen Einflüsse und die Tätigkeit der Europäer, bei diesem sich aus Menschen ganz verschiedener ethnischer Herkunft langsam weiter zusammenlebendem Volk noch weit vielfältiger und reicher in seinen Ausdrucksformen ist und es lohnt dem nachzuspüren. Dann erkennt man auch, daß Brasilien trotz aller wirtschaftlicher, organisatorischer und politischer Unvollkommenheiten ein weites und reizvolles Feld ist. Im Land ist es als Besucher einfach sich zu bewegen. Einiges dazu ist in den praktischen Hinweisen am Schluß vermerkt. Die Menschen sind, besonders außerhalb der Hast der amerikanisierten Millionenstädte, freundlich und bereit alles Schöne zu zeigen. Ihre stets menschennahe Kunst kann man besonders in kleineren Orten finden. Olinda bei Recife, Paratí an der Küste von Rio de Janeiro, Ouro Preto, Tiradentes und Congonhas im alten Bergbaugebiet von Minas Gerais sind Beispiele für Stätten, an denen der Besucher aus der Alten Welt, der sich dafür Zeit nimmt, Vertrautes und doch Neues in sich aufnehmen kann. Viele andere Möglichkeiten, der brasilianischen Seele und Mentalität nahezukommen, sind in den Reiserouten enthalten.

Verfasser und Photograph haben die Weite Brasiliens als eines der markantesten Merkmale des sich über so viele Breitengrade ausdehnenden ›Landes unter dem Kreuz des Südens‹ empfunden und darzustellen versucht. Die für diese Arbeit erforderlichen Reisen von Nord bis Süd und Ost bis West waren stets schöne menschliche Erlebnisse. Die Erfassung der Kunst, Kultur und Natur wesentlicher Gebiete wurde nur möglich durch die großzügige Unterstützung von Bayer do Brasil mit den Niederlassungen dieses Unternehmens deutscher Herkunft in São Paulo, Rio de Janeiro, Salvador und Recife. Seiner Leitung und seinen Mitarbeitern gilt darum besonderer Dank. Die Koordinierung der Arbeit zwischen Verfasser und Verlag wurde sehr durch die Deutsche Lufthansa gefördert, die Passagen für die Durchführung dieser Aufgabe zur Verfügung stellte. Die brasilianischen Denkmalschutzbehörden, an ihrer Spitze der Direktor der ›Pro Memoria‹ in Rio de Janeiro, Prof. Augusto Carlos da Silva Telles, die Erforscherin des Barock in Minas Gerais, Myriam Andrade Ribeiro de Oliveira, und der Architekturhistoriker an der Universität São Paulo, Prof.

Benedito Lima de Toledo, die wertvolle Unterlagen beisteuerten und Abdruckerlaubnisse gaben, viele Museumsleiter und zahlreiche kirchliche Stellen, die hier nicht alle aufgeführt werden können, erleichterten durch ihr freundschaftliches Entgegenkommen und ihr Interesse die Durchführung der gestellten Aufgabe. Percival Tirapeli in São Paulo zeichnete dankenswerterweise Vorlagen um.

Land und Leute

Die geographischen Regionen

Bei der Beurteilung der geopolitischen Gegebenheiten Brasiliens ist es interessant, sich vor Augen zu halten, daß es den Portugiesen gelang, ihr ursprüngliches Kolonialgebiet, dessen Westgrenze durch Papst Alexander VI. im Vertrag von Tordesillas 1494 – also noch vor der Entdeckung des Landes – theoretisch festgelegt war, gegenüber den Spaniern im Laufe der Zeit gewaltig nach Westen auszudehnen. Auch nach der Unabhängigkeitserklärung des Landes und trotz mancher regionaler Abspaltungstendenzen und Zwistigkeiten im Norden wie im Süden blieb Brasilien ein im wesentlichen einheitliches Staatengebilde. Im Gegensatz dazu ist im spanisch sprechenden Teil Amerikas die Loslösung von der spanischen Krone schließlich mit der Zersplitterung der Vizekönigreiche La Plata, Neu Granada und Neu Mexiko in zahlreiche neue Länder verbunden gewesen. Brasilien, das im Osten und im Norden vom atlantischen Ozean umschlossen wird, grenzt darum im Süden und Westen an Uruguay, Argentinien, Paraguay, Bolivien, Peru, Kolumbien und ebenfalls im Norden an Venezuela sowie an das zum Commonwealth gehörige Guyana, das ehemals holländische Surinam und Französisch-Guyana.

Der physikalisch-geographische Aufbau läßt sich wie folgt gliedern. Brasilien besteht aus drei Hauptteilen, dem Amazonasbecken, dem brasilianischen Massiv und dem Massiv von Guyana. Auf der atlantischen Seite befinden sich die ihrer Form nach ältesten Teile des Kontinents; Felsen wie die bei Rio de Janeiro sind als eine der geologisch ältesten Landschaftsformen überhaupt anzusprechen. Nahe dem Meer erheben sich die zwei Grundgebirgssockel des sogenannten brasilianischen Schilds. Durch die Plattentektonik wurde dieser Block bewegt und schief gestellt, leicht nach Westen abfallend. Die größeren Höhen des Grundgebirges sind nahe der Küste im Osten gelegen; die Flüsse münden, mit Ausnahme des Rio São Francisco, nicht direkt in den Atlantik, sondern laufen im südlichen Teil zum Paraná, der als Rio de la Plata erst bei Buenos Aires in den Ozean fließt. Im Norden sind es Flüsse wie Araraguaia, Tocatins, Xingu und andere mehr, die in den Amazonas münden. Etwas östlich davon und unabhängig vom Paranábecken im Süden und der mehr westöstlich verlaufenden Amazonasfurche liegt noch das Maranhão-Parnaíba-Becken, dessen Flüsse in den Staaten Maranhão und Piauí den Ozean erreichen. Der lange Gebirgszug hinter der Ostküste wird als ›Serra do Mar‹ in Höhe von São Paulo noch durch die dahinterliegende

›Serra da Mantiqueira‹ begleitet. Die höchsten Gipfel dieser Gebirgszüge sind der ›Pico da Bandeira‹ (2890 m) im Staat Espírito Santo und der ›Pico do Itatiaia‹ (2787 m) zwischen Rio und São Paulo, wo beide Gebirgsketten streckenweise Höhen zwischen 1000 und 1600 m aufweisen. Der höchste Berg Brasiliens überhaupt ist der ›Pico da Neblina‹ mit 3014 m, im Grenzgebirge zu Venezuela gelegen. An den im Westen dieses Kontinents aufsteigenden, geologisch wesentlich jüngeren Anden hat Brasilien keinen Anteil. Ihnen schließt sich östlich die Anden-Vorsenke an, die die schon erwähnten Paraná- und Maranhão-Parnaíba-Becken wie auch die Amazonasfurche umfaßt. Es sei noch bemerkt, daß der Äquator durch die Amazonasmündung geht und der südliche Wendekreis durch die nördlichen Vororte von São Paulo.

Die 8511965 Quadratkilometer Brasiliens lassen sich ihrer spezifischen Natur nach in fünf Großregionen aufteilen, deren innere politische Grenzen sie in 23 Staaten und 3 Territorien sowie den Bundesdistrikt Brasília gliedern.

Der **Norden** umfaßt die Staaten Amazonas, Pará, Acre und Rondonia, sowie die Territorien Roraima und Amapá. Das heißt, daß ein Großteil ihrer 3581180 km^2 zum Amazonasbecken mit seinen noch über 2600000 km^2 tropischen Urwalds gehören. Dies ist ein Gebiet, das etwa der Größte Europas (ohne UdSSR) entspricht. Das Flußsystem des Amazonas ist insgesamt 7300 km lang; davon befinden sich 3165 km mit unzähligen Nebenflüssen auf brasilianischem Boden. Bis Inquitos in Peru ist es (auf 3700 km) mit großen Schiffen befahrbar. Es war bis vor kurzem der einzige Zugang zu weiten Gebieten, aller Verkehr spielte sich auf dem Strom und seinen größtenteils schiffbaren Nebenflüßen (Abb. 60, 61) zu den an ihren Ufern gelegenen Siedlungen ab. Die ›Estrada Transamazonica‹, 1970 begonnen, soll vom Nordosten kommend über Estreito, Marabá, Altamira nach Rio Branco quer zu den Flüßen das Land erschließen. Neue Siedlungen bilden sich längs der Straße und an den Kreuzungen von Fluß und Straße. Die Kolonisten roden das Land, indem sie wie bisher den Wald abbrennen. Der Erfolg ist nicht nur in ökologischer Hinsicht zweifelhaft: sie allein können den Ertrag ihrer Arbeit nicht nutzen. So wird nun darauf hingezielt, daß sie nicht isoliert, sondern als Gruppen in sogenannten ›Agrovilas‹ anbauen. Straßen wie die von Cuibá über Porto Velho nach Manaus werden asphaltiert, um auch in der Regenzeit Lastwagenverkehr zu ermöglichen. Durch diese Straße, die zuerst von vorwiegend strategischer Bedeutung war, haben sich in Acre und Rondonia viele Menschen aus dem Nordosten und dem Süden niedergelassen. Selbst in Roraima im äußersten Norden, einem Landesteil, wo noch ganz ursprüngliche und abgeschlossen lebende Indianerstämme ansässig sind, ist von Manaus aus eine Zunahme der Bevölkerung zu verspüren. Außer der Neubesiedlung auf landwirtschaftlicher Basis beginnt dort auch die Ausbeutung der reichen Mineralvorkommen das Bild zu verändern. Am Solimões, am Tapajos und am Rio Negro ziehen Eisenerz, Mangan, Bauxit und Flußgold scharen von Ausbeutern und Großunternehmen an, die oft rücksichtslos nicht nur die Natur zerstören, sondern auch in die Indianerreservate eindringen. In der Serra dos Carajás, zwischen Araguaína und Xingu sind Erzlager von einer Milliarde Tonnen siebenundsechzigprozentigen Eisens nachgewiesen, insgesamt sollen in diesem größten Erzlager der Erde 15 Milliarden Tonnen liegen, deren Abbau mit Hilfe einer neuen Eisenbahn zum Hafen von São Luís schon im Gange ist. Allen Entwicklungsprojekten im Raum des Amazonasbeckens hilft, daß Wasserkraft im Überfluß vorhanden ist. Einige Kraftwerke sind im Betrieb und weitere im Ausbau, es sei nur Tucurui im Staat Amazonas genannt. Diese Energiequellen erlauben es auch, nahe der Bauxitvorkommen Aluminiumwerke aufzubauen. Die riesigen Unternehmen, einschließlich der Großfarmen für Viehwirtschaft mit Zeburindern, reißen erhebliche Wunden in das berühmte grüne Dach des Landes. Dabei ist bekannt, daß der Boden dieser ursprünglich mit Urwald bedeckten Gebiete nur eine dünne Humusschicht besitzt, die, rasch zerstört, sich kaum regenerieren läßt.

Vom ungeheuren Reichtum der Tier- und Pflanzenwelt des Amazonasgebiets mit ihren vielen Tausenden von Arten, die in den verschiedenen Stockwerken des Urwalds leben, bekommt der flüchtige Besucher wenig zu sehen (Abb. 59). Die größeren Tierarten wie Papageien und Affen, Kaimane, Fische und Schlangen erscheinen nicht so rasch auf der Bildfläche wie die Insekten, die, abgesehen von den herrlich bunten und schillernden Schmetterlingen, meist sehr lästig sind. Unter den Anwohnern, besonders den Neusiedlern sind daher Malaria und Gelbfieber recht häufig zu findende Krankheiten.

Manaus, am Zusammenfluß von Rio Negro und Solimões (Abb. 57) war um die Jahrhundertwende der Schauplatz eines abenteuerlichen Kautschukbooms. Heute ist es eine Freihandelszone mit Elektronikindustrie und Ausgangspunkt für Fahrten in die Wildnis. Am unteren Amazonas ist Belém, Hauptstadt von Pará, ein altes Zentrum von kultureller Bedeutung.

Der **Nordosten,** der die Bundesstaaten Maranhão, Piauí, Ceará, Rio Grande do Norte, Paraíba, Pernambuco, Alagoas, Sergipe und Bahia, dazu das der Nordostecke vorgelagerte Inselterritorium Fernando de Noronha, umfaßt, sind große Klimaunterschiede zwischen dem Küstengebiet und dem Innern vorhanden. Sie haben zusammen mit der Bodenbeschaffenheit die Besiedlung seit der Kolonialzeit stark an die Küste gebunden. In Maranhão mit seinen vielen Palmenarten und im Kakaogebiet Bahia ist der dichter bewohnte Streifen breiter. Überall war die erste Entwicklungszone der noch immer blühende Zuckerrohranbau, der jetzt den Alkohol als Treibstoff liefert. Am Meer ist natürlich Fischerei ein traditioneller Erwerbszweig. Sie wird allgemein noch sehr primitiv mit Hilfe der ›Jangadas‹ betrieben. Dies sind Flöße aus sechs bis sieben Stämmen leichten Holzes mit farbigen Segeln. Mit ihnen fahren die Fischer weit hinaus, um den Fischreichtum des Ozeans, auch Krabben und Hummer, ›Lagosta‹ genannt, heimzubringen. Ihr gefahrvolles Leben hat wie das der Viehhirten im trockenen Landesinnern, die Künstler zu Broschüren – der ›Literatura de cordel‹ – und Bildern angeregt; auf den Märkten kann man Straßensänger mit Liedern über sie erleben. Hinter dem Küstenstreifen beginnt die ›Zona da Mata‹, wo zunächst noch Mais, Baumwolle und viele typische Früchte der Region wie Caju, Tamarindo, Carambola, Craviola, Genipapo außer Ananas, Bananen, Wassermelonen und andere zu finden sind.

Weiter landeinwärts dann erstrecken sich die eigentlichen Trockengebiete des ›Sertão‹ und der ›Caatinga‹. Die Vegetation besteht hier vor allem aus Kakteen. Gelegentlich werden, wie etwa 1985, durch starke Regenfälle Überschwemmungen verursacht, die dann auch die

Anbauflächen in den Niederungen vernichten. Armut und Hunger sind daher die Kennzeichen dieses Hinterlandes (Abb. 62, 63, 64).

Die Abwanderung großer Teile der Bevölkerung in die Städte des Südostens ist an der Tagesordnung und ein großes Problem. Die brasilianische Regierung macht wohl Anstrengungen, die Situation durch Hilfsmaßnahmen zu mildern. Bei der großen Ausdehnung dieser Zonen und mangelhaften Überwachung der Gelder ist dies jedoch sehr problematisch. Mit Speicherseen, artesianischen Brunnen und Bau von Zugangsstraßen wurde einiges geschafft, aufs Ganze gesehen aber noch wenig erreicht. Selbst am Rio São Francisco sind noch wenig nennenswerte Bewässerungsprojekte durchgeführt, die, soweit sie in Betrieb sind, sehr gute Ergebnisse bei der Entwicklung der Landwirtschaft gezeigt haben.

Hinderlich für die wirtschaftliche Entwicklung des Nordostens ist noch immer die ungleichmäßige Verteilung des Landes. Aus der Kolonialzeit übernommen sind die Latifundien (Großgrundbesitz), und erst in neuerer Zeit ist eine Zunahme der Minifundien, kleinerer bäuerlicher Betriebe, zu verzeichnen. Sie sind jedoch finanziell zu schwach, um wirklich zu florieren. Agrarreformen wurden wiederholt angesetzt, scheiterten bisher aber am feudalistischen Verhalten und der Machtkonzentration der die Politik beherrschenden Großgrundbesitzer. Die überwiegende Mehrzahl der Bevölkerung hat zudem einen sehr niedrigen Bildungsstand. Viele sind Analphabeten und führen auf den kleinen Landparzellen von wenigen Hektar ein kümmerliches Dasein, das es ihnen nicht ermöglicht, an Verbesserungen wie den Bewässerungsprojekten teilzuhaben. Chronische Unterernährung, Mangelkrankheiten und hohe Kindersterblichkeit kommen hinzu. Daß es mit rationellerer Wirtschaft Abhilfe gibt, haben einige landwirtschaftliche Genossenschaften bewiesen, die am Rio São Francisco nahe von Petrolina-Juazeiro unter anderem Melonen und Weintrauben anbauen, die trotz der weiten Transportwege erfolgreich im Südosten verkauft werden.

Der Rio São Francisco hat seine Bedeutung als Verkehrsweg ins Innere durch den Straßenbau eingebüßt, und die zweistöckigen Heckraddampfer mit Holzfeuerung sind daher zu einem Stück Folklore geworden. Überhaupt wird im Nordosten mit seiner stechenden Sonne, der Caatinga mit Säulenkakteen und Dornbüschen ein reicher Schatz an traditionellen Gebräuchen und Volkskunst gepflegt. Die Lederkleidung der Viehhirten und die Erinnerung an Freibeuter wie den ›Cangaceiro Lampião‹ sind weit bekannt. Hinzu kommt die in Salvador förmlich überquellende afro-brasilianische Tradition, deren Kultformen des ›Candomblé‹ und ›Xango‹, der Kampftänze, der ›Capoeira‹ wie auch der bunte Karneval zum Bild dieser Zone gehören. Auch die Anlage von Industriezentren wie Aratu bei Salvador und Recife hat das Leben des Volkes nicht wesentlich verändert. Zwar ist eine beträchtliche Zahl von Arbeitsplätzen geschaffen worden, die aber im Verhältnis zur Gesamtzahl der arbeitsfähigen Menschen nur sehr gering ist. In Bahia sind im Küstengebiet zahlreiche kleinere Erdölvorkommen erschlossen worden, die zur Industrialisierung beitragen. Vorwiegend ist jedoch der Nordosten ein Gebiet der Agrarwirtschaft mit einem Drittel landwirtschaftlich genutzter Fläche; davon entfallen 27 % auf Ackerbau, 53 % auf Viehwirtschaft und 20 % auf Pflanzungen von Kokos- und Ölpalmen. Daher ist außer in den neuen Bezirken der Hauptstädte der Reiz alter Strukturen in dieser Region noch im Wesentlichen erhalten und fühlbar.

Der **Zentralwesten** umfaßt die Staaten Mato Grosso, Mato Grosso do Sul und Goiás mit dem Regierungsdistrikt (›Distrito Federal‹) Brasília. Seit 1960 Bundeshauptstadt, hat die in 1200 m über dem Meeresspiegel auf dem weiten Hochland gelegene Stadt wesentlich zur Erschließung des Hinterlandes beigetragen. Die 1000 km von der Küste entfernte Gründung ist jetzt Mittelpunkt eines gut ausgebauten Straßennetzes. Der Zentralwesten ist mit seinen Plateaus und ihren Abbrüchen in den ›Chapadas‹ ein Gebiet meist trockenen Klimas. Vorherrschend ist dort eine ursprüngliche Vegetation mit schütterem Buschwerk, die sogenannten ›Cerrados‹. Sie kann zu extensiver Viehwirtschaft genutzt werden. Neuerdings werden aber weite Teile des Landes durch moderne Großbetriebe für den Anbau von Hülsenfrüchten, vor allem Soja, erschlossen. Auf dem fruchtbaren Boden Mato Grosses im Süden gedeiht Weizen und in den Niederungen Reis. Soja und schwarze Bohnen sind mehr und mehr neben der Rinderzucht Beiträge der Region zur Wirtschaft geworden, seitdem Fernstraßen den Transport zu den Verbraucherzentren erleichtern. Die industrielle Verarbeitung der Lebensmittel direkt im Anbau- oder Aufzuchtgebiet verringert zudem die Transportkosten.

Zu den beiden Staaten von Mato Grosso gehört im Westen bis zum Paraguaystrom das ausgedehnte, feuchtwarme Sumpfgebiet des ›Pantanal‹ von etwa 700 km nordsüdlicher und etwa 300 km westöstlicher Ausdehnung; es reicht bis nach Corumbá an der bolivianischen Grenze, wohin eine bei Hochwasser unterbrochene Straße und eine Eisenbahn führen. Dieses Gebiet liegt nur etwa 90 m über dem Meeresspiegel, obgleich es noch 2000 km bis zur Mündung des Paraguay sind. Das Pantanal ist ein Paradies der Vogelwelt und Wassertiere. Dringend ist ein effektiver Naturschutz, um viele Arten vor der Ausrottung zu retten. Besonders gefährdet sind Alligatoren, auf die wegen ihrer Häute Jagd gemacht wird. Das ganze Gebiet, einschließlich des Grenzflusses Paraguay ist ein Eldorado der Sportfischer. Trotz der regelmäßigen Überflutungen im Paraná-Paraguay-Becken ist Viehzucht möglich. Die alte Hauptstadt von Mato Grosso, Cuibá, liegt 400–500 m höher im geographischen Mittelpunkt des Kontinents; von hier aus fällt das Land langsam in das Amazonas-Becken ab.

Im Bundesstaat Goiás wurde bereits vor längerer Zeit die Hochebene von Brasília als der ideale Platz bezeichnet, um an dieser Stelle die neue Hauptstadt Brasiliens zu bauen. Zudem sollte die Entwicklung des Landes von der Atlantikküste, wo sie von Anfang an war, ins Innere gezogen werden. Mit dem Plan von Brasília und seinen Bauwerken wird sich jeder, der sich mit zeitgenössischer Architektur beschäftigt, auseinanderzusetzen haben.

Der **Südosten** umfaßt die Staaten Minas Gerais, Espírito Santo, Rio de Janeiro und São Paulo. Dort sind die Gebirge höher als im Nordosten und bilden dicht an der Küste eine geschlossene Kette, eine Formation, die wegen ihrer Schönheit viele Touristen anzieht. Typisch für diese geologische Gestaltung sind die Felsen um Rio de Janeiro. Hier hat die hohe ›Serra do Mar‹ zwischen Santos und São Paulo den Vorstoß der Kolonisation noch mehr verzögert. Im Norden des Staates Rio de Janeiro liegt um die Stadt Campos eine größere Ebene, die seit altersher für den Zuckerrohranbau genutzt wird. Dort befinden sich vor der Küste die größten bekannten Erdölreserven Brasiliens, die von der staatlichen

›Petrobras‹ eifrig und in teilweise erheblicher Meerestiefe ausgebeutet werden, um den teuren Rohölimport zu verringern. Diesem Ziel dient auch das Pro-Alkohol-Programm, das durch ausgedehnteren Zuckerrohranbau für viele Kraftfahrzeuge den Treibstoff liefert. Die Ballungsräume um Rio de Janeiro, Belo Horizonte und São Paulo haben nicht nur die höchste Bevölkerungsdichte Brasiliens, sondern auch eine entwickeltere Wirtschaft. Jedoch liegen auch hier, bedingt durch die Gebirgsbarrieren, rückständige Gebiete. Das Hinterland von Espírito Santo, der Norden von Minas Gerais und der Südosten von São Paulo sind abgeschlossenere Bezirke, wo eine überalterte Landwirtschaft und wenig Industrie das überkommene Aussehen dieser Landesteile noch nicht veränderten. Zwischen den Gebirgszügen verläuft von Rio de Janeiro bis São Paulo ein alter Verkehrsweg, das Tal des Paraíba do Sul, jetzt stark industrialisiert. In der zweiten Hälfte des 19. Jahrhunderts gab es hier eine Blüte des Kaffeeanbaues, der später weiter ins Innere von São Paulo und in den Norden von Paraná auf neue Böden ausgedehnt wurde. Heute sind vor allem Minas Gerais und Espírito Santo bevorzugte Kaffeeanbaugebiete. Im Innern des Bundesstaates São Paulo wird die am besten organisierte Landwirtschaft – mit dem Schwerpunkt auf Zitrusfrüchten – betrieben. Die für die Ernährung der Bevölkerung wichtigen Hülsenfrüchte und andere Kulturen müssen vielfach dem Zuckerrohr (für die Alkoholproduktion) Platz machen. Um die größeren Städte, wie Campinas, Sorocaba und Ribeirão Preto wachsen diejenigen Industrien, die im engeren Umkreis von São Paulo keinen Platz mehr fanden und auch nicht mehr erwünscht sind. So ist schon jetzt in Groß-São Paulo mit seinen Industrievororten eine mehr als 13 Millionen zählende Bevölkerung konzentriert, was der Hälfte der Bewohner des in seiner Fläche der Bundesrepublik Deutschland ungefähr gleichen Gebiet des Staates entspricht. Der Zuwachs von Rio de Janeiro ist, nachdem Brasília Bundeshauptstadt wurde, etwas geringer. Hingegen drängen sich am Wochenende oder an Feiertagen von São Paulo die Massen erst auf den Autostraßen nach Santos oder ins Innere zu den weiter entfernten Ausflugsorten. Nicht selten werden dann auf den beiden Autostraßen zur Küste über 200000 Kraftfahrzeuge gezählt.

Das nördlich von Rio liegende Minas Gerais, wo im 18. Jahrhundert bedeutende Goldfunde gemacht wurden, ist ein landschaftlich besonders reizvolles Gebiet, mit vielen interessanten unter Denkmalschutz stehenden Orten, dem im kunsthistorischen Teil breiter Raum gewidmet werden soll.

Wegen der Goldfunde in Minas Gerais und des Transports nach dem Mutterland Portugal wurde 1763 die Hauptstadt des Vizekönigreiches von Salvador nach Rio de Janeiro verlegt. Diese Maßnahme trug wesentlich zur Entwicklung der Südostregion bei. São Paulo, das von Santos aus schon 1554 gegründet wurde, hat sich erst durch den Kaffeehandel von einer unscheinbaren Siedlung zur Stadt entwickelt.

Bleibt in diesem Zusammenhang noch der **Süden** Brasiliens als Region zu charakterisieren. Auch in den Staaten Paraná, Santa Catarina und Rio Grande do Sul setzt sich das die Atlantikküste begleitende Randgebirge fort. In Paraná und Santa Catarina liegt dahinter hohes, gewelltes Bergland, das zum Paraná hin abfällt. Rio Grande do Sul, in seinem nördlichen Teil ebenfalls gebirgig bis Porto Alegre, dehnt sich nach Westen und Süden flacher werdend bis zu den Ebenen von Uruguay und Nordargentinien aus. Diese Nachbarschaft verbindet sein Gebiet in seiner Vegetation mit weiten Gebieten des Korn- und Sojaanbaues wie der in den ›Pampas‹ vorherrschenden Viehwirtschaft mit der spanisch sprechenden Südspitze des Kontinents. Aufgrund des kälteren, von den antarktischen Meeresströmungen beeinflußten Klimas sind diese Landstriche recht verschieden vom tropischen Teil Brasiliens. Sie haben darum im 19. Jahrhundert mehr europäische Ansiedler angezogen und strukturmäßig einen anderen Charakter angenommen, obgleich auch sie zur portugiesischen Kolonie gehörten. Bei der Betrachtung der verschiedenen Bevölkerungskomponenten wird dies noch deutlicher werden. In der nördlichen Hälfte von Rio Grande do Sul haben sich deutsche und italienische Einwanderer niedergelassen und an den Gebirgshängen mit Erfolg Wein angepflanzt.

Klima

Daß in Brasilien recht unterschiedliche Klimazonen und große Gegensätze in den vorherrschenden Temperaturen wie Niederschlagsmengen vorhanden sind, ist bei der riesigen Ausdehnung seines Territoriums leicht verständlich. Die Abfolge von Zirkulationssystemen tropisch-äquatorialer Luftmassen und vom Südatlantik vordringender kälterer Strömungen und ihren Druckzentren sind wesentliche Faktoren der mit mehr oder weniger Regelmäßigkeit auftretenden klimatischen Erscheinungen. Ausgehend von den Passatregionen und abhängig vom Sonnenstand kommen gelegentlich sehr hohe Niederschläge und bis weit nördlich starke Temperaturstürze vor. Im Süden setzen sich auch manchmal aperiodische Einflüsse des Wettergeschehens durch. Primär ist das Klima Brasiliens einerseits von der Lage zu den großen Wetterzonen der Erde, andererseits durch die Lage zum Meer bestimmt. Das Ineinandergreifen und die Abfolge von verschiedenen Luftmassen, ihrer Feuchtigkeit und Temperatur ergibt dann Beständigkeit oder bewegte Änderungen.

In Äquatornähe, bei geringeren Veränderungen des Sonnenstandes und im ganzen Jahr ziemlich gleichmäßig hohen Temperaturen kann man kaum von Jahrezeiten sprechen. In den südlicheren Regionen sind zunehmend Unterschiede in deren Abfolge zu spüren. Im Januar herrschen über weiten Teilen Brasiliens die äquatorialen Luftmassen vor und haben dann die kälteren südatlantischen Luftmassen zurückgedrängt. Die feuchtwarmen tropischen Luftmassen bringen heftig ansteigende Hitzewellen und eine mit starken gewittrigen Niederschlägen verbundene unstabile Wetterlage mit sich. Im Juni bis August/September hingegen wird dieses äquatoriale Tiefdruckgebiet bis zum Amazonasbecken zurückgedrängt, und die vom Süden des Kontinents und dem Südatlantik aufziehenden Kaltluftwellen bestimmen dann das Klima. Für den Westen und Nordwesten Brasiliens wirkt sich das Hochgebirge der Anden als Wetterscheide aus. In Zentralbrasilien gibt es im Jahresmittel keine sehr großen Schwankungen. Gelegentlich kommen jedoch Differenzen bis zu 30 Grad vor, so bei besonders schnellem Vordringen kalter Luftmassen aus Patagonien oder auch durch extremen Unterschied zwischen der Erwärmung der Temperatur am Tag und starker Abkühlung bei klarem Himmel in der Nacht, ein Phänomen, das die trockenere Luftmasse über Mato Grosso und den anliegenden Gebieten mit sich bringt.

Während im Norden am Amazonas Temperaturen mit einem Mittel von 25–27 Grad vorherrschen, nehmen an der Ostküste nach Süden hin die Temperaturunterschiede je nach Jahreszeit zu. In Rio de Janeiro beträgt, bei sehr heißem Sommer und kühlerem Winter, das Jahresmittel 22,5 Grad. Im nördlichen Teil des Staates São Paulo, an der Südgrenze der solaren Tropen sind es noch 22, in Rio Grande do Sul hingegen nur 17 Grad. In den südlichen Staaten bringt die Winterzeit (Juni–August) öfters von der Landwirtschaft gefürchteten Nachtfrost, und im Gebirge von Santa Catarina ab und zu etwas Schnee, der dann eine Sehenswürdigkeit ist.

Die Niederschlagszonen und -zeiten lassen sich auf dem ausgedehnten Gebiet Brasiliens nicht so regelgerecht darstellen wie die der Temperaturen. Größtenteils kann man eine mehr oder weniger ausgesprochene Periode der Niederschläge und andere trockenere Perioden im Jahreslauf feststellen. Erwähnt wurde bei der Region Nordosten, daß es dort im Hinterland jahrelange Dürreperioden gibt. Von den Passatregionen an der Küste unabhängig kommen dann wieder ungeheuer starke Niederschläge mit Temperaturstürzen selbst so weit im Norden vor, daß verheerende Überschwemmungen die Folge sind. Eine Voraussage des Auftretens dieser Erscheinungen ist bisher nicht gelungen. In den südlicheren Regionen sind die Sommerregen im Januar und Februar am stärksten. Dort kommen auch sonst über das ganze Jahr gleichmäßiger verteilte Regenfälle vor.

Die Regenmenge, im Norden, in Maranhão etwa, zwischen 3000 und 1500 mm im Jahr, nimmt nach dem Nordosten vom Rio Parnaíba an beträchtlich ab und beträgt im Innern von Ceará nur 250 mm. Der verhältnismäßig schmale Küstenstreifen erhält reichlichere Niederschläge, obgleich Fortaleza und Natal auch meist blauen Himmel und viel Sonne bieten. In Zentralbrasilien ist die Regenmenge überall reichlicher und erreicht in Goias und Mato Grosso an vielen Orten 1500–2000 mm im Jahr. Nach einer winterlichen Trockenzeit im Juni–Juli steigen die Niederschläge gegen Ende des Jahres an. An der Ostküste mit dem im allgemeinen feucht-warmen sonnigen Klima hat der Staat Bahia mit Salvador ungefähr 2000 mm Regen, der besonders in den Monaten April bis Juli fällt und eine regenärmere Periode von August bis März nach sich hat. Bei Cabo Frio im Staat Rio de Janeiro ist die Regenmenge gering, steigt aber an der Küste nach Süden wieder stark an. Rio de Janeiro und São Paulo haben mengenmäßig stärkere Niederschläge von November bis März und geringere in den kälteren Monaten. Dasselbe gilt für die dahinter liegenden Gebiete wie Minas Gerais. Sehr unterschiedlich ist die Regenmenge an der Küstenzone und im Innern des Landes in diesen Breiten. Das Küstengebirge in São Paulo und Paraná ist eine der regenreichsten Zonen ganz Brasiliens mit über 3000 mm, ja an manchen Stellen bis 4500 mm Niederschlägen im Jahr. Der dichte Regenwald dieses Steilabfalls mit seiner ursprünglichen Vegetation soll jetzt gegen die fortschreitende Industrialisierung von Cubatão bei Santos geschützt werden. São Paulo selbst liegt sehr nahe hinter diesem Gebirgswall, über den die Wolken vom Meer her quellen und hat daher sehr unbeständiges Wetter. Weiter landeinwärts, bei Campinas, wo die nach Westen leicht abfallende Hochebene beginnt, ist das Klima wesentlich gemäßigter, trockener und beständig zu nennen.

In den Südstaaten nimmt die Regenmenge im Vergleich zur ›Serra do Mar‹ bei São Paulo wieder ab. Die in Santa Catarina und Rio Grande do Sul dem Einfluß der vom Süden, vom Atlantik kommenden Wetterfronten direkt ausgesetzten Gebirge bekommen noch 2500 mm Regen ab. Weiter im Westen, hinter dem Küstenstreifen sind etwa 1250 mm das Jahresmittel. Das Niederschlagsmaximum liegt auch dort in den Monaten Dezember bis Februar. Eine kleinere Regenzeit kann in den kälteren Monaten Juni und Juli anfallen. Ab und zu kommt es auch hier zu verheerenden Überschwemmungen wie 1983 und 1984 im Itajaital mit Blumenau.

Als beste Reisezeit können danach die Übergangsmonate März bis Mai und September bis November bezeichnet werden. Sie bieten angenehmere und günstigere Klimabedingungen als die in Rio de Janeiro sehr heiße Zeit Dezember bis Februar oder in São Paulo die kalten Monate Juni bis August, da die bis hohe Luftfeuchtigkeit die Temperaturunterschiede und Schwankungen sehr viel fühlbarer macht. In Brasília, auf dem zentralen Hochplateau, herrscht im Vergleich dazu durch die trocknere, kontinentale Luft ein beständigeres Wetter, das den Aufenthalt erleichtert. An der Küste gibt es trotzdem viele Sonnentage, die zum Strandbesuch einladen.

Die Bevölkerung

Die ersten Einwohner Brasiliens waren die Indianer. In dem weiten Raum hatten sie keine Ballungspunkte oder gar Städte wie in Mexiko. Immerhin waren es zehnmal mehr als heute. Als die Portugiesen kamen, war das Gebiet des künftigen Brasilien sehr dünn, aber verhältnismäßig gleichmäßig von ihren kleinen Gruppen, einer Vielfalt von Stämmen bewohnt. Diese hatten zwar untereinander verwandtschaftliche Bindungen, wie sie alle Jé, Tupi-Guaraní und viele andere Sprachgruppen besaßen, kannten aber keine machtpolitischen Zusammenschlüsse.Das damals ›unentdeckte‹ Land soll nach der Auffassung einiger Forscher schätzungsweise eine Million indianischer Bewohner gehabt haben. Andere geben bis zu drei Millionen an. Fachleute und Behörden meinen, daß heute nur noch zwischen hundert- und zweihunderttausend Indianer auf brasilianischem Boden in ihrer ursprünglichen Kultur leben. Das ist eine verschwindende Minderheit gegenüber der Gesamtbevölkerung mit nun über 135 Millionen Menschen. Die in der Zivilisation der Weißen, in der Landbevölkerung aufgegangenen Gruppen und Mischlinge sind zahlenmäßig nicht erfaßbar. In manchen Gegenden sind es ganze Dörfer ›akulturierter‹ Menschen indianischen Ursprungs, im Norden haben viele Bewohner Gesichtszüge, die sie von Vorfahren indianischer Seite ererbt haben. In der Frühzeit der Kolonisation waren Mischehen mit Indianerinnen häufig und wurden von den Behörden in Portugal sogar gefördert, da in den Siedlungen Frauen fehlten und Portugal selbst, ein kleines Land mit verhältnismäßig geringer Menschenzahl, in jenen Zeiten seine großen Kolonien in Ost und West gar nicht entsprechend bevölkern konnte. Es kamen die Portugiesen zuerst mit der Flotte von Pedro Alvares Cabral und anschließend als Siedler, denn im Gegensatz zu den Küsten, an denen die Spanier landeten, gab es hier kein Gold zu gewinnen.

Die Ausbeutung des Landes konnte nur durch Pflanzungen erfolgen, die für den Anbau Arbeitskräfte erforderten. Was Cabral und seine Soldaten an natürlicher Schönheit des Landes gesehen und Pero Vaz de Caminha im Bericht an den König beschrieben hat, blieb sicher nicht geheim. In der Folgezeit kamen zuerst vereinzelt, dann in größeren Gruppen – wie etwa 1532 mit Duarte de Coelho – die Europäer um zu bleiben. Mit ihm waren es 600 Portugiesen, viele davon nicht unbefleckter Vergangenheit, die er in seine ›Capitania‹ Pernambuco brachte. Ein neuer, größerer Transport kam 1549 mit dem zum Generalgouverneur ernannten Thomé de Souza, auch wieder 600 Mann, die teils aus Gefängnissen geholt oder ›Neuchristen‹ waren. Bald jedoch war es notwendig geworden, trotz der den Portugiesen angenehmen ›bronzenen‹ Frauen, Partnerinnen zu entsenden, die besser für die Bewirt-

Diamantenwäscherei mit schwarzen Sklaven

schaftung der Güter geeignet waren. Dies geschah ab 1551. Ebenso wichtig war die Entsendung von Soldaten, um die Stützpunkte an der langen Küste zu verteidigen sowie Handwerker, um die Entwicklung der Siedlungen einschließlich Unterweisung der Eingeborenen zu fördern. Hier begann die Arbeit der Missionsorden. 1549 kamen die ersten Jesuiten als Geistliche und Lehrer. Sie sollten für die zwei folgenden Jahrhunderte eine für die geistig-kulturelle Entwicklung der Bevölkerung der Kolonie entscheidende Rolle spielen. Besonders nahmen Sie sich auch der Indianer an, die aber in zunehmendem Maße dem Frondienst entflohen. Es war ersichtlich, daß sie ihrer Mentalität nach nicht den bei der Arbeit in den Zuckerrohrpflanzungen gestellten Anforderungen entsprachen.

Das zweite Element, das die brasilianische Bevölkerung und ihre Rassenmischung beeinflußte, waren die aus Afrika importierten Sklaven. Sie sind für die feudalistische Wirtschaftsform im Agrarsektor bis zur Kaffeezeit, im Bergbau und im Dienstleistungssektor unentbehrliche Arbeitskräfte gewesen. Man nimmt an, daß im Verlaufe der über zweihundert Jahre des Sklavenhandels etwa 5 Millionen Schwarze aus den verschiedenen Regionen Afrikas zwischen Senegal und Kongo nach Brasilien geschafft wurden. Zuerst waren sie in den Landgütern im Küstenstreifen vom Nordosten bis Rio de Janeiro, mit Schwerpunkt in Bahia, untergebracht. Die Verhältnisse – meist strengpatriarchalischer, oft aber auch rein grausamer Art – hat Gilberto Freyre in seinem schon klassischen Buch *Herrenhaus und Sklavenhütte* meisterhaft geschildert. Im 18. Jahrhundert kamen die Sklaven auch nach Rio de Janeiro und in die Bergbaugebiete von Minas Gerais. Jetzt gab es zunehmend auch freie Angehörige ihrer Rasse und Mischlinge wie der berühmte Bildhauer und Baumeister Aleijadinho. Die wichtigsten Mischungen sind, neben vielen anderen Unter-Mischungen, Mulatten als Mischung aus Weißem und Afrikaner, ›Caboclos‹ mit weißem und indianischem Anteil und ›Cafuzos‹, die aus der Verbindung von Schwarzen mit Indianern entstanden. Der Begriff des Caboclo wird auch vielfach für Angehörige der Landbevölkerung gebraucht. In Bahia, Rio de Janeiro und Minas Gerais sind aufgrund des kolonialen Lebens die Mulatten sehr zahlreich. Die Mentalität der portugiesischen Kolonisatoren kam dem fruchtbaren Zusammenleben dieser Komponenten entgegen. Trotz aller Härte kann die Kolonisation nicht mit den Verhältnissen verglichen werden, die in den spanischen Kolonien oder in Nordamerika herrschten.

Da Kolonialbesitz zunächst nur bedeutete, von befestigten Stützpunkten aus das Umland zu sichern und gegebenenfalls zu gewinnen, blieb es nicht aus, daß auch andere europäische Nationen versuchten, in Brasilien Fuß zu fassen. Die Franzosen landeten früh in Rio de Janeiro, konnten aber trotz guter Verständigung mit den Indianern der Umgegend keinen bleibenden Beitrag zur brasilianischen Kultur und Volksstruktur aus ihrer zeitlich beschränkten Besitznahme leisten. Auch in São Luís erinnert lediglich der Name der Stadt an die Gründung durch Franzosen. Stärkeren Einfluß hinterließ die Besetzung und Kolonisierung durch die Holländer unter Leitung des Prinzen Moritz von Nassau-Siegen von Pernambuco aus. Sie hielten – nach einem mißglückten Versuch in Bahia – die Nordostecke Brasiliens ungefähr zwanzig Jahre unter ihrer Herrschaft. Von ihren kulturellen Leistungen ist nichts mehr zu sehen, aber noch heute gibt es dort in der rassischen Mischung der

Bevölkerung viel mehr blonde und helläugige, aber braunhäutige Menschen mit Indianeranteil als im vorherrschend afrikanisch durchsetzten Bahia.

Nach der Eroberung Portugals durch Herzog Alba kam es zur Herrschaftsunion zwischen Spanien und Portugal. Sie brachte Brasilien von 1580 bis 1640 unter die spanische Krone. So kamen in dieser Zeit vermehrt Spanier ins Land. Es ist bemerkenswert, daß die Vertreibung der Holländer aus dem Nordosten nicht von einem Expeditionskorps des erneut selbständigen Portugal aus, sondern vielmehr durch Mitglieder der Kolonie selbst, Landleute portugiesischer Abstammung, Indianer, Schwarze und Mulatten erfolgte. Sie hatten sich schon so weit zusammengelebt, daß sie die Fremdlinge bei Guararapes südlich von Recife, in die Flucht schlagen konnten. Zu Beginn des 18. Jahrhunderts bekam die Besiedelung und Landnahme neue Impulse, nachdem die das Innere erobernden und Indianer fangenden ›Bandeirantes‹ – Fähnlein verwegener Pioniere und Abenteurer – in Minas Gerais Gold und Diamanten entdeckt hatten. So bevölkerte sich diese Region sehr schnell, es entstanden städtische Siedlungen wie Ouro Preto, Mariana, Sabará und São João Del Rei. Der rasche wirtschaftliche und kulturelle Aufschwung in dieser noch abgelegenen Gegend ist nicht ohne wesentlichen neuen Zuzug von Menschen aus dem Mutterland und ebenso wichtiger Teilnahme der Mulatten denkbar. Eine Zählung in Minas Gerais Mitte des 18. Jahrhunderts ergab, daß dort 262 000 Weiße und 374 000 Sklaven ansässig waren.

Die nächste Einwanderungswelle, etwa 10 000 Menschen, kam mit der Flucht des portugiesischen Königshauses vor Napoleon nach Rio de Janeiro. Es folgten auf Anregung der Prinzessin Leopoldina, einer geborenen Habsburgerin, Wissenschaftler und durch den König Künstler aus Frankreich. Die brasilianischen Häfen wurden für den Handel geöffnet und damit eine neue Phase der Wirtschaft unter Teilnahme von Vertretern der meisten europäischen Nationen eingeleitet. Sie brachte einen Aufschwung, bei dem die schwarzen Sklaven nicht mehr genügten, sondern für viele Berufe neue, geschulte Kräfte gesucht wurden. Nach einer ersten Übersiedlung von Portugiesen aus Madeira, speziell nach Santa Catarina, kam es nun zur Einwanderung zahlreicher Gruppen von Deutschen und Italienern. Diese richtete sich nicht in die alten Zentren der Latifundien des Nordostens, die weiterhin mit vielen schwarzen Sklaven bewirtschaftet wurden, sondern in den Süden. Dieser bot den europäischen Ansiedlern mehr freien Raum und klimatisch günstigere Bedingungen. Das Gebiet von Rio Grande do Sul bedurfte nach der extensiven Nutzung für Viehzucht und den Grenzstreitigkeiten mit den Ländern spanischer Kolonisation dringend einer bevölkerungsmäßigen Festigung und Bindung an die Einheit Brasiliens. So entstanden nach dem Roden des Waldes Gehöfte und Siedlungen. Die neuen Siedler bewahrten vor allen, auch bis heute spürbar, das kulturelle Erbe ihrer Herkunftsländer. Die organisierte Einwanderung begann ebenfalls mit der Forderung der Kaiserin Leopoldina. Der 25. Juli 1824 ist der offizielle Beginn der deutschen Einwanderung in Rio Grande do Sul, der Ankunft der ersten Siedlergruppe und Gründung der Kolonie São Leopoldo. Noch im selben Jahr kam in Rio de Janeiro ein weiterer Transport deutscher Einwanderer für Rio Grande do Sul an. Außer den Siedlern kamen auch deutsche Soldaten, die wie schon vorher als Söldner das Kaiserreich im Kampf gegen argentinische Truppen verteidigen halfen. Bald hatten die deutschen Einwanderer ihre Vereine und ihre im katholischen Brasilien geduldeten evangelischen Kirchgemeinden als Zentren des Zusammenhalts errichtet. Im Staat Santa Catarina entstanden ebenfalls zahlreiche deutsche Kolonien. Die erste lag in São Pedro de Alcântara, nahe von Florianópolis. In der Folgezeit blühten mehr die etwas nördlicher gelegenen Orte Joinville (damals Colonia Francisca), Brusque, Blumenau (noch heute nach seinem Begründer Dr. Hermann Blumenau benannt) und viele andere Orte auf, wo die deutschen Familien neben der Landwirtschaft Handwerksbetriebe und kleine Industrien aufbauten. In der zweiten Hälfte des 19. Jahrhunderts wurde auch das Hochland von den deutschen Siedlern erschlossen und die dort lebenden Indianergruppen zurückgedrängt. In den älteren Orten sind heute moderne Industrien, traditionsverwurzelt und leistungsfähig, wie die Textilien von Hering, das Porzellan von Schmidt oder die Wurstwaren von Wege, sehr geschätzt. Trotz mancher gewaltsamer Nationalisierungsmaßnahmen, besonders zu Beginn des Zweiten Weltkrieges, mit Änderung der Ortsnamen und Verbot des Gebrauchs der deutschen Sprache in der Öffentlichkeit, sieht man den Orten die Herkunft ihrer Erbauer an. Mancherorts wird, wie in Blumenau und Joinville, dieser Aspekt nun wieder gepflegt und auch touristisch ausgewertet. Die Fachwerkhäuser und die blumenübersäten Vorgärten, die die Orte vom Charakter der mediteranen Bauweise ihrer Umgebung unterscheiden, werden von allen Brasilianern gern besucht.

Im Staat Rio de Janeiro wurden deutsche Einwanderer vom Kaiserhaus in Petrópolis und Nova Friburgo angesiedelt. Dort erinnern viele Bauten noch heute an sie. Unverändert sind in Espírito Santo noch die Orte Santa Isabel, Santa Leopoldina und Califórnia seit der Zeit der deutschen Einwanderung, weil sie abgeschlossener und der Zusammenhalt durch die evangelische Kirche stärker ist.

Die weitere Geschichte des deutschen Lebens in Brasilien sei an dieser Stelle nur noch kurz erwähnt. Karl Fouquet, der die Geschichte des deutschen Einflusses verfolgt hat, gibt bis 1976 die Zahl von 310000 deutschen Einwanderern an. Da diese Einwanderung hauptsächlich im 19. Jahrhundert, insbesondere durch die politischen und wirtschaftlichen Verhältnisse vor und nach 1848 stattfand und im 20. Jahrhundert außer nach dem Ersten Weltkrieg stark zurückging, ist mit etwa 1200000 Menschen deutscher Abstammung zu rechnen. Durch den Nationalsozialismus kam nochmals eine nicht zu unterschätzende Gruppe von Menschen aus Deutschland. Dies waren nicht mehr Bauern, Handwerker und Kaufleute, sondern vor allem Akademiker, die als rassisch und politisch Verfolgte unfreiwilligerweise in Brasilien landeten und sich vorzugsweise in São Paulo und Rio de Janeiro niederließen. Nach dem Ende des Zweiten Weltkrieges kamen andererseits einige enttäuschte Deutschbrasilianer zurück, die das Dritte Reich in seinen Bann gezogen hatte. Jetzt erfolgte aber keine größere Einwanderung von Deutschen mehr, außer etwa den ›Donauschwaben‹, aus dem Banat, die sich in Entre Rios bei Guarapuava in Paraná ansiedelten und dank ihrer Tüchtigkeit und Organisation zur Entwicklung des Weizenanbaues erfolgreich beigetragen haben. Eine österreichische Siedlung Dreizehnlinden gibt es in Santa Catarina mit etwa 800 Auswanderern aus Tirol, die ebenfalls eine moderne Landwirtschaft betreiben. Gruppen von Mennoniten und anderer Glaubensrichtungen blieben sozial abgeschlossen und können nicht mit den Söhnen deutscher Bauern und Handwerker verglichen werden, die sich im 19. Jahrhundert trotz vieler Schwierigkeiten den Ruf der Zuverlässigkeit und soliden Arbeit erworben haben. Seitdem kommen Vertragsangestellte großer Firmen, deutsche Techniker und Ingenieure, ebenso Lehrer und Angehörige freier Berufe, die an der raschen Ausdehnung der Industrie in Brasilien und an Entwicklungsprojekten beträchtlichen Anteil haben. Sie bleiben jedoch im allgemeinen nur auf beschränkte Zeit im Land und haben vielfach nur wenig direkten Kontakt zu Brasilianern.

Die Einwanderung von Angehörigen südeuropäischer Nationen nach Brasilien – außer den Portugiesen – ist in den letzten beiden Jahrhunderten ähnlich verlaufen wie die der Deutschen. Die Italiener und Spanier und ihre Nachkommen stellen zahlenmäßig den größten Anteil. Franzosen, Engländer, Holländer und Skandinavier haben an der Einwanderung des 19. Jahrhunderts nur geringen Anteil. Sie sind in kleinerer Zahl zu Handelshäusern und zur Industrie nach Brasilien gekommen. Den Donauschwaben vergleichbar sind einige holländische Mustersiedlungen in Paraná, wo 1925 die erste milchwirtschaftliche Genossenschaft eingerichtet wurde. Der holländischen Kolonie erwachsen auch die Mustergüter der ›Holambra‹ im Staat São Paulo.

Vor allem in Paraná und Santa Catarina haben sich Polen niedergelassen. Wie sie kamen auch die Italiener aus wirtschaftlichen und politischen Gründen in großer Zahl. In Rio Grande do Sul, wo sie 1875 landeten, förderten sie neben den Deutschen in erster Linie den Weinbau. In ihrem Kampf um bessere Verhältnisse wanderten sie nach São Paulo selbst und in die umliegenden Provinzstädte, wo sie in der Industrie arbeiteten und ganzen Stadtvierteln ihren Charakter aufdrückten. Im Laufe der Zeit wurden manche von Ihnen Besitzer eigener Industrien, auch im Handel eroberten sie rasch viele Positionen. Fouquet gibt die Zahl der in Brasilien eingewanderten Italiener mit 1540000 an. Alle Brasilianer südeuropäischer Herkunft, wobei 2000000 Portugiesen und 600000 Spanier mitgerechnet sind, haben sich schnell vermischt und bilden heute den nicht mehr unterscheidbaren mediteranen Bevölkerungsanteil, meist südlich von Rio de Janeiro, mit dem zwischen 1857 und 1924 der Anteil der Weißen von 30% auf 51% gestiegen war.

Die verschiedenartige Herkunft und Vermischung der Menschen, eine für europäische Verhältnisse unvorstellbare Tatsache, ist jedoch noch viel größer. Es wird geschätzt, daß heute etwa 1300000 Brasilianer Araber und deren Nachkommen sind. Syrier, Libanesen, Ägypter, Armenier und Palästiner sind die wichtigsten Gruppen, die aus dem vorderen Orient kamen und noch immer kommen. Sie alle siedelten aufgrund der kriegerischen Verwicklungen ihrer Heimatländer nach Brasilien über und haben sich in Wirtschaft und Politik eingegliedert, zum Teil sehr viel Reichtum erworben und so zur Entwicklung beigetragen. Als ihre Einwanderung begann, wurden sie insgesamt als Türken bezeichnet, da diese als reisende Händler Produkte der Textilwirtschaft verkauften. Interessant ist aber, daß sich die Konflikte der Ursprungsländer nicht auf die sich jetzt als Brasilianer fühlenden Menschen übertragen.

Eine der auffallendsten ethnischen Gruppen sind die Japaner. Sie kamen erst in unserem Jahrhundert, getrieben durch die hohe Bevölkerungsdichte ihres Mutterlandes. In ihrer

Haupteinwanderungszeit 1925–1935 kamen 139000 Personen, nach dem Zweiten Weltkrieg weitere kleinere Gruppen. 1976 betrug die Zahl der Japaner in Brasilien etwa 700000. Seit dem ersten Transport mit der ›Kassato Maru‹ 1908 war ihr Ziel vorzüglich der Staat São Paulo, wo sie eine intensive Landwirtschaft betreiben. Eine beträchtliche Anzahl blieb im Grüngürtel von São Paulo und kultiviert dort Gemüse und Obst; sie machten auch eine Reihe von bisher in Brasilien unbekannten Obstsorten wie etwa Pfirsiche, Erdbeeren und Kaki heimisch. Die junge Generation drängt jedoch mehr in die Städte und in die Universitäten. Während die ehemals von italienischen und deutschen Gruppen geprägten Stadtviertel ihren Charakter verlieren, hat sich ›Liberdade‹, das japanische Viertel in São Paulo, zu einem genuin japanischen Zentrum entwickelt.

Andere Völker des fernen Ostens sind in der brasilianischen Bevölkerung nur durch kleine Gruppen, speziell im Raum von São Paulo vertreten. Chinesen kamen, als ihr Land kommunistisch wurde. Sie brachten meist beträchtliches Kapital mit und bilden, abgesehen von den ärmeren Pastetenverkäufern, eine Gruppe hoher kultureller Tradition. Koreaner kamen infolge des Koreakrieges und kommen noch immer. Viele von ihnen sind illegal eingewandert und haben große Schwierigkeiten sich zu etablieren. Aus Vietnam und den übrigen hinterindischen Ländern sind nur wenige Menschen nach Brasilien gekommen. Die Vielfalt derjenigen, die heute das brasilianische Volk charakterisiert, ist in dieser Form nirgends zu finden. Sie ist in der oft noch unausgewogenen wirtschaftlichen und politischen Struktur Brasiliens spürbar, bestimmt also auch Kultur und Kunst entscheidend mit. Alle ethnischen Beiträge verbinden sich zum Gesamtbild der heutigen Kultur, das sich ständig – auch unter dem weltweiten Einfluß der nordamerikanischen Zivilisation – wandelt. Die Japaner, in der zweiten Generation ›Nisei‹ genannt, befruchteten beispielsweise die moderne Malerei mit ihrer in Graphismen und Farbigkeit begründeten Sensibilität. Sichtbarerer ist, was heute Weiße und Farbige in Musik, Tanz, Sport und anderen Gebieten zusammen zeigen. Hier kommen alle den in Brasilien lebenden Menschen nun eingeborenen Verhaltens- und Aktionsformen zum Tragen. Die Einflüsse von außen kommen im technischen Zeitalter mehr als vorher dazu.

Während die Herren auf den großen Gütern der portugiesischen Aristokratie nacheiferten, schätzte die Elite des Bürgertums im 19. und zu Beginn des 20. Jahrhunderts die französische Zivilisation hoch ein und ahmte, von Rio de Janeiro ausstrahlend, deren Luxus nach. In den letzten Jahrzehnten ist dieses Leitbild jedoch vom ›American Way of Life‹ verdrängt worden. Die oft die materiellen Möglichkeiten überschreitende Technisierung mit Kühlschrank, Auto und Fernsehen wie das die lateinischen Traditionen sprengende Verhalten im Verkehr zwischen den Geschlechtern werden bis tief ins Innere des Landes von der Mehrzahl der Bewohner gefordert. Trotz geringen Einkommens und rudimentärer Schulbildung haben sie schließlich auch das Recht, am zeitgenössischen Leben teilzuhaben wie ihre unter anderen Bedingungen lebenden Vorfahren. In den großen städtischen Konzentrationen drängen sie sich in fortschreitend bindungslosem Verhalten auf Massenveranstaltungen bei wachsender Tendenz zu Gewalttätigkeit. Daneben gibt es auch Kreise in Brasilien, die die ›bodenständigen‹ Lebensformen, Natur- und Denkmalschutz proklamieren. Diese sind jedoch – vorerst – eine noch sehr kleine Minderheit. Das Verantwortungsgefühl für Werte der Gemeinschaft ist noch wenig entwickelt, so auch die Verbundenheit zu einer engeren Heimat. Die Binnenwanderungen auf der Suche nach besseren Lebenschancen ist außerordentlich groß. In den letzten Jahrzehnten waren es die Armen aus dem Nordosten, die in die Industriezentren des Südostens strömten. So hat sich die städtische Bevölkerung zum Schaden der Landwirtschaft vergrößert. 1949 betrug sie 31%, nach der Zählung von 1982 hat sie 67% erreicht. Zwar ist der Geburtenüberschuß auf dem Land geringer als in den Städten. Dort ist jedoch die Lebenserwartung durch die medizinische Versorgung gestiegen, sodaß sie sich selbst in den Elendsquartieren von São Paulo und Rio erhöhte. Allerdings sind die Aufstiegsmöglichkeiten für die große Masse sehr gering geworden. Dazu kommt, daß 23% der Bevölkerung Analphabeten sind. So steht die brasilianische Regierung auf dem Gebiet der Erziehung und des Gesundheitswesens vor gigantischen Aufgaben. Von der armen Bevölkerung sind 80% mit Wurmkrankheiten behaftet. Malaria ist im Amazonasgebiet und einigen Regionen des Zentralwestens verbreitet, Gelbfieber tritt wieder stärker auf. Die Kindersterblichkeit und Unterernährung sind in den armen Gebieten entsprechend hoch. Hinter den Fassaden, die der Besucher zuerst sieht und die hier etwas durchbrochen wurden, ist trotz mancher Anstrengungen der Behörden noch viel zu tun. Dem das Land besuchenden Europäer fällt als erstes die andere Altersschichtung auf, denn mehr als 50% der Menschen, die er trifft, sind jünger als 21 Jahre. Die in Europa so steile Pyramide der Verteilung auf die Lebensalter ist hier wesentlich flacher. In Brasilien beträgt die mittlere Lebensdauer jetzt 57 Jahre, in Rio de Janeiro und São Paulo schon 64, im Nordosten aber nur 51 Jahre.

Die von Freyre und anderen Autoren geschilderte und längst nicht vollendete Rassenmischung hat von Anfang an keine ›Apartheit‹ aufkommen lassen. Schon die portugiesische Art des Zusammenlebens zwischen Herr und Dienerschaft hat dies verhindert. Rassenvorurteile sind trotzdem noch oft vorhanden. Sie äußern sich hauptsächlich im wirtschaftlichen Konkurrenzkampf, in dem der farbige Stellenbewerber vielfach den Kürzeren zieht. Gesetzlich ist zwar die Gleichheit der Brasilianer aller Rassen dekretiert. Ungeachtet mancher Diskrepanzen fühlen alle, die im Lande geboren sind oder seine Nationalität erworben haben, sich vollauf in Besitz ihrer staatsbürgerlichen Rechte. Fußball, Samba, gemeinsame Feste und die Politik vereinen die begeisterungsfähigen Menschen, deren Zahl stetig anwächst. Am Ende der Kolonialzeit 1819 betrug sie 3600000 Einwohner, 1900 waren es 17980000, 1930 wurden bereits 33570000 erfaßt, 1950 zählte man 52070000, 1973 wurden 100 Millionen überschritten und nun sind es über 135 Millionen. Das ist eine für europäische Verhältnisse unfaßbare Verdopplung in jeder Generation; trotz des reichlich vorhandenen Raumes und der ebenfalls reichen Naturschätze stellt sich die Versorgung der Bevölkerung als immer problematischer dar. Wenn aber auch die sozialen Gegensätze und Probleme sich weiter verschärfen, so ist doch zu erwarten, daß das vielfältige und im Grunde fröhliche und zugängliche Volk doch einmal einen Standard erreicht, der ihm einen angemessenen Platz in der westlichen Welt sichert.

Geschichte und Wirtschaft

Die Entdeckung Brasiliens

Bei der Beschreibung von Land und Leuten waren schon einige Ereignisse aus seiner Geschichte zu erwähnen. Um jedoch die treibenden Kräfte sicherer beurteilen zu können, ist es angebracht, die historischen Grundlagen noch etwas genauer zu schildern. Das erste historische Ereignis, das sich auf den südamerikanischen Teil des Kontinents – und damit auch auf das spätere Brasilien – bezieht, liegt in einer Zeit, in der man kurioserweise in Europa noch nichts über seine Existenz wußte. Ausgelöst durch die Entdeckung der Teile des zentralamerikanischen Raumes durch Kolumbus, wurde 1494 durch Alexander VI. die westliche Hemisphäre im Vertrag von Tordesillas in einen spanischen und einen portugiesischen Hoheitsbereich unterteilt. Hierfür wurde rein theoretisch ein Längengrad, 370 Meilen westlich der Kapverdischen Inseln als Grenzlinie bestimmt. Die Portugiesen bekamen alle Gebiete östlich dieser Linie zugesprochen, wobei natürlich in erster Linie an ihre Schiffahrtswege um Afrika nach Indien gedacht wurde. Die Spanier hingegen sicherten sich dadurch ihre schon erreichten Positionen im Karibischen Meer. Die Linie geht heute im Norden durch Belém an der Amazonasmündung und erreicht den südlichen Atlantik bei Cananéia am Ende des Staates São Paulo. Damit wurde etwas über ein Drittel des noch unentdeckten Landes der portugiesischen Kolonisierung zugesprochen.

Die Geschichte der Entdeckungen im 15. und 16. Jahrhundert erscheint an Kühnheit den Unternehmungen der Weltraumfahrer unserer Zeit vergleichbar. Die Portugiesen erreichten unter Leitung von Pedro Alvares Cabral die brasilianische Küste im südlichen Teil des heutigen Bahia. Der Schreiber der Expedition, Pero Vaz de Caminha, hat 1500 in einem Bericht an seinen König in hervorragend realistischer und menschlicher Art die gesammelten Eindrücke aufgezeichnet:

»(...) und so setzten wir unseren Weg über die Weite des Meeres fort, bis wir am Dienstag der Nachosterwoche, am 21. April nach Aussage der Piloten gegen 660 oder 670 Meilen von der letzten Insel (den Kapverdischen Inseln) entfernt, auf Anzeichen nahen Festlandes stießen, auf große Mengen langer Pflanzen (...) und am folgenden Mittwoch (22. April) sahen wir Vögel, die sie Seemöven nennen. In den Abendstunden desselben Tages war Land in Sicht. Zuerst sahen wir einen großen Berg, hoch und rund; darauf erblickten wir südlich von ihm niedrige Gebirgsrücken und flaches Land mit großen Wäldern. Diesem hohen Berg gab der Kapitän den Namen Monte Pascoal (Osterberg) und dem Lande den Namen Terra de Vera Cruz (Land des wahren Kreuzes) (...) Am Morgen setzten wir Segel und fuhren auf das Land zu. (...) Von Bord aus konnten wir Menschen am Strand erkennen (...) Braun und nackt, ohne irgendwie die Schamteile zu verdecken, hielten sie in den Händen Bogen und Pfeile. So liefen sie geradewegs auf das Boote zu. Nicolau Coelho bedeutete ihnen durch

Zeichen, die Waffen niederzulegen. Sie taten es. Eine Verständigung oder ein Gespräch mit ihnen war bei der starken Brandung des Meeres unmöglich. Coelho schleuderte ihnen ein rotes Barett, eine leinene Pudelmütze, die er trug und einen schwarzen Hut zu. Einer von ihnen warf darauf eine Kopfbedeckung aus langen Vogelfedern zurück, mit einer Spitze aus roten und braunen Federn, wie die der Papageien. Ein anderer schenkte eine große Schnur mit kleinen weißen Muscheln, die aus Perlmutter zu bestehen scheinen. (...) Am Freitag (24. April), gegen acht Uhr, ließ der Kapitän auf Anraten der Steuerleute die Anker lichten und Segel setzen. Wir fuhren, mit Booten und Kähnen im Schlepptau, nach Norden, an der Küste entlang, um zu sehen, ob wir nicht einen geschützten und guten Ankerplatz fänden, um Wasser und Holz nehmen zu können. (...) Als wir Segel setzten, befanden sich am Strand bereits ungefähr sechzig bis siebzig Männer, nahe am Fluß. (...) Sie sind braun von Aussehen, fast rötlich, haben angenehme Gesichtszüge und wohlgeformte Nasen. Sie gehen nackt, ohne irgendwelche Bekleidung. Sie scheuen sich ebenso wenig ihre Geschlechtsteile unbedeckt zu lassen wie das Gesicht. Darin sind sie von großer Unschuld. (...) Ihr Haar ist glatt. Sie tragen es kurz geschnitten ... Für den Morgen des Sonntag (26. April) nach Ostern ordnete der Kapitän Messe und Predigt auf einem Eiland an. Auf dem Eiland ließ er einen Thronhimmel und unter ihm einen wohlgeformten Altar errichten. (...) Wir fuhren mit den Booten zum Strand, bewaffnet; die Fahne führten wir mit. Die Wilden liefen am Ufer, an der Mündung des Flusses auf und ab. (...) Hier konnte man schmucke Männer sehen, schwarz und rot bemalt. Körper und Beine gewürfelt, und machten so sicher einen guten Eindruck. Unter ihnen befanden sich auch vier oder fünf junge Frauen, die, nackt wie sie waren, keinen schlechten Eindruck machten. Eine von ihnen hatte den einen Schenkel vom Knie bis zur Hüfte und Hinterbacken mit jener schwarzen Farbe bemalt; der übrige Teil zeigte die Körperfarbe. (...) Bei alledem sind sie jedoch wohlgepflegt und sehr sauber. Das bestärkt mich noch mehr darin, daß sie wie Vögel oder Bergwild sind, denen die Luft bessere Federn und besseres Fell verleiht als den Haustieren. (...) Der Kapitän befahl jenem Verbannten, Afonso Ribeiro und noch zwei anderen, sich unter sie zu mischen, ebenso Diego Dias, weil er ein lustiger Mann war. Den Verbannten trug er auf, die Nacht bei den Eingeborenen zu verbringen. Sie gingen mit ihnen und hielten sich unter ihnen auf. Wie sie später berichteten, kamen sie nach gut einer halben Meile an ein Dorf, in dem es neun oder zehn Häuser gab, von denen jedes einzelne so lang wie dieses unser Führerschiff war. Aus Holz gebaut, die Seiten von Brettern, von Stroh gedeckt und von ziemlicher Höhe, bildeten sie einen einzigen Raum, ohne irgend welche Zwischenteilung. Lediglich zahlreiche Pfosten waren vorhanden und von Pfosten zu Pfosten waren recht hoch Hängematten gespannt, in denen sie schliefen. Darunter, sich zu wärmen, unterhielten sie Feuer. Jedes Haus hatte an zwei entgegengesetzten Seiten je eine niedrige Tür. In jeder Hütte hielten sich dreißig bis vierzig Menschen auf. (...) Als es jedoch Abend wurde, wollten sie nicht einen der Unseren länger dort dulden und schickten sie fort. (...) Sie ziehen kein Vieh auf. Es gibt hier weder Rinder noch Ziegen, noch Schafe noch Hühner oder irgendein an das Zusammenleben mit den Menschen gewohntes Tier. (...) Diese Menschen erscheinen mir von einer solchen Unberührtheit, daß sie, wenn wir ihre und sie unsere Sprache verstünden, bald Christen würden, um so eher, da sie, wie es den Anschein hat, keinen Glauben haben, noch etwas von einem solchen wissen. (...) Und heute, am Freitag, dem ersten Mai, gingen wir gegen Morgen mit unserer Fahne an Land. Wir landeten oberhalb des Flusses, nach Süden zu, wo es uns günstiger schien, das Kreuz aufzurichten, da es dort besser gesehen werden kann. (...) Wir fanden schon siebzig bis achtzig Eingeborene vor. Als sie uns so kommen sahen, sprangen einige unter das Kreuz, uns zu helfen. (...) Nachdem das Kreuz erhöht war, an das wir vorher Ew. Hoheit Wappen und Spruch geschlagen, errichteten wir zu seinen Füßen einen Altar. Hier las der Pater Frei Henrique die Messe (...) Dieses Land Herr, scheint mir, von der südlichsten Spitze, die wir sahen, bis zu den nördlichsten, die wir von diesem Hafen aus erblicken können, eine Ausdehnung von gut zwanzig bis fünfundzwanzig Meilen Küste entlang zu haben. In der Nähe des Meeres befinden sich an einigen Stellen große Hügel, manche rot, andere weiß; der Erdboden ist eben und mit Wäldern bedeckt. Von Landspitze zu Landspitze ist alles sehr ebener und herrlicher Strand. Das Hinterland schien uns, vom Meer aus gesehen, sehr groß; wenn wir die Augen wandern ließen, erblickten sie nur Land und Wälder, Land das uns sehr ausgedehnt erschien. Bis jetzt konnten wir noch nicht erfahren, ob es Gold oder Silber oder Metallsachen oder Eisen darin gibt; wir sahen auch nichts dergleichen. Immerhin hat das Land an und für sich sehr gute Lüfte, frisch und gemäßigt wie in Entre Douro und Minho. Zu dieser Jahreszeit fanden wir sie dort, Gewässer sind viele da, unzählige. Und das Land ist derart lieblich, daß in ihm, wenn man es benutzen will, dank seines Wasserreichtums alles gedeihen wird. Der größte Gewinn, den man indessen von ihm haben kann, ist meiner Meinung nach die Rettung der Eingeborenen. Und sie muß der wichtigste Samen sein, den Ew. Hoheit hier ausstreuen sollten. Und wenn man an dem Land nichts weiter als einen

Titelblatt der ›Copia‹

Zwischenlandeplatz auf dem Seewege nach Kalikut haben sollte, würde es genügen, abgesehen von der Gelegenheit, den innigen Wunsch Ew. Hoheit zu erfüllen: die Verbreitung unseres heiligen Glaubens.« (nach Helmut Andrae)

Soweit Teile des Textes, der uns das erste und eines der schönsten Brasilienbilder vermittelt. Er läßt erkennen, daß es der Expedition Cabral nicht eigentlich um die Eroberung von Neuland ging, sondern um Zwischenstützpunkte auf dem Wege nach Indien.

Bevor Caminhas Brief veröffentlicht wurde, erschien allerdings um 1515 in Deutschland ein Flugblatt unter dem Titel *Copia der Newen Zeytung auß Bresillg Landt.* Es wird darin Bezug genommen auf die Reise von Amerigo Vespucco, der auf Einladung durch den König Dom Manuel I. an einer Seefahrt nach dem kürzlich entdeckten Brasil teilnahm. Er schrieb darüber einen Bericht an Piero Francesco de Medici, der 1505 in deutscher Übersetzung als Flugblatt erschien: *»Von der neu gefundenen Region die wol ein welt genent mag werden, durch den Christlichen Künig von portigal, wunderbarlich erfunden«.* Danach dürfte der deutsche Kartograph Martin Waldseemüller die Idee entnommen haben, für diese ›Newe Welt‹ auf seiner 1507 herausgegebenen neuen Weltkarte den Namen Amerika zum ersten Mal und vom Vornamen Amerigo des Vespucci abgeleitet verwendet zu haben.

Auf diesen Berichten fußt dann die anonyme ›Copia‹, von der nur wenige Exemplare erhalten sind. Als Beschreibung Brasiliens berühmt geworden, wurde sie u. a. von Alexander von Humboldt kommentiert. Der Bericht erzählt von der Natur Brasiliens, von den vielen Früchten, Vögeln und Fischen und daß die Indianer des Südens keine Menschenfresser seien wie die des Nordens, jedoch auch ihre Gefangenen töten. Das Schiff des Berichterstatters wollte die Südspitze des als Insel betrachteten Kontinents umsegeln. Dies gelang

Warhaftig
Historia vnd beschreibung eyner Landtschafft der Wilden/Nacketen/Grimmigen Menschfresser Leuthen/in der Newenwelt America gelegen/vor vnd nach Christi geburt im Land zu Hessen vnbekant/biß vff dise ij. nechst vergangene jar/Da sie Hans Staden von Homberg auß Hessen durch sein eygne erfarung erkant/ vnd yetzo durch den truck an tag gibt.
Dedicirt dem Durchleuchtigen Hochgebornen herrn/ H. Philipsen Landtgraff zu Hessen/Graff zu Catzenelnbogen/Dietz/Ziegenhain vnd Nidda/seinem G. H.
Mit eyner vorrede D. Joh. Dryandri/genant Eychman/ Ordinarij Professoris Medici zu Marpurgk.
Inhalt des Büchlins volget nach den Vorreden.

Getruckt zu Marpurg/im jar M. D. LVII.

Titelblatt der ›warhaftig Historia‹

aber erst Fernando de Magalhães 1522 durch die dann nach ihm später benannte ›Magellanstraße‹. Das Schiff des Berichterstatters mußte wegen schrecklicher Stürme südlich des 40. Breitengrades wieder umkehren und an der brasilianischen Küste zurücksegeln. Diesem Flugblatt folgt ebenfalls in Deutschland – alle anderen Publikationen können hier nicht aufgezählt werden – 1557 der sehr wichtige Bericht Hans Stadens: *Wahrhaftig historia und beschreibung eyner Landtschaft der Wilden, Nacketen, Grimmigen Menschenfresserleuthen in der Newen Welt America.* Er bringt darin sehr genaue und realistische Schilderungen der Sitten und Gebräuche der Indianer an der Küste zwischen Santos und Rio de Janeiro (Bertioga, Ubatuba usw.). Er spricht von ihren Geräten für den Fischfang wie für den Kampf, der Form ihrer Hütten und vieler anderen Dinge mehr.

Nach dem einwöchigen Besuch der Flotte Pedro Alvares Cabrals kamen in der Folgezeit, erst sporadisch und nicht mit der Eroberung Mexikos durch die Spanier vergleichbar, weitere Schiffe aus Portugal, eigentlich noch ohne festes kolonialwirtschaftliches Programm. Es entstanden zwar erste Stützpunkte und Handelsniederlassungen wie Olinda 1519, São Vicente 1532 und Salvador 1549. Aber im Vergleich zu dem, was Ostindien an Spezereien und Schätzen bot, bestand nur zweitrangiges Interesse an dem schönen bewaldeten Land, in dem es, wie die Indianer Cabral schon mitgeteilt hatten, weder Gold noch Silber gab.

Kolonisierung

1534 wurden von der portugiesischen Krone 15 erbliche, also unveräußerbare ›Capitanias‹ eingerichtet. Sie teilten das Land von der Amazonasmündung bis nach São Vicente in unterschiedliche Streifen und gingen direkt an Lehnsträger, die der Krone verantwortlich waren. Durch sie sollte das Hinterland intensiver kultiviert werden. Es war dies allerdings bei der ungeheuren Weite des Gebietes und den wenigen Menschen ein unmögliches Unterfangen. Von diesen Capitanias entwickelten sich nur Pernambuco mit Duarte Coelho und São Vicente mit Martim Afonso de Souza zufriedenstellend. Was sich auf den portugiesischen Atlantikinseln bewährt hatte, funktionierte in Brasilien jedoch nicht; daher nahm der König die Capitanias schließlich zurück. 1549 wurde dann der erste Generalgouverneur, Tomé de Sousa, mit Sitz in Salvador entsandt. Aber erst unter dem dritten Generalgouverneur, Mem de Sá von 1557 bis 1570 kann man vom Beginn einer stabileren Verwaltung der Kolonie sprechen. Nun war auch schon Unterstützung durch die Jesuitenmissionen da. Es gelang, die Franzosen, die seit 1555 das Fort Coligny in der Bucht von Rio de Janeiro besetzt hielten, 1567 zu vertreiben. Die königliche Verwaltung konnte nunmehr durch die Ausbeutung des Brasilholzes, des ›Pau Brasil‹ und durch die Anlage von Zuckerrohrpflanzungen den ersten großen Reichtum der Kolonie erwirtschaften. Sie diente in einem mit den Grundbesitzern aufgebauten merkantilistischen System zur Bereicherung und zum Aufschwung des Stammlandes. Obwohl schon 1533 die erste Zuckerrohrmühle in São Vicente in Betrieb

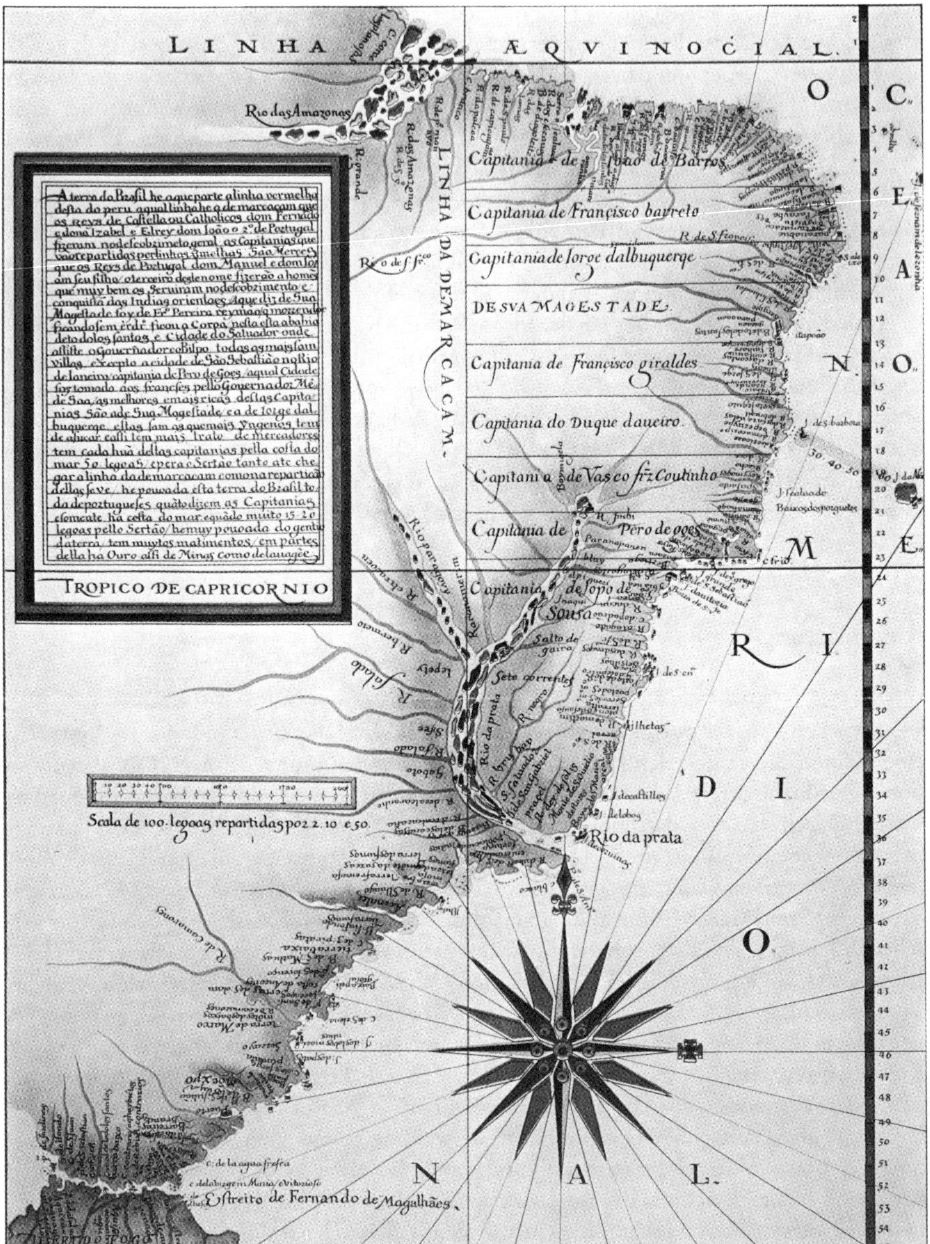
LINHA ÆQVINOCIAL
Rio das Amazonas
LINHA DA DEMARCACAM
Capitania de Ioão de Barros
Capitania de Francisco barreto
Capitania de Iorge dalbuquerque
DE SVA MAGESTADE
Capitania de Francisco giraldes
Capitania do Duque daueiro
Capitania de Vasco frz Coutinho
Capitania de Pero de goes
Capitania de Lopo de Sousa
TROPICO DE CAPRICORNIO
Scala de 100 legoas repartidas por 2.10 e 50.
Rio da prata
Estreito de Fernando de Magalhães
TIERRA DO FOGO
OCEANO
MERIDIONAL

genommen wurde, ging die Entwicklung langsam voran. Investitionen im Handel mit Ostindien brachten mehr Gewinn als die mühsamere Arbeit und der Anbau in den Zuckerrohrplantagen. Beim Schlagen des Brasilholzes genügte die Hilfe der Indianer. Bei den Pflanzungen hingegen war für deren Rentabilität Großgrundbesitz mit zahlreichen Sklaven erforderlich. Die Krone vergab reichlich Land, und die Großgrundbesitzer verpachteten Stücke davon gegen die Beteiligung an der Ernte. So gab es nach und nach auch Kleinbauern in Küstennähe als ständige Bevölkerung. Für die Versorgung andere wichtige Lebensmittel, wie Maniok, Reis, Mais, Bohnen und Früchte sowie Viehzucht wurden notwendig. Im Norden war die geringe Zahl der Indianer bald völlig ungenügend, um bei der Ausdehnung der Güter die Bestellung der Felder und Verarbeitung der Ernte zu bewältigen. So beginnt der Sklavenhandel mit Schwarzafrika. Die Afrikaner stellten das Heer der billigen Arbeitskräfte in den nun folgenden drei Jahrhunderten der brasilianischen Geschichte. Von Portugal aus war zudem das Interesse an einer Entwicklung des Handwerks oder gar von Manufakturen in Brasilien gering, da dies nur den Absatz der Waren aus dem Mutterland schwächen würde. Die meist von Mulatten und Neuankömmlingen ausgeführten Arbeiten wie etwa Keramik, Lederbearbeitung und Textilherstellung vergrößerten sich daher nur langsam. Die religiösen Kulte und übernommenen Kulturformen der Schwarzen wurden seit Beginn ihres ›Imports‹ nach Brasilien und während ihres Lebens dort unterdrückt. Die Kirche arbeitete dabei eng mit den Grundbesitzern zusammen. Seit 1551 gab es einen Bischofssitz und ab 1553 ist Brasilien die sechste Provinz der Jesuiten gewesen. Der Unterricht lag ganz in ihrer Hand. Leider spielte die Kirche bei der Missionierung die Indianer oft Sklavenjägern und Ausbeutern zu. Trotzdem ist ihre Tätigkeit nicht hoch genug einzuschätzen, da sie allein die Grundlagen für die weitere kulturelle Entwicklung bot.

Im Jahre 1580 starb die portugiesische Dynastie der Avis aus, Philipp II. von Spanien meldete seine Nachfolgeansprüche an und vereinte beide Herrschaftsgebiete. Bei den dadurch ausgelösten zahlreichen Konflikten in Europa behielten Portugal und seine Kolonien ihr inneres staatliches Eigenleben; so blieb für Brasilien weiterhin Lissabon die Metropole. Es war jedoch in der Folgezeit eine erhebliche Schwächung des Handels mit den Produkten Brasiliens in Europa zu verzeichnen. Philipp II. hatte erreicht, daß holländische Schiffe Lissabon nicht mehr anlaufen und die Verteilung der kolonialen Güter in Europa nicht vornehmen konnten. Die Feinde Spaniens nutzten diese Situation. 1583 erschienen die Franzosen in Santos und Rio de Janeiro, 1594 und 1595 im Nordosten. Die Engländer griffen 1587 Salvador an und plünderten 1591 und 1595 Santos und Recife. 1612 gelang es den Franzosen, sich in Maranhão festzusetzen, die Holländer besetzten nach Angriffen 1624–25 auf Salvador 1630 Pernambuco und dehnen ihr ›Neuholland‹ bis Maranhão aus. Damit war eine neue politische Situation in Brasilien geschaffen, die bis 1654 anhalten sollte. Die Holländer richteten, nach anfänglichen Zerstörungen besonders in Olinda, eine feste Verwaltung für ihre Westindische Handelskompanie ein. 1636–1644 stand diese unter Lei-

◁ *Karte der erblichen ›Capitanias‹. Luis Teixera 1574*

Johann Moritz von Nassau-Siegen. Kupferstich von 1658 mit einem Epigramm von Vondel

Dom João IV., erster König des Hauses Bragança

tung des Prinzen Moritz von Nassau-Siegen, der eine weise Verständigungspolitik mit den Besitzern der ›Engenhos de Açucar‹ und viele Projekte zum Aufbau des Landes durchführte. Die regelmäßige Anlage der Stadt Recife als ›Mauritzstaad‹, die topographische Aufnahme der Küste von Rio Grande do Norte, Pernambuco und Sergipe und eine mannigfache wissenschaftliche Dokumentation der Kolonie sind sein Verdienst. Der Arzt Wilhelm Piso beschäftigte sich mit tropischen Krankheiten, die Maler Frans Post und Albert Eckhout schilderten Land und Leute. Auf die interessanten Arbeiten der ihn begleitenden Wissenschaftler und Künstler muß noch zurückgekommen werden, obgleich sie nicht eigentlich brasilianische Kunst und heute zum größten Teil in europäischen Sammlungen sind. Selbst der portugiesischen katholischen Kirche gegenüber nahm Moritz von Nassau eine konziliante Haltung ein, um die portugiesisch-brasilianische Seite für die Zusammenarbeit mit ihm zu gewinnen. Die Westindische Kompanie war nicht mit ihm zufrieden, da die holländischen Investitionen nicht so rasch wie erwünscht Gewinn einbrachten. Nachdem 1640 Portugal wieder unabhängig von Spanien war und João IV. aus der Dynastie Bragança den Thron bestieg, wurde 1641 zuerst ein zehnjähriger Waffenstillstand geschlossen, worauf die Westindische Kompanie ihre militärische Präsenz verringerte, um zu sparen. 1644 wurde

Prinz Moritz von Nassau als Statthalter entlassen. Damit war der erste Schritt zur Vertreibung der Holländer getan. Der eingesetzte Dreierrat ging, gegen seine Ratschläge, hart bei Bestrafung von Schuldnern und auf calvinistischen Druck auch hart in religiösen Fragen vor. So begannen Aufstandsbewegungen, zuerst in Maranhão und ab 1645 auch in Pernambuco. Die Kämpfe der Grundbesitzer, unterstützt durch die Indianer, konnten nicht mehr unterdrückt werden. So kam es zu den berühmten Schlachten von Guararapes 1648 und 1649 südlich von Recife, die mit dem Sieg der luso-brasilianischen Seite endeten. Nach Entsendung einer Hilfsflotte aus Portugal 1653 wurden die Holländer im folgenden Jahr endgültig zur Kapitulation gezwungen. Die Verwaltung in Brasilien, für die schon unter Philipp II. straffere Kontrollmaßnahmen ergriffen wurden, wird nun verstärkt. Ein Finanzprüfer (›Provedor-mor‹) und 1587 ein Rechnungshof (›Tribunal de Relação‹) wurden eingesetzt. Ganz im Norden waren schon 1621 Maranhão und die Capitanias von Grão Pará und Ceará mit einer von Bahia unabhängigen und der Krone direkt unterstellten Verwaltung versehen worden, der auch die Aufgabe zufiel, diese Gebiete effektiver gegen Übergriffe der Franzosen, Engländer oder Holländer, zu verteidigen. Diese Maßnahme wurde erst 1774 zugunsten neuer Zentralisierung durch den Marques de Pombal aufgehoben.

Ab der Mitte des 17. Jahrhunderts vervielfachte sich die Gründung von Dörfern und Städten, die zur Sicherung der Landnahme und der Einheit Brasiliens unter der portugiesischen Krone beitragen sollten, erheblich. Auch die kirchlichen Niederlassungen, besonders die der Franziskaner im Nordosten, nahmen zu. Es war dies eine Entwicklung, die noch durch den Verlust der portugiesischen Kolonien in Asien und Afrika verstärkt wurde. In Portugal fühlte man, durch den Wechsel zur Dynastie Bragança und durch die Verwicklung in den Spanischen Erbfolgekrieg bedingt, daß Brasilien lebenswichtig für den Handel sei und erlaubte daher den Export aus der Kolonie allein auf portugiesischen Schiffen. 1640 begründete Dom João IV. den ›Conselho Ultramarino‹, 1647 wurden die ›Companhia Geral do Comércio do Estado do Maranhão‹ für die Nordküste eingerichtet. Nur die Kirche entging der direkteren Kontrolle des ›Conselho Ultramarino‹. Für sie war die ›Mesa da Conciência e Ordem‹ (Rat für Gewissensfragen und Moral) zuständig. Der Fortschritt, der die materielle Grundlage für eine regere Bautätigkeit insbesondere kirchlicher Bauten gebracht hatte, war andererseits von wirtschaftlichen Konflikten begleitet. Nicht nur das Volk und die Sklaven, auch Grundbesitzer revoltierten, da überaus hart für die Abgaben an Portugal gearbeitet werden mußte. Unter den Widerstandsbewegungen ist die Revolte Manuel Beckmanns, eines Zuckermühlenbesitzers in Maranhão, von 1684 erwähnenswert, der gegen das Handelsmonopol anging. Dies und Zusammenschlüsse geflohener Sklaven in den Quilombos sind charakteristische Ereignisse der Epoche. Bei all diesen Kämpfen kam jedoch noch kein Gedanke an eine Loslösung vom Mutterland auf.

Unter den Zufluchtsorten der entlaufenen Sklaven ist der ›Quilombo de Palmares‹, der von 1630 bis 1694 im heutigen Staat Sergipe existierte, der größte und berühmteste gewesen. Er ist in Legende, Dichtung und Film eingegangen. Um 1675 befanden sich dort zwischen 20000 und 30000 entflohene Sklaven. Der Gegensatz von Herr und Sklave, ein grundsätzliches soziales Problem im merkantilen System, hatte mit dem Wachstum der kolonialen

Wirtschaft an Bedeutung und Härte zugenommen. Der Sklave, ein ›Objekt‹, das der Herr erwirbt und nach seinem Gutdünken ausbeuten und quälen kann, blieb für den Betrieb dieses Wirtschaftssystems die einzige in größerer Zahl beschaffbare Arbeitskraft. So ist bei den meist grausamen Strafen, die ihnen drohten, nicht verwunderlich, daß der Unfreie, der nicht protestieren und sich nicht organisieren konnte, Selbstvernichtung oder Flucht als einzige Auswege sah. Die Flüchtlinge errichteten Zufluchtsorte an möglichst schwer zugänglichen Stellen in der Wildnis. Diese konnten sie zur Verteidigung befestigen, Pflanzungen für ihren Unterhalt anlegen und auch Tauschhandel auf Schleichwegen mit Händlern ihres Vertrauens für Werkzeuge und andere Notwendigkeiten einrichten. Eine Gruppe von Hütten in der Wildnis wurde ›Mocambo‹, einige Siedlungen zusammen ›Quilombo‹ genannt, dem ein Häuptling – ›Zumbi‹ – vorstand. Die Zunahme der Quilombos zu einer Zeit, da Arbeitskräfte fehlten, löste natürlich Expeditionen zum Einfangen der Sklaven aus. Das Ansehen der Krone mußte gewahrt werden. Die Aktionen der Regierungstruppen wurden durch das unwegsame Gelände wie durch die Nachrichten und Waffen, die die Schwarzen in gewinnreichem Schmuggelhandel gegen Agrarprodukte erhielten, erschwert. Es war ein harter Buschkrieg, der mit allen Mitteln, mit Hinterlassen von Kleidung, die etwa mit ansteckenden Krankheiten wie Typhus verseucht war, geführt wurde. Der Gouverneur nahm schließlich den berüchtigten ›Bandeirante‹ und Bandenführer Domingos Jorge Velho unter Vertrag, der mit einer starken Truppe in den schließlich geschwächten Quilombo eindringen und ihn vollständig zerstören konnte. Der Zumbi wurde 1695 hingerichtet. Trotz der mit Hilfe der Kirche und dem Geld der Grundbesitzer ausgebauten Zentren gab es noch weite Gebiete, gar nicht fern von der Küste, die völlig unerschlossen waren; in ihnen verblieb den Indianern noch viel Aktionsraum, obgleich die ausgedehnte Viehzucht den Marsch ins Hinterland verstärkte. Um insgesamt die Verteidigung gegen Invasionen anderer Nationen endgültig zu unterbinden, wurde die Kolonisation des äußersten Nordens und des extremen Südens wichtig. Die Begründung von Grão-Pará 1616 im Gebiet des unteren Amazonas war dort die letzte Landnahme gegen Franzosen, Engländer und Holländer. Eine Expedition unter Francisco Caldeira Castelo Branco errichtete das ›Forte Presépio‹ – das heutige Belém –, das in strategisch günstiger Lage die Amazonasmündung beherrschte. Diese Aktion gab den Portugiesen das Monopol des Handels mit Heilpflanzen der Region. Die Franzosen wichen endgültig nach Guayana aus, also aus dem portugiesischen Interessenbereich heraus. Im äußersten Süden wurde 1680 die Kolonie Sacramento auf dem linken Ufer des La Plata gegründet. Da sie am Verschiffungsweg des bolivianischen Silbers via Buenos Aires nach Europa gelegen war, gab es andauernde Konflikte mit Spanien, dem sie schließlich 1777 zugesprochen wurde. Auch in westlicher Richtung erfaßte die Ausdehnung der Kolonisation weitere Gebiete, die zum Teil von kleinen Indianerstämmen bewohnt, zum Teil völlig menschenleer waren. Nachdem bewaffnete Pioniere die Besitznahme als Basis einer Kolonisierung getätigt hatten, mußte die Kirche, das heißt im wesentlichen die Jesuiten, die Befriedung der Indianer übernehmen, damit die Ansiedlung gesichert war. Beim Vordringen in das Innere des Kontinents, in der zweiten Hälfte des 17. und im 18. Jahrhundert, in Gebiete, die nach dem Vertrag von Tordesillas nicht den Portugiesen zustanden und der seit der portugiesisch-spanischen Herrschaftsunion praktisch nicht angewendet wurde, schafften die ›Bandeirantes‹ und die ihnen folgende extensive Bewirtschaftung des Raumes doch Tatsachen. Am Ende des 18. Jahrhunderts hatte dann Brasilien in seiner Ausdehnung seine endgültige Form erreicht. Von den Grenzen des Zuckerrohranbaues im Innern von Bahia zogen die ›Vaqueiros‹ mit ihren Rinderherden im Tal des Rio São Francisco hinauf und in nördlicher Richtung bis Piauí. In Pernambuco zogen sie bis in die Trockengebiete des ›Sertão‹.

Auch von São Paulo aus drängen Gruppen der Bandeirantes ins Innere vor. Zuerst auf der Jagd nach Indianern, die trotz der Proteste der Kirche eine leichte Beute dieser Abenteurer wurden, konnten sie weitere Regionen nach Westen erschließen und hatten bei ihrer Suche nach Edelmetallen schließlich überraschenden Erfolg. Zuerst am Berg Jaraguá nahe São Paulo, dann, den Flüssen folgend, auch in Minas. 1668 wurde Lourenço Castanho vom portugiesischen König für sein Vordringen ins Gebiet des späteren Minas Gerais ausgezeichnet. 1674 öffnete Fernão Dias weitere Wege dorthin. 1682 stößt Bartolomeu Bueno da Silva, ›Anhanguera‹ genannt, durch Minas bis nach Goiás vor. Ende des Jahrhunderts erfolgen dann die ersten bedeutenden Goldfunde durch die Paulistas.

Mit den Goldfunden begann nach der Stagnierung des Zuckerexports ein neuer Wirtschaftsaufschwung für Brasilien. Es setzte ein wahrer Goldrausch ein. Hauptsächlich handelte es sich um Flußgold, dann wurden aber auch abbaufähige Goldadern an den Hängen mit Stollen aufgegraben. Die Paulistas, die die Gegend schon kannten, hatten Erfahrungen und die ersten Reichtümer vorzuweisen. Schnell entstanden neue Orte wie Sabará, São João Del Rei, Ribeirão do Carmo und Vila Rica, das spätere Ouro Preto. Aus allen Richtungen strömten die Menschen auf langen beschwerlichen Märschen zu den Goldfundorten. Sie verließen die Landwirtschaft in Bahia und Pernambuco und kamen sogar direkt aus Portugal, so daß Zuwanderungsbeschränkungen und eine Jahresquote für die Zulassung von Sklaven eingeführt werden mußten. Die Versorgung der neuen Bevölkerung gestaltete sich schwierig, da die steinigen Böden der Bergbauzone nicht für die Anlage von Pflanzungen geeignet waren. Bald kam es darum zu Differenzen zwischen den Leuten aus São Paulo und den Neuankömmlingen. Es kam 1707–1709 zum sogenannten ›Krieg der Emboabas‹. Manoel de Borba Gato, Bandeirante und Intendant, verlangte als Führer der Paulistas, daß die Emboabas unter Manuel Nunes Viana das Tal des Rio das Velhas verließen. Diese gewannen jedoch weiteres Terrain. Die Paulistas blieben am Rio das Mortes, konnten aber schließlich doch weiter vordringen. Der Friede kam erst mit der Einrichtung der neuen Verwaltung der Capitanias von São Paulo und Minas Gerais. Eine straffe Organisation der Bergbaugebiete durch das Mutterland erwies sich als unbedingt erforderlich. Diese hat schließlich auch dazu geführt, daß die Goldgräberorte prächtig aufgebaut wurden. Das Hauptinteresse der Krone war natürlich auf die Goldabgaben, den ›Quinto‹ gerichtet. Eine Spezialregelung wurde zudem für die Diamantenwäscherei im Distrikt Diamantina erlassen. In dieser Zeit traten in Minas schon die ›Garimpeiros‹ auf, das heißt Goldwäscher als Einzelgänger, die verbotenerweise »schwarz« arbeiteten. Die Verschärfung der Kontrollen durch die königlichen Behörden hat auf der anderen Seite viele erfinderisch gemacht, so daß es manchem Sklaven möglich wurde, sich freizukaufen. Der Goldschmuggel in den krausen Haaren der Schwarzen, in hohlen Heiligenfiguren und anderen Objekten wird erwähnt. Bei dem hohen Prozentsatz von den bei der Goldsuche eingesetzten Sklaven waren für diese, trotz sehr ungesunder Lebensbedingungen und hoher Sterblichkeitsrate, die Aufstiegsmöglichkeiten besser als im Norden. Im Jahre 1735 kamen auf 96541 Sklaven nur 1420 Freie, 1786 zur Zeit des Höhepunkts des Sklavenhandels in jenem Gebiet hingegen auf 153759 Sklaven schon 45939 freie Farbige. Mit dem Verfall der Bergbauperiode nahm die Zahl der Sklaven in Minas weiter ab. Sie hatte die Kolonie außerordentlich dynamisiert, ohne die herrschende koloniale Sozialordnung zu verändern. Sie hat große Fortschritte auf allen Zweigen beruflicher Tätigkeit, besonders dem Handwerk, und einen erheblichen kulturellen Aufschwung im ganzen Land zur Folge gehabt. Die schönen Bauten aus jener Zeit führen das dem Besucher noch heute vor Augen. Auch die Verlegung der Hauptstadt der Kolonie – jetzt Vize-Königreich – von Salvador nach Rio de Janeiro, 1763, war eine Folge des Goldzyklus. Die Verwaltung der Kolonie rückte geographisch näher ins neue Zentrum der Wirtschaft. Die Wege nach Minas, die anfangs mehr von São Paulo im Tal des Paraíbaflusses und über das Mantiqueragebirge zum Rio das Velhas führten, waren lang und schwierig. Darum ließ die Metropole den ›Caminho Novo das Gerais‹ von Rio de Janeiro über den Pouso Frio und dem Paraibunafluß folgend anlegen und benutzen. Damit war eine neue Zentralisierung der Macht im Südosten geschaffen. Dies war nicht nur für die Regionen hinter Rio de Janeiro und São Paulo wichtig, die nun erschlossen wurden, sondern war auch entscheidend für die Konsolidierung der weiter südlich liegenden Gebiete, besonders Rio Grande do Sul. Dort fanden immer noch territoriale Veränderungen nach Gründung der ›Colonia de Sacramento‹ und der Errichtung der ›Sete Povos das Missões‹ statt. Der Vertrag von Madrid hatte 1750 zwar, ›uti possidetis‹, jedem zugesprochen, was er besaß. Aber schon der Tausch der bislang spanischen Provinz Sacramento gegen die Sete Povos das Missões veränderte diese Formel. Bald danach kam 1759 ein empfindlicher Rückschlag durch die Ausweisung der Jesuiten aus den portugiesischen Kolonien im Süden.

Bis dahin hatte das ganze Unterrichtswesen in der Kolonie fast ausschließlich in ihren Händen gelegen. Ihr Ausscheiden bedeutete, daß das von ihnen eingerichtete Schulwesen wieder von neuem aufgebaut werden mußte, wofür im Grunde, außer durch das Vorhandensein der Kirchen jede Basis fehlte. Ein Universitätsstudium war nur in Portugal möglich, und so mußten sich die jungen Brasilianer, die Jura oder Medizin studieren wollten, nach Coimbra einschiffen. Die Ideen der Aufklärung fanden daher nur langsam ihren Weg in die im alten Stil beherrschte Kolonie.

Unabhängigkeit von Portugal

Der berühmteste Aufstand, der sich als erste nationale Aktion gegen das Ausbeutungssystem des Mutterlandes äußerte, war die ›Inconfidencia Mineira‹ von 1789. Sie richtete sich auch gegen die hohen Abgaben und das Verbot der Königin Dona Maria I., in Brasilien Manufakturen zu errichten. Zudem kam, angeregt durch die Unabhängigkeit der USA und die politischen Programme der Aufklärung, auch in Brasilien der Wunsch nach Selbständigkeit auf. Die Herkunft der Verschworenen war sehr verschieden: Beamte, Militärs, aber auch Männer des Volkes nahmen teil. Claudio Manuel da Costa etwa war Poet und Richter, Alvaro Maciel hatte Philosophie studiert, Paulo de Andrade war Offizier; auch Geistliche wie Padre Correia de Toledo und der Conego Luiz Vieira da Silva gehörten dazu. Joaquim José da Silva Xavier ›Tiradentes‹ (›Zahnzieher‹, nach seinem früheren Beruf) war der Organisator der Bewegung. Nach ihm heißt heute sein Herkunftsort. Die Aufständischen wurden verraten und in dem folgenden Prozeß teils ins Exil geschickt, teils freigesprochen: Nur Tiradentes wurde grausam hingerichtet. Er ist der bis heute verehrte Märtyrer der brasilianischen Freiheitsbewegung. In Bahia war 1798 eine ähnliche Verschwörung im Entstehen begriffen. Sie hatte als Teilnehmer viele Mulatten, aber auch Mitglieder der ersten Freimaurervereinigung Brasiliens, ›Cavalheiros da Luz‹. Inspiriert von der französischen Revolution forderten sie gleiches Recht für alle, Abschaffung der Sklaverei und Handelsfreiheit. Bis also die Ideale dieser Bewegungen in Brasilien zum Tragen kommen konnten, sollte noch viel Zeit vergehen. Die napoleonische Zeit brachte dazu unerwartete Veränderungen.

In Rio de Janeiro kam 1808 der gesamte portugiesische Königshof mit Dom João VI. und seinem riesigen Gefolge an. Es sollen etwa 10000 Personen gewesen sein, die samt dem Grundstock der späteren Nationalbibliothek und des Museu de Belas Artes auf der Flucht vor den in Portugal eindringenden napoleonischen Truppen mit englischer Hilfe über den Atlantik kamen. Unter dem in Gegnerschaft zu Frankreich vorerst sehr starken englischen Einfluß wurde vom König als eine der ersten Maßnahmen die Öffnung der Häfen des Landes verfügt. Rio de Janeiro wurde Umschlagplatz für viele europäische Güter. Für den gehobenen Lebensstandard kamen Wein, Olivenöl, Weizenmehl und Stockfisch aus Portugal, Metallwaren aus England, später dann Möbel, Bücher, Seide und Porzellan aus Frankreich. Zwar sicherten hohe Zolleinnahmen der Regierung eine Einkunftsquelle, aber der Export brasilianischer Güter blieb vorerst ungenügend. Dom João VI. war weiterhin auch König von Portugal, was für die Außenpolitik allerdings nicht nur Vorteile mit sich brachte. Die Revolution von 1820 zwang ihn, im folgenden Jahr nach Portugal zurückzukehren, um seinen Thron nicht zu verlieren. Seine Regierungsmaßnahmen in Rio de Janeiro hatten jedoch Brasilien, abgesehen von der Öffnung der Häfen, der Gründung der Bank von Brasilien, mit dem Widerruf des Dekrets gegen die Errichtung von Manufakturen und der Erhebung zu einem Königreich wirtschaftliche und kulturelle Fortschritte gebracht und, wenngleich dies vielleicht nicht gleich bemerkt werden konnte, die Trennung von Portugal eingeleitet. Die Errichtung des Museu Nacional, der Akademie der Schönen Künste, der damaligen ›Biblioteca Real‹, der ›Academia Militar‹ und der Marine sind erwähnenswert. 1816 kam eine Künstlergruppe, die ›Missão Francesa‹, nach Brasilien, die großen Einfluß auf bildende Kunst und Architektur gewann. Sie brachte den französischen Klassizismus als vorherrschende Tendenz zur Geltung; auf sie wird noch einzugehen sein. Mit den ersten Presseorganen und der Druckerei ›Imprensa Regia‹ wurde auch mit dem bisherigen Verbot der Herstellung von Druckschriften in Brasilien gebrochen und die Möglichkeit der Meinungsbildung eröffnet. Während sich die meisten Maßnahmen des Königs zugunsten der herrschenden Klasse der Großgrundbesitzer auswirkten, führte die Verbreitung aufklärerischer Ideen zu Äußerungen gegen den Absolutismus. Eine Verschwörung im Nordosten wurde zwar 1817 niedergeschlagen, war aber ein weiteres Moment der Definition der nationalen Elite. Die Entwicklung Portugals zum Konstitutionalismus bewog João VI., dorthin zurückzukehren. Er ernannte seinen Sohn Pedro I. zu seinem Nachfolger. 1822 untersagte dieser, nach der Berufung der Provinzabgeordneten als staatlichem Organ, die Landung portugiesischer Truppen, da er sich praktisch als Gefangener der Liberalen betrachtete.

Dom Pedro entschied sich trotz aller Schwierigkeiten zu bleiben, was als ›O dia do Fico‹ – der Tag des ›Ich bleibe‹, – bezeichnet wird. Sehr rasch führten die von seinem Minister José Bonifacio de Andrada e Silva getroffenen Maßnahmen, die im Grunde konservativ, zu einer verfassunggebenden Versammlung, gegen die die Cortes mit Einberufung des Prinzregenten reagierte. Damit wurde es notwendig, die Einheit mit Portugal aufzukündigen. Dem gab Dom Pedro mit seinem Ruf ›Unabhängigkeit oder Tod‹ am 7. September 1822 auf dem

Dom Pedro I.

Vermählung Pedros I. mit Prinzessin Amelia 1829

Hügel von Ipiranga in São Paulo Ausdruck. Einen Monat später wurde er Monarch und am 1. Dezember desselben Jahres als erster brasilianischer Kaiser ausgerufen. Der Sieg war im Grunde durch das Erstarken der ›Aristocracia rural‹ in den Gebieten von Rio de Janeiro, Minas und São Paulo, dem ›Block des Südens‹ möglich geworden. Im Nordosten stand dem ein Verharren im kolonialen Geist gegenüber. Dort war die portugiesische Partei noch wesentlich stärker, so daß nur mit Hilfe der Offiziere englischer Schiffe der Umschwung und die Einheit des Landes erreicht wurden. Mit der Unabhängigkeitserklärung war jedoch keine soziale Umgestaltung verbunden. Die Politik des verantwortlichen Staatsmannes José Bonifacio war durchaus konservativ, sie isolierte ihn sogar im Verhältnis zum Kaiser, den er verteidigte, aber in eine schwierige Lage brachte; daher mußte er im Juli 1823 seinen Abschied nehmen. Trotzdem kam das Land nicht zur Ruhe. Der Kaiser selbst war ein unsteter Mensch mit schwierigem Charakter, der neben seiner Frau, der Habsburgerin Prinzessin Leopoldine, seine Mätresse, die Marquesa de Santos, hielt.

Eine verfassunggebende Versammlung wurde 1834 von Dom Pedro aufgelöst, er mußte einen Staatsrat ernennen, dessen 10 Mitglieder in 40 Tagen 1824 die Verfassung ausarbeiteten. Das Wahlrecht wurde darin an das Einkommen der Bürger gebunden. Im Norden wollte sich die ›Confederação do Ecuador‹ vom Kaiserreich abtrennen und im Süden brachte die ›Guerra Cisplatina‹ Kriegszustand mit Argentinien, der mit der Unabhängigkeit der Cisplatina (diesseits des La Plata) als ›Republica Oriental do Uruguay‹ endete. Die politische Unstetheit und das Fehlen von Gefühl für nationale und liberale Reaktionen isolierten den Kaiser mehr und mehr. Er lehnte zunächst ab, nach dem Tode seines Vaters 1826 dessen Nachfolge in Portugal anzutreten. Der Anspruch seines Vetters Michael auf den portugiesischen Thron ließ ihn dann doch an eine Rückkehr denken. Dies verstärkte bei den Brasilianern das Gefühl der Gefahr einer Rekolonisierung. Als sich 1831 die Konflikte zwischen Vertretern der portugiesischen und der brasilianischen Seite verstärkten und die Ernennung neuer Minister nichts besserte, blieb für den Kaiser nur die Abdankung. Am ersten Juli ernannte er José Bonifacio zum Betreuer des noch unmündigen Thronfolgers und verließ das Land.

Während der Regentschaft dauerten die Gegensätze zwischen der Landaristokratie und der sich mehr konsolidierenden städtischen Bevölkerung an. Auch die Intellektuellen meldeten sich zum Wort. Juristische Fakultäten wurden 1827 in São Paulo und 1828 in Olinda gegründet. Es folgten die medizinischen Fakultäten von Bahia und Rio de Janeiro, bald auch weitere Hochschulen in anderen Wissensbereichen. Das Land brauchte mehr ausgebildete Kräfte, auch wenn es noch lange Sitte blieb, daß sich junge Akademiker zur Weiterbildung nach Europa begaben. Die Provinzen bekamen 1834 durch Verwandlung der ›Conselhos de Provincia‹ in gesetzgebende Versammlungen – ›Assembleias Legislativas‹ weitgehendere Befugnisse. Aufstände in verschiedenen Provinzen gegen den konservativen Regentschaftsrat zwangen schließlich zu einer vorzeitigen Großjährigkeitserklärung des Thronfolgers.

So schwor Dom Pedro II. de Alcantara am 1. Juni 1840 auf die Verfassung und wurde zum Kaiser ausgerufen. Als Persönlichkeit war er ein ausgesprochener Humanist, der sich während seiner langen Regierungszeit mit der Wandlung in der wirtschaftspolitischen Struktur

Dom Pedro II. und Kaiserin Theresa

durch die von den Engländern 1850 erreichte Unterbindung des Sklavenhandels und die sich verstärkende europäische Einwanderung ebenso wie mit weiteren Aufständen und kriegerischen Zwistigkeiten mit den Nachbarländern im Süden auseinanderzusetzen hatte.

Nach den Perioden des Zuckerrohres und der Goldfunde wurde der Kaffee zum dritten bedeutenden Produkt für einen neuen Wirtschaftszyklus in der Geschichte Brasiliens. Er gewann im Laufe des 19. Jahrhunderts ständig an Bedeutung und ist bis in die jüngste Zeit einer der wichtigsten Exportartikel Brasiliens geblieben. Vom arabischen Orient und von den Antillen kam der Kaffee nach Brasilien, als der Wunsch nach seinem Genuß auch in Europa immer stärker wurde. Die erste Anbauregion wurde der weitere Umkreis von Rio de Janeiro, wo nach dem Niedergang des Bergbaues in Minas noch genügend Sklaven als Arbeitskräfte zur Verfügung standen. Es gab ebenso ausreichend Tragtiere, um die Ernte über die verhältnismäßig geringe Entfernung zu den Ausfuhrhäfen zu bringen. Die Plantagen im Grenzgebiet zu São Paulo, in Vassouras, Valença, Bananal und anschließend im Paraíbatal in Richtung São Paulo brachten ihren Besitzern so viel Gewinn, daß dies heute an Hand der Bauten, die sie auf ihren Gütern errichteten, noch nachempfunden werden kann. Das Paraíbatal erwies sich mit den mittleren Höhen, dem gemäßigten, windgeschützten Klima, als sehr günstig für die Anlage der Kaffeeplantagen. Bald jedoch war der gerodete, der Erosion ausgesetzte Boden, erschöpft. Das Zentrum des Kaffeeanbaues wanderte rasch weiter. In der zweiten Hälfte des Jahrhunderts lag es bereits auf der fruchtbaren roten Erde um Campinas und wanderte immer weiter nach Westen. Jetzt wurde Santos Ausfuhrhafen. Zuerst geschah der Abtransport auch dort auf Tragtieren, dann kam bald der Bau der Eisenbahnen. Die Engländer legten 1868 die ›São Paulo Railway‹ an, später ›Santos – Jundiai‹ genannt. Es folgten 1875 die ›Mogiana‹ und die ›Sorocabana‹. Wieder waren es Unternehmen zugunsten der finanzkräftigen Großgrundbesitzer, die ihre Farmen nicht mehr allein mit Sklaven, sondern mehr und mehr mit europäischen Einwanderern betrieben.

Kurz sei vermerkt, daß die politischen Auseinandersetzungen mit den Ländern am La Plata anhielten. Vor allem Uruguay war unstabil. Die blutigste Verwicklung in diesem Raum war der Krieg 1865 bis 1870 gegen die Ausdehnungsbestrebungen des wohlgerüsteten Paraguay. Hier führten die anliegenden Länder 1867 bis 1869 den größten Krieg auf südamerikanischem Boden. Die brasilianische Marine konnte im ersten Jahr mit der Schlacht von Riachuelo einen wichtigen Sieg erringen. Der Feldzug ging mit Verwüstung von Paraguay und Vernichtung eines großen Teiles seiner Bevölkerung größtenteils zu Lasten von Brasilien, denn gut ausgerüstete Truppen mußten erst organisiert werden. Es zeigte sich, daß die alte Nationalgarde der Grundbesitzer keine Grundlage für disziplinierte Verbände war, da die Einberufungen willkürlich und unter Zwang erfolgten. So bedeutete dieser Krieg für Brasilien neben den großen materiellen Lasten die Geburtsstunde seines Heeres. Dieses unterwarf sich seitdem nicht mehr dem zivilen Kommando der Grundbesitzer als ›Coroneis‹.

Aufhebung der Sklaverei und Gründung der Republik – Industrialisierung

Nach dem Ende des Sezessionskrieges (1865) in den USA und der damit verbundenen Aufhebung der Sklaverei, hatten nur noch Kuba und Brasilien mit diesem Problem zu kämpfen. Die Gegner der Sklaverei mehrten sich, die Republikaner traten dabei auf den Plan. Der Kaiser, der institutionsmäßig mit den feudalistischen Grundbesitzern verbunden war, konnte trotz seiner humanistischen Ideale nicht frei handeln. Immerhin kam 1871 das Gesetz des ›Ventre Livre‹ – des ›freien Bauches‹ – durch, das den Neugeborenen der Sklavenfamilien die Freiheit zusicherte. Nach der Gründung von zwei Gesellschaften für die Abschaffung der Sklaverei in Rio de Janeiro 1880 wurde trotz des Widerstandes der Landbesitzer die Forderung nach Befreiung der Sklaven immer stärker, so daß am 13. Mai 1888 Prinzessin Isabel, die in Abwesenheit Dom Pedros II. die Regentschaft führte, mit der ›Lei Aurea‹ – dem goldenen Gesetz – die Sklaverei in Brasilien endgültig für beendet erklärte. Dies vollzog sich, im Gegensatz zu den USA, ohne Kämpfe, hatte lediglich wirtschaftliche Folgen für die Unternehmer, besonders die Kaffeepflanzer, die nun überall die Arbeitskräfte, seien es ehemalige Sklaven oder solche aus den Scharen der zu jener Zeit ankommenden Einwanderer, bezahlen mußten. Es begann sich eine neue Verteilung der Reichtümer mit neuen wirtschaftlichen und politischen Konzentrationen anzubahnen, die den Großgrundbesitz in andere weniger fortschrittliche Gebiete drängte. Mit den neuen Produktionsmitteln, Industrie und Verkehr breitete sich die republikanische Bewegung aus. Sie setzte die konservative Oligarchie und das Kaisertum der Vergangenheit gleich. Durch die Unruhe auch im Heer und Zwistigkeiten mit der Kirche, die beispielsweise den Priestern die Teilnahme an Freimaurerlogen verbot, komplizierte sich die Lage des Kaisertums noch mehr. Ein kühner Reformversuch des Ministers Visconde de Ouro Preto kam zu spät und wurde nicht von der Kammer angenommen, so daß am 15. November 1889 die Monarchie gestürzt und die Republik ausgerufen wurde.

Nach einer provisorischen Regierung von 1889 bis 1891 des Marschalls Deodoro da Fonseca und des Juristen Ruy Barbosa, entstand die sogenannte ›Alte Republik‹, die mit 13 gewählten Präsidenten bis 1930 andauerte. Sie erklärte das Land zu einer föderalistischen Republik, verfügte die Naturalisierung der Einwanderer, führte die zivile Trauung, die Meldepflicht von Geburten und Todesfällen ein und nahm eine Trennung von Staat und Kirche vor. Die neue Verfassung wurde in Anlehnung an das amerikanische Modell – die frühere von 1824 hatte französisches – von Ruy Barbosa und Saldanha Marinho 1891 mit gesetzgebendem Kongress aus Abgeordnetenhaus und Senat und Präsidialsystem angenommen. Damit war eine für Brasilien moderne und europäischem Denken entsprechende Staatsform geschaffen, auch wenn sie nie ganz durchgeführt wurde. Die nach wie vor auf einer Landwirtschaft mit kolonialen Methoden basierende Wirtschaft hatte mehr gewinnbringenden Export als das Volk im Auge und verhinderte weiter ein sozialeres und demokratischeres Vorgehen der Regierung. Erst der Weltkrieg von 1914 bis 1918 brach die Monokultur der Kaffeewirtschaft, die zu einer Überproduktion geführt hatte. Brasilien deckte zu jener Zeit 60 % des Weltkonsums und mußte sich mit dem neu gegründeten ›Instituto do Café‹ gegen die sich bildenden internationalen Trusts verteidigen.

Am Anfang des 20. Jahrhunderts hatte ein anderer Wirtschaftszweig eine verhältnismäßig kurze, aber charakteristische Blütezeit. Es war dies die Gummigewinnung im Amazonasgebiet, von der man heute noch die Zeugen des damaligen Gewinns und Luxus in Manaus besichtigen kann. Im Ersten Weltkrieg bedeutete der Gummi ein gutes Geschäft, das danach wegen der weit billigeren Konkurrenz der asiatischen Kolonien und des synthetischen Gummis nicht mehr anhielt. Kaffee und Gummi haben Brasilien den Beginn der Industrialisierung, aber auch neue Abhängigkeiten vom internationalen Markt gebracht. Bald kamen ausländische Firmen wie Ford, Swift und Armour ins Land. Die Elektrizitätsgewinnung und die Straßenbahnen in São Paulo gehörten der ›Light & Power‹. Die erste Schwerindustrie auf Basis der reichen Mineralvorkommen war die 1921 installierte Belgo-Mineira. Die einsetzende Auswertung der vorhandenen Rohmaterialien im Land ermöglichte es aber, die teure Einfuhr durch einheimische Erzeugnisse zu ersetzen.

Nachdem in der zweiten Hälfte des 19. Jahrhunderts ein ausgesprochener Eklektismus, mit reiner Nachahmung der Modelle des europäischen, speziell des französischen Bürgertums vorgeherrscht hatte, verschob sich während des Ersten Weltkriegs in Literatur und Kunst Brasiliens das Interesse: Sozialprobleme und die Kritik am Kapitalismus drängten sich in den Vordergrund. Es dauerte noch einige Zeit, bis Formen wie Expressionismus oder Kubismus angenommen wurden. Die berühmt gewordene ›Semana de Arte Moderna‹ in São Paulo 1922 war eine von einer avantgardistischen intellektuellen Gruppe inszenierte Veranstaltung; auf ihre wichtigen Werke muß im kunsthistorischen Teil noch eingegangen werden. Ihre Teilnehmer haben meist in Paris studiert, strebten nun aber eine Nationalisierung ihrer Ausdrucksformen an, die sie beispielsweise ›Pau Brasil‹ oder ›Verde-amarelo‹, nach den Farben der Fahne, nannten.

Während sich in Rio de Janeiro und São Paulo neue Kunst, Literatur und Architektur entwickelten, bald auch in Recife und Porto Alegre neue schöpferische Formen gefunden wurde, waren in anderen Gebieten Brasiliens ganz archaische Phänomene menschlichen Verhaltens zu finden. Selbst im Innern von Bundesstaaten mit entwickelter Zivilisation waren Ausbrüche religiöser und sozialer Glaubenseiferer nicht selten.

Ein Beispiel war der ›Araial de Canudos‹ im Dürregebiet des Sertão im nördlichen Bahia. Dort ließ sich der Wanderprediger Antonio Conselheiro, als ›Beato‹ und Entsandter Gottes vom Volk verehrt, nieder. Fanatisch hatte er im ganzen Sertão gegen die Leiden des armen Volkes in der von der Sonne verbrannten Landschaft gepredigt, hatte die Trennung von Staat und Kirche und die Ziviltrauung angeprangert und sich die einfachen Menschen durch seinen Mystizismus blindlings verpflichtet. Die von ihm gegründete Siedlung wuchs sehr schnell an. Zuerst wurde sie von der Kirche bekämpft und schließlich 1896 und 1897 durch zwei grausame große Militärexpeditionen vernichtet, bei denen niemand geschont, Canudos dem Boden völlig gleichgemacht und der Leichnam des Conselheiro wieder ausgegraben wurde, um seinen Kopf zur Schau zu stellen. Euclides da Cunha hat Canudos mit seinem klassisch gewordenen Buch ›Os Sertões‹ ein ergreifendes Denkmal gesetzt.

Eine ähnliche religiös fanatische Bewegung stellte noch 1912 bis 1916 der Kampf des ›Contestado‹ im Grenzgebiet von Santa Catarina und Paraná dar. Dort waren es die Prediger João Maria und, nach dessen Tod, José Maria, die in primitivster Glaubenslehre die recht- und landlosen Menschen fanatisierten und ihren Kampf gegen die Obrigkeiten fast fünf Jahre lang von Ort zu Ort als heiligen Krieg führten. Es heißt bis heute, daß João Maria wiederkehren werde.

Volkstümliche Prediger fanden und finden weiterhin in allen Zonen Brasiliens mehr Zulauf und Verehrung als der katholischen Kirche lieb ist. So wurde Padre Cicero in Ceará, seit 1872 Vikar in Juazeiro do Norte, von seinen kirchlichen Oberen suspendiert. Er errichtete trotzdem eine neue Kirche mit einer Siedlung in Juazeiro, wo er den Notleidenden bis zu seinem Tod 1934 Trost zusprach. Heute werden sein Grab, seine Kirche und das riesige Denkmal, das ihm errichtet wurde, von Menschen des gesamten Nordostens in Wallfahrten besucht. Sie alle glauben an seine wundertätige Hilfe.

Selbst die Räuber, die ›Cangaceiros‹ erhielten in diesen Gegenden einen Glorienschein in ihrem Treiben gegen die Besitzenden, da sie manchmal den in noch bitterer Armut und mit peinigendem Hunger Lebenden halfen. Der bekannteste unter diesen Bandenführern war Lampião mit seiner Maria Bonita, die beide in Volkskunst und Filmen verewigt wurden.

In den zwanziger Jahren machten sich auch in Brasilien radikale Ideologien und Bewegungen bemerkbar; etwa die den Nationalismus verstärkenden ›Tenentistas‹ (Leutnants) oder der spätere langjährige Führer der brasilianischen Kommunisten Luiz Carlos Prestes, der mit einer Marschkolonne durchs Land zog, aber die Bevölkerung, besonders im Hinterland, nicht zu einer Erhebung bewegen konnte. Die Arbeiterbewegungen standen noch ganz im Anfang. Einzelne Anarchisten fanden kaum Gefolgschaft. Das Erwachen der Massen wurde durch Ereignisse wie den Börsenkrach 1929 in New York beschleunigt, da der brasilianische Kaffeeexport davon schwer betroffen wurde. Für Brasilien gab es keinen New Deal: Der

Staat mußte vielmehr stärker in die Wirtschaft eingreifen, was für die brasilianische Regierung ohne feste Linie zwischen den Demokratien Frankreich, England und USA und den faschistisch-nationalsozialistischen Italien und Deutschland schwierig war. Nach den Wahlen vom März 1930 kam es zu einer Revolution, mit der die Militärs den noch amtierenden Präsidenten Washington Luis absetzten. Damit begann eine Epoche, die vom wichtigsten Politiker der neueren Zeit, Getúlio Vargas, beherrscht wurde.

1883 in São Borja, im äußersten Südwesten von Rio Grande do Sul geboren, studierte Getúlio Dornelles Vargas, der eigentlich Militär werden wollte, zunächst Rechtswissenschaft. Ab 1909 betätigte er sich als Abgeordneter. Als sich im November 1930 die Regierung auflöste, die Washington Luis abgesetzt hatte, wurde eine provisorische Regierung unter seiner Führung ernannt. Auch das Parlament wurde aufgelöst und Vargas mußte sich mit den konservativen Grundbesitzern, den rechtsradikalen ›Tenentes‹ und den zugunsten der Legalität eingestellten Militärs auseinandersetzen. Dies gelang ihm durch Berufung von Statthaltern in den einzelnen Staaten. Auf Druck der ›Kaffeebarone‹ von São Paulo, die um ihre wirtschaftliche Macht bangten, und gegen den Widerstand der faschistischen Tenentes ließ er im Februar 1932 ein neues Wahlgesetz und einen neuen Verfassungsentwurf veröffentlichen. Zum ersten Mal war eine geheime Wahl, das Wahlrecht der Frauen sowie von den Gewerkschaften gewählte Abgeordnete vorgesehen. Ungeachtet dieser Vorschläge brach in São Paulo am 9. Juli eine Revolution aus, die niederzuwerfen Vargas nicht geringe Mühe hatte, da seine Generäle nicht gegen die Einwohner von São Paulo kämpfen wollten. Trotzdem konnte die verfassungsgebende Versammlung ihre Arbeit aufnehmen, und die neue Verfassung wurde im Juli 1934 in Kraft gesetzt. Sie enthielt erstmalig als einen wichtigen Bestandteil eine Arbeitsgesetzgebung, die acht Stunden Arbeitszeit, Mindestlohn, bezahlte Ferien und Verbot der Jugendarbeit vorsah. In einem Land, das zwei Generationen vorher noch Sklaverei kannte und in dem die einwandernden Lohnarbeiter skrupellos ausgenutzt wurden, waren diese neuen Gesetze ein gewaltiger Fortschritt. Sie brachten Getúlio Vargas andauernde Sympathien der bisher ohne Stimme gebliebenen Arbeiterschaft ein. Neue politische Fronten bildeten sich in Brasilien unter Einfluß der Ideologien, die Europa bewegten. Es entstand die faschistische ›Ação Integralista Brasileira‹ und auf der anderen Seite organisierte sich der äußerste linke Flügel in anarchistischen Gruppen und in der kommunistischen Partei. Die radikalen Anschauungen fanden Anhänger in den stark anwachsenden Industriestädten. Vargas nahm 1937 eine vorzeitig ausbrechende kommunistische Erhebung als Vorwand, den Belagerungszustand zu erklären. Neue Unruhen danach dienten dann dazu, das Parlament zu schließen und die Parteien aufzulösen, so daß eine reine Diktatur geschaffen war. In der neuesten Verfassung erscheint er nunmehr als der oberste Führer des Staates, mit umfassenden innen- und außenpolitischen Vollmachten ›im Interesse des Landes‹ ausgerüstet. Ein nationaler Wirtschaftsrat wurde nach italienischem Modell eingesetzt. Um von der Monokultur der weiter mit Exportschwierigkeiten kämpfenden Kaffeewirtschaft unabhängiger zu sein, ließ Vargas ab 1940 die einheimische Industrie ausbauen. Der eben begonnene Zweite Weltkrieg bot dafür günstige Möglichkeiten. Das Stahlwerk von Volta Redonda, wichtige Eisenbahnlinien, beispielsweise um die Kohle aus Santa Catarina heranzuschaffen,

Getúlio Vargas (Mitte) bei der Feier des Unabhängigkeitstages 1938

und der Anfang der Erdölgewinnung zeugen noch heute von den intensiven wirtschaftlichen Bemühungen seiner Zeit. Langsam kam auch die politische Diskussion wieder in Fluß. Die brasilianischen Politiker sympatisierten teils mit den Demokratien der alliierten Seite, teils mit den Achsenmächten. Schließlich wurde auf Drängen der USA, die im Nordosten und auf der Insel Fernando de Noronha Stützpunkte für Flotte und Luftfahrt errichteten, am 21. August 1943 der Kriegszustand mit Deutschland, Italien und Japan erklärt. Besonderen Anlaß gaben die Angriffe deutscher U-Boote, die auch brasilianische Schiffe, zum Teil in brasilianischen Hoheitsgewässern, versenkt hatten. Die direkte Teilnahme Brasiliens am Zweiten Weltkrieg beschränkte sich erst auf Materiallieferungen und Sicherung des Südatlantik. Erst 1944 wurde ein Expeditionskorps unter dem General Mascarenhas de Morais nach Italien entsandt, wo es an den Kämpfen um Monte Cassino und Montese Anteil hatte. Der Zweite Weltkrieg hatte natürlicherweise auch Einfluß auf die innerpolitische Meinungsbildung in Brasilien. 1943 hatte Vargas erklärt, daß nach gutem Kriegsausgang das Volk über die künftige politische Struktur befragt werden würde. So regten sich 1945 die demokratischen Kräfte der Opposition, die neue Parteien gründen konnten. Der Präsident sah sich gezwungen, eine Amnestie der politischen Gefangenen auszusprechen. Seine Manöver, um an der Macht bleiben zu können, fanden jedoch immer mehr Widerstand selbst beim Heer, so daß er am 29. Oktober 1945 die Regierungsgewalt an das Oberste Bundesgericht zurückgeben mußte. Damit war sein ›Estado Novo‹ beendet. Es wurde als ein Sieg der Reichen, der UDN, angesehen und der ehemalige Diktator Getúlio Vargas gewann ungeheuer an Popularität, denn auch während der Zeit seines gewählten Nachfolgers, des Marschalls Eurico Dutra (1946–1951), blieben viele seiner Ideen tragend in der brasilianischen Politik, obgleich die Gewerkschaften, die er gründete, und die Parteien noch keinen gemeinsamen Nenner finden konnten.

Nach dem Zweiten Weltkrieg sah sich Brasilien mit den übrigen lateinamerikanischen Ländern in die Reihe der noch unterentwickelten Staaten der Dritten Welt eingeordnet. Die Anstrengungen, eine höhere Stufe in der wirtschaftlichen und kulturellen Entwicklung zu erreichen, kennzeichnen die Politik der nächsten Jahrzehnte. Die früher so engen Verbindungen zur Mehrzahl der europäischen Länder hatte der Krieg unterbrochen. Brasilien kam jetzt sehr viel stärker in den Einflußbereich der USA. Lateinamerika insgesamt wurde ein Objekt der nordamerikanischen Finanzwirtschaft, die vorerst nicht mehr das Interesse hatte, die im Krieg begünstigte Industrialisierung Brasiliens weiter zu unterstützen: der Export der USA war gefährdet. Zugunsten der Beziehungen zu den USA hatte der aus einer konservativen Militärschule kommende Marschall Dutra im ›Kalten Krieg‹ die diplomatischen Beziehungen zur Sowjetunion abgebrochen und die kommunistische Partei in Brasilien verboten.

Die erneute Führung der Regierung durch Getúlio Vargas, 1951 bis 1954, diesmal demokratisch gewählt und gestützt auf die Stimmen der Arbeiterpartei PTB (Partido Trabalhista Brasileiro), ging nun wieder mit neuen Nationalisierungsbestrebungen gegen die gewaltige Verstrickung in die internationale Wirtschaft an, so daß die USA unter Eisenhower sogar den abgeschlossenen Entwicklungshilfekontrakt kürzten. Vargas konnte immerhin bei seinen Nationalisierungen das Erdöl Brasiliens 1953 durch Gründung der staatlichen ›Petrobras‹ zu einem Monopol erklären, das sich seitdem gut entwickelt hat. Sonst unterstützte er die Arbeiterbewegungen, die ihn verehrten, um sein nationales Wirtschaftsprogramm weiterzuführen. Die Opposition der mit ausländischem Kapital arbeitenden Unternehmer wuchs dagegen im Hintergrund. Es kam zu Ereignissen wie dem Attentat, bei dem Carlos Lacerda, Journalist, Teilhaber der ›Tribuna das Impressa‹ und Mitglied der rechtsorientierten UDN getötet werden sollte. Statt ihm fiel dem Anschlag jedoch ein Luftwaffenoffizier zum Opfer. Da man Vargas das Attentat anlastete, wurde ihm der Rücktritt nahegelegt. Getúlio Vargas nahm sich nach der Niederschrift seines politischen Testaments am 24. August 1954 das Leben.

Sechs Monate vergingen mit Regierungen durch Vizepräsidenten, bis mit den Stimmen derjenigen Parteien, die Vargas unterstützt hatten, Juscelino Kubitschek aus Minas Gerais als Präsident gewählt wurde. Konservative und Wirtschaftskreise versuchten mit Hilfe von Militärs vergeblich seinen Amtsantritt zu verhindern. Die Regierungszeit Kubitscheks, 1956 bis 1961, ist durch eine ungehemmte Entwicklungspolitik mit Industrialisierung auf allen Gebieten, Automobilbau im Lande, Erleichterungen für Investitionen auch mit ausländischem Kapital, Gründung einer besonderen Behörde, der SUDENE, um den armen Nordosten in den Fortschritt einzubeziehen, Fernstraßen und schließlich dem Bau der neuen Hauptstadt Brasília, um die Entwicklung von der Küste ins Innere zu ziehen, gekennzeichnet. Es waren dies alles durchaus richtige Ideen, die auch weiterwirkten. Ohne Zweifel hat die Anstrengung Kubitscheks das Aussehen Brasiliens stark verändert und modernisiert. Die Industriezentren wuchsen rasch und sogen große Menschenmengen aus armen Gegenden auf. Die ungeheuren Kosten dieses überschnellen Aufbaus brachten eine verstärkte Abhängigkeit vom internationalen Kapitalmarkt und eine steigende Inflation mit sich. Für die Brasilianer sind die in seiner Regierungszeit gebauten Kraftwerke, Fernstraßen sowie Brasília Marksteine von dauerndem Wert, auch wenn sie für seine Nachfolger eine schwere Belastung des Staatshaushaltes hinterließen. Auf kulturellem Gebiet wurde ebenso viel geschaffen. Moderne Kunst und Architektur wurden gefördert; Industriebauten und Geschäftshäuser zeigten neue Formen. Der Plan und die Bauten von Brasília, 1000 km von der Küste auf der Hochfläche von Goiás, stellen den Höhepunkt dieser Epoche dar.

Militärdiktaturen

Zur allgemeinen Überraschung wurde der eigenwillige Janio Quadros 1960 der nächste Präsident des Landes. Nach Getúlio Vargas wieder ein Volkstribun in der Geschichte Brasiliens. Er kam mit seinen propagierten Methoden, z. B. persönliche Kontrolle der Verwaltungen, um zu sparen, den Wünschen des kleinen Mannes entgegen. Starke Besteuerung der großen Unternehmen und Beschränkung der Überweisung von Gewinnen ins Ausland durch die multinationalen Firmen brachten ihn in starken Gegensatz zu den Vertretern des nationalen wie internationalen Kapitals. Von diesen Kreisen wurde er als Anhänger des sozialistischen Blocks verdächtigt. Nach sieben Monaten Regierungszeit erklärte er, daß er unter unerträglichen Druck gesetzt worden sei und zurücktreten müsse. Man sagt, er habe gehofft, daß das Volk ihn zurückholen würde. Das ist, trotz seiner unausgeglichenen Art mit unberechenbaren politischen Manövern, 1985 bei der Wahl zum Oberbürgermeister von São Paulo doch geschehen. Der damalige Vizepräsident João Goulart, Millionär, Besitzer großer Viehfarmen und als der politische Erbe von Vargas angesehen, hielt sich gerade in China auf. Die Minister der Teilstreitkräfte erklärten den Belagerungszustand und griffen in die Gewerkschaften ein, kontrollierten Presse und Radio, um die Amtsübernahme durch Goulart nach dessen Rückkehr zu vereiteln. Der kommandierende General in Rio Grande do Sul war jedoch für das Einhalten der Verfassung. So spitzten sich die Gegensätze zu, bis die Amerikaner einlenkten. Sie wollten keine Linksrevolution in Brasilien und fürchteten die Möglichkeit eines zweiten Kuba auf dem Kontinent. Es kam zu einer Kompromißlösung durch Verfassungsänderung zum Parlamentarismus, die allerdings nur kurz andauerte, danach konnte Goulart das Präsidentenamt antreten. Der ›Populimus‹ von Vargas wurde dabei politisch weiter mißbraucht, da er die Massen auf die Beine gebracht hatte, die nun wieder demonstrierten. Wenn man auch wohl die Gründe ihrer Unzufriedenheit als berechtigt anerkannte, fürchteten konservative Kreise mit ihrer Partei UDN und viele Militärs die vom Präsidenten unterstützten Massendemonstrationen als eine die Sicherheit des Systems gefährdenden Machtzuwachs der Syndikate. Durch Radikalisierung der Forderungen nach wirtschaftlichen und sozialen Reformen auf Versammlungen auch von Angehörigen der Marine und Unteroffizieren des Heeres im März 1964, die von deren Kommando nicht gebilligt wurden, kam Goulart, der diese Ausbrüche duldete, in offenen Widerspruch zu den Generälen. Am 31. März erfolgte daraufhin eine Militärerhebung, die in Minas Gerais begann, sich aber sogleich auf Rio de Janeiro, São Paulo und den Süden ausbreitete. Goullart mußte Brasília verlassen und sich schließlich nach Uruguay ins Exil zurückziehen. Ein

Triumvirat von Generälen, das den Vizepräsidenten ausgeschaltet hatte, ermächtigte das Parlament zu indirekter Wahl des nächsten Präsidenten. Dies wurde am 15. April 1964 der General Humberto Castello Branco. Die Militärs schalteten Legislative wie Exekutive aus, Arbeiter- und Studentenorganisationen wurden als subversiv aufgelöst und vielen Politikern, unter ihnen sogar dem Expräsidenten Juscelino Kubitschek, die politischen Rechte abgesprochen. Im Jahr darauf wurden die noch bestehenden politischen Parteien aufgelöst und der Kurs weiter verschärft. Entsprechende Gesetzerlasse wie zu Pressezensur oder der Wahrung der ›Nationalen Sicherheit‹ gaben jede Möglichkeit, unbequeme Personen auszuschalten. Dies setzte sich unter den Nachfolgern Castello Brancos, den Generälen Costa e Silva (1967–69) und Emilio Garastazu Medici (1969–74) fort. Die Opposition konnte vorerst nichts gegenüber den immer brutaleren Akten der Militärs und Polizeikräfte ausrichten. Die Rechtsbeugungen fanden in dem Ausnahmegesetz ›Ato Institucional N° 5‹ ihren Höhepunkt. Die Immunität der Abgeordneten wurde aufgehoben, lebenslängliche Gefangenschaft und Todesstrafe dekretiert. Dies führte zur Bildung von Terrorgruppen. Der Kampf mit der Opposition isolierte die Regierung immer stärker. Nach der Ermordung eines Journalisten und eines Arbeiters im Gefängnis des Heeres in São Paulo 1975, schon während der Präsidentschaft von General Geisel, mußte der zur ›harten Linie‹ gehörende kommandierende General der Zweiten Heeresgruppe abgerufen werden.

Während der Amtszeit Präsident Ernesto Geisels (1974–1979), der aus der Familie eines deutsch-evangelischen Pastors in Rio Grande do Sul stammte, verschlechterte sich die Lage zusehens. Wenn auch die Oppositionspartei MDB (Movimento Democrático Brasileiro) wuchs, so konnte die Regierungspartei ›Arena‹ das Feld doch weiter beherrschen. Die Abhängigkeit von Einfuhren, besonders von Erdöl, mittlerweile auf dem Weltmarkt sehr teuer geworden, erschwerte die erhoffte Weiterentwicklung.

Im April 1977 wurde der Kongreß wie 1964 wieder geschlossen. Die Möglichkeiten politischer Zwangsmaßnahmen erschöpften sich. Die ersten ›Revolutionsregierungen‹ der Militärs hatten das Glück, noch auf der unter Kubitschek begonnenen Nationalisierung der Wirtschaft weiterbauen zu können. Sie fingen sogar neue grandiose Projekte ohne Rücksicht auf die Liquidierung der Auslandsschulden an. Es seien nur das Kraftwerk Itaipú, die Erzbahn von Minas zur Küste und der mit der Bundesrepublik Deutschland geschlossene Vertrag zum Bau von Atomkraftwerken erwähnt. Die Minister und Leiter staatlicher Betriebe – sogenannte Technokraten und viele ehemalige Militärs – sollten die ständig steigende Inflation bekämpfen. Alle Maßnahmen des sogenannten ›brasilianischen Wirtschaftswunders‹ des allmächtigen Ministers Delfim Neto erwiesen sich jedoch als unsozial und den Lebensstandard der Mittelklasse mindernd. Sparmaßnahmen und die Gründung einer Bank für Wohnungsbau gaben der Regierung wohl nach außen den Anschein einer fürsorglichen Wirtschaftspolitik. Aber die Begünstigung der Konsumgüter- und Elektroindustrie kam nur einem kleinen Teil der Bevölkerung zugute und führte zu einer für Brasilien bis heute überspitzten Form der Konsumgesellschaft.

Während der Präsidentschaft Geisels gelang es noch, das Gesicht zu wahren, unter seinem Nachfolger General João Batista Figueiredo (1979–1985) kam jedoch die Ernüchterung.

Eine ständig steigende Inflation und der sinkende Lebensstandard zwangen die Militärregierung eine graduelle Demokratisierung zuzugestehen um nicht völlig von den Ereignissen und als allein verantwortlich überrollt zu werden. Bei den Parlamentswahlen – gleichzeitig Wahlen der Staatsgouverneure – im November 1982 erhielt die Oppositionspartei, nun PMDB (Partido do Movimento ...), einen enormen Stimmenzuwachs, ein entsprechend großes Gewicht im Parlament und konnte die Hälfte der Gouverneure stellen. Mit riesigen Massenveranstaltungen in den großen Städten erreichten sie es, daß Anfang 1985 ihr Kandidat Tancredo Neves aus São João Del Rei, seit 1982 Gouverneur von Minas Gerais, die Wahl gewann. Seine unerwartete Erkrankung und sein tragischer Tod, ohne das Amt je angetreten zu haben, lösten tiefe Trauer im Volk aus, da Tancredo als Befreier vom autoritären System angesehen wurde. Die Koalition von PMDB mit Teilen der bisherigen Regierungspartei PDS (Partido Democrático Social) stützten nun den als Vizepräsidenten siegreichen Politiker José Sarney aus Maranhão. Das Volk, das sich schon in den Massendemonstrationen zugunsten Wiedereinführung direkter Wahlen überzeugend für die Demokratisierung aller Bereiche des öffentlichen Lebens bekannt hatte, nahm nun in niegesehener Intensität an der Diskussion aller Fragen der ›Neuen Republik‹ teil. Es hatte schließlich während zwanzig Jahren Militärregierung keine Mitsprache gehabt.

Brasilien heute

Nunmehr aber war das Klima günstig für eine offenere politische und soziale Entwicklung. Auch in den Nachbarländern im Süden, Argentinien und Uruguay, endete die Militärdiktatur. Demokratie ist sicherlich das ehrliche Verlangen der Mehrheit, aber auch ein Schlagwort derer, die lediglich ein Geschäft daraus machen wollen. Eine Währungsreform Ende Februar 1986 sollte, begleitet von einem rigorosen Preisstop eine Konsolidierung des wirtschaftlichen Lebens bringen. Als Währungseinheit wurde der ›Cruzado‹ eingeführt und die galoppierende Inflation im Lande vorerst gebremst. Alle Maßnahmen der Regierung Sarney wurden von den breiten Massen, die ja überwiegend vom Mindestlohn abhängen, sehr begrüßt. So konnten die PMDB (Partido do Movimento Democrático Brasileiro) und die mit ihr verbündeten Liberalen, nunmehr Regierungsparteien, im November desselben Jahres einen gewaltigen Erfolg bei der Neuwahl der Gouverneure aller Bundesstaaten und Abgeordenten der Parlamente erzielen. Fehlendes Gemeingefühl und Verantwortungslosigkeit bei Politikern, manchen Unternehmern und Spekulanten haben jedoch die Maßnahmen der Regierung nicht zum gewünschten Erfolg kommen lassen. Zahlreiche Sektoren der Produktion und Verbrauchsgüter begannen unter dem Mangel an Rohmaterialien und fehlender Zulieferung zu leiden. Trotz der Aufrufe der Regierung untergruben Schwarzmarktpreise bei vielen der zeitweise fehlenden Verbrauchsprodukte, z. B. Fleisch, das Gefüge neuer Wirtschaftsordnung noch mehr. Aufgelder der Regierung für Treibstoff und Automobilpreise wie für öffentliche Dienste ließen die Lebenskosten wieder ansteigen, so daß die benachteiligten Lohnempfänger zu streiken begannen. Ein Aufhalten des von der Regierung wieder zugelassenen Preisanstiegs war nicht mehr möglich. Das Ansehen der Regierung hat dadurch nicht wenig gelitten. Wohl wird von ihr und dem Präsidenten Optimismus verbreitet, aber ihre Glaubwürdigkeit und ihr Engagement wird nicht laut jedoch stark bezweifelt.

Der an Wirtschaft und sozialen Fragen Interessierte wird an Statistiken, aus der Presse und durch eigene Beobachtung feststellen können, daß den demnächst 140 Millionen, im Jahre 2000 vielleicht 200 Millionen Brasilianern nicht die entsprechende Versorgung, wie Dienstleistungen, Konsumgüter, Gesundheitsvorsorge, aber auch Leistungen wie Abfallbeseitigung, Erhaltung des lebensnotwendigen ökologischen Gleichgewichts geboten werden kann. Für die Brasilianer wird die Kluft zwischen der zahlenmäßig winzigen Schicht der ganz Reichen und der großen Menge der wirklich Armen stetig weiter auseinander klaffen, so daß die für jede Entwicklung wichtige Mittelklasse nicht mehr die Kraft aufbringen wird, wirtschaftlich und kulturell ihre Situation zu verbessern. Gerade sie ist heute mehr denn je in Gefahr, wieder an Boden zu verlieren. Die steigende Inflation, die kargen Löhne und Gehälter, selbst im Staatsdienst, zwingen viele dazu, einen zweiten Beruf zu ergreifen. Teilweise müssen aber auch die in den Metropolen einfach notwendigen Zweitwagen verkauft, die Kinder von besseren Schulen genommen werden. So beginnt zumeist die Verarmung, die nicht selten in einer der stark wachsenden Favelas endet (Abb. 15, 16).

Die Bevölkerungsdichte, auf das gesamte Gebiet des Landes mit 15 Einwohnern pro Quadratkilometer berechnet, ist recht gering. Es sind darin sehr große Gebiete, wie das Amazonasbecken, Mato Grosso, Para und Goiás noch weit sporadischer und dünner (3–10 E/km^2) besiedelt. Andererseits findet man im Südosten flächenmäßig kleine Bereiche mit einer weit höheren Bevölkerungsdichte. Das Trockengebiet im Nordosten mit etwa 24 Millionen Menschen gehört weltweit zu den Zonen des Hungers und der höchsten Kindersterblichkeit überhaupt. 40 % der Kinder sterben vor der Einschulung. In seiner Weite ist es ebenso schwierig zu sanieren wie die mit den von dort ausgewanderten ›Nordestinos‹ übervölkerten Randzonen der Industriestädte.

Zwar wird die Landwirtschaft staatlicherseits gefördert, aber selbst diese Unterstützung ist nicht ohne negative Auswirkungen. So ist die in großem Stile betriebene Subventionierung des Soja-Anbaus das Todesurteil für viele kleine Landwirte, die sich neben den riesigen Fazenden nicht mehr halten können. Sie sind gezwungen, ihre Betriebe zu schließen und wandern in die Großstädte ab, wo sie die Menge derjenigen, die ohnehin schon am Rande der Gesellschaft leben, vergrößern. Zudem gibt es gerade beim Soja-Anbau keinen Bedarf an Facharbeitern, anders als etwa beim Kaffeeanbau. So wird auch in diesem Bereich Arbeitslosigkeit künstlich geschaffen.

In den Städten herrscht durchweg krasser Wohnungsmangel. Die Mieten steigen, der Erwerb selbst bescheidener Eigenheime verteuert sich in gleichem Maße und subhumane Lebensbedingungen werden zur Dauererscheinung. Der bittere Satz ›São Paulo ist die größte Stadt des Nordostens‹ bezieht sich genau auf den oben angesprochenen Zusammenhang von landwirtschaftlicher Fehlplanung, Landflucht und Verelendung in den Großstädten. So besagt es, daß in São Paulo mindestens eine Million Menschen in den Favelas leben, noch nichts über das wahre Ausmaß des sozialen Ungleichgewichts. Denn ungezählt sind jene Familien, die zwar noch nicht betteln, aber durch Inflation und Steigerung der Lebenshaltungskosten bedingt, ihren Lebensstandard nicht halten können und im sozialen Gefüge absteigen. Deutlich wird auch die Misere, wenn man sich vor Augen hält, daß allein in São Paulo rund 600 000 Jugendliche ohne geregelten Tageslauf auf der Straße leben.

Der Lebensstandard in wirtschaftlicher wie kultureller Hinsicht ist in Brasilien wie in allen Enwicklungs- und Schwellenländern auf das Engste mit dem Erziehungswesen verbunden und aus diesem Grunde ein sehr langandauernder Prozeß, bei dem viele Hindernisse zu überwinden sind. Trotz der bestehenden Schulpflicht ist es bereits problematisch, alle Kinder zu erfassen. Von denen, die dann in die Schule gehen, beendet ein hoher Prozentsatz nicht einmal die Grund- oder Mittelschule. So sind es, um nur eine Zahl zu nennen, allein 6 von 100 schwarzen Kindern, die überhaupt das achte Grundschuljahr beenden (bei Mulatten und Weißen sind es andere Prozentzahlen). Dies trifft nicht nur auf weit entfernte Gegenden mit langen schwierigen Schulwegen oder Kinderarbeit in der Landwirtschaft zu, sondern ist ebenso im Dschungel der Großstädte der Fall (Abb. 9). Die wirtschaftliche Notlage vieler Familien, eine ungenügende Aufsicht, das niedrige Niveau der schlecht bezahlten Lehrer und anderer pädagogischer Kräfte können nicht dadurch kompensiert werden, daß 1,2 Millionen Studenten die Hochschulen besuchen. Insgesamt sind die staatlichen Anstrengungen groß, wenn auch noch viel zu tun übrig bleibt.

Moral und Justiz, vielfach angegriffen, halten unter diesen Verhältnissen kaum Schritt mit der Entwicklung von Kriminalität und Gewalttätigkeit in den Ballungsräumen. Allerdings hat es in diesem Bereich auch einige Erfolge gegeben. So sind beispielsweise Frauenkommissariate eingerichtet worden, die sich allein um die Aufklärung und Verhinderung der Gewalt gegen Frauen kümmern. Es ist nicht mehr unbedingt so, daß Vergehen der Reichen dank der ihnen zur Verfügung stehenden Mittel ungesühnt bleiben. Dennoch haben es Arme und Farbige noch immer nicht leicht. Dies ist auf den bekannten Kreislauf von Arbeitslosigkeit und Kriminalität zurückzuführen.

Aber auch im wirtschaftlichen Bereich bietet Brasilien ein äußerst spannungsreiches und keineswegs zufriedenstellendes Bild. Zwar sind Ressourcen in großer Menge vorhanden, aber die Art ihrer Ausbeutung ist nicht unumstritten. An dieser Stelle sei nur an das ungeheure Potential der Energiegewinnung aus Wasserkraft erinnert. Der Staudamm von Itaipu ist erst zu einem Drittel fertig und in Betrieb, aber schon jetzt ist sehr fraglich, ob die weiteren Ausbaustufen überhaupt benötigt werden. Auch der Ausbau der Atomenergie ist bereits zu diesem Zeitpunkt äußerst problematisch. Von den ursprünglich acht geplanten Kernkraftwerken sind nurmehr zwei erstellt worden. Davon ist jedoch eines nicht fertiggebaut worden, da es im wahrsten Sinne des Wortes ›auf Sand‹ gebaut ist! Abgesehen von der Steigerung der Erdölförderung (durch die staatliche ›Petrobras‹), durch die der Eigenbedarf bald etwa zur Hälfte gedeckt wird, hat es eine starke Steigerung der Alkoholproduktion gegeben. Mit Alkohol werden schon heute weit über eine Million Kraftfahrzeuge angetrieben; die Abhängigkeit von der Öleinfuhr ist dadurch etwas verringert. Aber: Der Alkohol wird aus Zuckerrohr gewonnen. Daher haben private Unternehmer riesige Zuckerrohrplantagen errichtet. Abgesehen davon, daß sich in diesem Bereich eine Schicht von modernen ›Zuckerrohrbaronen‹ entwickelt, werden durch diese Entwicklung wiederum eine große Zahl von Kleinbauern an den Rand gedrängt.

Das in Minas Gerais und Carajas geförderte Eisenerz sowie verschiedenste landwirtschaftliche Produkte stehen unter den Exportgütern mit an erster Stelle. Dies alles genügt jedoch nicht, um weitere wichtige soziale und wirtschaftliche Projekte durchzuführen, ja nicht einmal, um die früher aufgenommenen Auslandskredite und deren Zinsen zu tilgen. Es ist zur Genüge bekannt und muß daher an dieser Stelle nicht angeführt werden, daß Brasilien große Probleme bei der Umschuldung hat.

Trotz der zum großen Teil noch unerschlossenen Naturschätze ist durch Raubbau an den Wäldern wie durch Verschmutzung von Flüssen und Seen, ja sogar mancher Küstenzonen des Ozeans nahe der Industriezentren die Gefahr vorhanden, daß weitgehende, schwere und möglicherweise irreparable Umweltschäden das ökologische Gleichgewicht zerstören. Ein Zeichen dafür ist, daß das Baden bei Rio de Janeiro z. T. gesundheitlich nicht unbedenklich ist. Zu viele Abwässer werden hier und anderswo gedankenlos einfach in die See abgeleitet. Die Bucht von Guanabara droht, da sie von allen Anliegern mit Abfällen überfrachtet wird, zu verlanden. Ein Erwachen des Gewissens ist zwar vorhanden, das Befolgen notwendiger Schutzmaßnahmen leider noch nicht allgemein.

Auf sozialem Gebiet stehen sich Kirche, Grund- und Fabrikbesitzer und die Arbeiterorganisationen gegenüber. Auf dem Lande verteidigt die 1986 gegründete, rechtsradikale União Democrática Ruralista zum Teil mit Waffengewalt die Interessen der Grundbesitzer gegen die Kleinbauern. In den Städten sind u. a. die Arbeiterpartei PT (Partido Trabalhista) – und der dazugehörige Dachverband der Syndikate CUT (Central Unica dos Trabalhadores) die wichtigsten Exponenten. Im Februar 1987 ist mit den neugewählten Abgeordneten und Senatoren in Brasília eine verfassungsgebende Versammlung zusammengetreten. Es ist zu hoffen, daß die dort Mitbestimmenden in ihrer neuen Demokratie, für die manche noch sehr unvorbereitet sind, sich die in der brasilianischen Geschichte mehrfach bewiesene verständnisvolle Flexibilität gegenüber stets möglichem Terror oder korrupten Politikern bewahren können. Das noch nicht vollendete Zusammenwachsen des brasilianischen Volkes aus den Elementen verschiedenen Ursprungs zu einer Nation, in der sich alle mitverantwortlich fühlen, hat in dem großen Land gegenwärtig wieder eine entscheidende Phase erreicht.

Kunst in Brasilien – Die Epochen

Der erste Teile dieses Überblicks umfaßt die Kunst aus der Zeit vor der Ankunft der Europäer, die also von den ersten Spuren vorgeschichtlicher Besiedlung bis 1500 n. Chr. entstanden ist. Hier schließt sich organisch und ihm noch zugehörig die Dokumentation der Indianerkunst an. Sie war im 16. bis 18. Jahrhundert in weiten Regionen, nicht nur im Amazonasgebiet, noch sehr mannigfaltig. Durch die Kolonisatoren immer weiter zurückgedrängt, ist sie heute nur noch bei den meist in Reservaten lebenden Stämmen zu finden.

Der zweite Abschnitt umfaßt die Zeitspanne nach der Landung der Portugiesen und während der Eroberung und Missionierung bis zur Ausrufung seiner Unabhängigkeit im Jahre 1822. Er schließt alles ein, was unter Manierismus, Kolonialbarock und Rokoko zu fassen ist. Das portugiesische Erbe und das Wirken der katholischen Ordensgemeinschaften sind die wichtigsten Kristallisationspunkte.

Die dritte Epoche spaltet sich in zwei Teile. Zum einen war es die Zeit des Kaiserreiches und des Beginns der Republik. Sie brachte durch neue Kontakte mit Europa den Klassizismus und Eklektizismus des 19. Jahrhunderts nach Brasilien. Die Akademische Kunst, vorzüglich französischer Prägung, war bis weit in unser Jahrhundert in Brasilien sehr geschätzt. Als neuer Abschnitt bahnte sich in den zwanziger Jahren, erst zögernd, dann aber immer stürmischer, Aufnahme und Umprägung moderner Kunst an. Sie hat seitdem das Aussehen der Bauten und ihrer Ausschmückung, besonders in den größeren Städten umfassend gewandelt.

Vorgeschichte

Brasilien ist in der Menschheitsgeschichte in jeder Hinsicht ein junges Land. Von Anfang an sind Südamerika und speziell Brasilien sehr spät von Menschen bewohnt worden, wenn man sie mit alten Kulturen anderer Kontinente vergleicht. Die heute allgemein angenommene Theorie ist, daß der amerikanische Raum von Asien über die Beringstraße in Epochen, in denen die Abfolge der Eiszeiten es begünstigte, erreicht wurde. Dies geschah vermutlich 50000–40000 v. Chr. und nochmals 28000–10000 v. Chr. und brachte die mongolischen Urväter der Indianerrassen dazu, als Jäger und Sammler in der Neuen Welt von Norden nach

Süden vorzudringen. Danach ist die Besiedlung Südamerikas, wie es auch die sporadischen Funde bestätigen, die letzte Phase dieser Ausdehnung gewesen. Man kann annehmen, daß sie sich zwischen 30000 und 10000 v. Chr. vollzog. Auf welchen Wegen die Besiedlung erfolgte, ist nicht ganz geklärt. Die bisherigen Fundquellen lassen erkennen, daß es verschiedene Vorstöße waren. Sie ging wohl von der mittelamerikanischen Landenge einerseits entlang der Pazifikküste nach Süden und andererseits nach Osten zum Amazonasbecken und den heute zu Brasilien gehörigen Landschaften. Das zentrale Hochland wurde, den Flüssen folgend, die von Norden als Nebenflüsse des Amazonas und von Süden dem Parana-Paraguaybecken zugehörig das Vordringen erleichterten, erstaunlich früh erreicht. Die brasilianische Atlantikküste ist erst verhältnismäßig spät besiedelt worden. Die ältesten Funde im Süden des Staates Piauí, in São Raimundo Nonato und der Varzea Grande sind bisher durch die Radiokarbon-Methode auf ein Alter von 18000 Jahren festgelegt. Weitere Forschungen in derselben Gegend könnten möglicherweise noch ältere Funde erbringen. In gemeinsamen französisch-brasilianischen Unternehmungen wird das Gebiet bis nach Mato Grosso hinein erst jetzt umfassend untersucht. Die Reste in Laa Vermelha werden auf 15000 und die in Lagoa Santa (Minas Gerais) auf etwa 9000 Jahre alt angesetzt. Im Staat São Paulo wurden die ältesten Funde bei Rio Claro etwa 12000 Jahre alt geschätzt.

Die Entstehungsphasen der in Brasilien gefundenen vorgeschichtlichen Objekte sind in vielen Fällen nicht genau abzugrenzen. So sind die eigentlich archäologischen Funde früher Kulturen von der Handwerkskunst der Indianerstämme abzutrennen, deren einige im Amazonasbecken noch im Stadium neolithischer Kultur leben, bald aber nicht mehr festzustellen sein werden. Zwar haben sich die Europäer lange Zeit – wie schon Hans Staden – mit den Ureinwohnern Brasiliens auseinandergesetzt, sich aber nicht für deren Kulturen interessiert. So waren es im Grunde erst Naturforscher wie Lund, Martius und andere, die im 19. Jahrhundert begannen, die Aufmerksamkeit auf sie zu lenken. Eine spezielle wissenschaftliche Beschäftigung mit dem, was als vorgeschichtliche Kunst zu bezeichnen ist, entwickelte sich erst in wesentlich neuerer Zeit und hat noch kein zusammenhängendes Gesamtbild geschaffen. Dies ist auch damit zu erklären, daß die Mehrzahl der Funde zufällig geschah.

In der Hauptsache sind drei große Gruppen vorgeschichtlicher Funde bemerkenswert. Erstens wurden an vielen Stellen Felsmalereien und Felsritzungen entdeckt, zweitens wurden Steinwerkzeuge und in geringerem Umfang auch Steinskulpturen gefunden und drittens zog die zahlenmäßig verbreiteteste und variierteste Keramik die Aufmerksamkeit vor allem der lokalen Forscher auf sich. Von dem frühen Kunsthandwerk wie etwa Weberei, Flecht- und Holzarbeiten sowie Körperbemalung sind wegen des tropischen Klimas keine Reste erhalten.

Die Gruppen von Jägern und Sammlern, die kulturell etwa der Stufe des höheren Paläolithikum der alten Welt vergleichbar sind, benutzten schon bald eine beträchtliche Zahl von Steinwerkzeugen und begannen auch, die Wände der von ihnen als Wohn-, Zufluchts- und Ritualstätten benutzten Höhlen mit Figuren und Symbolen zu bemalen und zu ritzen. Da sie zu verschiedenen Epochen erneut aufgesucht wurden, sind vielfach Übermalungen vorhanden, die zeitliche Bestimmung ihres Ursprungs erschweren. Im Gegensatz zu Europa sind es nicht nur Höhlenmalereien, sondern auch solche an überhängenden Felswänden, die sich in Zentralbrasilien dank des trockenen Klimas gut erhalten haben.

Eine der am längsten bekannten Gruppen ist die der Gegend von Lagoa Santa bei Belo Horizonte (Minas Gerais), mit Lapa Vermelha und anderen Orten, wo Malereien von jagdbaren Tieren nicht nur in schematischer, sondern in plastischer Darstellung erscheinen und auf etwa 4000 Jahre datiert werden. Auch Beispiele mit menschlichen Strichfiguren gibt es dort, wobei männliche mit Betonung der Sexualorgane und weibliche zum Teil als Schwangere dargestellt sind. An anderen Orten finden sich neben einzelnen Tieren und menschlichen Figuren ganze Jagdszenen und andererseits rein geometrische Musterungen, Radformen, Rhomben, Vier- und Dreiecke in verschiedener Ausführung.

In Felswänden wie den Fenstern der ›Cerca Grande‹, die durch enge Galerien im Gebirge zu erreichen sind, findet man verschiedene Phasen mit vorherrschend zum Teil recht naturalistischen Tierfiguren der Jägerstämme. Die Leute, die vor 12000 Jahren dort arbeiteten, haben später auch am Laufe des Rio São Francisco mit Felsmalerei ihre Präsenz dokumentiert, wo einfachere Tierfiguren mit geometrischen Mustern vermischt sind. Dieser große Fluß war wie die Nebenflüsse des Amazonas einer der wichtigsten Wege für die vorgeschichtlichen Bewegungen des Menschen.

So ist zwar ein Vergleich mit ähnlichen Höhlenmalereien des Paläolithikums und des Neolithikums in Europa wohl der Entwicklungsstufe nach, aber keinesfalls hinsichtlich des Alters der Darstellungen möglich. Auch Vergleiche mit sehr ähnlichen Malereien in Afrika, seien sie naturalistischer oder mehr symbolhaft abstrakter Formgebung, erscheinen nur hinsichtlich des dargestellten Motivkreises interessant. So ist es noch schwer, den Gang der primitiven Jäger- und Sammlerstämme über die weiten Strecken, die sie durchzogen, systematisch darzustellen. Wichtig war, wie anderswo, die Fixierung der jagdbaren Tiere. Diese sind aufgrund der genauen Beobachtung am realistischsten wiedergegeben. Es sind Hirsche und Rehe, Wildschweine, auch viele Echsen, Schildkröten, Fische und verschiedene Vögel.

Várzea Grande in Südpiauí, ist nach neueren Forschungen – mit einem Alter von 12000 Jahren ohne Zweifel eine der ältesten bekannten künstlerischen Schöpfungen ganz Amerikas.

Die Malerei im Tal des Seridó (Rio Grande do Norte) zeigt viele Beispiele aus dem Leben der damaligen Bewohner. In der Mehrzahl sind es mehrfigurige Szenen, beispielsweise Tänze, aber auch einzelne Paare, manchmal zusammen mit einem Kind, sowie schwangere Frauen und Schilderungen des Geschlechtsverkehrs, wobei der Mann die Frau wild ergreift.

In einer Gruppe von Wänden wurden schon über 3000 Figuren aufgenommen. In ihrer Vielfigürlichkeit erinnern sie durch die starke Bewegtheit der kleinen Figuren, die mit feinen Pinselstrichen in verschiedenen Sequenzen und Farben aufgetragen wurden, an südafrikanische Jagdszenen.

Im benachbarten Paraíba gibt es in der Nähe von Campina Grande die ›Pedra do Ingá‹, ein anders geartetes Denkmal. Dort sind verhältnismäßig tief in die Oberfläche der Steinwand zahlreiche mehr oder weniger geometrische Zeichen eingeritzt. Wohl mittels härterer Steine oder nassen Holzes mit Sand eingeschliffen, bedecken sie die 24 m lange und 3 m hohe,

Inschriften und Felsritzungen in der Serra do Anastásio

einem alten Flußlauf folgende Felswand, die schon lange bekannt und mehrfach beschrieben worden ist. Inwiefern die eingeritzten Signale symbolhaften Charakter haben, ist auch hier schwer zu bestimmen. Es ist nicht möglich, ihnen eine besonders definierte oder gar kultische Bedeutung zuzusprechen. Sie wurden an schwer zugänglichem Ort angebracht, wie dies auch bei anderen Stellen geringeren Umfangs, wie etwa bei den Cariris Velhos in Paraíba im Staat Ceará der Fall ist. In Pernambuco und Goias sind so ebenfalls eine ganze Reihe von Malereien erhalten. Die von Serranópolis und Caiapónia in kleineren Unterständen wurden als schon vor 10000 Jahren entstanden angesetzt. In der Gesamtausdehnung dieser Wände sind auch wieder Teile jüngerer Produktion vorhanden. Die Malereien in den ›Chapadas‹, den hohen Geländeabbrüchen, stellen viele Tiere, besonders Echsen, Schildkröten und Flußfische, aber auch geometrische Zeichen dar. Mehr als in der Plastik ist die Abstraktion in der Malerei bis hin zu ganz einfachen Formen, beispielsweise Dreiecken geführt worden, die vielleicht menschliche Gesichter symbolisieren könnten.

Im Süden Brasiliens gibt es nur sehr primitive Felsmalereien und Ritzungen. Sie sind auf der Ilha de Santa Catarina in der Umgegend von Florianópolis und in Canhemborá sowie an der ›Pedra Grande‹ in São Pedro do Sul (Rio Grande do Sul) zu finden. Es sind meist Reihen von Strichen und einfachen geometrischen Zeichen, viel weniger geformt als die Beispiele in Zentralbrasilien.

Nächst den Felsmalereien sind die Steinskulpturen anzuführen. Es sind damit nicht die Werkzeuge der steinzeitlichen Bewohner des Landes gemeint, die in erheblicher Zahl vorhanden sind. Es handelt sich vielmehr um behauene und geschliffene Steine, die bildnerischen Charakter besitzen. Die Hauptgruppe sind die Tierfiguren, die in den ›Sambaquis‹ der Muschelhaufenkulturen an der Küste, speziell von Santa Catarina, gefunden wurden. Auf den ersten Blick scheinen es oft Keile zu sein, die aber deutlich die Formen von Flügeln, Augen, manchmal auch Schnäbeln oder Schnauzen zeigen. Es sind in ihrer sehr konzentrierten Form eindeutig Tierdarstellungen und erinnern zuweilen in ihrer einfachen Schönheit an Eskimokunst. In der Mehrzahl haben sie 30 bis 40 cm Länge und sind zwischen 5000 und 1000 Jahren v. Chr., als sie Sambaquis anwuchsen, geschaffen worden. Die mehr eine Kreuzform mit zylindrischem Körper und seitlichen mehr viereckigen Ansätzen geben wahrscheinlich fliegende Vögel wieder. Sonst sind es Darstellungen von Fischen und anderen Tieren der ihren Künstlern vertrauten Meeresfauna, die in langwieriger Arbeit aus den harten Steinen gefertigt wurden. Einige Vogelformen wurden auch aus Walfischknochen als Rohmaterial gefunden. Die Technik dieser steinzeitlichen Handwerker ist ebenso in den hervorragend ausgearbeiteten Beilen und den Lanzen- oder Pfeilspitzen zu bewundern, die vornehmlich aus Feuerstein und oft ebenso fein geschliffen gefertigt wurden.

Eine ganz andere Gruppe verhältnismäßig kleinformatiger Steinarbeit gehört zur Tapajós-Trombetaskultur mit ihren Amuletten und soll chronologisch weiter unten eingereiht werden.

Die ›Sambaquis‹, die Muschelhaufenkulturen, in Dänemark ›Kjoekkenmoeding‹ und im spanischen Bereich ›Chonchales‹ genannt, breiteten sich an der Atlantikküste Brasiliens vom Norden bis hinunter nach São Paulo und Santa Catarina aus. Ihre Bewohner, die sich, wie gesagt, überwiegend von den Meerestieren ernährten und dies bei langwährender Nutzung derselben Plätze, begannen schließlich eine rudimentäre Form von Ackerbau. So kamen sie im Laufe ihrer fortschreitend sich differenzierenden Wirtschaftsform zur Töpferei.

Die Herstellung von Tongefäßen dürfte im Norden etwa 2000 v. Chr. begonnen haben, wie die der Phase ›Mina‹ in Salgado (Pará) und die um 880 v. Chr. in der Phase ›Peripei‹ an der Südküste von Bahia gefundenen Keramiken annehmen lassen. Im Süden wird ihr Beginn um die Wende zum ersten Jahrtausend anzusetzen sein. Trotzdem die Keramik im Gesamtbild der vorgeschichtlichen Funde erst verhältnismäßig spät erscheint, ist sie das am meisten verbreitete und verschiedenartigste Fundmaterial. Ihre Grundformen wurden noch in den Stätten der Sambaquikultur entdeckt, als deren Bewohner neben der Sammlertätigkeit mit Ackerbau begannen. Es sind darum einfache runde Gefäße, reine Nutzformen, die Bereitung, Konservierung und Transport der Nahrungsmittel erleichterten. Die einfachen topf- oder napfartigen Formen tauchen in den verschiedensten Gegenden auf. In ihrer Art besitzen sie keine wesentlichen Unterschiede zum Material aus vielen anderen primitiven Kulturen. Später wurden sie je nach Region vielartiger und mehr oder weniger reich verziert. Es erscheinen dann auch die großen Graburnen, die im Norden wie im Süden meisterhaft aus Ton aufgebaut wurden.

Wirklich geschätzt und beachtet, auch aus kunsthistorischer Sicht, ist die Keramik der Völkerschaften, die den Raum des mittleren und unteren Amazonas in steinzeitlicher Phase vor dem Beginn der Töpferei erreichten. Er gehört zum reichsten Gebiet der vorgeschichtlichen Kulturen des Kontinents. Schon vor etwa 8000 bis 4000 Jahren waren dort Gruppen, die an der venezolanischen Küste entlang und über die Guayanas gekommen waren. Bei der bisher noch sehr lückenhaften Erforschung und Erhaltung verschiedenartiger Materialien ist vielfacher Spekulation über die Herkunft dieser Völker Raum gegeben. Fast keine Funde, außer am oberen Tapajos, beweisen die Präsenz dieser Gruppen aus der Zeit vor der Kenntnis der Keramik. In den ältesten Sambaquis der Küste von Pará wurde Material gefunden, das auf die Verwandtschaft zu Werkzeugen und Waffen der Besiedlung weiterer Teile der Nordküste des Kontinents zwischen dem sechsten und vierten Jahrtausend hinweist.

Als sich dann zu Beginn des ersten Jahrtausends neue Gruppen, die vermutlich andiner Herkunft waren, mit Ackerbau und Herstellung von Keramik, näher der Mündung des Amazonas, einschließlich auf der Insel Marajó niederließen, begann eine neue Entwicklung, die fast bis zur Ankunft der europäischen Kolonisatoren anhielt. Sie wird von den Forschern in fünf nach den hauptsächlichen Fundorten benannte Phasen unterteilt: Angatuba, 1000–200 v. Chr.; Mangueiras, etwa 980–100 v. Chr.; Marajoara, 900 v. Chr.–1350 n. Chr. und Aruã, die erst Anfang des 19. Jahrhunderts von den Portugiesen vernichtet wurde.

Am mittleren Amazonas gab es verschiedene Gruppen, die sehr früh Keramik herstellten. Dem Lauf des Amazonas hinauf folgend, sind bis über Manaus hinaus verschiedene Fundstätten, zum Teil durch deutsche Ethnologen und Archäologen erforscht worden. Itacoatiara, Manacapurú wie auch Coari seien mit den einfacheren aber auch mannigfaltigen Formen der dort gefundenen Gefäße erwähnt.

In Cunani und Maracá in Amapá am nördlichen Ufer der Amazonasmündung wurden reich verzierte Graburnen gefunden, die auf weitere Verbindungen zu den subandinen Kulturen und denen des karibischen Raumes hinweisen.

Marajoara-Urne. Belém, Museum Goeldi

Graburne. Belém, Museum Goeldi

Die reichste und am höchsten entwickelte Keramik in der gesamten präkolumbianischen Kunst Brasiliens ist zweifelsohne die der Insel Marajó. Unter ihren überaus reich verzierten Gefäßen ragen die bis zu 70 und 80 cm hohen Graburnen hervor, die in sogenannter Zweitbestattung die Knochen der Toten aufnahmen und in künstlich aufgeschütteten Hügeln, den sogenannten ›Tesos‹ eingegraben wurden. Diese Hügel liegen auf der Insel in einem Gebiet, das gelegentlichen Überschwemmungen ausgesetzt ist; sie sind zum Teil so groß aufgeschüttet, daß sie wohl die Wohnstätten mit umfaßten. Bei den zylindrischen wie den bauchigen Gefäßen finden sich zahlreiche, die plastische Formen menschlicher Gestalten aufweisen. Mit der zuweilen an Mäander erinnernden Verzierungen wurden in den Hügeln der Insel auch Gefäße anderer Verwendungszwecke, Bänkchen, kleine Figuren sowie die sogenannten ›Tangas‹ gefunden. Letztere sind dreieckige, etwas bauchige Tonformen, die zum Bedecken der Scham vorgesehen waren. Sie wurden wohl zu zeremoniellen Anlässen oder bei Bestattungsriten angelegt und waren in ihrer feinen Ausarbeitung und Verzierung durch geometrische Muster kaum für eine gewöhnliche Benutzung geschaffen.

Santarém, an der Mündung des Tapajós in den Amazonas gelegen, ist ein der Insel Marajó vergleichbares Keramikzentrum gewesen. Seine Gefäße sind im allgemeinen jünger als die von Marajó-Kultur. Es war ein sehr altes Zentrum der Besiedlung und hatte lange Lebensdauer. Die Chronisten schildern um 1600 noch die soziale Organisation der Gruppe, die in dichter Form die Flußränder bewohnte. Dort entstanden auch bemalte Gefäße, weit charakteristischer sind aber solche mit plastisch aufgesetzter Dekoration, speziell aus stilisierten Tierfiguren mit kompliziertem Aufbau der anthropomorphen und zoomorphen Formen. Die Gefäße bekamen durch den plastischen Schmuck einen bizarreren Umriß als die von der Insel Marajó stammenden Vasen. Zwei typische Gruppen sind besonders herausgestellt worden. Die eine Art wurde mit ›Karyatiden‹ aufgebaut, das heißt Figuren, die am Fuß des Gefäßes den oberen abgerundeten Teil tragen. Die andere Art wurde ›Gargalo‹ genannt. Bei ihr ragen seitliche Arme, zumeist aus zoomorphen Formen zusammengesetzt, vom Körper des Gefäßes weg, das im Allgemeinen einen hochgezogenen Hals hat, der ihm den Namen gab. Manche Stücke erinnern im Umriß etwa an spätantike Öllampen. Es sind alles außerordentlich phantasievolle Schöpfungen. Die bei beiden Arten mit ihren vollplastischen Tierfiguren entstehenden komplizierten Gesamtformen besagen wohl, daß diese Stücke nicht für den täglichen Gebrauch, sondern für zeremonielle Zwecke geschaffen wurden. Aus demselben Kulturkreis sind auch zahlreiche Gefäße einfacherer Form mit Verzierungen gleichen Charakters gefunden worden.

Zum vollständigen Bild der vorgeschichtlichen Kunst des Amazonasgebiets gehören noch die kleinen, aus farbigen Steinen hergestellten Plastiken der Tapajós-Trombetaskultur. Sie sind sehr viel jünger als die geschilderten Skulpturen der Sambaquis. Sie gehören in die Zeit, in der die Keramik am unteren Amazonas schon mit reich und kompliziert dekorierten Gefäßen geschaffen wurde. Die Funde sind sporadisch und die Objekte heute in den Museen vieler Länder verstreut. Aus edleren und farbigeren Steinen gearbeitet, sind es teils zylindrische Halskettenteile und Amulette wie auch vereinfachte Tier- und Menschenfiguren. Bei diesen wird man stilistisch oft an die Skulpturen der andinen Kulturen erinnert. Es ist sogar daran gedacht worden, ob sie nicht von dort eingeführt wurden. Manche der Tierfiguren haben zwei parallele Löcher, anscheinend um die Stücke an einer Schnur befestigen zu können. Ein besonders beachtetes Motiv der Gruppe sind die sogenannten ›Muriaquitas‹, Amulette in Form von Fröschen, aus einem jadeähnlichen harten Stein plastisch ausgearbeitet, die auch die Mythologie und Volkskunst des Amazonas beflügelt haben. Diese kleinen Schmuckstücke, die, wie gesagt, selten sind und auch in ausländische Museen gingen, können in Brasilien am besten im Museu Goeldi in Belém studiert werden.

Auch die Keramiken von Marajó, wie die aus Santarém, kann man hauptsächlich im Museu Goeldi in Belém und im Museu Nacional in Rio de Janeiro sehen. Auf weitere Museen mit sehenswerten Sammlungen vorgeschichtlicher Kunst in São Paulo, Joinville, Florianópolis und im Nordosten wird in den Reiserouten verwiesen.

Indianerkunst bis heute

Ein oft als lediglich dekorativ verkannter Sektor ist die noch lebendige Kunst der Indianer Brasiliens. Sie ist jedoch nur teilweise erlebbar, da die in ihren ursprünglichen Lebensformen noch existierenden Stämme sehr weit zurückgedrängt sind. Ihre Kunst und Handfertigkeit ist nur in Museen, Sammlungen oder Ausstellungen zu bewundern, aber auch teilweise im Handel. Ebenso haben sich Film und Fernsehen ihrer bemächtigt.

Zur Zeit der Ankunft der Portugiesen gab es eine dünne, homogene Besiedlung des riesigen Landes, die auf etwa 1000000 bis 3500000 Menschen geschätzt wird. An der atlantischen Küste und in den Flußbecken des Landesinnern trafen die Portugiesen auf Kulturen von erstaunlich gleichartiger Entwicklungsstufe. Diese Stämme wurden aufgrund der vorherrschenden Sprache als Tupiguarani bezeichnet, obwohl sie nicht alle gleicher Abstammung waren. Ihre Wohnplätze legten sie, auch wenn sie vornehmlich Jäger und Sammler waren, meist im Wald an, wo sie Rodungen für Ackerbau vornahmen. Was man von ihnen noch kennt, ist hauptsächlich ihre Keramik. Vielfach gab es auch hier Graburnen für Zweitbestattung, ebenso Gefäße zum Aufbewahren ihrer Ernte. Daneben fertigten sie etwa auch Pfeilspitzen, Pfeifenköpfe und einfache Schmuckstücke an. Die Töpferscheibe blieb weiterhin unbekannt. Der Dekor der Keramik war meist recht einfach.

An dieser Stelle kann nur eine Übersicht gegeben werden, die auf ihre Bedeutung für die Kunst in Brasilien im allgemeinen hinweist. Auf ihre für den Fachwissenschaftler wichtigen Eigenarten, die sich von Stamm zu Stamm ändern, kann in diesem Zusammenhang nicht eingegangen werden. Die heute noch in ihrer ursprünglichen Kultur lebenden Indianer haben die gleichen Tätigkeiten und Werkmethoden wie ihre Vorfahren. Durch Jahrhunderte sind sie von den Weißen rücksichtslos bekämpft und ihres Landes beraubt worden, so daß sie nun hauptsächlich nur noch in Reservaten am Xingu und Araraguaia und tief im Innern des Amazonasgebietes leben können. Es ist nur Indianerforschern möglich sie zu besuchen, da der Indianerschutzdienst den Zugang verbietet, und manche Stämme im Amazonasgebiet bisher noch keine Kontakte mit den Weißen hatten. Manche dieser etwa 100000 noch ›wildlebenden‹ Indianergruppen wurden noch nicht eingehend ›erforscht‹, manche fallen auch Ausbeutern ihrer Naturschätze zum Opfer.

Ihre ›akulturierten‹ Stammesgenossen in den von Weißen bewohnten Gebieten sind lediglich an ihren Gesichtszügen noch als Indianer zu erkennen. Meist bieten sie ein trauriges Bild, haben in den ärmlichen Hütten, der ungepflegten Kleidung und an Gebrauchsgegenständen fast nichts von ihrer ursprünglichen Kultur bewahrt. Wenn sie in die Städte kommen, bieten sie schlecht ausgeführte Repliken der Pfeile und Bögen oder Flechtarbeiten an. Sie sind der Beweis dafür, daß ihre Integration unter Beibehaltung ihrer kulturellen Eigenart praktisch unmöglich ist.

Für den Indianer in seiner Welt ist jedes Gerät, sei es eine Lanze, ein Korb, ein Halsband, Gelegenheit, ihm eine ansprechende Form zu geben. Darum werden sie sehr sorgfältig hergestellt und gepflegt. Die für die Zeremonialtänze des Stammes bestimmten Federkronen und Tanzmasken sind je nach der Gruppe reich variiert. Sehr mannigfaltig ist auch, was Forscher, Missionare und Orchideensammler mitgebracht und in den Sammlungen aufbewahrt wird. In den Museen von Manaus, Belém, Rio de Janeiro und São Paulo sind die ausgewähltesten und verschiedenartigsten Stücke ihres Schaffens zu sehen. Es sind Ergebnisse hingebungsvoller Arbeit, die zu reinster Form, im ästhetischen wie funktionellen Sinne entwickelt wurden.

Die eigensten, schönsten und wirklich künstlerischen Gattungen der Indianerkunst in Brasilien sind nächst den mehr praktischen Dingen wie Rudern, kleinen Bänken mit Tierformen und ähnlichen Geräten die vielen Arten von Federschmuck, Körperbemalung, Keramik, Flechtarbeiten von Körben und Matten, Masken und Weberei.

Die Keramik zeigt im allgemeinen die rotbraune Farbe des Tons. Bei manchen Stämmen wird die Oberfläche weiß oder schwarz bemalt und mit Mustern, teilweise auch mit figürlichen Zeichnungen versehen. Eine Besonderheit bilden die Vasen und Tonfiguren der Karajaindianer am Rio Araraguia. Die älteren Stücke, vornehmlich solche, die Frauen darstellen, erinnern in ihrem ausgeprägten ›Venustyp‹ an prähistorische Beispiele. Heute werden sie nicht mehr so häufig und gut gestaltet. Zahlreiche andere Figurentypen sind hinzugekommen: Szenen aus dem Leben der Indianer, Kämpfe mit Jagdtieren, Boote mit Figuren, Ringkämpfe und viele Tiere. Manchmal sind auch phantastische Wesen, Figuren mit drei Oberteilen sowie großformatige Gefäße in Papageienform modelliert worden. All diesen Darstellungen liegt, soweit bekannt, kein religiöser oder mythischer Motivkreis und Antrieb zugrunde. Man muß annehmen, daß sie, entsprechend dem kindlich-fröhlichen Wesen der Indianer, aus der reinen Schaffensfreude des ›homo ludens‹ entstanden sind. Die Karajaindianer sind heute nicht mehr von der Zivilisation abgeschlossen und arbeiten daher auch zum Verkauf ihrer ›Licocó‹ genannten Figuren, die immer noch mit reicher Phantasie und mehr oder weniger gut ausgeführt, nun meist dauerhafter gebrannt, hergestellt sind. Ihre Arbeiten kann man in den Läden der ›Funai‹, des Indianerschutzdienstes, in Belém und Manaus, in Rio de Janeiro und São Paulo finden.

Auch die Kunst der Körperbemalung spielt bei den mit ihren Traditionen verhafteten Stämmen eine wichtige Rolle. Mit ihr steigern sie ihre körperliche Schönheit, betonen ihren Unterschied zu anderen Lebewesen und ihre Stammeszugehörigkeit; es wird ebenso Zugehörigkeit zu bestimmten Altersstufen signalisiert, die durch Prüfungen und große rituelle Feste die jungen Männer und Mädchen sowie bestimmte Würdenträger heraushebt. Die Körperbemalung gehört daher zu den spezifischen künstlerischen Formen im Leben der brasilianischen Indianer. Aufs engste mit der reich variierten Kunst des Federschmucks, der Masken und den zeremonialen Tänzen verbunden, ist sie tief in ihrem animalistischen Empfinden verankert. Am Xingu und anderen Teilen Zentralbrasiliens sind die bevorzugtesten Farben das starke Rot des Urucum; schwarze Muster aus dem Jenipapo und weiße Formen darauf werden benutzt, um helle oder dunkle Kontraste zu geben.

Für die Federkronen, ›Cocar‹ genannt, Hauben und kettenartige Umhänge, für Ohr- und Nasenpflöcke stehen die verschiedenen bunten Vogelfedern zur Verfügung. Auch sie werden je nach Stamm und Zeremonie besonders ausgewählt. Der große radförmige Kopfschmuck besteht meist aus den leuchtend roten, gelben oder blauen Ararafedern.

Als typische Waldbewohner haben die Indianer in Brasilien keine mit den präkolumbianischen Tempeln und Befestigungen der andinen Länder zu vergleichenden Bauten errichtet. Sie haben aus dem ihnen zur Verfügung stehenden Material – Holz und biegsame Lianen – interessante Konstruktionen, oft von erheblicher Größe aufgebaut. Es sind in erster Linie die sogenannten ›Malocas‹, die als Kollektivunterkünfte für mehrere Familien aus nur einem sehr großen Raum errichtet sind. Dazu kommen für spezielle Zwecke, sei es religiöser oder sozialer Bestimmung (z. B. Versammlung der Männer), erstellte Hütten. Sie sind in kunstvoller Arbeit aus einem gewölbten mit Pflanzenfasern verbundenen Gerüst aus biegsamen Hölzern aufgebaut und sorgfältig mit Schilf abgedeckt. Im Amazonasgebiet sind kreisrunde Bauformen zu finden. Sonst sind wie in ganz Zentralbrasilien die langgestreckten Bauten mit First und gekurvtem Dach üblich. Am Xingu haben sie eine Bodenfläche von10 × 25 m, am Rio Negro sind sie fast doppelt so groß. Es ist eine sehr traditionelle Bauart, die man bereits bei Hans Staden beschrieben findet.

Barock

Die reichste Phase brasilianischer Architektur und ihrer Ausschmückung ist zweifelsohne das 17. und 18. Jahrhundert gewesen. Das 16. Jahrhundert war als das der Ankunft der Portugiesen ein Abschnitt der Landnahme, der Niederlassung und der Missionsarbeit. Erst im Laufe des 17. Jahrhunderts entstehen durch die Entfaltung der Stützpunkte eindrucksvollere Bauten.

1 RIO DE JANEIRO Brunnenhaus von Mestre Valentim auf der Praça XV de Novembre ▷
2 RIO Blick auf Zuckerhut und Copacabana ▷ ▷

INGA

4 RIO Igreja da Candelaria

◁ 3 RIO Fähre nach Niterói

6 RIO Igreja do Carmo

5 RIO Igreja de Nossa Senhora da Gloria

7 RIO Arcos da Lapa und Neue Kathedrale

8 RIO Die alte Straßenbahn

9 RIO Schuhputzer

11 RIO Blick vom Zuckerhut zum Zentrum

10 RIO Lagoa Rodrigo de Freitas

13 RIO Zollamt von Grandjean de Montigny

12 RIO Stadttheater an der Avenida Rio Branco

14 RIO Kirche des Mosteiro de São Bento

15 RIO Stadtteil Botafogo mit Favela

16 RIO Favela

17, 18 PARATÍ Alte Zuckerrohrmühle und Brennerei

19, 20 PARATÍ Stadt und Hafen

21 Kampfsport Capoeira

22 Macumba-Ritus

Der Begriff des Kolonialbarock, der für diese Werke weithin benutzt wird, besitzt sowohl in Brasilien als auch in ganz Lateinamerika seine Berechtigung. Es ist die Kunst, mit der die Kolonisatoren ihre kulturelle Präsenz im Stile der Zeit dokumentiert haben. Das heißt, man kann in Brasilien sehen, wie portugiesische Mentalität die erste Anlage der alten Ortschaften, der Klöster und Kirchen nachdrücklich geprägt hat.

In der Folge haben die geographischen Bedingungen, das Klima, die zur Verfügung stehenden Baumaterialien, wie die wirtschaftliche und gesellschaftspolitische Lage Umwandlungen und Neuformungen dieses bodenständigen und überkommenen Schaffens hervorgebracht.

Wie sehr die Veränderung der aus Europa eingeführten Lebensformen in der Kolonialzeit stärker als heute eingriff, kann man an den Wohnbauten der Zeit beobachten, bei Gutshäusern im Lande wie auch in geschlossenen Ortschaften. Die Häuser im tropischen Norden unterscheiden sich, trotz des allgemein portugiesischen Lebensstils, bereits von denen im ebenfalls heißen aber trockeneren Osten und mehr noch von denen an der Küste bis unterhalb von Rio de Janeiro. Anders wiederum wurden sie im Laufe der Zeit in den gebirgigen Gegenden, im Innern von Minas Gerais und São Paulo, gestaltet. Zwar ist der Wohnbau von den brasilianischen Architekturhistorikern in seinen einzelnen Typen, aber noch verhältnismäßig wenig in seiner Gesamtheit erforscht worden.

Kirchliche und repräsentative Baukunst sind eher beachtet worden. Im allgemeinen wirken sie dem Mutterland stärker verbunden. Sie sind in der damals ungeheuer großen Kolonie und trotz der unterschiedlichen Lebensbedingungen, die man vorfand, deshalb auch viel einheitlicher entstanden.

Aus dem 16. Jahrhundert sind uns nur wenige Denkmäler hinterlassen. Die ersten Kolonisatoren mußten, um bei den Gründungen – etwa in Olinda, Igarassu oder São Vicente – bald ein Dach über dem Kopf zu haben, Holz und Lehm für die Wände, Schilf und Stroh für die Dächer benutzen. Diese Materialien waren zwar schnell verfügbar, ergaben aber wenig dauerhafte Konstruktionen. In den alten Berichten steht oft von notwendigen Erneuerungen, nicht selten schon kurz nach dem ersten Bau. Chroniken, Illustrationen und andere Quellen geben Hinweise über die Art der nicht mehr erhaltenen Originalbauten. Manche der im 17. und 18. Jahrhundert an kleineren Orten errichteten Bauten wiederholen recht getreu den Typ der ersten Konstruktionen. Als Beispiele seien die kleinen Kirchen von Carapicuiba, São Miguel und São Roque bei São Paulo genannt. Erst als gegen Ende des 16. Jahrhunderts auch mehr Steinmetzen und Maurer kamen, entstanden bis heute gut erhaltene Bauten wie die Kirche São Cosme e Damião in Igarassu nahe von Recife.

Die Portugiesen waren im 15. und 16. Jahrhundert große Seefahrer und ebenso ausgezeichnete Schiffszimmerleute. Sie konnten die oben geschilderten Holzkonstruktionen gut und geschickt ausführen. Zwischen Portugal und Brasilien entstand noch eine ins Auge fallende Übereinstimmung durch die Seefahrer; sie bezieht sich auf die Anlage der Ortschaften. Portugal ist ein dem Meer zugewandtes Land, sei es durch seine Mittelmeertraditionen wie durch die Lage am Atlantik. So wurden dort seit altersher die Ortschaften auf Hügeln an der Küste erbaut, dort wo sich gute Landeplätze an Buchten und nahen Stränden boten.

Dasselbe geschah in Brasilien, als man die ersten Faktoreien anlegte. Für die Ansiedlungen hatte dies vielfach zur Folge, daß sie sich, wie im Mutterland, mit unregelmäßigen und kurvenreichen Straßen vom Meer zu den Höhen hinaufziehen. Sie gliederten sich damit in die Unterstadt mit Hafen, Handel und Gewerbe und die Oberstadt mit Kirchen, Klöstern und vornehmeren Bauten. Es war dies eine manchmal als unordentlich kritisierte Art der Ausdehnung der Ortschaften, wie sie z. B. Salvador in Bahia noch zeigt, die die Portugiesen, im Gegensatz zum Schachbrettmuster der spanischen Stadtgründungen, auch in allen anderen Kontinenten für die Ausdehnung ihrer Niederlassungen zuließen. In Brasilien wurden sie dem großen verfügbaren Raum entsprechend häufig weit offener angelegt. Sie besitzen auch nicht die Zentralisierung der spanischen Orte mit ihrer Plaza Mayor.

Baukunst der Missionsorden

Für den Kirchenbau war ein entscheidender Faktor die Anlage der Klöster, die zuerst an der Küste entlang und später ebenfalls landeinwärts entstanden. Die Orden waren die unbestrittenen Träger der kulturellen und künstlerischen Entwicklung. Die Autoren, die sich systematisch mit der Baugeschichte in Brasilien beschäftigten, haben die Geschichte der Ordensleute demzufolge auch für Übersicht und Gliederung des Denkmälerbestandes als Leitfaden benutzt. Bereits Lúcio Costa ist in seiner grundlegenden Schrift über die Jesuitenbauten so vorgegangen. Nach ihm hat Bazin den Hauptteil seiner Untersuchung zur religiösen Baukunst des Barock in Brasilien so gegliedert, auch etwa Robert Smith, Augusto Carlos da Silva Telles, Benedito Lima de Toledo und andere sind gleichermaßen verfahren.

Die Bauschulen der Jesuiten, der Benediktiner, der Franziskaner und der anderen Orden entwickelten spezifische Formen, die in ihren Anlagen und allen damit verbundenen künstlerischen Schöpfungen deutlich erkennbar sind. Es ist reizvoll zu verfolgen, wie Überliefertes bewahrt und Neues aufgenommen wurde, was zu Eigenständigem führte. Die örtlichen Konzentrationen der Bauten sind in den Reiserouten erkenntlich. Um die stilistische Entwicklung übersichtlicher zu gestalten, wird im einzelnen dem Weg der Ordensleute gefolgt.

Portugal besaß seine spezifische Version des europäischen Barock mit den Elementen, die aus der Quelle des Stils in Italien und Einsprengungen aus dem spanischen Bereich sich nun auch nach Brasilien auswirkte. Nach Errichtung der Klöster kamen einige europäische architekturtheoretische Traktate in deren Bibliotheken. Die Kolonie hatte dann eine neue Ausformung von Baukörper und Raum zu finden. Schon 1549 kamen die Jesuiten offiziell nach Brasilien, nur neun Jahre nach der Anerkennung ihrer Ordensgründung in Rom, mit dem Programm, als Missionspriester wirken zu wollen. Als solche suchten sie die indianische Bevölkerung auf, deren Sprache sie, in erster Linie das Tupí-Guaraní, erlernten und deren Vertrauen sie sich durch ihre Erziehungsarbeit mit Unterweisung in Handwerk und Ackerbau erwarben. Die straffe militärische Gliederung des Ordens erklärt, daß die Niederlassungen nach einem einheitlichen Schema angelegt wurden. Kernpunkte waren die Kollegien, denen zahlreiche Außenstellen, die sogenannten ›Residencias‹ und ›Aldeias‹ zugeordnet wurden. Von Salvador, Olinda, Vitoria, Rio de Janeiro und São Paulo aus schufen sie ein ganzes Netz solcher ländlichen Stützpunkte. Diese Ansiedlungen haben wesentlich als Grundlage zur kulturellen Einheit des riesigen Landes beigetragen.

Ihre ersten Bauten waren primitiv, ja provisorisch. Vielfach waren die Priester und Brüder anfänglich selbst als Zimmerleute, Maurer und Schreiner mit am Werk. Als ausgebildete Kräfte von Portugal nachkamen, haben sie Indianer diese Fertigkeiten gelehrt. Der erste Bau des Kollegs in Salvador war nur von kurzem Bestand; er existierte von 1549 bis 1552. Der zweite bestand von 1552 bis 1561 und der dritte wurde 1561 bis 1572 zur Zeit des Gouverneurs Mem de Sá errichtet. Noch lange Zeit stand der Bau als Kapelle des Kollegs hinter der großen heutigen Kirche, bis zu dem Brand 1905. Die älteste Nachricht über einen Bau aus Stein und Muschelkalk besitzen wir über das Kolleg in São Vicente bei Santos, dessen Reste nach Lúcio Costa noch in den Mauern der heutigen Pfarrkirche enthalten sind. Ab 1577 entstanden dauerhaftere Bauten. In diesem Jahr kam der Jesuitenarchitekt Francisco Dias nach Brasilien. Er hatte vorher am Bau der Kirche São Roque in Lissabon wesentlichen Anteil. Mit ihm und den nachfolgenden Priestern und Inspekteuren wurde die Verbindung zu den Plänen und der Bauweise der Jesuiten in Europa viel direkter. Francisco Dias hatte den Auftrag, in Brasilien die Kollegien in Bahia, Pernambuco und Rio de Janeiro auszubauen, so daß deren Pläne sicher auf ihn zurückgehen. Dias war 1575 als Meister am Bau von São Roque in Lissabon beschäftigt, als die Kirche schon bis zum Gesims aufgebaut war. Er wurde nach den Azoren und anschließend nach Brasilien entsandt. Er führte hier das Grundschema der Jesuitenkirchen ein, das auf die Mutterkirche des Ordens, Il Gesú in Rom, zurückgeht. Die Gesamtanlage, die in Brasilien auch von anderen Orden übernommen wurde, ist durch ihre Einteilung in ein großes und besonders breites Schiff, das seitlich von niedrigen Kapellen mit kleinen Durchgängen begleitet wird, gekennzeichnet. Das Hauptschiff ist als ein weites Auditorium aufzufassen, dessen abschließende Altarwand von jeder Stelle zu sehen ist. Die Chorkapellen waren vorerst von geringer Tiefe.

Die brasilianischen Kirchen werden allgemein als im Plan abhängig von São Roque angesehen, da dort wie hier in Brasilien eine Abhängigkeit gegenüber Il Gesú vorhanden ist, denn die Kuppel über der Vierung kam nicht zur Ausführung. Als Beispiel sei hier St. Michael in München (1583–1597) zitiert, wo dies in gleicher Weise, wenn auch mit tieferer Chorkapelle, der Fall ist. Um das System der Jesuitenkirche im Sinne der Gegenreformation zur Geltung zu bringen, war nicht die vollständige architektonische Disposition von Il Gesú erforderlich, die in Portugal auch erst mit São Vicente de Fora in Lissabon ab 1582, einschließlich der aufsteigenden Kraft der Kuppel, durch Filippo Terzi, den italienischen Baumeister Philipps II., ausgeführt werden konnte. In der Architekturgeschichte sind allerdings frühere Beispiele einschiffiger Kirchen bekannt, unter ihnen auch spanische Bauten, die durch die Idee der Jesuiten bereits in ihrem Ursprungsland vorgeformt gewesen sein könnte. Durch die Gegenreformation erhielt das Programm dieser Kirchen eine neue Sinngebung. Außen noch einfach gestaltet, wurden sie mit möglichst reicher und die Gläubigen, unter ihnen die Eingeborenen der Kolonien, beeindruckender prächtiger Innenausstattung versehen. So stehen die schlichte Außenansicht mit dem Dreiecksgiebel der Fassade, einem Portal

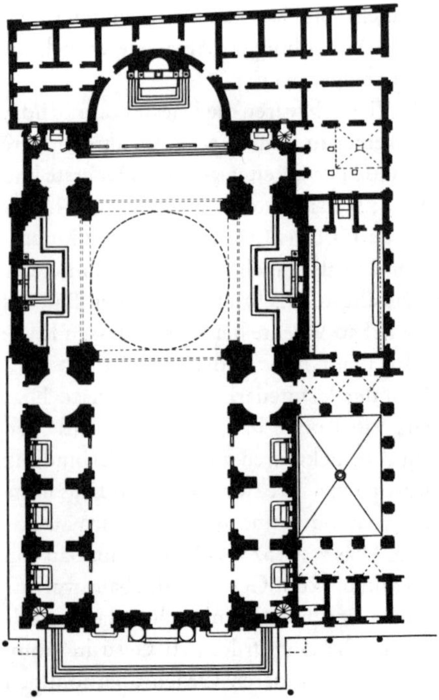

Il Gesù, Rom

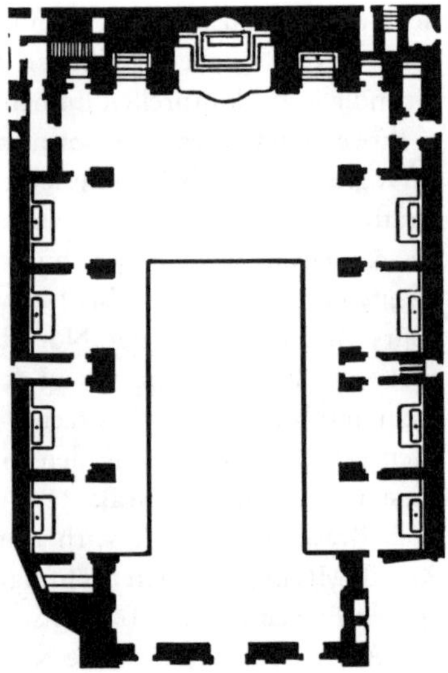

São Roque, Lissabon

und zwei Fensteröffnungen sowie wenigen Öffnungen der Seitenwände in scharfem Kontrast zu den hoch aufgebauten prächtigen Altaraufsätzen mit vergoldeter Schnitzerei. Schon die Kollegien in Evora und Braga (ab 1567), Bragança und andere wie auch die Kirchen in Afrika und den indischen Besitzungen legen Zeugnis davon ab. Die Rationalität des ›Jesuitenstils‹, die ihre Wurzeln im Studium der Architekturgeschichte hatte, wirkte weit nach.

Zurück zu Francisco Dias: In seiner anerkannten Bedeutung als Baumeister wurde er vom Ordensgeneral zurückgerufen. Nach verschiedenen Demarchen der Priester in der neuen Provinz blieb er dann dennoch in Brasilien und konnte, wie ursprünglich vorgesehen, die Kollegien von Rio de Janeiro (1585), Olinda (1592) und Santos (1598) entwerfen. Das beschriebene Bauschema verbreitete sich durch diese Gründungen rasch weiter. Seine mit einigen Renaissanceelementen versetzte, zuweilen manieristisch-vorbarocke Komposition wurde auf dem in europäischem Sinne geschichts- und voraussetzungslosen Boden der Ausgang für eine weit ausstrahlende Entwicklung. Francisco Dias war zudem Schiffskapitän des Ordens. Viel Baumaterial kam daher vorbereitet aus Portugal. Aus diesem Grund unterhielten die Jesuiten in Rio de Janeiro eine Werft. Dias ist 1619 dort seßhaft geworden und 1633 im Alter von 95 Jahren gestorben.

Zur Zeit der Besetzung von Pernambuco durch die reformierten Holländer kam die Bautätigkeit der Orden im Nordosten vorerst zum Stillstand. Sie nahm aber in der zweiten Hälfte des 17. Jahrhunderts nach ihrer Vertreibung wieder zu.

Noch immer entstanden kleinere Missionsgründungen, die oft sehr ansprechend und schön gelegen den Geist ihrer Zeit widerspiegeln. Lúcio Costa hat sich in seiner Darstellung der Jesuitenbauten mit den Plänen dieser Anlagen beschäftigt. Er hat dabei auch auf die Bedeutung der ›Terreiros‹ hingewiesen. Das sind die Plätze vor den Kirchen, auf denen neben dem Gottesdienst Schauspiele – das sogenannte »Jesuitentheater« – und auch Tänze das Unterweisungsprogramm der Jesuiten für das Volk ergänzten. In der Aldeia de Carapicuiba bei São Paulo hat sich bis heute auf dem Platz die ›Dança de Santa Cruz‹ zum Fest des heiligen Kreuzes Anfang Mai lebendig erhalten. Schon Mario de Andrade hat festgestellt, daß hier indianische Tanzformen aus der Zeit erhalten sind, ehe das afrikanische Element die Formen kirchlicher Feiern (Prozessionen, Tänze etc.) beeinflußt hat. Zu den Bauten dieser Übergangszeit gehören auch die einfache Kirche von São Miguel Paulista, auf deren Türbalken das Datum 18. Juli 1622 eingegraben ist, und die Kapelle des Sitio Santo Antonio in São Roque bei São Paulo. Beide besitzen hölzerne Vorhallen für Eingeborene, die noch keinen Zutritt zum Inneren der Kirche hatten, und auch sonst Versammlungsort waren. Landschaftlich ganz besonders schön gelegene Residenzen der Jesuiten, dazu gut erhalten, sind Anchieta und Nova Almeida im nördlichen Teil von Espírito Santo. Anchieta, mit ausnahmsweise dreischiffiger Kirche, und Nova Almeida, auf einer die weite Küstenlandschaft beherrschenden Höhe, großem rechteckigen ›Terreiro‹ und wuchtigem frühbarocken Altaraufsatz in der Kirche sind wohl die hervorragendsten Eindrücke, die man von Kunst und Kultur der Jesuiten in Brasilien haben kann, abgesehen von den ganz großen Kirchen der Folgezeit in Salvador und Belém. Am Ende dieser Epoche entstand noch die reizvolle Kirche von Embu bei São Paulo, deren reich mit Schnitzerei und bemalten Täfelungen ausgestattete Chorkapelle stilistisch den Beginn des eigentlichen Barock um 1700 markiert. Beispiele gleicher Art sind auch im Nordosten zu finden. Sie zeigen zugleich, wie sich die Kunst der Jesuiten auf das allgemeine Kunstschaffen auswirkte. Die Dekoration von Embu steht den ersten Kirchen in Minas Gerais nahe, wo statt der Ordensleute Laienhandwerker und -künstler aus São Paulo arbeiteten.

Von den großen Kirchen der wichtigsten Kollegien in den Zentren der historischen Entwicklung sind nur wenige, dafür aber umso bedeutendere Bauten gut erhalten.

Die Kirche der Jesuiten in Salvador, heute ›Catedral‹ und ›Basilica‹ ist zweifelsohne das wichtigste Bauwerk aus jener Zeit, vielleicht sogar für ganz Amerika. Sie kann sich mit den großen Bauten in Portugal messen und besitzt einen der vornehmsten Innenräume des jesuitischen Barock überhaupt. Die hohe Wand der Fassade ist in fünf Joche mit Pilastern und durch die horizontale Teilung der Geschosse mittels Gesimsen streng gegliedert. Die Bekrönung ist im Giebelgeschoß auf die drei mittleren Joche beschränkt. Auf den seitlichen Feldern sind die nicht überhöhten Türme mit einbezogen. Es ist eine strenge Komposition, die ähnlich wie in Coimbra aufgebaut und in ihren Einzelformen noch manieristisch wirkt. Die behauenen Steine der marmorartigen ›Pedra de Lioz‹ kamen, einschließlich der Drei-

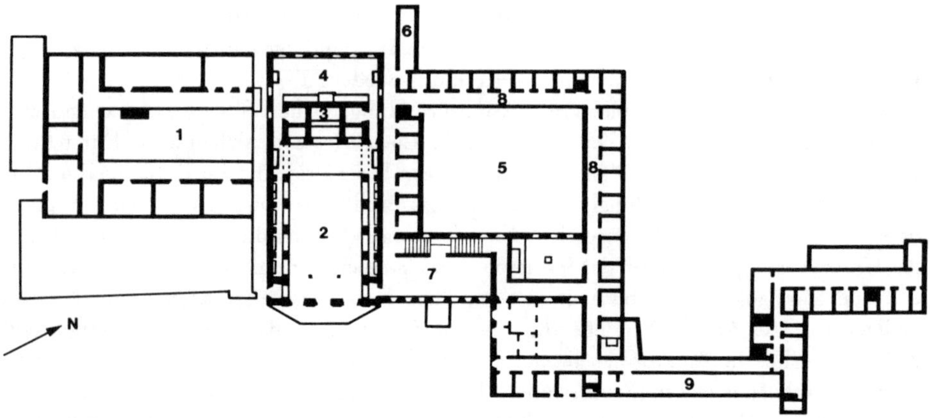

Jesuitenkirche und -kolleg in Salvador 1 Laientrakt 2 Kirche 3 Hauptaltar 4 Sakristei, darüber Bibliothek 5 Kreuzgang 6 Latrinen (über dem Bergabhang) 7 Pfortentrakt 8 Zellen 9 Krankenabteilung

ecksbekrönungen der Portale und ihren in die Mitte eingesetzten Nischen mit Figuren der Jesuitenheiligen, vorgefertigt aus Portugal. Im Innern wird der Blick sogleich zur Altarwand gezogen, was durch die Höhe des Schiffes und seine gewölbte Kassettendecke, die um 1700 entstand, unterstrichen wird. Die Grundsteinlegung erfolgte 1657, und schon 1672 war der Rohbau emporgewachsen. Ab 1692 kommen, auf Beschluß des Provinzialoberen P. Alexandre de Gusmão große Teile der Ausstattung zur Ausführung. Auch die geräumige, quer hinter dem Chor gelegene und sehr reich ausgestattete Sakristei stammt aus derselben Zeit. An den Altären der Kirche kann man die Entwicklung der Schmuckformen vom ausgehenden 17. Jahrhundert mit kräftigen frühbarocken Gliedern bis zum eleganten Spätbarock in einigen Seitenkapellen ablesen, die erst Mitte des 18. Jahrhunderts, kurz vor der Ausweisung der Jesuiten 1759 entstanden. Die Bauten des Kollegs, seitlich der Kirche, sind leider bis zur Unkenntlichkeit entstellt.

Die zweite große, gut erhaltene Jesuitenkirche gehört zum Kolleg Santo Alexandre in Belém, der wichtigsten Stadt am unteren Amazonas. Sie wurde im ersten Viertel des 18. Jahrhunderts, etwas später als die in Salvador, errichtet und folgt in der Gesamtanlage demselben Schema; ihr Charakter ist jedoch ein ganz anderer. Die Fassade kann im Gegensatz zu dem Europa eng verpflichteten Salvador als mehr tropisch-barock bezeichnet werden. Wenn auch die senkrechte und waagerechte Unterteilung durch breite Pilaster und schmälere Gesimse die hohe, geschlossene Wand ähnlich gliedert, so sind hier auf die Fläche der Pilaster wulstige, pflanzlich wuchernde Ornamente aufgesetzt. Schon die Türbekrönungen schließen in Voluten und die drei mittleren Joche der Gesamtfront enden in einem riesigen Volutengiebel. Ebenso ist im Inneren der Kirche, bei den etwas niedrigeren Proportionen des breiten Schiffs und den wuchtigen Formen der Altäre und Kanzeln sehr viel Eigenes zu spüren. Es ist eine vielleicht etwas provinziellere Schöpfungsweise, die dem Bau einen spezifischen und zu dem, was in den von Belém weit entfernten Bereichen der Ostküste geschaffen wurde, verschiedenen Charakter gegeben hat. Damit ist er weiter von den klassischen portugiesischen Vorbildern entfernt. Das zugehörige Kolleg ist in Belém als einheitlicher Baukomplex rein erhalten, und der Gesamtanblick von Kirche, Kolleg und dem baumbestandenen Platz nimmt den Besucher sofort gefangen. Eine andere interessante Jesuitenkirche liegt in Vigia, nicht weit von Belém entfernt. Dort sind die in Santo Alexandre als Emporen über die Seitenkapellen des Schiffs gebauten Räume in einer dem tropischen Klima entsprechenden Form mit langer Säulenreihe als nach außen geöffnete Galerien eingesetzt worden.

Die Kirchen der übrigen wichtigen Kollegien existieren nicht mehr. In Rio de Janeiro wurde der Komplex sogar samt Hügel, auf dem er stand, 1922 abgetragen; in Vitoria wurden Kolleg und Kirche vollständig zum Regierungspalast umgebaut, und in São Paulo wurde eine neue kalte Replik des abgerissenen Baues am historischen Platz errichtet. Dies alles waren keine Bauwerke, die Salvador oder Belém gegenüber neuartigere oder gar größere Leistungen der Jesuiten dargestellt hätten. Sie waren architektonisch verhältnismäßig einfach, wie die riesige Kirche in São Luís (Maranhão). Teile ihrer Ausstattung zeigen, daß es die gleichen Meister und Normen waren, die ihre Formsprache geschaffen haben. Die heute in der Kirche ›Nossa Senhora do Bom Sucesso‹ aufgestellten Renaissancealtäre in Rio de Janeiro und der Hochaltar in São Luís sind in die Betrachtung über die ›Retabulos‹ eingefügt.

Eine Sonderstellung nehmen die Jesuitenbauten im äußersten Süden ein. In den ›Sete Povos das Missões‹, einem zum La Platabecken offenen Gebiet der Guaraní-Indianer, wurden diese Bauten in der ersten Hälfte des 18. Jahrhunderts um jeweils einen großen rechtekkigen Platz mit Kirche, Residenzen, Schule, Spital und Werkstätten nach einem beliebig ausdehnbaren Gitterschema errichtet. Heute sind nur noch Reste davon übrig, von denen nur São Miguel, eine monumentale Ruine, sehr eindrucksvoll ist. An der Anlage wurde von 1737 bis 1744 gebaut, sie blieb aber unvollendet. Das großartig durchdachte Projekt stammt

São Miguel, Aufriß von José Maria Cabrer, 18. Jahrhundert

vom Jesuitenarchitekten João Batista Primoli. Der Kirchenbau folgt stilistisch ganz anderen, neuen italienischen Vorbildern. Es ist ein Grenzfall, mehr noch als die Bauten im La Platabecken selbst, wo in Paraguay und Argentinien einer älteren Tradition folgend größere dreischiffige Kirchen – wie Yaguarón bis Asunción (Anfang 18. Jahrhundert) gebaut wurden. Mit ihnen weist die spanische Welt diesseits der Anden schon früher verschiedentliche Motive einer Berührung mit dem portugiesischen Bereich auf. Arkadenkonstruktionen und Ornamentik, die durch die von den Jesuiten geschulten Kräften verbreitet wurden, zeigen dies. Lúcio Costa stellte das bei Altaraufbauten und Aracy A. Amral auch bei profanen Bauten fest. Einen ganz eigenen Charakter besitzt auch die Skulptur dieser Missionskunst, die noch zu würdigen sein wird.

Immer wieder ist in der Forschung zu Recht betont worden, daß die Jesuiten als ein neuer Orden mit neuen Ideen die wichtigste Position bei der Entwicklung des Kirchenbaues in Brasilien von der Mitte des 16. Jahrhunderts bis zu ihrer Ausweisung inne hatten. Und in der Tat erweisen sich ihre Schöpfungen trotz der Kühle und Logik in der Planung als gelungene Mischung portugiesischer Tradition mit den Gegebenheiten des neuen Landes.

Ein Gesamtbild ergibt sich allerdings erst, wenn man hinzufügt, was die anderen Orden, die wie die Jesuiten, Niederlassungen in Brasilien errichteten, an Bauten und Kultformen entwickelt haben.

Nachdem die Jesuiten 1551 durch den Generalgouverneur Tomé de Sousa offiziell ermächtigt waren, Missionsstationen anzulegen, kamen 1581 die Karmeliter, 1585 die Franziskaner und 1592 die Benediktiner mit solchen Vorhaben in Olinda an. Auch ihre allererste Phase von Klostergründungen begann mit bescheidenen Bauten. Die Einfälle der Holländer 1624/25 in Salvador und die Besetzung Pernambucos 1630 bis 1654 zerstörte vieles davon. Insgesamt wurde die Bautätigkeit der katholischen Kirche dadurch im Nordosten unterbrochen. Umso reger setzte sie danach in jenen Provinzen wieder ein, die dadurch heute die größte Dichte ihrer Denkmäler besitzen.

Jeder Orden arbeitete im Sinne seiner Regel und gemäß europäischer Traditionen. Die Franziskaner entwickelten auch im Neuland eine volksnahe, liebenswerte Formensprache, die Karmeliter waren mit weniger Niederlassungen reservierter und die Benediktiner huldigten mit alter Bildung einer vornehmeren Architektur, mit einigen sehr bedeutenden Klöstern, die die Kenntnis europäischer Architekturtheoretiker der Spätrenaissance zur Voraussetzung hatten. In Brasilien war für ein klösterliches Leben mit so hoher geistiger Kultur erst Platz, als sich verschiedene Zentren weiter entwickelt hatten, auch was die Zahl der Bevölkerung angeht. Dann aber entstanden einige der bedeutendsten architektonischen Komplexe, die auch heute noch beeindruckend sind. Die Benediktiner wählten, wie Dom Clemente da Silva darlegte und Bazin wie Toledo Lima bestätigten, ihre Baumeister und Handwerker streng aus. Diese Tradition wurde auch bei deren Entsendung von der iberischen Halbinsel nach Brasilien gewahrt. Die weitere Ausbildung der Werkleute erfolgte in hervorragender Weise in den Klostergemeinschaften selbst. Der erste bedeutende Mönchsarchitekt war hier Frei Gregorio de Magalhães, der 1647 bis 1651 als Provinzialabt in Brasilien war und für den Beginn verschiedener Bauten verantwortlich war. Auf seine Inititiative kam ein anderer

Architekt, Frei Macário de São João aus Spanien 1648 nach Salvador, um den Plan eines Klosters samt Kirche auszuführen. Dieser war mit einer großen Kuppel wie Il Gesú angelegt, kam aber nur langsam voran. Die Anlage ist das Werk von Frei Macário, auch wenn er bis zu seinem Tode 1676 nur wenig ausführen konnte und der Teil mit der Kuppel erst im 19. Jahrhundert vollendet wurde. Der bedeutendste Teil seiner Tätigkeit ist die Vorhalle der Kirche mit ihren Portalen. Sie zeigt, wie Frei Macário die Renaissancetraditionen einschließlich ihrer Proportionsstudien beherrschte. Mit einer kräftigen Säulenstellung zwischen den Eingängen, einem Triumphbogen über dem Mittelportal und Bekrönung der seitlichen Eingänge mit schweren Dreiecksgiebeln ist hier ein fast ›vitruvianisches‹ Monument entstanden (Bazin). Die Kirche insgesamt und der riesige Klosterbau, den die Stadtverwaltung bereits einmal abreißen wollte, wirken jedoch nach der jahrhundertelang sich hinziehenden Bauarbeit nüchtern und kalt.

Das mächtige Kloster ›Mosteiro de São Bento‹ in Rio de Janeiro, das nach dem Plan des Militärbaumeisters Francisco de Frias da Mesquita 1617 begonnen wurde, dessen Kirche aber mit einer Planänderung von 1668 durch den Benediktiner Frei Bernardo de São Bento zu einem dreischiffigen Bau mit hohem Triumphbogen erweitert wurde, stand im wesentlichen am Ende des Jahrhunderts vollendet da. Sie erhielt durch weitere benediktinische Künstler die reichste Ausstattung an Schnitzerei und Malerei jener Zeit. Die strenge Front der Kirche, mit zwei von Pyramiden bekrönten Türmen und drei zur eingewölbten Vorhalle (1669–1673) sich öffnenden Bögen, repräsentiert den vornehmen Geist ihrer Schöpfer. Diese Kirche ist das erste Beispiel einer ganz vergoldeten Kirche, wobei im Rokoko Veränderungen des Hauptchors (1787–1794) und der Kapelle des Allerheiligsten (1795–1800) eingeschlossen sind. Auch die Sakristei und andere Räume unterscheiden sich durch ihre schwere, gediegene Steinmetzarbeit von den meisten leichter und einfacher erstellten Bauten. Die Anlage des Klosters ist einer der am besten dokumentierten baugeschichtlichen Vorgänge für Brasilien und von dem bereits erwähnten Dom Clemente da Silva Nigra hervorragend publiziert worden. Für viele Bauten in Brasilien sind hingegen die Archive im Land selbst, die unter den klimatischen Einflüssen, Insekten und direkter Zerstörung aus Unwissenheit sehr gelitten haben, nun nicht mehr ergiebig. Selbst die in Rom und in Portugal vorhandenen Quellen können nur stellenweise helfen.

Andere von Frei Gregorio de Magalhães erstellte Projekte verdienen ebenfalls Beachtung. Sein Plan für den Bau des ›Mosteiro da Graça‹ in Salvador läßt noch die ursprüngliche Anlage erkennen. Hervorzuheben ist auch das jetzt sehr gut wiederhergestellte ›Mosteiro de São Bento‹ in Santos. Es zeigt als Beispiel der durchdachten und harmonischen Planung eines kleineren Klosters die hohe künstlerische und kulturelle Arbeit des Ordens. Frei Gregorio war auch verantwortlich für die Anlage des nicht mehr original existierenden Klosters in São Paulo. Es ist am Anfang dieses Jahrhunderts in romanisch-byzantinischen Formen der Beuroner Schule neu errichtet worden.

Frei Macário, dem zweiten Benediktinerbaumeister, hat Dom Cemente mit gutem Recht sehr bedeutende Bauten in Salvador zugeschrieben. Der Konvent Santa Teresa, damals Kloster der Karmeliterinnen und heute das ›Museu de Arte Sacra‹ und die ›Santa Casa de

Das Kloster in Santos im Jahre 1656 (Rekonstruktion von Silva-Nigra)

Misericordia‹ sind in ihren Proportionen und der ausgezeichneten Steinmetzarbeit den Bauten der Benediktiner sehr verwandt. Die Kirche des besonders stimmungsvollen Konvents wurde rascher und daher einheitlicher erbaut. Sie ist so eine kompaktere Ausformung des Planes von São Bento im weitreichenden Kreis des Schemas von Il Gesú, mit einem Schiff mit Tonnengewölbe, Nebenkapellen mit Durchgängen, Querschiff und massiver Kuppel. An der Santa Casa de Misericordia erinnert die Gliederung der Fassade auch durch große Pilaster, der Figurnische über dem Portal und dem Dreiecksgiebel und den ursprünglichen strengen Bogen an die Bauweise von Frei Macário. Architektonisch sehr reizvoll ist die Treppenanlage im Innern des Spitals mit ihren Ausblicken über die Meeresbucht.

Die zahlreichen Bauten der Franziskaner in Brasilien strahlen einen anderen Geist aus. Gemäß der Traditionen ihres Ordens suchten die Armen Brüder eine engere Verbindung mit der Bewohnerschaft der Orte ihrer Niederlassungen, was im allgemeinen dort eine größere Zahl von Menschen voraussetzte. Sie begannen mit kleinen Niederlassungen in Verbindung zu den sich entwickelnden Ortschaften. Was wir an schönen Bauformen und reicher Ausstattung an so vielen Stellen im Nordosten bewundern können, stammt aus der Zeit nach der Besetzung durch die Holländer, aus der zweiten Hälfte des 17. und dem Beginn des 18. Jahrhunderts, als das Gebiet einen großen Aufschwung zu verzeichnen hatte. Ihre Anlagen bestehen im Grundriß aus einem Viereck, in dessen Mitte der als Kreuzgang (claustro) angelegte Hof liegt, umgeben von den Klosterbauten und der Kirche. Zum Klosterhof öffnen sich die meist zweistöckigen Laubengänge mit Verbindung zu den verschiedenen Räumen. Im Untergeschoß ist dieser Kreuzgang meist mit Bögen verbunden und trägt im Obergeschoß direkt das Dach. Die Innenwände des Claustro sind vielfach mit Azulejo-Dekorationen verkleidet, deren älteste geometrische Muster und die des 18. Jahrhunderts reiche figürliche Kompositionen haben. Der Außenschmuck der Fassaden ist nicht so streng und weniger der Tradition verpflichtet. So haben diese Fronten einen fröhlicheren und mehr dem Lande selbst entwachsenen Charakter. Benedito Lima de Toledo hat die klimatisch gute Lage der Franziskanerklöster hervorgehoben. Dies bezieht sich auf die Anordnung im Verhältnis zu den Siedlungen und Städten und luftige, gesunde Plätze. Vor der Kirchenfront wurde fast immer ein tiefer Platz angelegt, ›Adro‹ genannt, in dessen Mitte ein großes Kreuz auf monumentaler Basis errichtet wurde. Dies ergab den erwünschten Fest- und Versammlungsplatz für das Volk an Stelle der ›Plaza Mayor‹. Die Kirchenfassade wurde durch diese

Raumgestaltung erhöht und ihre Vorhalle einladend geöffnet. Die älteren Bauten besaßen einen offenen Vorbau, den ›Alpendre‹, wie sie an ländlichen Kirchen vielfach noch erhalten und auf den Bildern des Holländers Frans Post zu sehen sind. Später wurde dieser gedeckte Eingang in den Baukörper der Kirche selbst einbezogen und ›Galileia‹ genannt. Es ist der Platz, von dem aus zunächst die noch nicht Getauften, dann andere nicht zum Gottesdienst Zugelassene, an der Messe vom Hintergrund aus teilnehmen konnten. Mit den Franziskanern entstanden in größerer Zahl die Laienkongregationen, die auf der dem Klosterbau entgegengesetzten Seite an das Schiff des Hauptkirchenbaues ihre Kirchen ›Igrejas da Ordem Terceira de São Francisco‹ anschlossen. Im Nordosten wurden sie vielfach im rechten Winkel mit einem großen offenen Bogen am Schiff angesetzt, wie es in Olinda oder João Pessoa zu sehen ist. In den südlicheren Regionen herrschte eine parallele Position vor, wie in Rio de Janeiro und São Paulo. Der Klosterbau erhielt öfters einen überhöhten Eckbau, ›Mirante‹ genannt, der gewissermaßen in Anlehnung an den Hymnus des Hl. Franziskus auf die Natur eine Aussicht auf die Umgebung bot. Allgemein erhielten die Franziskanerbauten, mit Ausnahme von Salvador und Umgebung, keine großen Türme. Oftmals ist nur ein Glockenturm, etwas zurückgesetzt, so in dem Winkel der Klosterkirche mit der des Laienordens erbaut worden. Die Fassaden selbst bekamen im Nordosten durch die Portale eine ansprechende Dreiecksform, die sie vom strengeren Stil anderer Orden unterscheidet; portugiesische Vorbilder sind in diesem Falle nicht nachgewiesen. Eine hübsche Eigentümlichkeit sind noch zylindrische Küchentürme, die sogar über das Dach des Konvents hinausragen. In Penedo und São Cristóvão sind die sehenswertesten Beispiele zu finden. Die sorgfältige Steinmetzarbeit der Fronten, mit ihren drei, öfters fünf Portalen, wie schon im 1654 begründeten Cairu, wurde mit Ornamenten versehen, die vielfach einheimische vegetabile Motive aufnahm. Eine Überraschung für den Eintretenden ist nach dem vielfach schlichten Äußeren der Bauten der am Ende des 17. und Anfang des 18. Jahrhunderts zunehmende Reichtum der Innenausstattung mit mehr und mehr vergoldetem Schnitzwerk an Altären und Verkleidungen, Figuren und Bildern. Dazu kamen die aus Portugal eingeführten szenischen Azulejobilder, Gestühl im Chor, Sakristeischränke und Deckenmalerei. Am bekanntesten ist die Kirche ›São Francisco‹ in Salvador mit ihrer alle Bauteile und Altäre überziehenden Vergoldung. Erstaunlich groß ist die Zahl der Franziskanerbauten aus jener Zeit im Nordosten Brasiliens.

Einer der charakteristischsten und wohl der prächtigste Bau unter diesen vielen Klöstern ist ›Santo Antonio‹ in João Pessoa in Paraíba. Der Vorhof, der die Kirche durch seine perspektivische Verengung und das ansteigende Gelände hervorhebt, erhielt mit dem wuchtigen Sockel des steinernen Kreuzes und Azulejobildern an den Seitenwänden, die mit Löwenfiguren am Ende bekrönt sind, eine besondere Note. In der Vorhalle mit fünf Eingangsbögen sind die Türrahmungen zur Kirche reich mit Mustern in Steinmetzarbeit versehen. Der hohe Kirchenraum schließlich besitzt nebst seiner vornehmen Ausstattung in der großen perspektivischen Deckenmalerei eines der hervorragendsten Beispiele seiner Art. Außer der am Schiff angesetzten Kapelle besitzt der Dritte Orden noch eine eigene Kirche an der Seite. Ländlicher in ihren Proportionen sind Kirche und Kloster in Igarassu in Pernambuco. Die harmonischste und reichste Ausstattung in frühbarocken Formen hat die ›Capela Dourada‹ des Dritten Ordens am Kloster Santo Antonio in Recife, der diejenige von João Pessoa als nächste Stilphase gegenübersteht. In Recife sind die Gemälde, die Wände und Decke vollständig überziehen, zudem noch in rechteckige Rahmungen eingefügt. Die Kapelle ist ein besonders einheitliches Kunstwerk von hoher Qualität. Die Klosterkirche selbst besitzt eine besondere Kostbarkeit mit der völlig verkachelten Kuppel, die an maurische Traditionen erinnert und erst vor einiger Zeit wieder aufgedeckt worden ist.

Zur Franziskanerkirche in Salvador gehört, wie auch sonst meistens, die Kirche ›da Ordem Terceira de São Francisco‹, deren Schauseite ganz mit in Stein gearbeitetem Bildhauerschmuck überzogen ist. Sie ist, ab 1702 ausgeführt, das einzige Beispiel dieser Art des reichen plastischen Fassadenschmucks in Brasilien. Die Arbeit wird dem Bildhauer Gabriel Ribeiro (?–1719) zugeschrieben, ist ganz bodenständig und hat nur in kleinem Umfang an einigen Portalen in Salvador eine schwache Nachfolge gefunden. Ähnliche Fronten sind sonst nur in den hispano-amerikanischen Ländern zu finden.

Die Bau- und Bilderkunst der mit dem Franziskanerorden verbundenen geistlichen und weltlichen Werkleuten wurde von anderen Orden gleichartig übernommen. Als Beispiele seien hier z. B. der Konvent ›Nossa Senhora do Carmo‹ in Salvador mit festsaalartiger Sakristei und die reiche Niederlassung ›da Ordem Terceira do Carmo‹ in Cachoeira mit ganz vergoldeter Kirche als qualitätvolle Werke des 18. Jahrhunderts genannt.

Die Gegend des ›Reconcavo Baiano‹ besitzt viele, teils etwas verfallene Franziskanerniederlassungen in dieser üppig fruchtbaren Landschaft, die deren volkstümlichere Kunst vom Ende des 17. bis über die Mitte des 18. Jahrhunderts bezeugen.

Die Bauten der Franziskaner vor allem in Rio de Janeiro und São Paulo erfuhren ebenfalls eine Bereicherung. Mit dem, was in Bahia geschaffen wurde, läßt sich jedoch nur die Kirche der Laienkongregation ›Ordem Terceira de São Francisco da Penitência‹ mit dem Kloster ›Santo Antonio‹ in Rio de Janeiro vergleichen. Architektonisch einfach, wurde sie wieder besonders reich mit vergoldeten Schnitzereien und Täfelungen im Innenraum versehen. Im wesentlichen von den portugiesischen Schnitzern und Vergoldern Manuel und Francisco Xavier de Brito zwischen 1726 und 1739 ausgeführt, sind noch kräftig barocke Formen, aber auch schon Rokokoelemente in ihren Kompositionen vorhanden. Das beweist, daß man in Brasilien durchaus auf der Höhe der Zeit sein konnte, denn beide Künstler gaben geschmacklich genau das wieder, was sie vorher als den neuesten Stil der Zeit König D. João V. in Portugal aufgenommen und angewandt hatten.

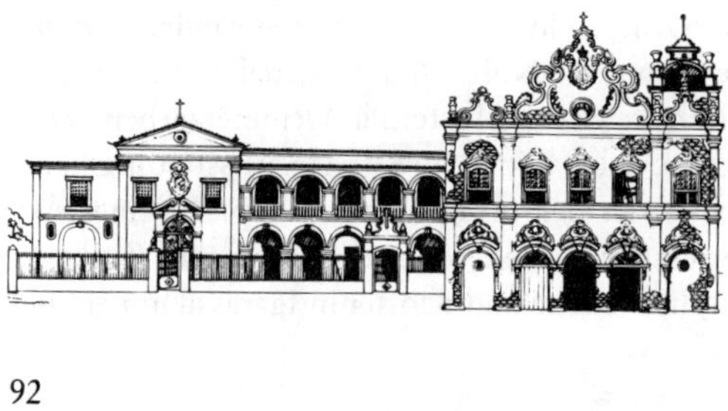

Die Franziskanerniederlassung in Cachoeira; rechts die Fassade der ›Igreja da Ordem Terceira‹ von 1702

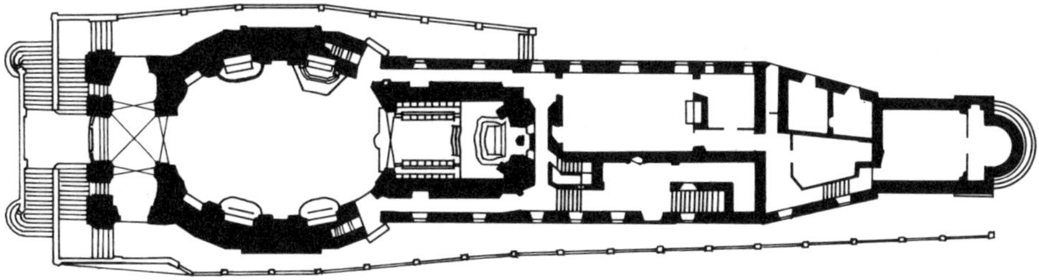

São Pedro dos Clérigos in Porto (Portugal) als Beispiel spätbarocker Raumausweitung

Pfarrkirchen der Bruderschaften

Neben den Bauten der Mönchsorden wurden in den sich ausdehnenden Siedlungen Pfarrkirchen gebaut. Anfänglich sehr einfach und wenig dauerhaft strukturiert, hatten die Pfarreien lange Zeit nicht die Möglichkeit, architektonisch anspruchsvollere Gebäude zu errichten. Ende 17. und besonders im 18. Jahrhundert bekamen sie gegenüber den Klöstern mehr Einfluß in den größeren Ortschaften und Städten. Die Gemeinden und ihre Vikare konnten dann auch repräsentativere Bauten aufführen. Bei dem ständigen Zuzug aus dem Mutterland nahmen sie rasch die neuen Formen aus Portugal auf und übertrugen sie auf Bauten in Brasilien. Das bedeutet, daß ihre Kirchenräume nicht immer nur die rechteckige Kastenform, eventuell mit seitlichen Korridoren, hatten. Sie zeigen an den für die Entwicklung des Spätbarock in Portugal wichtigen Orten wie auch im süddeutschen Bereich charakteristischen Ausweitungen und Verschmelzungen der Raumformen.

Eines der ersten Beispiele dafür ist die ›Igreja da Gloria do Outeiro‹ in Rio de Janeiro. 1714 begonnen, war sie 1730 fertig; Schiff und Chorraum bestehen aus zwei längsgezogenen Achtecken, deren Wände streng durch Pilaster und Gesimse gegliedert sind. Die Schmuckformen des Außenbaues – Bekrönung durch über die Balustrade aufgesetzten Kandelabern – erinnern an die 1711 in Lissabon begonnene Kirche ›Menino de Deus‹, die ebenfalls eine polygonale Raumform und ähnliche Schmuckformen besitzt.

In Recife wurde in die großartige Kirche ›São Pedro dos Clérigos‹ bei außen hohem rechteckigen Schiff eine im Grundriß ein langgezogenes Achteck bildende Gliederung eingesetzt. Die wuchtigen Pilaster und das große Deckengemälde darüber markieren die ausgeprägteste Stufe des Hochbarock Brasiliens. Der Bau wurde 1728 nach Plan des von der ›Confraria dos Padres‹ verpflichteten Architekten Manuel Ferreira Jacomé begonnen und besitzt eine der mächtigsten plastisch gegliederten Fassaden.

Im Nordosten blieb S. Pedro dos Clérigos der einzige Bau mit borrominesker Raumausweitung. Etwas später wurden einige Bauten in Minas Gerais ähnlich eingerichtet.

Die Kirche ›Nossa Senhora da Conceição da Praia‹ in Salvador folgt bereits anderen Prinzipien, bei denen Außenbau und Innenraum eine neue Einheit bilden. Die in die Front diagonal eingesetzten Türme lassen direkt auf die Innenform des Raumes schließen, dessen

Ecken auch tatsächlich abgeschrägt sind. Wie in S. Pedro dos Clérigos trägt das nicht unterteilte Deckengemälde zur Raumweitung bei. Diese Kirche ist architektonisch das letzte bedeutende Bauwerk im kolonialen Bahia mit einer nochmaligen sinnlichen Steigerung im Sinne des Barock. Nach dem Plan Manuel Cardoso Saldanhas von 1736 wurde sie Stein für Stein aus dem portugiesischen Pedra de Lioz gefertigt und in vielen Schiffsladungen herangeschafft; erst nach der Mitte des Jahrhunderts war sie vollendet. Sie stellt nach Kubler diejenige Kirche dar, die nach dem Vorbild Lissabons in Brasilien bis 1750 geschafft wurde.

In der zweiten Hälfte des 18. Jahrhunderts entstanden im Nordosten sehr schöne kirchliche Bauten, die jedoch keine neuen baukünstlerischen Lösungen bringen, aber aufgrund ihrer Innendekoration sehr bemerkenswert sind. So ist die Neuausstattung der alten Benediktinerabtei in Olinda ab 1750 eine elegante Arbeit. Die besonders anziehende Kirche ›Nossa Senhora dos Prazeres dos Montes Guararapes‹ hat eine noch kräftig barocke Ausstattung mit sehr dekorativen Azulejowänden. Sie liegt auf einem Hügel des Schlachtfeldes bei Recife, auf dem die Holländer besiegt wurden. In Recife wurde die ›Nossa Senhora da Conceição dos Militares‹ ab Mitte des Jahrhunderts im Innern mit einer der reichsten Dekorationen des Nordostens für ihre Zeit versehen. Das außergewöhnlich Schöne dort ist die Decke, deren bizarre Plastizität und helle Farbigkeit ganz den Idealen des Rokoko entspricht. Die ›Capela da Conceição da Jaqueira‹, 1766 begonnen, und die Fassaden der Kirchen ›Matriz do Santissimo Sacramento do Bairro de Santo Antonio‹, ›Nossa Senhora do Carmo‹ und ›Nossa Senhora do Rosário dos Homens Pretos‹ runden mit ihren ornamental bewegten Giebelformen das Bild in Recife ab. Auch in Salvador wurden weitere Pfarrkirchen und Bauten der Laienkongregationen in dieser Zeitspanne aufgeführt. Die einfache Kirche ›da Boa Viagem‹, als eine der ersten auch außen verkachelt und mit stimmungsvollen Azulejobildern in dem dazugehörigen ehemaligen Hospiz, sowie die im Volksglauben weithin berühmte ›Igreja do Nosso Senhor do Bonfim‹, zwischen 1740 und 1772 erbaut, sind Beispiele für Bauten, die nicht durch ihre architektonische Konzeption sondern durch Ausstattung und Lage herausragen.

In Rio de Janeiro beschleunigte sich, nachdem Hauptstadt geworden war, in der zweiten Hälfte des 18. Jahrhunderts der Kirchenbau immer mehr. Einige polygonale kleinere Kirchen sind leider der Modernisierung des Stadtkerns zum Opfer gefallen. Die anderen größeren Kirchen, vielfach verändert, sind in die Stadtbeschreibung eingefügt.

Minas Gerais im 18. Jahrhundert

Eine Region, in der sich im 18. Jahrhundert Pfarrkirchen und Kapellen der Laienkongregationen ganz eigenständig entwickelten, ist Minas Gerais. Wirklich neue Impulse kamen in der gerade erschlossenen Provinz, dem Goldwäscher- und Bergbauland, in harmonischen Bauten zum Ausdruck. Den Ordensgeistlichen waren die Tätigkeit und Anlage von Klöstern dort verboten. Ihre Zahl sollte, wie schon erwähnt, möglichst niedrig gehalten werden. In Orten wie Sabará, Mariana, Ouro Preto, São João Del Rei mußten sich die Kirchgemeinden und Bruderschaften schnell organisieren und schufen, bei völligem Neuanfang, die

Zentren ihrer religiösen und sozialen Struktur mit einer großen Zahl, zuerst kleiner, dann immer reicher ausgestatteter Kirchenräume. Es kamen neue Anregungen mit den vielen Zuwanderern aus Portugal, die besonders aus dem Norden des Mutterlandes mit seiner spezifischen Bauweise stammten. Es dauerte aber nicht lange, bis auch eingesessene Kräfte entscheidende Beiträge lieferten. Das Fehlen der geistlichen Traditionen der Orden brachte eine von vielen überkommenen Bindungen freie Schaffensweise mit sich. Die Portugiesen als Meister der Altarschnitzerei vererbten ihre Fähigkeiten rasch und selbst an Mulatten und schwarze Sklaven.

Bald breitete sich im Staat Minas Gerais die Kunst auch weiter im Inneren aus. An den meisten Orten entstanden einfachere, aber trotzdem ansprechende Bauten. Lediglich in der weit landeinwärts gelegenen Gegend, wo Diamantenwäscherei betrieben wurde, kam es zu vergleichbaren Schöpfungen. Diamantina und Serro haben im Gesamteindruck die originalen Linien bewahrt. Abgesehen von der in wenig ansprechendem Neubarock erneuerten Hauptkirche von Diamantina sind dort kleinere, dennoch aber reizvolle Kirchen zu finden. Sie wurden hauptsächlich in Holzkonstruktion und ›Taipa de Pilão‹ ausgeführt. Die Fassaden haben daher einen intimeren Reiz. ›Nossa Senhora do Rosário‹ ist wohl die älteste Kirche des Ortes. Die ›Igreja do Carmo‹, 1760 bis 1765 errichtet, ist der am reichsten ausgestattete und mit seiner beachtenswerten Deckenmalerei von José Soares de Araujo der bemerkenswerteste Bau.

Die geschlossene Form der Ortschaften und das intensive Gemeindeleben ergaben, anders als in modernen Goldgräberstädten, einen fruchtbaren künstlerischen Wettbewerb. Ein reiches Musikleben, mit Werken ganz im Stil der Zeit Haydns und Mozarts, deren Schöpfungen bekannt waren und dem Auftreten sehr begabter eigener Komponisten wie Lobo de Mesquita, trug neben literarischer Tätigkeit zum Leben in diesen Orten bei. Festlichkeiten aller Art, Prozessionen und Aufzüge waren an der Tagesordnung. Trotz der Abgabe des ›Quinto‹ von den Goldfunden war Reichtum vorhanden, der das mannigfaltige Kunstschaffen überhaupt möglich machte. Die Mehrzahl dieser Orte blieb, das kann als glückliche historische Fügung verstanden werden, nach der Zeit der Goldfunde so erhalten, wie sie im 18. Jahrhundert entstanden waren und bewahrt noch heute, durch die Denkmalpflege geschützt, im Gegensatz zu den wild wuchernden Städten im Küstengebiet, das Bild ihrer Entstehungszeit. Zum Gesamtanblick gehören dabei nicht nur die Kirchen und öffentlichen Gebäude, also die königliche Verwaltung mit Gouverneurspalast und ›Casa de Câmara e Cadeia‹, sondern auch die stattlichen Häuser der reicheren Bürger und die der Allgemeinheit dienenden Anlagen von Wasserleitungen mit öffentlichen Brunnen, Brücken und Plätzen – alles von tüchtigen Militär- und Zivilingenieuren geschaffen. Im grünen Bergland von Minas ist eine Natur und Kultur verbindende harmonische Einheit entstanden.

Die ersten Kapellen und Kirchen bestanden aus einem Holzgerüst mit Füllwänden aus dem ›Taipa‹ genannten, gestampften Lehm. In manchen Fällen wurden sie später durch Steinbauten ersetzt oder durch Eckpfeiler aus Haustein verstärkt. Die weiß gekalkten Flächen zwischen den tragenden Gliedern entsprachen der in Portugal noch nach der mittelalterlichen Steinmetzkunst und dem manuelischen Stil bewahrten Tradition.

Rasch wurden auch einige große Pfarrkirchen mit drei Schiffen in dieser Technik erbaut. Die bedeutendsten Beispiele sind die ›Matriz da Conceição‹ in Sabará, schon 1710 geweiht, und die Matriz in Mariana, ab 1714 im Bau und ab 1745 als ›Sé‹ (Kathedrale) der erste Bischofssitz in Minas. Die sonst allgemein übliche Form waren jedoch einschiffige Kirchen mit seitlichen vom Schiff abgeschlossenen Gängen, wie man es in der ›Matriz da Conceição de Antonio Dias‹ (ab 1727 errichtet) in Ouro Preto, sehen kann. Zahlreiche Kapellen, wie die ›Nossa Senhora do Ó‹ in Sabará, entstanden etwas außerhalb der Zentren. Dort erinnern die Altäre und Wandtäfelungen in ihrer Struktur an die Kirche von Embu bei São Paulo. Die in Embu in den Rahmungen der Deckenfelder der Sakristei noch sehr zaghaft angebrachten Chinoiserien erscheinen in Sabará in schönen Tafeln im Stile der Lackmalereien an der Stirnwand des Schiffs. Die Mode der chinesischen Motive, in Europa zu Beginn des 18. Jahrhunderts häufig vertreten, ist in Brasilien sehr selten. Es fehlten ihre hauptsächlichen Träger, die Fürstenhäuser mit ihrer Freude an chinesischem Porzellan und Lackarbeiten. Die Kapelle in Sabará ist neben einigen Tafeln und einer Tür in der Matriz des Ortes und weiteren am Chorgestühl in Mariana das wichtigste Beispiel dieser Kunst, deren Formen den Portugiesen durch ihre ostasiatischen Besitzungen nicht fremd waren.

In den Kirchen ab den zwanziger Jahren des 18. Jahrhunderts in Minas wurden bald die seitlichen Gänge weggelassen, um das Schiff geräumiger gestalten zu können. Die Altaraufsätze konnten damit vollplastischer und tiefer aufgebaut werden. Die Kirche in Cachoeira do Campo, die der Kongregation der Schwarzen in Ouro Preto gehörende ›Igreja Santa Efigênia‹ (1731 begonnen), die nahe Kapelle des Padre Faria und die etwa gleichzeitig begonnene Kirche ›Santo Antonio‹ in Tiradentes haben besonders prächtige und vollständig vergoldete Altäre dieser für Minas das Hochbarock bedeutenden Zeit. Die Mehrzahl der Kirchen erhielt eine geräumige Sakristei quer hinter dem Altarraum, die mit großen, reich verzierten Kommoden, einem ›Lavabo‹ aus Seifenstein und oft auch Deckenmalerei ausgeschmückt wurden. Der Reichtum der Kirchenausstattungen wuchs in dieser Zeit durch die auf ihren Höhepunkt gelangten Goldfunde. Auch die vielen portugiesischen Auswanderer, vor allem aus den um Porto gelegenen Regionen des Minho und Douro, brachten neue Anregungen mit.

Wenn auch die Außenformen der Bauten noch einfach blieben, so bietet das Innere häufig Überraschungen mit raumweitenden Elementen, die zuerst nur die Dekoration, dann aber auch die Architektur verändern. Die ›Matriz Nossa Senhora do Pilar‹ in Ouro Preto, deren Bau 1736 begonnen wurde, ist das beste Beispiel dieser schon in Recife beobachteten und auf das Spätbarock hinführenden Komposition. Der Innenraum des eingesetzten längsorientierten Vielecks, ein Zehneck mit Achteckwirkung, baut sich in der Abfolge seiner mit Pfeilern und Pilastern gegliederten Wände in ganzer Höhe auf. Dazwischen sind Altarnischen mit Emporen darüber angefügt. Die über und über vergoldeten Altaraufsätze und die Kanzel bereichern diesen Rhythmus. Die plastische Projektion aller dieser Teile gibt dem Raum einen sehr festlichen Charakter.

Der Ausbau der Chorkapelle der Sé in Mariana, zwischen 1748 und 1760, bei dem ein unbekannter Meister zwei Kuppeln mit perspektivischer Malerei aufsetzte, gehört ebenfalls zu der sonst in Minas nur in großen Altaraufsätzen festzustellenden monumentalen Phase des Barock.

Aleijadinho

An den Arbeiten des Baumeisters Manuel Francisco Lisboa (?–1767), des Vaters von Aleijadinho, der seit 1724 in Brasilien nachweisbar ist, kann man an verschiedenen Kirchen den Geist der Übergangszeit der Mitte des 18. Jahrhunderts ablesen. Seine Pläne für die ›Matriz de Nossa Senhora do Bom Sucesso‹ in Caeté von 1756 und mehr noch der ›Nossa Senhora da Ordem Terceira do Carmo‹ in Ouro Preto von 1766 zeigen, wie er die an seinem ersten Bau, der ›Matriz de Antonio Dias‹ bewahrte architektonische Kastenform abzurunden beginnt. Die bewegtere und dramatischere Umrißform hat dann in den Werken seines berühmten Sohnes Aleijadinho, Antonio Francisco Lisboa (1730 oder 38 – 1814), vereint in Baukunst und Bildhauerei ihren Höhepunkt gefunden. Er verband alle Bauteile untrennbar zu einer plastischen Einheit, die in einer sonst nicht erreichten Form den Idealen des Spätbarock entsprach. Aleijadinho entfaltete seine ganze schöpferische Persönlichkeit an der schon im Bau befindlichen ›Igreja do Carmo‹ (1770–1774) in Sabará, wo er der Fassade eine bewegtere Bekrönung gab und die Kanzeln und Atlanten schuf; dann nach dem Tode seines Vaters an

Fassade der ›Igreja de São Francisco de Assis‹ in Ouro Preto

der ›Nossa Senhora do Carmo‹ in Ouro Preto an der Fassade und ihrer bereits mehrmals veränderten Raumkomposition. Bereits aus der Zeit von 1766 bis 1767 stammt der erste Entwurf der Kirche ›São Francisco de Assis‹ in Ouro Preto – sein Hauptwerk; er änderte den Plan aber 1774 noch einmal ab. Im gleichen Jahr entwarf er auch die Kirche ›São Francisco‹, in São João Del Rei; die Zeichnung ihrer Fassade ist noch erhalten (siehe Frontispiz).

An ›São Francisco‹ in Ouro Preto, seinem eigensten und besten Werk, hat Aleijadinho als genialer Plastiker den Mittelteil der Fassade hervorgewölbt und die runden Türme in den Baukörper der Kirche zurückgesetzt. Es entstand damit eine vollkommene und delikate Formverbindung zwischen den strukturellen und dekorativen Teilen wie den von ihm ausgeführten Portalumrahmungen, den Reliefs bis hin zu den Gesimsen. Der Mulatte aus Minas Gerais schuf so eine Einheit der plastischen Erscheinung des Baues, wie sie sonst nur im gleichzeitigen Spätbarock Süddeutschlands und Österreichs, bei den Gebrüdern Asam, bei Johann Michael Fischer, Dominicus Zimmermann und Balthasar Neumann zu finden ist. Diese Werke Aleijadinhos sind eine eigene spätbarocke Sprache, ohne daß direkte Abhängigkeiten nachweisbar wären (Vorläufer sind etwa Borromini oder Guarini). Im Innern steigert sich diese Symphonie von den zurückhaltenden Seitenaltären des Schiffs und dem herrlichen hellen Deckengemälde des Meisters Manuel da Costa Ataide zu den Stuckdekorationen und Kanzeln am Eingang des Chorraums zur großartigen Apotheose der Hochaltarumrahmung.

An dieser Stelle sind zwei Kirchen anzuführen, die nicht von Aleijadinho erbaut wurden, jedoch in logischer Weise spätbarocke Architekturideen in Minas zum Abschluß führen. Es sind die José Pereira dos Santos zugeschriebenen ›Nossa Senhora do Rosário‹ in Ouro Preto – mit spärlichen Nachrichten über ihren Bau, außer daß 1784 Manuel Francisco de Araujo an der Fassade arbeitete – und ›São Pedro dos Clérigos‹ in Mariana, deren Plan aus derselben Zeit stammen dürfte. Beiden Kirchen wurden für Schiff und Chor rein elliptische Formen zugrunde gelegt. In Ouro Preto wölbt sich auch die zweigeschossige Fassade, dem Rund des Hauptbaues folgend, nach vorn. In Mariana, wo der Bau 1820 eingestellt und in unserer Zeit mit klobigen Türmen erweitert wurde, kommt die reine Form der elliptischen Raumkörper nicht so gut zur Geltung. In jedem Fall entsprechen sich innere Form und äußere Raumschale ästhetisch wieder ganz und bilden das Ende einer langen, bei Borromini beginnenden Kette, die sich bis nach Minas in Brasilien ausdehnte. In Portugal, wo die polygone Form zu Beginn des Jahrhunderts in der Kirche ›Menino de Jesus‹ in Lissabon angewandt und ›São Pedro dos Clérigos‹ in Porto (1732–50) in dem Oval angenäherter Form zur Ausführung kam, haben die Meister im Norden des Landes, die auf Brasilien Einfluß hatten, nicht diese letzten architektonisch-plastischen Konsequenzen gezogen, die man bei den Bauten in Ouro Preto bewundern kann.

Aleijadinho begegnen wir noch einmal in Congonhas do Campo, das neben Ouro Preto der bedeutendste wie berühmteste Ort barocker Kunst in Minas ist. Das ›Santuario do Bom Jesus do Matozinho‹, vom Portugiesen Feliciano Mendes zum Dank für eine wunderbare Rettung gestiftet, zieht als Wallfahrtsort noch heute große Pilgerscharen an, die aus religiösen Motiven, aber auch um der Kunstwerke willen kommen. Die Kirche, in beherrschender

Lage über dem weiten Bergland gelegen, wurde 1758 begonnen und dürfte bis 1771 fertig gewesen sein, abgesehen von den sie schmückenden Malereien. Wichtig für die Gesamtanlage waren die Arbeiten an der großen Terrasse davor, ›Adro‹ genannt. Sie wurden ausgeführt, um die Verbindung mit den am Berghang liegenden Kreuzwegstationen herzustellen. Das ist ähnlich wie im Wallfahrtsort Braga in Nordportugal, nur daß in Congonhas do Campo der Kreuzweg ohne die diagonal verschränkten Treppenläufe angelegt wurde. Die Terasse hebt sich also als Zentrum hervor, dort wurden dann die berühmten zwölf Prophetenstatuen von Aleijadinho aufgestellt. Die Stationskapellen sind zum Teil schon zwischen 1781 und 1790, in heutiger Anordnung mit den Figuren aber erst 1818 fertig geworden; sie sollte man wie vorgesehen zuerst abschreiten und nicht wie heute üblich mit dem Auto bis vor die Kirche hinauffahren, denn nur so läßt sich die Sinngebung der Anlage nachempfinden.

Eine zentrale Treppe führt vom unteren Platz zur Terasse der Kirche empor. Dort stehen die zwölf Propheten, die nach den erhaltenen Quellen zwischen 1800 und 1808 bestellt wurden und das letzte großartige Gesamtkunstwerk des schon kranken Meisters darstellen. Bildhauerkunst und Bau haben in Congonhas in der letzten großen Schöpfung des Spätbarock in Brasilien einen einmalig eigenen Ausdruck gefunden.

Zivile und militärische Architektur

Wohnbauten, die in Minas mit eigenen Formen baugeschichtliche Bedeutung haben, sind ebenfalls in Diamantina in original erhaltenen Beispielen zu sehen. Unter ihnen ist eines der ganz wenigen Häuser, bei denen noch die mit Holzgitter verkleideten Oberteile der Balkons, die sogenannten ›Muxarabi‹ erhalten sind. Durch ihre ausgeschnittenen Ornamente kann man, wie in maurischen Häusern, hinausschauen, aber nicht von draußen gesehen werden. Das große Haus der Chica da Silva, einer in Diamantina berühmten und einflußreichen Mulattin, besitzt noch Holzbalkons und teilweise Abschirmungen durch die ›Treliças‹ genannten Holzgitter aus diagonal verschränkten Latten. Auch in Sabará und Ouro Preto haben sich vereinzelt hübsche Holzbalkons halten können. Im 19. Jahrhundert wurden dort Vorschriften erlassen, daß die Balkongitter aus Eisen gefertigt und die Fenster verglast sein mußten – und so bietet sich heute die Rua Direita, eine der Hauptstraßen Ouro Pretos einheitlich dar. Weiter im Innern des Landes war Fensterverglasung praktisch unbekannt. Eine primitive Bauweise mit Fensterläden ist allgemein verbreitet, selbst an manchen Kirchen ist die alte Art sie zu schließen erhalten. Im Staat Goiás sind solche einfachen und gut proportionierte Bauten in der alten Hauptstadt Goiás Velho mit der ›Nossa Senhora da Abadia‹, der alten ›Câmara e Cadeia‹ als ländliche Ausläufer des Minasbarock zu finden. In dem noch abgelegeneren Pilar ist ebenfalls eine sehr feine aus Holzgittern zusammengesetzte Fensterverkleidung erhalten. Das Innere der Häuser ist vielfach mit Decken aus geflochtenen Bambusspänen versehen. Möbel hatte man im allgemeinen sehr wenig. Eigentlich waren bessere Möbel nur in den öffentlichen Bauten und kirchlichen Besitztümern vorhanden. Das

Mobilar, das meist aus wenigen Stücken bestand, war in allen anderen Häusern sehr rustikal. Das hier gestreifte Gebiet der kolonialen Wohnungen und ihrer Einrichtung ist noch kaum systematisch studiert und nur historisch interessant.

Die repräsentativeren Zivilbauten und militärischen Anlagen, die von Baumeistern errichtet wurden, die vom Mutterland entsandt waren, weisen baukünstlerisch oft charakteristische Züge und eine eigene Schönheit auf.

Im Anfang entstanden in erster Linie die Befestigungsanlagen, die zunächst aus einfachen, vor Ort vorhandenen Materialien erbaut wurden wie Erdwälle und Pallisadenzäune, dies ist etwa der Schilderung Hans Stadens zu entnehmen. Später, als es nicht nur um die Abwehr von Indianern ging, die mit Pfeil und Bogen bewaffnet waren, sondern um die Verteidigung gegen mit Artillerie ausgerüstete Angreifer, wurden festere und größere Bauten erforderlich. So ist eine ganze Kette von Forts erhalten, die an strategisch besonders geschickten Plätzen gebaut wurden. Die von der portugiesischen Krone nach Brasilien entsandten Fachleute waren in erster Linie Militäringenieure, die aber zum Teil auch andere Bauten ausführten. Wie in Italien in der Zeit der Renaissance und im deutschen Barock, bei Balthasar Neumann etwa, umfaßten die Aufgaben dieser Obristen Bauten ganz unterschiedlicher Zweckbestimmung.

Von den besonders schönen Forts an der Küste seien einige genannt: Das ›Forte dos Reis Magos‹ bei Natal, in der Mündung des Rio Poteji, 1598 nach Plan des Jesuiten Gaspar de Sampères angelegt, wurde 1614 durch den uns von der Kirche ›São Bento‹ in Rio de Janeiro bekannten Francisco Frias de Mesquita erneuert. Aus seiner sternförmigen Anlage kann man ersehen, daß Mesquita als Militär auch italienische zeitgenössische Befestigungen gekannt haben muß. Schon hier ist die vortreffliche und solide Steinmetzarbeit sichtbar, die an der Mehrzahl der Forts bewundernswert ist.

Der nächste wichtige Verteidigungspunkt ist das massive Fort ›Santa Catarina‹ in Cabedelo. Es spielte schon in der Zeit der holländischen Invasion eine Rolle, was jedoch mehr noch für die an der Küste von Pernambuco gelegenen Festungen gilt. ›Forte Orange‹ auf der Insel Itamaracá; ›Forte do Queijo‹, ›Forte Brum‹ und andere um Recife, ›Forte de Nazaré‹ auf dem Cabo S. Agostinho legen von den kriegerischen Verwicklungen des 17. Jahrhunderts noch am besten Zeugnis ab.

In der Bucht von Salvador sind eine Reihe von Forts schon vor der Holländerzeit, am Ende des 16. Jahrhunderts angelegt worden. Trotz der an manchen Stellen störenden Bedrängung durch moderne Bauten sind sie noch immer malerische Punkte des Stadtbildes. Dies gilt für das von 1591 bis 1602 angelegte ›Forte S. Antonio de Barra‹, das ›Forte do Monserrate‹ und das im Hafenbecken liegende runde ›Forte S. Marcelo‹. Auch auf der landeinwärtigen Seite war die alte Hauptstadt durch Befestigungen geschützt.

Nahe von Salvador hat sich der einzige befestigte Landsitz der ›Torre de Garcia d'Avila‹ in Tatuapara (Nazaré da Mata) nahe der Küste erhalten. Er ist mit großen Steinblöcken monumental aufgebaut und die einzige Anlage eines aristokratischen Großgrundbesitzers. Die Ruine mit Wohntrakten, Arkadenhof und der heute am besten erhaltenen sechseckigen Kapelle ist ein in seinem Umfang beachtliches Bauwerk, fast als ein Palast anzusprechen.

An der Küste südlich von Bahia ist wenig gebaut worden und daher wenig zu schützen gewesen. Die Jesuitenklöster im Staat Espirito Santo sind durch ihre Höhenlage nicht so leicht anzugreifen gewesen.

Näher an Rio de Janeiro ist das auf einer Landspitze an der Flußmündung auf dem Felsvorsprung erbaute malerische Fort in Cabo Frio hübsch anzuschauen.

Die Forts von Rio de Janeiro und Santos hatten in der brasilianischen Geschichte große Bedeutung: Verkehr und Handel wurden vorwiegend mit dem Schiff abgewickelt, und daher war die Sicherung der Häfen eine vordringliche Aufgabe. Sie wurden darum von Zeit zu Zeit auf den neuesten Stand der Technik gebracht. Einige dieser Anlagen auf den strategisch gut gewählten Landvorsprüngen sind heute noch am Eingang der wichtigen Häfen Bestandteil der Küstenverteidigung. Architektonisch sind sie weniger monumental als die Anlagen des 17. Jahrhunderts im Nordosten.

Nahe bei Santos bietet das kleine Fort von Bertioga, das bereits von Hans Staden erwähnt wurde, einen romantischen Anblick. In der ursprünglichen Form 1553 begonnen, wurde es am Anfang 18. Jahrhunderts mit steinernen Bastionen versehen, denn es hatte weiterhin die nördliche Einfahrt nach Santos zu schützen.

Im Süden sind lediglich die Anlagen auf der Ilha do Mel in Paranagua und auf der Insel Santa Catarina bei Florianópolis den nördlichen Befestigungen militärisch und architektonisch vergleichbar. Wesentlich größere Fortifikationen wurden in den Zentren der Landnahme an der Nordküste errichtet, ja waren Kernpunkte dieser Siedlungen, unter denen Fortaleza in Ceará, São Luís und Belém die wichtigsten geworden sind. Aufgrund der später als an der Ostküste sich entwickelnden Besiedlung sind es massive Bauten des 17. Jahrhunderts, die meist im 18. Jahrhundert noch erweitert wurden.

José Custódio de Sá e Faria, Gesamtansicht des Forts São José da Ponta Grossa in Santa Catarina

Am Amazonas und an der Westgrenze Brasiliens wurde eine ganze Reihe beachtlicher Forts angelegt, nachdem die gewaltige Ausdehnung des Landes über die Linie von Tordesillas hinaus durch die Verträge von Madrid (1750) und S. Ildefonso (1777) ratifiziert worden war. Mit diesen Bauten in der weiten Wildnis traten neue Militäringenieure auf den Plan, die zudem die Aufgabe hatten, diese Gebiete bis hinauf nach Amapá und hinein nach Mato Grosso zu vermessen. Die neuen Bauten folgten dem von Sebastian Vauban entwickelten System der Befestigungsanlagen. Der erstaunlichste Bau dieser Epoche ist das Fort ›Principe da Beira‹, 1776 am Rio Guaporé in Rondonia erbaut, im äußersten Westen an der bolivianischen Grenze gegen Vordringen der Spanier im Amazonaswald errichtet. Dieser Bau, ebenfalls nach dem Vorbild Vaubans, hatte vier Bastionen und bot Platz für 16 Häuser der Garnison; er lag an einer Stelle, wohin damals eigentlich nur Expeditionen gelangen konnten. In ähnlicher Lage wurde das ›Forte Coimbra‹ 1775 am Paraguay ebenso in massivem Steinbau aufgeführt.

Der Bau militärischer Anlagen war ebenso ein bewunderungswürdiges Unternehmen wie die Arbeit der großen Kartographen, die die Vermessung der fernen Provinzen vorzunehmen hatten. Unter ihnen waren befähigte Baumeister, so José Custodio de Sá e Faria, der den Verteidigungsplan von Santa Catarina ausarbeitete und als Architekt die Kirche ›Santa Cruz dos Militares‹ in Rio de Janeiro schuf. Neben dem Militäringenieur Henrique Antonio Galuzzi arbeitete im Amazonasgebiet ein anderer Architekt, Antonio José Landi, der 1753 für die Kommission, die die Grenzen des Amazonasgebiets vermessen sollte, nach Belém kam und dort in der Folgezeit als Baumeister eine sehr bedeutende, rege Tätigkeit entfaltete, die für den Norden Brasiliens in gewissem Sinne das Ende des Barock und den Übergang zum Klassizismus bedeutete. Als erstes hatte er den neuen Gouverneurspalast zu errichten, dann veränderte er Hauptaltar und Fassade der Kathedrale. Seine besten und typischsten Werke sind in Belém die Kapelle ›São João Batista‹, ein Achteck mit Kuppel, und die vorgewölbte Fassade der Kirche ›Nossa Senhora das Mercês‹, beide aus dem Jahre 1777 und viel strenger als die Bauten rokokoartiger Eleganz in Rio de Janeiro und Minas Gerais derselben Zeit.

Der Landnahme und Besiedlung mit den befestigten Plätzen folgten schließlich die Gebäude für Stadtverwaltungen und Justiz, Gouverneurspaläste und Sitze der Finanzbehörden. Die ›Casas de Câmara e Cadeia‹ gehören zweifelsohne an vielen Orten zu den schönsten und repräsentativsten zivilen Bauten.

Die gut restaurierte ›Câmara e Cadeia‹ Salvadors aus dem 17. Jahrhundert ist mit seiner breiten Säulenhalle im Erdgeschoß und dem zentralen Turm sehr repräsentativ. Er wurde mit Frias de Mesquita in Verbindung gebracht. Kleiner und konzentrierter ist nach demselben Schema die ›Câmara e Cadeia‹ in Cachoeira im Reconcavo Baiano 1690 bis 1712 errichtet worden. Sie besitzt ebenfalls eine Vorhalle mit Kolonaden zum hübschen unregelmäßigen Platz davor.

In Mariana steht die reizvolle ›Câmara e Cadeia‹, die 1782 von dem aus Porto stammenden Meister José Pereira dos Santos erbaut wurde. An ihr zeigt er sein in Portugal gebildetes Feingefühl in den ausgewogenen Proportionen und der Freitreppe an der Vorderseite. Er war, wie beschrieben, der Schöpfer der Kirchen mit elliptischen Grundrissen, ›Nossa Senhora do Rosário‹ in Ouro Preto und ›São Pedro‹ in Mariana selbst. Der monumentalste Sitz einer solchen Stadtverwaltung ist die Câmara e Cadeia von Ouro Preto, heute ›Museu da Inconfidência‹. Sie wurde 1784 mit dem Plan des Gouverneurs Luiz da Cunha Menezes begonnen. Mächtige Formen mit einem nur zweiachsigen Mittelrisalit und schweren Gesimsen und die beiderseits gerade hinaufführende Freitreppe zeigen, daß auch hier der Wandel zu klassizistischen Formen im Kommen war.

Auf der anderen Seite der Praça Tiradentes in Ouro Preto steht erhöht der Gouverneurspalast, eine Zusammensetzung aus Festung und Palast in urbanistisch beherrschender Lage. Der Palast wurde vom Militäringenieur José Fernandes Pinto Alpoim errichtet, der auch in Rio de Janeiro tätig war. Am Ausbau der Befestigungsanlagen der Stadt war Manuel Francisco Lisboa beteiligt.

Die ›Câmaras‹ sind auch in weiter abgelegenen Gebieten mit viel Sorgfalt und Anteilnahme der Gemeinden geschaffen worden, so die sympatische, einfache und behäbige Form des 1766 in Goias errichteten Beispiels.

Die ›Casa dos Contos‹ von Ouro Preto, wo die Kontrolle des gewonnenen Goldes erfolgte, ist ein aufwendig gestaltetes Gebäude. Eine tiefe Vorhalle, eine steinerne Treppe, große Räume im Obergeschoß und der Innenhof geben ihm ein besonderes Gewicht gegenüber den normalen Häusern aus dieser Zeit. Als Besonderheit sei angefügt, daß Ouro Preto mit seiner 1770 errichteten ›Casa da Opera‹ das älteste Theater Südamerikas besitzt.

Auch für Rio de Janeiro brachte die Zeit ab der Mitte des 18. Jahrhunderts, in der sich in Minas Gerais die größeren Orte so reich entfalteten, einen neuen Aufschwung. Ab 1763 Hauptstadt und in der Funktion als Goldausfuhrhafen für Minas, erforderten die Verwaltungsorgane des Vizekönigreiches im Zentrum des öffentlichen Lebens und am Hauptlandeplatz, der heutigen Praça Quinze de Novembro, neue Bauten für ihre Arbeit und Repräsentation. Der wichtigste Komplex war der Palast der Vizekönige, der zwischen 1730 und 1743 nach dem Plan von José Fernandes Alpoim erbaut wurde. Er diente später als königliche Residenz und erfuhr Erweiterungen, besonders durch ein drittes Geschoß. Nach seiner Verwendung als Postamt wurde der langgestreckte Bau als ›Paço Imperial‹ (Residenz) kürzlich ganz restauriert und ist nun wieder eines der schönsten und wichtigsten Beispiele portugiesisch-brasilianischer Zivilbaukunst der Kolonialzeit. Seine eleganten Fronten zum Platz kommen wieder gut zur Geltung. Dahinter bildet der ehemalige ›Convento do Carmo‹, der zeitweise auch von der königlichen Familie benutzt wurde, mit den Kirchen am Beginn der Rua Primeiro de Março und weiteren Bauten auf der anderen Seite des Platzes sowie mit der Brunnenpyramide des Mestre Valentim ein reiches und harmonisches Gesamtbild.

Ein in der Neuen Welt ungewöhnliches und in Europa auch nur aus römischer Tradition bekanntes Baudenkmal besonderer technischer Vollendung sind die ›Arcos da Carioca‹ am Largo da Lapa im Zentrum von Rio de Janeiro. Dieser Aquädukt wurde unter Gouverneur Aires de Saldanha 1719 bis 1725 errichtet, um für die Wasserversorgung der Stadt den Raum zwischen den Hügeln Morro de Santa Teresa und Morro Santo Antonio zu überqueren. Das

Wasser lief dann in die Brunnen am Largo da Carioca. Die Bögen aus Granit erwiesen sich als so stabil, daß man den Aquädukt nach Beendigung seiner Funktion als Trasse für die Straßenbahn zu den Höhen von Santa Teresa benutzte.

In der Umgebung von Rio de Janeiro sind manche bemerkenswerte Landgüter aus der Kolonialzeit erhalten, die wie die älteren Zuckerfarmen in Pernambuco und die als ›Casa de Bandeirante‹ bezeichneten Bauten aus dem 17. und 18. Jahrhundert um São Paulo vorzüglich erbaut und einladend sind. Sie können nur bei Aufzählung der an den einzelnen Orten sehenswerten Gebäude in den Routen mit aufgeführt werden.

Als vollständig erhaltener Gesamteindruck eines kleineren Ortes aus dem 18. Jahrhunderts am Meer sei bereits an dieser Stelle auf Parati hingewiesen. Es ist ein Städtchen zwischen Rio de Janeiro und Santos, das zwar keine besonders hervorzuhebenden Gebäude besitzt, aber mit seinen gut gepflegten Bauten aus der Zeit als Hafen insgesamt einen ganz besonderen Eindruck macht, der durch die zauberhafte Umgebung unterstrichen wird.

Retabulos

Retabulos sind die Altaraufsätze, die in dem Text über die Kirchen des 16. bis 18. Jahrhunderts schon vielfach erwähnt wurden. Sie sind nach den Bauten selbst zentraler Teil der reichen Dekorationen sowohl im Sinne der Liturgie als auch in dem der Gegenreformation. Mit ihnen soll das Volk zum Mysterium hingeführt werden. Diese Kunstwerke hinterließen einen starken Eindruck auf die europäischen Katholiken, um so mehr als sie in einem Lande wie Brasilien aus der grünen Wildnis direkt in den goldenen Glanz der Kirche kamen. Bei den Jesuiten und Franziskanern und später den Bruderschaften breiteten sich manieristische und barocke Altaraufbauten mit Schnitzerei und Vergoldung über die Chorkapellen, die Triumphbögen zum Schiff und schließlich das ganze Kircheninnere überziehend aus. Portugiesische und einheimische Schnitzer zeigten hier ihr Können. Der reiche Schatz ihrer Werke ist für den heutigen Betrachter neben dem künstlerischen Wert zu einem wichtigen Leitfaden durch die Entwicklung der verschiedenen Stilphasen geworden.

Schon die wichtigsten Barockforscher erkannten dies. In Brasilien wies schon der Architekt Lúcio Costa in seiner grundlegenden Arbeit über die jesuitische Baukunst darauf hin. Germain Bazin gab in seiner breit angelegten Untersuchung eine grundlegende Analyse der Morphologie der portugiesischen Altarformen und ihrer Wirkung auf die Schöpfungen in Brasilien. In jüngster Zeit haben sich mehrere die Autoren mit diesem wichtigen Kapitel befaßt. Wir folgen speziell Benedito Lima de Toledo.

Die erste Gruppe (I[a]) vom Ende des 16. Jahrhunderts bis zur ersten Hälfte des 17. Jahrhunderts hat noch reine Renaissanceformen. Der Schrein erscheint gerahmt von geraden Säulen mit horizontalem Gebälk und klassischem Dreiecksgiebel. Nur wenige Altäre dieser

Retabulo in ›São Lourenço dos Indios‹, Niterói

Retabulo in ›Dos Reis Magos‹, Almeida

Retabulo in ›São Francisco Xavier‹, Belém

Art sind erhalten. In Olinda überdauerten der ehemalige Hauptaltar der ›Nossa Senhora do Carmo‹ und steinerne Seitenaltäre der ›Nossa Senhora da Graça‹ vom Anfang des 17. Jahrhunderts die Brandschatzung der Holländer. Der Altar in ›São Lourenço dos Indios‹ in Niterói, um 1640 geschaffen, und die heute in der ›Santa Casa de Misericordia‹ in Rio de Janeiro aufgestellten Altäre der abgebrochenen Jesuitenkirche, um 1620 entstanden, sind dazu zu rechnen. Sie erinnern in manchem an die Schreinerkunst in den Musterbüchern der deutschen Spätrenaissance; diese waren den Mönchsorden möglicherweise auch in Brasilien bekannt.

Die nächste Gruppe (I^b) umfaßt Altäre der zweiten Hälfte des 17. Jahrhunderts, die sich, wie Lima de Toledo bemerkt, aus Triumphbogenmotiven entwickelt haben; sie sind bei Serlio und anderen Architekturtheoretikern abgebildet und aus deren Traktaten von den Jesuiten übernommen worden. Hauptbeispiele sind die Märtyreraltäre (um 1650) und der Hauptaltar (1665/1670) der Kathedrale von Salvador. In diesen Altären gewinnt das Bogenmotiv an Gewicht, obgleich die geraden Säulen mit ihren verzierten Schäften und horizontale Unterteilungen noch keine barocke Bewegung der Komposition zulassen. Selbst in Kapellen von winzigen Orten wie etwa Voturuna bei São Paulo, im Sitio Santo Antonio bei São Roque und dem Hauptaltar der Kirche von Embu wird gegen Ende des Jahrhunderts der Aufbau des Schreines mit bewegteren Formen umgeben. Der wuchtige Altar der Kirche der Jesuitenresidenz ›Dos Reis Magos‹ in Nova Almeida besitzt dann schon gedrehte Säulenschäfte und über dem horizontalen Hauptgesims eine Bekrönung mit dicken Voluten. Die Kapelle bei São Roque zeichnen noch zwei flach in Holz geschnitzte Umrahmungen von Oratorien aus, die in köstlich primitiver Weise die Umformung frühbarocker Motive durch die Eingeborenen zeigen.

Mit der Gruppe II^a ist dann von etwa 1700 bis gegen 1725 die erste wirklich dem Barock zugehörige Phase erreicht. Sie ist in Rio de Janeiro durch die meisterhaften Schnitzereien an den Altären im Schiff von São Bento eingeleitet. Die Altäre der ›Capela Dourada‹ in Recife gehören ebenso zu den reichsten und schönsten Beispielen dieser Gruppe. An beiden Orten sind die eigentlichen Retabulos harmonisch in die den gesamten Raum überziehende Dekoration einbezogen. Spezifisch in dieser für Brasilien frühbarocken Gruppe ist die ab 1700 sehr verbreitete Anbringung der ›salomonischen Säulen‹ (Salomónika), deren gedrehte Schäfte mit Weinlaubranken, Putten und Pelikanen verziert wurden. Über ihnen ist nun kein abschließendes Gesims mehr aufgesetzt. Die steigende Bewegung der Säulen setzt sich in konzentrische Rundbögen fort, was diesem Altar eine einheitliche Erscheinung gibt. Aufgrund ihrer Ähnlichkeit mit romanischen Rundbogenportalen hat sie Lúcio Costa als pseudoromanisch bezeichnet. Neben den genannten Beispielen ist diese Form für viele Altäre der ersten Jahrzehnte des 18. Jahrhunderts charakteristisch. Einfach und rein ist sie auch an den Seitenaltären der Kirche von Embu zu sehen. Auch monumentale Altäre wie etwa der Hauptaltar der Kathedrale von São Luís gehören zu dieser Gruppe.

Bei den Retabulos der Gruppe II^{b}, die auf den eben beschriebenen, sehr einheitlichen fußt, kann man im zweiten Viertel des 18. Jahrhunderts beobachten, wie die Altarschreine an plastischer Tiefe und Weite gewinnen. Die Tiefe wird in der Mitte des geöffneten Altars durch Einsetzen von kelchartigen Formen unter den Figuren der Titelheiligen und durch größere Sakramentsbehälter betont, die Weite durch abgerundete Figurennischen in den Seiten, die erhöhte Körperlichkeit ist mit Schmuckformen um die oberen Rundbögen erreicht. Eine ganze Zahl wesentlicher Altarwerke in Minas Gerais gehört zu dieser Gruppe. Am Anfang stehen der Hauptaltar der kleinen ›Nossa Senhora do Ó‹ und die Altäre der ›Matriz de Nossa Senhora da Conceição‹ in Sabará, wo der Raum in der Mitte für größere Figuren noch weiter geöffnet wird. Auch einige der Altäre mit reich skulpierten und vergoldeten Ornamenten in der Kirche von Cachoeira do Campo bei Ouro Preto entstammen dieser Stilperiode. Bei der Mehrzahl wird noch die ununterbrochene Rundform der oberen Bögen bewahrt, wie es auch das Beispiel vom Ende dieser Gruppe aus Belém do Cachoeiro bei Salvador zeigt.

In der Mitte des Jahrhunderts wird nun (Gruppe III^{a}) die vollbarocke Szenerie der Altaraufbauten erreicht. Der Reichtum des Goldes im Lande und Impulse durch neue Stilformen aus dem Mutterland wirken sich dabei aus. Im Konvent ›São Francisco‹ in Salvador werden die plastisch phantasievollen und überschwenglich vergoldeten Altäre geschaffen. Diese Zeit in Portugal wird die des Stiles João V. genannt, der von 1705 bis 1750 regierte. Von dort kamen viele neue Künstler nach Brasilien, unter ihnen Manuel de Brito, der 1723 noch in São Miguel de Alfama in Lissabon arbeitete und ab 1726 in Rio nachweisbar ist. Dort ist in der Folgezeit die Ausstattung des Chores von ›São Francisco da Penitência‹ mit Altären sein Hauptwerk. Statt der bekrönenden Bögen entwickelte er als oberen Abschluß der Retabulos eine Baldachinform. Ihm folgt ein anderer Brito, Francisco Xavier, der nach Minas Gerais ging und dort bedeutende Werke schuf. Zu ihnen gehören die Altäre der Kirche ›Santa Efigênia‹ in Ouro Preto und in der Matriz von Catas Altas. Sein Hauptwerk sind die Schnitzarbeiten im Chor und am Hauptaltar der Matriz ›Nossa Senhora do Pilar‹ in Ouro Preto zwischen 1746 und 1751. Die Altarschreine öffnen sich durch Unterbrechung der

Retabulo in ›Nossa Senhora do Pilar‹, Ouro Preto

konzentrischen Bögen in der Bekrönung, wo nun Stücke von Voluten und Engel erscheinen. Die schon erwähnten Baldachine, Girlanden und Muschelformen bereichern diese tiefräumigeren Aufbauten. In der zentralen Nische ist daher jetzt Platz für einen Thronaufbau mit großen Titelheiligen der jeweiligen Kirchen.

Vom Beginn dieser Gruppe an erscheint diese Form von Altaraufbauten in allen Provinzen. Ihr sind in ihren stark plastischen Formen Altäre und Kanzel von ›São Alexandre‹, dem Jesuitenkolleg in Belém zuzurechnen. Zu ihr gehören auch die riesigen Altäre der Kathedrale von Salvador und die Querschiffaltäre von ›São Francisco‹ mit ihrem ausladenden Formreichtum. Die Altäre der ›Igreja da Ordem Terceira do Carmo‹ in Cachoeira im Reconcavo sind ebenfalls noch mit ihrer alles überziehenden Vergoldung in diesem Zyklus geschaffen worden.

Eine weitere Gruppe (III^b), ungefähr dem dritten Viertel des 18. Jahrhunderts zuzurechnen, umfaßt viele Altäre sowohl in Minas Gerais als auch im ganzen Land; bei denen ist der Baldachin nun vollends die alleinige Form der Bekrönung geworden. Im Zenrum der Altäre gibt es jetzt eine immer größer gestaltete Stufenpyramide, auf der oben die Figur des Titularheiligen aufgestellt ist. Auf den Stufen der Pyramide konnten bei hohen Festen Blumen und Lichter aufgestellt werden. Auch die Seitenteile der Altäre verändern sich; früher waren die wuchtigen pseudosalomonischen Säulenpaare eng aneinander gestellt. Nun wurden Wandflächen mit Nischen oder Sockeln freigelassen, so daß der Altaraufsatz bei dieser räumlichen Ausdehnung nicht mehr eigentlich als Schrein aufgefaßt werden kann. Die rahmenden Säulen erhalten dann gerade kannelierte Schäfte mit ornamentiertem Unterteil. Der obere Abschluß mit Baldachin und Lambrequins wird leichter und offener gestaltet. Viele der benutzten Schmuckformen sind eindeutige Rokokomotive, die die Füllungen zarter als bisher verzieren. Beispiele dieser Stilphase sind die Hauptaltäre der ›Igreja do Carmo‹ in Sabará, von ›Santo Antonio‹ in Tiradentes und ›Bom Jesus do Matozinho‹ in Congonhas do Campo in Minas. Besonders reiche Kompositionen sind die Altäre der Chorkapelle von ›São Bento‹ in Rio de Janeiro (1787–1793) mit hoher Pyramide im Mittelteil, der vergleichbare Hauptaltar von ›São Bento‹ in Olinda (1783–1786) und der Hauptaltar der ›Nossa Senhora da Conceição da Praia‹ in Salvador, der wie der gesamte Bau zu dieser Gruppe gehört, auch wenn er in Portugal hergestellt wurde.

Eine besonderes Gruppe (IV) stellen die im letzten Viertel des 18. Jahrhunderts in Minas Gerais von Aleijadinho geschaffenen Altäre dar. Nach seiner Mitarbeit an der Ausstattung der Kirche von Caeté und möglicherweise auch anderer Bauten sind die Altäre, die sich heute in der Kirche von Nova Lima bei Belo Horizonte befinden, schon ganz sein Stil und werden als Vorstufe seiner Entfaltung als Plastiker am Hauptaltar und der Dekoration der Chorkapelle von ›São Francisco de Assis‹ in Ouro Preto angesehen. Die Bekrönung dieser Altäre wird nicht mehr von einer Überdachung, sondern durch eine Figurenapotheose mit der Darstellung der Heiligen Dreifaltigkeit gebildet. Diese bildhauerische und figürliche Konzeption war schon in den Altären der Matriz (um 1760) und der Kirche ›São Francisco‹ (um 1781) von São João Del Rei vorgebildet worden. Den Entwurf für den Hochaltar von ›São Francisco‹ in Ouro Preto erstellte Aleijadinho nach Bazin 1778 bis 1779, die Ausführung erfolgte jedoch erst 1790 bis 1794, das ist nach der ebenfalls von ihm konzipierten Stuckdekoration des Gewölbes der Chorkapelle, zu der die Altarbekrönung mit ihren von der Figurengruppe ausgehenden Strahlen zum Zentrum wurde. Mit dieser nur als Werk eines genialen Plastikers denkbaren, im höchsten Sinne theatralischen Verbindung aller Elemente, stellt diese Altarkomposition des schon kranken Lisboa den Höhepunkt in der langen Abfolge der brasilianischen Retabulos dar.

Die abschließende Gruppe (V) von Altaraufsätzen aus den beiden letzten Jahrzehnten des 18. Jahrhunderts und sogar darüber hinaus ist in weniger plastischer Formgebung durch die der letzten Stufe des Spätbarock angehörigen Künstler geschaffen worden. Es entstanden noch reiche und reizvolle Kunstwerke. Hierher gehört der große Sakramentsschrank aus

Retabulo von Aleijadinho in ›São Francisco de Assis‹, Ouro Preto

Silber in der Kapelle des ›Mosteiro São Bento‹ in Rio de Janeiro. Im allgemeinen ließen die schon seit mehr als einer Generation beliebten Rokokoelemente sich die Proportionen der Altäre immer mehr elegant strecken. Die Säulen und Pilaster waren nicht mehr kräftig-barock, sondern wurden klassizistisch-schlank mit schmalen Umrahmungen der Zwischenfelder. Die starken emotionalen Eindrücke der barocken Altäre wichen einem rationellerem Geist, der strengere Formen schuf. Die erst in der Wende zum 19. Jahrhundert ausgeführten Seitenaltäre in den Schiffen von ›São Francisco de Assis‹ und der ›Igreja do Carmo‹ in Ouro Preto, die Ausstattung der ›Matriz do Pilar‹ in Salvador und der ›Nossa Senhora do Carmo‹ in Rio de Janeiro sind Beispiele, die das Empfinden der neuen Zeit bestätigen. Besonders schön aus jener Zeit auch die farbig getönten Altäre der ›Nossa Senhora da Corrente‹ in Penedo.

Nächst den Altaraufsätzen sind auch andere Ausstattungsstücke geeignet, eine einfache stilistische Entwicklung ihres Formenschatzes im brasilianischen Barock zu geben; sie treten jedoch nicht mit der gleichen Fülle an Beispielen hervor. Die Sakristeien, die bei Aufzählung der Bauten berücksichtigt werden, sind mit ihren Möbeln, besonders den großen Schränken (›Arcazes‹) für die Aufbewahrung der liturgischen Gewänder, lohnende Studienobjekte. In den Kirchen selbst sind Chorschranken und Kommunionsbänke oft sehr schön aus Jacarandáholz geschnitzt. Ein besonderer Hinweis sei den Orgeln gewidmet, von denen zwei besonders schöne Exemplare des 18. Jahrhunderts in der musikfreudigen Provinz Minas Gerais in der Sé in Mariana und in der Kirche ›Santo Antonio‹ in Tiradentes erhalten sind.

Zur Ikonographie der Heiligen

In Brasilien sind Formen der Verehrung der Muttergottes oder anderer Heiliger zu finden, die sehr verschieden von dem sind, was man in Bayern oder im Rheinland zu erleben gewohnt ist. So stehen dort Heilige schwarzer Hautfarbe, die ihre Geschichte aus der Religiosität bestimmter Teile des brasilianischen Volkes herleiten. Darum erscheint ein, wenn auch kurzer Hinweis nützlich, um die in den Kirchen aufgestellten Figuren von ihrem Sinn und Namen her lebendiger werden zu lassen.

Die christliche Ikonographie ist ein Studiengebiet für sich. Sie beruht auf theologischen Überlieferungen und Normen der katholischen Kirche und öffnet für den Gläubigen hinter der Gestik der Figuren und ihren Attributen die Welt des Glaubens. In Brasilien ist natürlicherweise vieles auf den christlichen Traditionen der luso-iberischen Kolonisatoren aufgebaut.

Hier ist in erster Linie die mannigfache Verehrung der Muttergottes anzuführen, die vielfach ältere, schon berühmte ›wundertätige Bilder‹ Mariä zum Vorbild hatte. So sind

›Nossa Senhora de Monte Serrat‹ oder ›Nossa Senhora do Carmo‹ im Neuland hochgeschätzte Erinnerungen an die Wallfahrtsorte der alten Welt (Montserrat in Katalonien und der Berg Karmel). Die Verkündigung, Mariä Himmelfahrt, die unbefleckte Empfängnis und Geburt Christi sind große Feste im Kirchenjahr. Maria der unbefleckten Empfängnis, ›Nossa Senhora da Conceição Imaculada‹ ist wohl die meist verehrte Figur. Als Symbol der Tugend, auf einer Mondsichel oder einer von Engelköpfchen umgebenen Erdkugel stehend, die Schlange der Erbsünde zertretend und mit einer Sternenkrone angetan, ist sie die Titelheilige zahlloser Kirchen. Ihre Standbilder wurden in allen Größen und aller künstlerischen Schaffensart aufgestellt. Viele kamen aus Portugal; viele kleinere Figuren wurden in Bahia, Minas Gerais und anderen Regionen für die Oratorien geschaffen. Andere Namen Marias beziehen sich auf ähnliche Formen der Verehrung, so ›Nossa Senhora da Graça‹, ›Nossa Senhora das Mercês‹ und ›Nossa Senhora dos Prazeres‹, denen auch eine ganze Reihe Kirchen geweiht wurden. Die ›Nossa Senhora das Dores‹, Darstellung der in Brasilien häufigen Pietà und der Muttergottes mit Schwertern im Herzen führen zum Passionszyklus und anderen dem Marienleben zugehörigen Themen hin. Die in Brasilien sehr beliebte Figurengruppe der Heiligen Anna mit der noch kleinen Maria, die sie unterrichtet, ist ein viel dargestelltes und anziehendes Motiv menschlich geistiger Verbindung. Gern hatte man auf den Altären Gruppen der Heiligen Familie. Joseph, ›São José‹, war und ist sehr beliebt beim Volk, weshalb viele Kinder seinen Namen erhalten; er ist hier der Vermehrer, der Gehorsam und Gewissenhaftigkeit verkörpert und wird, das Jesuskind tragend, mit Stab, Lilienblüten und seinen Zimmermannswerkzeugen dargestellt.

Daneben sind noch andere für das Verständnis der Kunstwerke interessante Sonderformen des Marienkults zu finden. So ist mit der Kapelle ›Nossa Senhora do Ó‹ in Sabará die Darstellung der erwartenden Maria verbunden. Um dies nicht prosaisch als Schwangerschaft auszudrücken, hat man sie ›do Ó‹ genannt, was auf die Anfänge der Antiphonarien in den Meßtexten der Woche vor Weihnachten zurückgeht, die mit dem Hinweis auf die Geburt Christi beginnen: »O radix Jesse ...«, »O clave David ...«, »O Oriens splendor lucis ...«, »O Rex Gentium ...«, »O Emmanuel Rex ...«. Maria als ›Nossa Senhora da Espectação‹, mit auf dem Leib aufgelegten Händen, das man in Sabará schon zu realistisch fand und etwas abänderte, ist ein nicht sehr häufiges, vor allem in Spanien und Portugal dargestelltes Motiv. Gelegentlich ist das Schutzmantelmotiv benutzt worden, wie es bei der in moderner Zeit millionenfach vervielfältigten ›Nossa Senhora de Aparecida‹ zu sehen ist.

Häufig dargestellt wurden auch die Märtyrer, die, da sie für ihren Glauben starben, in der Zeit der Gegenreformation natürlicherweise hervorgehoben wurden. Vor allem sind dies Paulus und Petrus, wobei ›São Paulo‹ als Gottesstreiter mit Schwert und ›São Pedro‹, der Kirchengründer, als Papst auf dem Thron mit Tiara und Schlüsseln verkörpert wurde. Die Erzmärtyrer, ›São Sebastião‹, von Pfeilen durchbohrt, ›São Lourenço‹ ist unser Laurentius mit dem Feuerrost, der gesteinigte ›Santo Estefano‹ und der Vorläufer Christi ›São João Batista‹ (Johannes der Täufer) wurden als verehrungswürdige Bekenner auch vielfach Titelheilige von Kirchen. Dies gilt ebenfalls für ›Santa Barbara‹ mit dem Turm, ›Santa Catarina‹ mit dem Rad, ›Santa Luzia‹ mit den ausgerissenen Augen auf einem Teller und ›Santa

Cecilia‹, der Schutzheiligen der Musik. Das Zwillingspaar junger Ärzte ›São Cosme‹ und ›São Damião‹, die sich speziell in Bahia besonderer Verehrung erfreuen, erscheinen vornehm gekleidet mit ihren Geräten auf einem kleinen Tisch.

Durch die Ordensniederlassungen begann sich die Wiedergabe der Ordensgründer auszubreiten. ›São Bento‹ (Benedikt), Abt und Begründer des abendländischen Mönchtums, wird meist als große Figur im schwarzen Habit und mit dem Buch der Mönchsregeln aufgestellt. Seine Attribute sind entweder der Becher mit der Schlange oder der Rabe mit Brot im Schnabel, Andeutungen seiner Versuchungen. Auch seine Schwester ›Santa Escolastica‹ findet sich oft neben ihm. Wohl am häufigsten erscheinen die Gründer der Bettelorden. ›São Francisco de Assis‹ in dunkelbrauner Kutte, mit Tonsur, Totenkopf und Kruzifix weist die Wundmale der Stigmatisation auf. Gelegentlich, wie in Rio de Janeiro, wird diese selbst mit einem von Cherubinen getragenen Kruzifix und dem davor niederknienden Franziskus, ein Motiv der mystischen Hingabe, wiedergegeben. ›Santo Antonio‹, der Prediger von Padua, ist ebenfalls in die dunkelbraune Kutte mit Strick gekleidet. Auf dem linken Arm trägt er das Christuskind und in der Rechten eine Lilie. Das Volk hat unbegrenztes Vertrauen zu ihm. Er ist der Beschützer der Reisenden und noch mehr der Liebenden und der Ehe. Die anderen Ordensgründer des Mittelalters, der Dominikaner ›São Dominico‹, auf den das Rosenkranzgebet zurückgehen soll, und ›São Bernardo‹ der Zisterzienser sind eher auf die Sitze ihrer Orden beschränkt. ›São Francisco de Paulo‹, durch seine Krankenheilungen berühmt, ist in schwarzem Habit und mit dem Spruchband ›Caritas‹ hingegen weiter verbreitet.

Die nächste Gruppe von Heiligen großer Verehrung sind die erst von der Gegenreformation erwählten. Hier stehen ›São Ignacio de Loyola‹, Schöpfer des sich rasch ausbreitenden Jesuitenordens, und ›São Francisco Xavier‹, Märtyrer der Jesuitenmission im fernen Osten, dargestellt mit Kruzifix, manchmal mit Pilgerhut, an der Spitze. ›Santa Teresa de Avila‹ brachte auch in Brasilien die Menschen durch ihre Glaubensintensität zur Verzückung und wurde daher die Schutzheilige verschiedener Kirchen. Von den volkstümlichen Heiligen wurden ›São Roque‹, unser Hl. Rochus, in Pilgerkleid, mit Pilgerstab, Kürbisflasche, einer Pestbeule auf dem entblößten Oberschenkel und neben sich einen Hund mit Brot im Maul, wegen der Heilung von Pestkranken, ›Santo Isidoro‹, der Patron von Madrid und der Heilige der Bauern besonders verehrt.

Woher kamen aber die schwarzen Heiligen? Der überall in Brasilien geliebte und verehrte ›São Benedito‹ war ein Sklave, der in Sizilien Franziskanerbruder wurde und als Koch so mildtätig war, daß er heute Schutzpatron der Köche und Küchen ist. Die ›Santa Efigênia‹ war eine nubische Prinzessin, die sich zum Christentum bekannte und darum den Opfertod erlitt. Es liegt auf der Hand, daß diese getauften Sklaven in den portugiesischen Besitzungen in Afrika, in Portugal selbst und dann auch in Brasilien selbst besondere Anziehungskraft besaßen, waren sie doch gerade für die Sklaven neben der religiösen Verehrung im fremden Brasilien eine Erinnerung an die ferne Heimat. Dasselbe gilt auch für die ›Nossa Senhora do Rosário‹, deren Bilder und Figuren sie mit dunkler Hautfarbe zeigen, wenn auch manche davon vielleicht nur von Kerzen und Weihrauch geschwärzt sein mögen. So erhoben sie Schwarze und Mulatten als Sklaven oder Freie zur Titelheiligen ihrer Bruderschaften. Die zahlreichen ›Igrejas de N.S. do Rosário‹ an der Küste und in Minas Gerais geben Kunde von diesen oft unter erheblichen Opfern gegründeten Zusammenschlüssen. Die weiße Bevölkerung weihte ihre Bruderschaften eher dem ›Santissimo Sacramento‹, dem Heiligen Geist. Die kirchlichen Bruderschaften, die sowohl Schwarzen als auch Weißen durch ihre strengen Aufnahmebedingungen und Regeln einen entsprechenden gesellschaftlichen Status gaben, waren überhaupt sehr wichtig, da es keine Zünfte wie in Europa, die die berufliche Befähigung dokumentierten, gab. Die ›Irmandades dos Clérigos‹, das heißt, die Bruderschaften der Geistlichen, und die ›dos Militares‹ waren ebensolche Korporationen. Sie waren die Voraussetzung für die Gründung von dringend benötigten Hospitälern zur Pflege der Kranken und Alten. So erhielt in den ›Irmandades de São Miguel e Almas‹ der Erzengel Michael, als Ritter mit dem Schwert auf dem Drachen stehend und mit der Waage für die Seelen seinen Platz in der Verehrung. An anderen Orten sind es Rafael, der den jungen Tobias auf der Reise beschützte, Gabriel, der Verkünder der Frohen Botschaft, um die sich die Anbetung kristallisierte. Damit sind die für Brasilien wichtigsten Heiligen und ihre Funktionen aufgezählt; da an dieser Stelle keine Vollständigkeit beabsichtigt ist, soll die kurze Darstellung anreizen, den Heiligen und ihren Geschichten ›vor Ort‹ weiter nachzugehen.

Die Kunst Brasiliens in ihrer Entwicklung

Skulptur

Die Skulptur in Brasilien war während der Kolonisation aufs Innigste mit dem religiösen Leben und den Sakralbauten verbunden. Die Retabulos waren zur Aufnahme von Heiligenfiguren eingerichtet; im Gegensatz zu Europa sind gemalte Altarbilder vorerst eine Ausnahme. Die Figuren waren vielmehr das wichtigste Schaffensgebiet der Bildhauer, Schnitzer, religiöser Menschen unterschiedlichster Herkunft und Schulung. Sie benutzten verschiedene Materialien. Zunächst herrschten aus Ton modellierte Arbeiten vor, während feinere Holzarbeiten erst später einsetzten. Sie waren nicht ausschließlich für die Ordens- und Gemeindekirchen, sonder auch für Hauskapellen und Oratorien bestimmt. So sind viele, in ihrer Mehrzahl kleinere Figuren erhalten, die aus den Gebetsnischen der Landgüter und reicheren Häuser stammen. Ihre künstlerische Qualität ist daher sehr unterschiedlich. Es gibt viele interessante, recht primitive Arbeiten von Schnitzern aus kleinen Orten und Werke hohen künstlerischen Ranges, von denen ein Teil portugiesischer Herkunft und der andere von Meistern geschaffen, die mit den Ordensgründungen verbunden waren. Im Handel gibt es heute in Brasilien viele Nachahmungen und Fälschungen solcher Figuren.

Ein wesentliches Merkmal für ihre historische Einordnung ist das Material. Die Figuren aus Ton, in einfachen Öfen mit Holzfeuerung gebrannt, wie später die Figuren aus Holz wurden stets mit einer farbigen Fassung versehen. Solche ohne farbige Oberflächenbehandlung, wie etwa bei Riemenschneider, sind entweder nicht fertig geworden oder haben ihre Farben durch Umwelteinflüsse (z. B. Feuchtigkeit) verloren.

Unter den Künstlern des 17. Jahrhunderts seien zwei Benediktiner hervorgehoben, die wohl die schönsten und charakteristischsten Werke aus Ton geschaffen haben, die aus jener Epoche bekannt sind. Frei Agostinho da Piedade, vermutlich um 1580 in Portugal geboren, ist in Dokumenten des Klosters São Bento in Bahia zuerst 1620 nachweisbar und dort 1661 gestorben. Der zweite, Frei Agostinho de Jesus, ist in Rio de Janeiro zwischen 1600 und 1610 geboren, erhielt seine Priesterweihe in Portugal und lernte wohl noch in Bahia bei Frei Agostinho da Piedade. Er arbeitete in verschiedenen Benediktinerniederlassungen und kam auch bis nach São Paulo. Er starb 1661 im Benediktinerkloster in Rio. Dom Clemente da Silva Nigra hat Leben und Werk beider erforscht. Ihre Figuren sind am besten in den Museen kirchlicher Kunst von Salvador und São Paulo zu sehen.

Silva Nigra nimmt an, daß Frei Agostinho da Piedade schon in Portugal lernte und dort die Arbeiten des ›Mestre de Alcobaça‹ gesehen hat. Der Stil der Arbeiten der beiden Benediktiner läßt den Generationsunterschied erkennen. Die Werke von Frei Agostinho da Piedade, hauptsächlich zwischen 1625 und 1642 geschaffen, sind noch stark der Renaissance verhaftet. Sie sind frontal und symmetrisch, dazu breit aufgebaut. Nur so war es vermutlich möglich, diese zum Teil recht großen Stücke frei aus Ton zu formen.

Die erste Gruppe seiner Werke umfaßt eine Reihe von Reliquienbüsten. Die Büste der Santa Luzia stellt eine Besonderheit dar, da sie in Brasilien kaum Parallelen hat. Sie ist aus Silber getrieben, der Kopf aus Blei gegossen, Gesicht und Haare sind mit Emailfarben bemalt. Die aus Ton modellierten Büsten der Santa Barbara, Santa Catarina, Santa Cäcilia, Santo Anselmo und anderen Märtyrern haben breite Gesichter und sind alle auf der Brust mit kleinen Reliquienbehältern versehen. Wie sehr Reliquienbüsten in jener Zeit geschätzt wurden, zeigen auch die in den Altären der Kathedrale von Salvador.

In seiner nächsten Phase schuf Frei Agostinho da Piedade eine Reihe größerer Werke, wie die Gruppen der ›Nossa Senhora do Montserrat‹ in Salvador und São Paulo. Sie trägt das Kind auf dem Schoß und hat an ihrer Basis eine Darstellung des Titelheiligtums und eine Verzierung mit kleinen Engeln. Eine lehrende Anna und ein sitzender reumütiger Petrus dürften um die gleiche Zeit entstanden sein. Einige seiner Figuren hat Frei Agostinho auf der Rückseite im Ton signiert. Die ›Nossa Senhora do Monteserrate‹ in Bahia weist zudem die Jahreszahl 1636, den Namen des Auftraggebers Diogo de Samdoval und die Bekräftigung der Devotion des Künstlers auf. Die ›Sant-Ana-Mestre‹ trägt ebenfalls seine Signatur und die Jahreszahl 1642. Auch die stehende ›Santa Catarina‹ in Bahia, das große Herz, auf dem der Jesusknabe sitzt (im Kloster São Bento in Olinda) tragen ebenfalls seinen Namen eingeritzt. Der reumütige Petrus, aus der kleinen Kirche des Monteserrat in Salvador – das Original steht heute im Kloster São Bento und eine Kopie im Museu de Arte Sacra – ist eine wohl berechtigte Zuschreibung.

Frei Agostinho de Jesus, der vermutlich zwischen 1624 und 1634 in Portugal war und mit Frei Agostinho da Piedade in Bahia nach der Holländerbelagerung zusammentraf, hat einen etwas eleganteren Stil. Eine Muttergottes mit Kind hat er mit dem Datum 1641 versehen. Verschiedene seiner sehr großen Figuren sind zwar ebenfalls noch sehr geschlossen und statuarisch, doch finden sich bei ihm auch schon fließendere Bewegungen. Das gilt besonders für den ›São Bento‹ und die ›Santa Escolastica‹ in der Kirche des Benediktinerklosters von São Paulo. Interessant ist der Vergleich seiner Gruppe der ›Nossa Senhora do Monteserrate‹ in São Paulo und Santos mit denen seines Vorgängers und Meisters, wobei die neue Lebendigkeit seiner Stücke erkennbar wird. Silva Nigra fand eine größere Zahl seiner Arbeiten in der ländlichen Niederlassung der Benediktiner in Sant Ana do Parnaíba, nahe bei São Paulo. Diese Stücke, um 1640 geschaffen, wie außerdem eine ›Sant Ana Mestre‹, eine ›Nossa Senhora da Purificacão‹, ein ›São Francisco de Paula‹ und eine ›Nossa Senhora dos Prazeres‹, befinden sich heute im Museu de Arte Sacra und bei den Benediktinern in São Paulo und verdeutlichen die Entwicklung der religiösen Plastik im 17. Jahrhundert.

Die Kunst der beiden Meister hat zudem volkstümlichere Nachfolge gefunden. So wird der sonst weiter nicht bekannte Portugiese João Gonçalo Fernandes genannt, der wohl schon um 1560 im Küstengebiet von São Paulo gearbeitet hat; von ihm sollen die im Kloster von Itanhaem und in São Vicente aufbewahrten Figuren stammen. Zur gleichen Zeit wurden in den abgelegeneren Gegenden landeinwärts von São Paulo, in Itú, Sorocaba und anderen Orten manche reizvollen Tonfiguren, zumeist der Muttergottes geschaffen, die einen volkstümlicheren Charakter haben.

Im Laufe des 17. Jahrhunderts gewann die Fertigung von Holzfiguren an Bedeutung und beherrschte in den aufwendigeren Ausstattungen der Kirchen wie in privaten Andachtnischen bis zum Ende des Spätbarocks das Feld. In Bahia gab es zahlreiche Werkstätten, von denen aus im 18. Jahrhundert neben der kostspieligen Einfuhr von Andachtsbildern aus Portugal die vorwiegend kleinen Figuren über das Land verbreitet wurden.

Einen neuen künsterlischen Höhepunkt stellen die Arbeiten des Benediktiners Frei Domingos da Conceição da Silva im Kloster São Bento in Rio de Janeiro dar. Dieser Künstler, geboren 1643, war von 1669 bis 1718 in Rio tätig, wo er 1690 als Witwer in den Orden eintrat. Nach seinem Plan wurden die gesamten Schnitzereien im Schiff der Klosterkirche von São Bento erstellt. Die Chorkapelle wurde später verändert. Aus der ersten Arbeitsphase von Frei Domingos (1669–1671) stammen die herrlichen Gitter aus Jacarandáholz im Schiff und das Gestühl auf der Musikempore. Es folgten die Bögen zu den Seitenschiffen mit den Pfeilerverkleidungen im Mittelraum, die besonders reiche Ornamentierung mit geschnitzten eingerollten Akanthusblättern und kleinen Engelsfiguren erhielten. Hier sind als halbplastische Figuren Benediktinerheilige, aber auch Kaiser, Päpste und Bischöfe eingefügt. Diese Figuren entstanden nach seinem Plan, aber unter Mitarbeit anderer Bildschnitzer, darunter Meister Alexandre Machado Pereira, der später sein Nachfolger werden sollte. Bei der Veränderung der ursprünglich von ihm stammenden Chorausstattung mit Hochaltar und Triumphbogen am Ende des 18. Jahrhunderts behielt man respektvoll seine Hauptfiguren vom Altar bei. Die Heiligen São Bento und Santa Escolastica, die Frei Domingos nach

Silva Nigra von 1677 bis 1678 geschaffen hat, haben noch dieselbe Haltung wie die Figuren der Frei Agostinho, hier wohl in Anlehnung an die Tradition des Ordens. Die noch eng anliegenden Gewänder sind jedoch sehr reich drapiert und weisen daher eine Hinwendung zum neuen Geist des Barock auf, wenn auch die Figuren noch ohne die etwas später üblichen dramatischen Bewegungen sind. Viel persönlicher und ganz dem neuen Stil zugehörig ist seine ›Nossa Senhora do Monteserrat‹, in wesentlich geschwungener Gewanddrapierung und realistischer Menschlichkeit. Auch sie wurde wieder zentral dem Hochaltar als Patronin eingefügt, leider jedoch ohne den ursprünglichen Thron und die erhöhte Basis mit der Darstellung des Monte Serrate. In den folgenden Jahren schuf Frei Domingos einige große Kruzifixe; so z. B. einen liegenden toten Christus in der Zeit von 1679 bis 1681 für São Bento in Olinda; 1685 bis 1688 das Kruzifix auf der Orgelempore von São Bento in Rio de Janeiro. Mit diesen Arbeiten ist eine Stufe ausdrucksvoller Plastizität erreicht. Nach seinem Eintritt in den Orden stattete er 1694 die ›Capela São Cristóvão‹ aus und setzte um 1700 die Arbeit an den Gittern der Seitenkapellen von São Bento fort. Seine letzte bedeutende Arbeit dürften der Plan und die Überwachung der Ausführung der reichen Altarumrahmung in der Sakristei und der Bogen der Capela da ›Nossa Senhora da Conceição‹ in São Bento gewesen sein.

Mit den Arbeiten von Frei Domingos ist der Höhepunkt der vergoldeten barocken Schnitzereien, die alle Architekturteile überziehen, erreicht. Von dieser Stufe ist die beeindrukkende Ausstattung der Klosterkirche der Franziskaner in Salvador am bekanntesten. Dort bekommen die Verkleidungen von Architektur, Altaraufsatz und die eingefügten Figuren ein plastisch ausladendes Relief und bilden für den Betrachter das herrliche Schauspiel des kolonialen Hochbarock. Alle ergänzen sich zu einer polyphonen Harmonie. Der bewegte Figurenstil entspricht den neuen Stiltendenzen, die aus Portugal kamen, von wo noch immer neue Stücke importiert wurden. Die farbige Fassung der Figuren wurde ebenfalls reicher. Die portugiesischen Plastiken des sogenannten Dom João V.-Stiles zeigen eine aufwendige, farbige und ziselierte Bemalung auf Goldgrund. Die Gesichter wurden mit Emailfarben lackiert und mit eingesetzten Glasaugen realistischer gestaltet. Im Laufe des 18. Jahrhundets ist die Produktion solcher Figuren in den Städten des Nordostens in Bahia und Pernambuco oftmals zu einem Manufakturbetrieb geworden, der auch andere Landesteile versorgte.

Das eindrucksvollste Beispiel eines hochbarocken Gesamtkunstwerkes sind die vollplastischen Schnitzereien in der Kirche ›Santo Antonio‹ mit der Kapelle des Ordem Terceira de São Francisco in João Pessoa.

Das Spätbarock in seiner eigentlichen dem Ende des 18. Jahrhunderts, ja in Brasilien sogar bis ins 19. Jahrhundert reichenden Form vertreten am besten die ausdrucksvollen Figuren von Manuel Inácio da Costa in Bahia. Ihm werden zahlreiche Figuren in den Kirchen von Salvador zugeschrieben. Dazu gehören ein 1794 entstandener Christus in der ›Santa Casa de Misericordia‹, ein São Pedro de Alcântara (ca. 1790–1793) in der Kirche ›São Francisco‹, ein Senhor da Paciência von 1819 in der ›Matriz de São Pedro‹, ja auch ein São Domingos von 1833 in der ›Ordem Terceira de São Francisco‹ und ein Senhor do Bom Caminho von 1834 in der ›Igreja do Pilar‹ sowie mehrere, sehr bewegte Stücke mit farbig kontrastreicher Fassung im Museu de Arte Sacra.

Die im 18. Jahrhundert andauernde Kraft spätbarocker Schöpfungen sind in der neu aufblühenden Provinz Minas Gerais für die Plastik von erhöhter Bedeutung. Auch nach dorthin kamen über Rio de Janeiro die neuen Strömungen aus Portugal und auch anerkannte Künstler wie etwa Francisco Xavier de Brito, der bereits in Rio de Janeiro beachtenswerte Werke geschaffen hatte. Nachdem er die ›Igreja da Ordem Terceira de São Francisco da Penitência‹ in Rio ausgeschmückt hatte, arbeitete er in Minas 1746 an der Ausstattung der Chorkapelle der ›Matriz do Pilar‹ in Ouro Preto und führte zusammen mit Manuel Gomes da Rocha Figuren für die Chorkapelle der ›Santa Efigênia‹, ebenfalls in Ouro Preto aus. Sein Figurenstil hat die anderen Künstler dort wesentlich beeinflußt, so daß von einem ›Estilo Brito‹ gesprochen wird und er, obgleich 1751 gestorben, auch für die Anfänge Aleijadinhos Bedeutung hatte.

Antonio Francisco Lisboa, ›Aleijadinho‹ genannt, 1730 oder 1738 geboren und 1814 gestorben, ragt weit aus der Menge fähiger Werkleute und Meister seines Jahrhunderts heraus. Er war schon im Zusammenhang mit der Baukunst gewürdigt worden. Als Sohn des in Minas angesehenen Baumeisters Manuel Francisco Lisboa und seiner Sklavin Isabel lernte er bei seinem Vater und war von jung an wichtigen Bauten der neuen Provinz beteiligt. So ist es auch nicht verwunderlich, daß er die neuen Stilformen, einschließlich des aus Portugal kommenden Rokoko (Dom José I.-Stil), gut kannte.

Die faszinierende Eigenart seiner Schöpfungen kommt zum guten Teil aus einer vollendeten Verbindung architektonischer und skulpturaler Elemente. Die ersten bekannten Arbeiten sind Plastiken, wie die Büste von 1761, die den Brunnen ›Chafariz de Alto da Cruz do Padre Faria‹ in Ouro Preto krönt. Bazin hebt die Kühnheit der Konzeption mit unbedeckten Brüsten hervor.

Aleijadinho wuchs in der fruchtbarsten Periode künstlerischer Aktivitäten in Minas, speziell in Ouro Preto, auf. Die Benennung ›Aleijadinho‹ – der kleine Verkrüppelte – geht auf seine Krankheit, wahrscheinlich Lepra zurück, die ihm etwa ab der Mitte seines Lebens schwer zu schaffen machte und Finger und Zehen verstümmelte, seine ungeheure Schaffenskraft aber nicht brechen konnte.

Sehr früh arbeitete er an der Schnitzerei einiger Altäre in der Matriz von Caeté (1756 fertig). Dort werden ihm neben den Altären für ›São Antonio‹ und ›São Francisco de Paula‹ (ca. 1760) auch etwa die Figur der ›Nossa Senhora do Carmo‹ zugeschrieben. 1763 fertigte er, wieder in Ouro Preto, ein Oratorium für die Sakristei der ›Matriz do Pilar‹. Aus derselben Zeit stammt ein Brunnenrelief für das Seminar in Mariana, heute im dortigen Museum, das Christus und die Samariterin am Brunnen darstellt und in seine Umrahmung assymmetrische Umrisse und Rocailleformen aufnimmt. Man nimmt an, daß er 1765 die Pläne für den Bau der Matriz von Morro Grande änderte, so daß die Türme zurückgesetzt und abgerundet wurden, eine Anordnung, die späte Projekte ahnen läßt. Hier schuf er die Fassade aus kraftvollen architektonischen Elementen, über dem Portal die bemerkenswerte Figur des São João Batista. Dies alles, wie auch die Gewanddraperie des Heiligen, sind schon ganz sein persönlicher Stil. 1766 erhielt er den Auftrag für die Entwürfe der Kirche ›São Francisco de Assis‹ in Ouro Preto. Ein Jahr später übernahm er nach dem Tode seines Vaters die Leitung der Arbeiten an der ›Igreja do Carmo‹, ebenfalls in Ouro Preto. 1770 änderte er an diesem von seinem Vater begonnenen Bau die Pläne in wichtigen Punkten zugunsten einer plastisch-architektonischen Konzentration ab. Beide Aufträge zeigen das große Prestige, das er schon besaß, kamen sie doch von den wichtigsten Bruderschaften des Ortes. Brasilianische Autoren wie Lúcio Costa, Sylvio de Vasconcellos und Benedito Lima de Toledo stellen dies heraus und weisen ebenfalls auf die neue plastische Gestaltung der vorgewölbten Fassaden Aleijadinhos mit ihren Kurvaturen und ihrem reichen Schmuck der unterbrochenen Giebel, der zurückgelegten Voluten und besonders der figürlichen Teile ihrer Portalbekrönungen und Reliefs hin. Hier hat er bereits seinen eigenen, konkurrenzlosen Stil gefunden. Er war es, der die Verwendung des ›Pedra de Sabão‹ (Seifenstein) in die architektonischen Kompositionen eingeführt hat, wie es am deutlichsten das herrliche Rundrelief im oberen Teil der Fassade von São Francisco de Assis exemplifiziert.

In den folgenden Jahren schuf Aleijadinho an verschiedenen Orten weitere wichtige Werke. 1769–70 arbeitete er an Portal und Giebel für die ›Igreja do Carmo‹ in Sabará, zu deren Ausstattung er außerdem mit zwei Atlanten unter der Orgelempore und mit Reliefs an den Kanzeln beitrug. 1774 brachte ihm sein großer Ruf den Auftrag für die Fassade der Kirche ›São Francisco‹ in São João Del Rei ein. Der Originalriß, den er für diese besonders gelungene Kirchenfront anfertigte, ist im Museum in Ouro Preto erhalten. Aus dieser besonders fruchtbaren Schaffenszeit stammen auch die ausgearbeiteten ›Lavabos‹, d. h. Handwaschbecken mit Umrahmung, in den Sakristeien der ›Igreja do Carmo‹ (1776) und ›São Francisco de Assis‹ (1777) sowie die Nische mit der Figur des Erzengels Michael und einem Relief der Darstellung des Fegefeuers (1778) an der Fassade der Kirche ›São Miguel e Almas‹ in Ouro Preto, alle sehr exakt in Seifenstein gearbeitet. Nach Lima de Toledo kommt hier das Rokoko vollkommener zum Ausdruck als im Mutterland. Die Kanzeln in Sabará und Ouro Preto mit ihren Reliefs aus Seifenstein haben auch ikonographisch interessante Verbindungen. Gomes Machado fand, daß die Reliefs des auf dem Meer wandelnden Christus und der Geschichte des Jonas in ihrer Anordnung Abhängigkeit von den Reliefs gleicher Thematik von Ghiberti in Florenz zeigten. In dem Kapitel über die Malerei wird noch auf die europäischen Vorbilder dieser Darstellungen in der Kolonialzeit Brasiliens zurückzukommen sein.

Bei Betrachtung seines sich reich entfaltenden Stils hat man sich gefragt, ob er nicht in Portugal gewesen sein könnte. Es gibt jedoch keine Anhaltspunkte für diese These, wenn auch die Söhne vieler wohlhabender Leute das Mutterland besuchten. Bazin weist mit Recht auf die enge Verwandtschaft der Bauten mit denen der gleichen Zeit im Norden von Portugal hin, von wo viele neue Zuwanderer nach Brasilien kamen und sicher Informationen mitbrachten. Die Fassaden Aleijadinhos sind jedoch insgesamt und in ihrem bildhauerischen Dekor motivierter.

Wichtig für die Betrachtung der Stilentwicklung bei der Plastik Aleijadinhos sind die Altäre, die er in den folgenden Jahren schuf. Sie beginnen mit dem Retabulo aus der Fazenda Jaguara, das, um 1780 entstanden, sich heute in der Kirche von Nova Lima befindet. Es besitzt in seinem Oberteil schon die Heilige Dreifaltigkeit mit einem Strahlenkranz und wirkt daher wie der Vorläufer des großen Hochaltars von ›São Francisco de Assis‹ in Ouro Preto, der 1790 zur Ausführung kam. Dieser ist eine ganz besonders persönliche Arbeit des Meisters und seines Ateliers, die Krönung der langen Schaffenszeit, seit den ersten Plänen von 1766, an dieser Kirche. Der Entwurf stammt von 1778/79; die Ausführung erfolgte schließlich 1790 bis 1794.

Die Altäre bekamen durch Aleijadinho eine neue, schon beschriebene raumbeherrschende Funktion. Sie sind ganz im Sinne der barocken Dynamik gestaltet, jedoch weit vom Typ der mit massiven Bögen und salomonischen Säulen komponierten ›Retabulos‹ aus der ersten Hälfte des 18. Jahrhunderts entfernt. Elegant und genial sind die Skulpturen und die Bemalung der Altäre und Aufbauten in ihren Akzenten abgestimmt. Die Frauen tragen weniger Gold vor den hellen Gründen und ebenso helle Farben an den Figuren zur Schau. Es drängt sich direkt der Vergleich mit dem deutschen Spätbarock auf, etwa mit den Kirchen von Johann Michael Fischer oder der Wies von Dominikus Zimmerman. Während sonst das Barock schon zu Ende gegangen war, gab es dort wie hier eine Kunst, die die verschiedenen Raumsphären fließend zu vereinigen verstand und zu einer herrlichen Wirkung verband.

Eine letzte, übermenschliche Anstrengung Aleijadinhos bedeutete die Anfertigung der Propheten und anderer Figuren für die Passionsstationen in Congonhas do Campo. Man spürt die Einheit des Projektes. Es ist jedoch klar, daß er bei seinem Alter und Gesundheitszustand und der Größe der Aufgabe mehr als früher auf die Mitarbeit von Gehilfen angewiesen war. Dennoch atmet die Gesamtanlage seine Genialität; auch hier sind alle Teile der Komposition in ihrem geistigen Gehalt aufeinander abgestimmt. Eine gewisse Vorbereitung waren für den heraufsteigenden Pilger die tief in den Traditionen des Christentums verankerten Figuren der Passionsstationen. Der Christus und die Hauptfiguren sind ganz in seinem persönlichen Stil geschaffen, wohingegen starke Unterschiede bei den Begleitfiguren feststellbar sind: es ist eine drastische Übertreibung der Charakteristik, ja es bestehen sogar Unterschiede zwischen Vorder- und Rückseite einzelner Skulpturen. Es sind im ganzen 64 Figuren, für die er die Kontrakte 1797, 1798 und 1799 selbst unterzeichnete. Sie sind in sechs Kapellen aufgestellt, von denen die erste das Abendmahl mit gestenreichen Figuren, die zweite die Ölbergszene mit einer bedeutenden Verkörperung des Christus, die dritte die Gefangennahme in echter Dramatik, die vierte zwei Szenen, Verspottung und Dornenkrönung, die fünfte die Kreuztragung und die letzte die Kreuzigung enthalten. Die Kapellen für diese Szenen, deren Kontrakte zwischen 1781 und 1790 geschlossen wurden, kamen nur langsam zur Ausführung. Die Kapelle des Abendmahls war 1808 fertig, so daß Aleijadinho sie noch sah. Die letzte Kapelle kam erst zehn Jahre später hinzu, was auch eine Reduzierung ihrer Zahl – (sieben waren geplant, sechs sind nur ausgeführt) und der zwei Szenen in der vierten Kapelle zur Folge hatte. Nach Wiederherstellung der Figuren durch den Denkmalschutz kann man sie wieder in ihrer originalen Bemalung durch Meister Ataide bewundern, der schon vorher in Ouro Preto mit Aleijadinho zusammengearbeitet hatte. Die Figuren der Passionsstationen sind aus Holz, das Aleijadinho auch früher öfters benutzt hatte. Diese ergänzen neben den im Museum in Ouro Preto aufbewahrten Krippenfiguren sein plastisches Werk, dem manche mehr oder weniger berechtigte Zuschreibungen angefügt wurden.

Detail der Christus-Figur der fünften Passionsstation in Congonhas do Campo

Die Figur des Jesaja von Congonhas do Campo

Eine zentrale Treppe führt in Congonhas do Campo von dem unteren Platz zur Terrasse der Kirche empor. Dort stehen die zwölf Propheten, die nach den erhaltenen Quellen zwischen 1800 und 1805 bestellt wurden und das letzte großartige Gesamtkunstwerk des schon lange kranken Aleijadinho darstellen. Sie stehen auf der ab 1776 von Thomas de Maia Brito aufgebauten Terrasse. De Brito arbeitete eng und gut mit Aleijadinho zusammen. Vier der Figuren kamen auf den Seiten der Treppe und acht auf dem oberen Plan in die Anlage beherrschender Position zu stehen. Damit wurde die raumübergreifende Einheit von Kirche, Vorplatz mit Figuren oben, den Kapellen unten und der weiten Landschaft als letzte dem Geist des Barock entsprechende Anlage geschaffen. Ihre Anordnung wurde zwar von manchen Kritikern als nicht original angezweifelt, nach ihren Gesten und den Bibeltexten ist sie jedoch durchaus sinnvoll.

Die Statuen sind trotz der Dimensionen der gesamten Anordnung der beherrschende Akzent. Diese in Seifenstein gearbeiteten großen Figuren sind einheitlicher als die szenischen Figuren in den Kapellen, so daß bei ersteren der Stil Aleijadinhos stärker hervortritt. Unzweifelhaft gehören sie zu den bedeutenden Leistungen abendländischer Skulptur.

Nur am Rande sei eine andere Art von Heiligenfiguren erwähnt, die dem Besucher ins Auge fällt und in Minas Gerais, aber auch in anderen Gegenden am Ende des 18. und zu Anfang des 19. Jahrhunderts geschaffen wurde. Es sind die sogenannten ›Santos de Roca‹, bei denen nur Kopf, Hände und Füße ausgearbeitet und an einem Gestell befestigt wurden. Dann sind die meist lebensgroßen Figuren mit natürlichen Gewändern und Haaren versehen worden, die ihnen ein realistisches Aussehen geben, das meist noch durch eingesetzte gläserne Augen verstärkt wurde. Kleider und Haare müssen natürlich von Zeit zu Zeit ersetzt werden. In Ouro Preto kann man die Santos de Roca in den zur Zeit Aleijadinhos erbauten Kirchen betrachten.

In Rio de Janeiro schloß das Barock mit den Werken des Meisters Valentim ab. Seine Arbeiten vertreten die bedeutende Endphase der langen Entwicklung der Kolonialzeit. Valentim da Fonseca e Silva ist nach Aleijadinho der bekannteste Bildhauer seiner Zeit. Geboren in Serro Frio zwischen 1740 und 1750 als Sohn eines vornehmen Portugiesen und einer Kreolin, wurde er von den Eltern nach Portugal mitgenommen, von wo er nach deren Tod nach Brasilien zurückkehrte. Er gehörte der ›Irmandade de Nossa Senhora do Rosário‹ an, in deren Registern sein Tod 1813 verzeichnet ist. Es wird angenommen, daß Valentim Schüler des portugiesischen Meisters Luis da Fonseca Ross war, der die Schnitzarbeiten in der Kirche ›da Ordem Terceira do Carmo‹ in Rio de Janeiro ausführte. Die Werke Meister Valentims befinden sich alle in Rio. Seine bedeutendste Leistung ist die Ausstattung der Kapelle des Noviziats der Kirche ›da Ordem Terceira do Carmo‹, wo er die bildhauerischen Arbeiten am Hochaltar und das Gitter der Chorkapelle zwischen 1773 und 1797 ausführte. Es sind elegante Vertäfelungen und Umrahmungen mit leichtem Rankenwerk in bestem Rokoko. Auch der Thron und die letzte Passionsstation von 1780, einige elegant ausgeführte Gitter, zwei Lampen der Chorkapelle (1797) und eine Urne (1799) stammen von seiner Hand. In der Kirche ›São Francisco de Paula‹ sind Teile des Hochaltars, zwischen 1801 und 1813 geschaffen, und viele andere Schnitzereien von ihm. Die Ausstattung der Kirche insgesamt wurde jedoch erst nach ihm von Antonio de Padua Castro vollendet. Auch die plastischen Arbeiten in der Kirche ›Santa Cruz dos Militares‹ sind sein Werk, von wo die Figuren der Evangelisten Mattheus und Johannes mit ihrer noch barocken Gewanddraperie heute im Museu Histórico Nacional stehen. Große silberne Hängelampen in ›São Bento‹ sind auch sein Werk. Seine Bildhauerarbeiten schließen verschiedene Brunnen und die Anlage des Parkes ›Passeio Público‹ in Rio de Janeiro ein. Dort schuf er Platz- und Treppenanlagen, mit Pavillons und allegorischen Bronzefiguren, das Eingangsportal und eine Brunnenanlage von spitzen, obeliskartigen Pyramiden flankiert, alles Motive, die als ›Zopfstil‹, also als Übergang zum Klassizismus bekannt sind. Eine seiner volkstümlichsten Arbeiten ist der massive Brunnenaufbau auf der Praça Quinze de Novembro, ebenfalls von einer Pyramide bekrönt.

Nach Mestre Valentim zieht in Rio de Janeiro die sogenannte ›Französische Mission‹ ein, deren Künstler eher als in den anderen brasilianischen Provinzen in der Hauptstadt im klassizistischen Stil arbeiteten, den sie aus Frankreich mitgebracht hatten.

Ein kurzer Blick ist noch auf eine heute zu Brasilien gehörige Provinz zu werfen, die ›Sete Povos das Missões‹ im Westen des Staates Rio Grande do Sul. Diese jesuitischen Missionsgründungen entstanden in engem Zusammenhang mit gleichartigen Zentren auf dem Boden des heutigen Paraguay und dem Norden Argentiniens. Da in den südlichen Staaten Brasiliens, Paraná, Santa Catarina und Rio Grande do Sul sehr wenig Bauten und noch weniger Bildwerke der Barockzeit entstanden, liegen die Werke der ›Sete Povos das Missões‹ in jeder Hinsicht sehr weit entfernt von den brasilianischen Zentren. In Rio Grande do Sul ist die Kirche von Viamão bei Porto Alegre ein Beispiel für den Zustand vor der Ankunft der europäischen Siedler im 19. Jahrhundert. Sie ist sehr einfach gebaut, ihre Heiligenfiguren wurden in Bahia bestellt und dorthin geliefert. So ist klar, daß die Kunst in den Missionen einen anderen Geist ausstrahlt. Sie war eher der spanischen Kolonisation zugewandt. Durch die Kämpfe, die sich um diese Gebiete entspannten, und mehr noch durch die Ausweisung der Jesuiten ist sehr viel von deren Kulturarbeit, ihren Bauten und Bildwerken zerstört worden. Lediglich ein Denkmal, die Kirchenruine von ›São Miguel das Missões‹ bei Santo Angelo ist als eindrucksvolles Zeugnis stehengeblieben.

Dort wurden durch den Architekten Lúcio Costa im Auftrag des Denkmalschutzes auch die figürlichen Reste aus den Missionen zusammengetragen und in einem kleinen Museum vereint. Die Bauplastik zeigt deutlich die Mitarbeit der Indianer. Die Heiligenfiguren in Holz, oft schlank und sehr ausdrucksvoll, stammen in der Mehrzahl aus der ersten Hälfte des 18. Jahrhunderts. Unter ihnen sind viele Arbeiten, die mehr der spanischen Tradition verpflichtet sind. Die vornehme Gestik und innere Dramatik mancher dieser Werke sind in ihrer Qualität bemerkenswert. Ihre Ausdrucksform ist im Vergleich mit den brasilianischen Ausformungen portugiesischen Charakters sehr interessant, kann aber hier nicht weiter besprochen werden.

In der Folgezeit verlagert sich die Formensprache der kolonialbarocken Plastik auf volkstümlichere Elemente, während die offizielle Kunst in Rio vom Klassizismus und Eklektizismus gespeist wurde. Bei den vom rationalistischen Geist beherrschten kirchlichen Stellen war die frohe Bewegtheit der barocken Figuren nicht mehr beliebt. Im Volke hingegen setzten primitive Schnitzer von Andachtsbildern, die ›Santeiros‹, die diesen Kreisen zugängliche und verständliche Mystik in der Fertigung solcher Figuren meist kleinen Formats das ganze 19. Jahrhundert hindurch fort. Im Paraíbatal zwischen Rio de Janeiro und São Paulo gab es, um nur eine Region anzuführen, zahlreiche Schnitzer und Modelleure. Ihre Arbeiten, ›Paulistinhas‹ genannt, sind bereits Sammelobjekte. Mit ihnen schließt die seit den Anfängen der Kolonie gepflegte religiöse figürliche Kunst ab.

Im 19. Jahrhundert gibt es in Brasilien keine vergleichbar bedeutenden Bildhauer. Die Städte wurden, wie überall auf der Welt, mit eklektizistischen patriotischen Denkmälern beglückt. In den Kunstakademien eiferte man akademischer Schulung europäischer Prägung nach. Die offizielle Kunst und die Seele des Volkes trennten sich.

Malerei

Eine Anzahl bedeutender Tafelbilder des Kolonialbarock ist in den Kirchen und Museen Brasiliens erhalten. Im Gegensatz zum spanischen Amerika, wo beispielsweise die ›Schule von Cuzco‹ eine umfangreiche Produktion von Gemälden hervorbrachte, war der Anteil der Malerei in Brasilien verhältnismäßig gering. In den Schreinen der Altäre und Oratorien wurden fast überall Figuren aus Ton oder Holz aufgestellt. Von den zumeist auf Holztafeln gemalten Bildern ist zudem viel durch das Klima, die Zerstörung durch Insekten sowie Unverständnis vernichtet worden. Die Mehrzahl der Malereien wurde in die Wandverkleidungen und Decken eingefügt, wie sie eindrucksvoll in der ›Capela Dourada‹ in Recife oder in der Kirche von São Bento in Rio de Janeiro zu sehen sind. Staffelbilder, so genannt, weil sie variabel in ihrer Anbringung waren, sind erst gegen Ende des 18. Jahrhunderts üblich geworden.

Beachtenswert sind die oft umfangreichen Zyklen von Kachelmalereien, die sogenannten ›Azulejos‹, die hier eingefügt sind, obgleich sie in Portugal gefertigt, aber in den Kirchen, Kreuzgängen und anderen wichtigen Bauten der Kolonie angebracht wurden und hier gewirkt haben.

Interessante Studien sind über die ikonographische Herkunft der Darstellungen gemacht worden. Dabei hat sich gezeigt, daß in den größeren Ordensniederlassungen Bilderbibeln und Kupferstichfolgen europäischer Herkunft zur Verfügung standen. Eines der häufiger benutzten Werke waren die Tafeln der *Histoire Sacrée* von Demarne, die neben anderen Vorbildern die Szenen der Fresken Rafaels im Vatikan wiedergeben. Ein Kalendarium *Annale Benedictinum* (1675–77) aus Augsburg mit Stichen der Legenden der Benediktinerheiligen befindet sich, wie Silva Nigra feststellte, in der Klosterbibliothek in Rio de Janeiro. Illustrationen zum Alten Testament von Weigel aus Nürnberg, 1712 herausgegeben, waren eine weitere Quelle. Ihnen entsprechen, besonders in ihrer Figurenkomposition, die Zyklen biblischen und legendären Inhaltes, die in den brasilianischen Kirchen und Klöstern anzutreffen sind. Sie lehnen sich stilistisch an die Spätrenaissance, den Manierismus, den barock aufgelockerten Bildraum an, wie er sich in der europäischen Malerei entwickelt hatte.

Tafeln mit anderen, am Ort selbst geschehenen Ereignissen, wie den Schlachten zur Vertreibung der Holländer aus Pernambuco in Recife, der Pest in Olinda, wunderbarer Errettungen und Stifterbildnisse, diese besonders in den Bauten der Bruderschaften und den barmherzigen Spitälern, sind von einer eher naiven Schilderungsweise.

Die in Wandverkleidungen oder Decken eingelassenen Bilder sind zuerst den Vorbildern verpflichtete Einzeldarstellungen, bis sie sich zu den raumweitenden und die ganzen Kirchenwölbungen überziehenden Perspektiven oder den Himmel öffnenden Allegorien entwickeln. In Recife und in Salvador findet man aus der zweiten Hälfte des 17. Jahrhunderts die bedeutendsten Bilder, die noch fest in die stark profilierten Umrahmungen der die Wände und Decken gliedernden Felder eingefügt sind; etwa in der bereits erwähnten Capela Dourada der Franziskaner in Recife wie auch in dem Bilderstreifen der Sakristeiwände der damals den Jesuiten gehörenden ›Sé‹ von Salvador. Der Bilderzyklus wird dem aus Portugal

Elias. Deckengemälde von Joaquim Gonçalves da Rocha um 1812 in der ›Nossa Senhora do Carmo‹ in Sabará

stammenden Maler Domingos Rodrigues (1657–1706) zugeschrieben. Die Decke der Sakristei besitzt hingegen in ihren Feldern die für viele Orte und die Zeit um 1700 typische reiche ornamentale Verzierung, in die auch schon Darstellungen einheimischer Früchte zu den aus den Musterbüchern übernommenen Zierformen hinzugefügt sind.

Der bedeutendste Maler der zweiten Hälfte des 17. Jahrhunderts war zweifelsohne der aus Köln gebürtige Ricardo do Pilar, der für die Benediktiner in Rio de Janeiro gearbeitet hat. Sein Hauptwerk sind die großformatigen Bilder mit Darstellungen aus dem Leben der Benediktinerheiligen, die die Wände und Deckenwölbung des Chores der Kirche des Klosters São Bento schmücken. Frei Ricardo do Pilar, zwischen 1630 und 1640 geboren, war seit 1660 in Rio de Janeiro, trug das Mönchshabit und starb 1702. Er war wie die Einwanderer aus Portugal ein geschulter und hochbefähigter Künstler. Besondere Qualität weist auch sein Altarbild mit Christus als Schmerzensmann in der Sakristei des Klosters auf.

Im 18. Jahrhundert entwickelten sich Malerschulen, vielfach in Verbindung mit den zahlreichen Gründungen der Franziskaner und den Kirchenbauten der Laienorden und Bruderschaften. Diese stützten sich nicht mehr nur auf Neuankömmlinge. In Pernambuco und Bahia wie auch in Rio de Janeiro mit der sogenannten ›Escola Fluminense‹ entstanden Zentren mit Meistern und Lehrlingen am Ort.

Während gegen Mitte des 18. Jahrhunderts die Decken der Sakristeien und Malereien in den Klöstern der Franziskaner und Benediktiner in Olinda von José Elói noch eine herkömmliche Feldereinteilung zeigen, ist in der Kirche ›São Pedro dos Clérigos‹ von Recife die ganze Deckenwölbung mit einer von João de Deus Sepúlveda 1764 geschaffenen riesigen Architekturperspektive ausgefüllt. Diese Art raumweitender illusionistischer Malerei, die italienischer Prägung seit Pater Pozzo existierte, hat im Nordosten Brasiliens in der unglaublich reichen Decke der Franziskanerkirche ›São Antonio‹ in João Pessoa ihren grandiosen Höhepunkt erreicht. Ihr ist als schönstes Beispiel die in lichterer Art 1773 von José Joaquim da Rocha gemalte Decke der ›Nossa Senhora da Conceição da Praia‹ in Salvador anzufügen. Das will nicht heißen, daß nicht auch andere schöne Decken des 18. Jahrhunderts in Kirchen des Nordostens zu finden sind.

Auch in Rio de Janeiro haben weiterhin bedeutende Maler gearbeitet, die ähnliche Werke zur Ausführung brachten. Caetano da Costa Coelho, der von 1706 bis 1749 dort tätig war, hat mit der Decke der ›Igreja da Ordem Terceira de São Francisco‹ eine der ersten und überzeugenden Perspektiven geschaffen. Später vertritt José de Oliveira Rosa mit seinen Arbeiten im Kloster ›São Bento‹ eine neue, bereits spätbarocke Phase.

Eine wichtige Entwicklung entfaltete sich in Minas Gerais in Verbindung mit den neuen Kirchenbauten. Während die ersten dort auch in die Wände eingefügten Bilder und Deckenmalereien mit Rahmungen noch dem Formcharakter der Werke der Küstenregionen folgen, kommt auch dort in der Mitte des 18. Jahrhunderts eine reichere und freie Kompositionsweise auf.

Die ältesten Malereien in Minas dürften die in der ›Matriz Nossa Senhora da Conceição‹ und in der Kapelle ›Nossa Senhora do Ó‹ in Sabará erhaltenen Tafeln, einschließlich der Chinoiserien, sein. Die älteste Deckenmalerei ist vermutlich die der Chorkapelle der Matriz von Cachoeira do Campo, die 1755 von dem portugiesischen Maler Antonio Rodrigues Belo ausgeführt wurde. Sie besitzt in ihrer hellen Farbgebung schon eine später immer wieder zu beobachtende Eigenart der Malerei in Minas. Etwas später, noch streng gefaßt und mit architektonischen Motiven, entstanden die Malereien in den Chorkuppeln der Kathedrale von Mariana, 1760 von dem ebenfalls aus Portugal stammenden Manuel Rebelo e Sousa geschaffen. In ihrer Erfindung reicher und unabhängiger sind die Malereien von José Soares de Araujo, der aus Braga in Portugal stammte und ab 1765 im abgelegenen Diamantina nachweisbar ist. Er war zudem ›Guarda-mor‹, das heißt für die Überwachung der Steuereinnahmen im Diamantenbezirk verantwortlich, hat jedoch viele Arbeiten zur Ausschmückung der Kirchen dort geschaffen. Als sein Hauptwerk kann die Ausmalung der Decke der ›Igreja da Nossa Senhora do Carmo‹ in Diamantina angesehen werden. Eine noch feste perspektivische Scheinarchitektur gibt dem Raum eine festliche Erhöhung. Seine Farben sind verhältnismäßig dunkel, so daß die Malerei, in Zonen der Architekturformen gegliedert, nicht so spätbarock raumweitend erscheint. Auch hat er ab 1779 die Decken der Chorkapellen der Kirchen ›Nossa Senhora do Rosário‹ und 1782 die der ›Ordem Terceira de São Francisco‹ in Diamantina ausgemalt; danach, schon in helleren Farben und anscheinend durch die in Ouro Preto tätigen Maler beeinflußt, die Decke der ›Sant Anna‹ bei Diamantina und 1796 den Chor der ›Igreja Nossa Senhor Bom Jesus do Matozinho‹ in Serro geschaffen.

In Ouro Preto gelang in der Zwischenzeit mit den Malereien von Antonio Martins da Silveira in der ›Nossa Senhora das Mercês e Perdões‹ (1760–61) und besonders der Decke der

Chorkapelle in der Kirche des Seminars in Mariana eine Weiterentwicklung. In beiden wird die perspektivische Architektur eines illusionistischen Raumes gesprengt und der Himmel geöffnet. Leichte Bogenstellungen, wie bei einer großen Gartenlaube, halten die Komposition zusammen. Sie gaben dem erweiterten Raum, in dem die Figuren schweben, einen neuen Sinn. Die gleiche herrliche Weite besitzen auch die Malereien in der Wallfahrtskirche ›Bom Jesus do Matozinho‹ in Congonhas do Campo, wo Bernardo Pires 1773–75 die Decke der Chorkapelle und João Nepomuceno Correia e Castro aus Mariana zwischen 1777 und 1787 die Decke des Schiffes geschaffen haben. Diese Maler und eine nicht geringe Zahl weiterer Künstler, unter ihnen João Batista de Figueiredo aus Catas Altas in Minas, führen kunstgeschichtlich zu den Werken des bekannten und vielbeschäftigten Malers Manuel da Costa Athaide hin.

Er stammte aus Mariana, wo er 1762 geboren wurde und 1830 starb. Seine Kompositionen gehören gleichermaßen wie die Architekturen und Plastiken Aleijadinhos stilistisch zur reifsten Phase des Spätbarock in Minas. Sie zeichnen sich durch die oben angedeutete Weite und Eleganz aus, mit der gewissermaßen die Kirchendecken zum Himmel hin aufgebrochen werden. Athaide nutzte dazu die hellen Farben seiner Palette mit Gelb, Hellblau und ganz hellem Rot. Unter seinen Werken ragen besonders hervor die Decken der Altarkapellen von ›Santo Antonio‹ in Itaverava, der ›Nossa Senhora de Rosário‹ in Mariana und ›Santo Antonio‹ in Santa Barbara; dort wird besonders durch die Einheit der Malerei der grandiose Eindruck eines weiten Raumes erreicht. Als sein Meisterwerk wird allgemein die Deckenmalerei im Schiff der Kirche Aleijadinhos, ›São Francisco de Assis‹ in Ouro Preto, bezeichnet. Über einer lockeren Scheinarchitektur aus Säulen und offenen Bögen ist in einem kreuzförmig ausgeweiteten Mittelfeld die Himmelfahrt Mariä dargestellt. Die Wandmalereien der Kirche stammen auch von ihm. In Ouro Branco stammt die Bemalung der Decke von ihm, und in Congonhas selbst hat er Aleijadinhos Figuren der Ölbergszene und der Gefangennahme in den Passionsstationen farbig gefaßt. Nach weiteren Arbeiten in der ›Nossa Senhora do Carmo‹ in Ouro Preto ist sein letztes Werk ein Ölbild des Abendmahles im Refektorium des Seminars von Caracará aus dem Jahre 1828 mit noch ganz barock aufgefaßten Figuren. Diese Werke, wie auch die Spätwerke Aleijadinhos, bezeugen die Kraft und Fortdauer der barocken Malerei in den Weiten Brasiliens, während in Rio de Janeiro ja schon ganz neue, fremde Richtungen hervortraten.

In anderen Landesteilen arbeiteten lokale Künstler in den religiösen und schöpferischen Traditionen des 18. Jahrhunderts weiter, wie man an zahlreichen Werken, die erst im 19. Jahrhundert entstanden, feststellen kann. Im Bereich von São Paulo, wo im Gegensatz zum Minas Gerais des 18. Jahrhunderts kaum künstlerisch bedeutende Werke entstanden, ist so ein Maler alten Stils zu Beginn des 19. Jahrhunderts tätig gewesen. Frei Jesuino do Monte Carmelo, der aus Santos stammte, half dem Meister Silva Manso bei den Bildern in der großen Pfarrkirche von Itu, wo zwölf Gemälde im Chor der Kirche sein Werk sind. Er malte dann die Decke der Chorkapelle der ›Igreja do Carmo‹, ebenfalls in Itu, und Bilder für die Kirchen ›da Ordem Terceira do Carmo‹ und ›Santa Teresa‹ in São Paulo. Seine, im Gegensatz zu den Malern in Minas, primitive und kompakte Gestaltungsweise ist eher der Ausdruck einer andauernden tiefen Religiosität. Sie macht den Reiz dieser Schöpfung aus. Das barocke Erbe ist auch in manchen profanen Bildern sichtbar. Die Porträtkunst, die ihre frühen Beispiele in den Bildnissen der Vorsteher der ›Casas de Misericordia‹ in Salvador und Rio de Janeiro hatte, änderte sich in den zahlreichen Porträts bildniswürdiger Persönlichkeiten einschließlich des Königshauses vorerst wenig. Die Neuorientierung des künstlerischen Lebens durch die Kunstakademie und den sich wandelnden Ansprüchen der Gesellschaft ist ein Kapitel für sich.

Klassizismus und Historismus in der Kunst des 19. Jahrhunderts

In Brasilien tritt der Klassizismus erst spät auf. Die Übersiedlung des portugiesischen Königshauses nach Rio de Janeiro im Jahre 1808 spielte dabei eine gewisse Rolle. Verstärkt und propagiert wurde die neue Richtung durch die Ankunft der französischen Mission 1816, bestehend aus bedeutenden Künstlern, die mit Ende der napoleonischen Epoche in Brasilien ein neues Arbeitsfeld suchten und fanden.

Vorher hatte es an einigen wenigen Bauten geringe Änderungen gegeben, die als Vorzeichen der neuen Ideale aufgefaßt werden konnten. Die fast renaissanceartige Schwere der Fassadengliederung der Camara von Ouro Preto, die zopfartigen Schmuckformen an der ›Associação Comercial‹ von Salvador, die Strenge der tragenden Elemente der Kirche ›Santa

Fassade der Academia Imperial das Belas Artes, 1826, in Rio de Janeiro von Grandjean de Montigny; heute im Botanischen Garten

Cruz dos Militares‹ in Rio und die dem späten italienischen 18. Jahrhundert entsprechenden Formen von Antonio José Landi in Belém sind Beispiele dafür.

Unter der Führung von Joachim Le Breton (1760–1819), der im napoleonischen Frankreich Museen, Bibliotheken und Kunstschulen verwaltete, kamen sehr befähigte Künstler nach Rio de Janeiro. Es waren dies insbesondere der Maler Jean-Baptiste Debret (1768–1848), der Bildhauer und Maler Auguste Marie Taunay (1768–1824), der Architekt Grandjean de Montigny (1776–1850) und der Graphiker Charles Simon Pradier (1776–1850). Diese Künstler hatten mancherlei Widerstände zu überwinden und sich sowohl gegen die eingesessenen Künstler portugiesischer Abstammung als auch gegen die herrschende Gesellschaft, die Künstler gehobener sozialer Stellung nicht kannte, durchzusetzen. Die zeigte sich vor allem, als nach dem Tode Le Bretons der Posten des Akademiedirektors durch Henrique José da Silva besetzt wurde. Die einheimischen Meister waren bis dahin ihrer Schulung nach Kunsthandwerker, die in enger Verbindung mit der Kirche unter den gebildeten Geistlichen, speziell der Orden, arbeiteten. Vielfach hatten Sklaven und Mestizen erheblichen Anteil an der schöpferischen Seite wie der Ausführung der Kunstwerke. Durch die neuen Künstler wurde in Rio de Janeiro ein geregelter Kunstunterricht eingeführt, was zu festen Anstellungen als Lehrer und nach Einrichtung einer Fachschule 1816 schließlich zur Gründung der ›Academia e Escola Real das Artes‹ 1820 führte. Es war dies sozial eine gewaltige Umwälzung, die die Ausübung der bildenden Künste im Lande für die neuere Zeit ermöglichte. Diese Entwicklung fand lebhafte Unterstützung bei dem zweiten brasilianischen Kaiser Dom Pedro II., der ein Humanist und an kulturellen Belangen stets interessiert war.

Ehemaliges Wohnhaus Montignys, rua Marques de São Vicente, Rio de Janeiro

Für die neue Architektur waren und blieben die Bauten und Entwürfe von Grandjean de Montigny sehr wichtig. Sie stellen in Rio de Janeiro den Höhepunkt rein klassizistischer Baukunst dar. Zu ihnen gehört der Bau der ›Academia Imperial de Belas Artes‹, der nur langsam Gestalt annahm und mit seinem geschlossenen Untergeschoß mit römischen Eingangsbogen und der Tempelfront mit jonischer Ordnung charakteristisch für den Stil ist. Das Mittelteil der Fassade wurde 1937 in den Botanischen Garten übertragen, als der Bau selbst abgerissen wurde. Von seinen Bauten für eine ›Praça do Comercio‹ ist nur das alte Zollamt erhalten, das heute ein Institut für Kulturaustausch (Casa França-Brasil) ist. Beachtenswert ist sein Wohnhaus, das heute auf dem Gelände der Katholischen Universität von Rio de Janeiro liegt. Eine Freitreppe führt zu dem mittleren Geschoß des dreistöckigen Gebäudes empor, das eine Galerie mit toskanischen Säulen umgibt.

Montigny hatte zahlreiche Schüler, die für die Entwicklung der Baukunst in Rio de Janeiro entscheidende Bedeutung bekamen. Seine Zeichnungen und Entwürfe sind im ›Museu Nacional de Belas Artes‹ aufbewahrt.

Einige Arbeiten seiner Schüler sind noch heute markante Bauten im Stadtbild von Rio de Janeiro. Die ›Santa Casa de Misericordia‹, 1840 bis 1852 erbaut, ist mit der langgestreckten Front dafür ein typisches Beispiel. Ebenso ist das ehemalige ›Hospiz Pedro II‹, 1842 bis 1852 nach Plänen von José Domingos Monteiro erbaut und mit Fassaden des Montignyschülers José Maria Jacinto Rebelo heute Rektorat der Staatlichen Universität, mit dem danebenliegenden ›Instituto dos Meninos Cegos‹ und anderen großen Gebäuden an der Avenida Pasteur ein schon früher von der Stadt aus sichtbarer Baukomplex klassizistischer Prägung. In der Stadt ist der ›Palácio do Itamarati‹, ursprünglich die Wohnung eines später als Barão do Itamaraty geadelten Geschäftsmannes und 1851 von Jacinto Rebelo in Neorenaissanceformen erweitert, ein nobler zweistöckiger Bau. Das Haus der Marquesa de Santos, schon teilweise von Pedro Pezérat errichtet (1824–27), und die ›Casa de Rui Barbosa‹ von 1850 sind weitere klassizistische Wohnbauten in der Hauptstadt des Kaiserreiches. Bereits in eklektischer Formsprache wurde der ›Palácio do Catete‹ 1852 bis 1867 von dem deutschen Baumeister Gustav Wähneldt für den Barão de Nova Friburgo errichtet. Die Fassadengliederung lehnt sich an italienische Renaissance an und wurde durch andere Stilelemente wie die großen Adler auf den Ecken bereichert. Er leitet zu den Bauten an der Avenida Rio Branco über, von denen das Theater, nach der Pariser Oper, die Nationalbibliothek und das Kunstmuseum zu jener Richtung gehören, die man in Europa als ›Gründerzeit‹ bezeichnet.

Als Anlage interessant ist der Sommersitz des Kaiserhauses in Petrópolis. Er wurde zentraler Ausgangspunkt für die weitere Bautätigkeit in diesem wegen seines frischen Klimas geschätzten Ortes im Gebirge. Der Palast, 1845 nach Plänen Julio Frederico Kölers begonnen und nach dessen Tod 1847 von Joaquim Candido Guillobel und auch Jacinto Rebelo bis 1849 rasch weitergeführt. Der breit gelagerte Bau mit erhöhtem Mittelteil und überdecktem Vorbau ist eines der nobelsten Beispiele des späten Klassizismus aus der brasilianischen Kaiserzeit und heute ein reiches Museum mit Bilder und Möbeln dieser Epoche.

Im Staat Rio de Janeiro sind schöne Landsitz des 19. Jahrhunderts erhalten; sie bewahren den Stil jener Zeit, als in Orten wie Vassouras und Bananal der Beginn der Kaffeewirtschaft

1 Franziskanerkloster in Olinda ▷

VAPANOEL
24.12.84

2 Decke der Jesuitenkirche – heute Kathedrale – in Salvador (Bahia)

3 Decke der Kirche des Franziskanerklosters in Olinda

4 Detail der Fassade der Kirche »Ordem Terceira de São Francisco« in Salvador (Bahia)

6 Blick auf die Fassade der Kirche »Ordem Terceira de São Francisco« in Salvador (Bahia)

◁ 5 Altar im Querschiff der vergoldeten Kirche der Franziskaner in Salvador (Bahia)

7 Decke der Franziskanerkirche in Salvador (Bahia)

8 Das Theater in Manaus (Amazonas)

9 Der Markt »Ver-o-peso« in Belém (Pará)

10 Ein Verkaufsstand im selben Markt

11 Boote auf dem Amazonas in Manaus

14 SÃO LUÍS Stadtansicht ▷

12 Häuser am Ufer des Amazonas in Manaus

13 Ruine der Hauptkirche in Alcântara (Maranhão)

15 Blick auf die »Igreja do Carmo« in Alcântara (Maranhão)

16 Hauseingang in Alcântara

17 OURO PRETO Stadtansicht

18 PARATI Straßenfront

19 MANAUS Straßenfront

20 MARECHAL DEODORO Pfarrkirche mit Vorplatz

21, 22 Ex Votos im Kreuzgang der »Igreja da Ordem Terceira do Carmo« in São Cristovão (Sergipe)

23 Amazonas-Landschaft mit Victoria Regia

26 Straße zum Hafen in Alcântara ▷

24 Amazonas-Landschaft

25 Amazonas-Urwald

28 Nationaltheater in Brasília, erbaut von Oscar Niemeyer

◁ 27 Die Kathedrale von Brasília. Architekt: Oscar Niemeyer; Skulpturen: Evangelisten von Ceschiatti

29 Justizministerium in Brasília

30 Innenansicht der Kathedrale von Brasília

31 »Igreja de Santa Ifigênia«. Ouro Preto (Minas Gerais)

32 OURO PRETO Teilansicht ▷
33 OURO PRETO Brunnenszene ▷▷

Coca-Cola
Guaraná

34 Chor der Kirche »Matriz de Nossa Senhora da Conceição« in Sabará (Minas Gerais)

35 Chorgestühl der »Matriz de Nossa Senhora da Assunção« in Mariana mit Chinoiserien

36 Kapelle »Nossa Senhora do Ó« in Sabará mit Chinoiserien in der Vertäfelung der Stirnwand

37 Kanzel in der »Matriz de Nossa Senhora do Pilar« in Ouro Preto

38 Hochaltar und Chorgewölbe der »Igreja São Francisco de Assis« (Ouro Preto) von Aleijadinho ▷

39 Wallfahrtskirche »Bom Jesus de Matozinho« in Congonhas do Campo (Minas Gerais)

40 Die 12 Propheten der Wallfahrtskirche in Congonhas do Campo von Aleijadinho

41 »Igreja São Francisco de Assis« in São João del Rei (Minas Gerais); Fassade von Aleijadinho

42 Teil der Portalbekrönung derselben Kirche

43 Kaufhaus in Blumenau (Santa Catarina)

44 Im Gebäude der Kunstbiennale von São Paulo

45 Kleinbauer auf dem Markt in Feira de Santana (Bahia)

46 Typische Bahianerin, die Ausgebratenes, »Acarajé«, in Salvador verkauft

47 Jungen am Strand in Bahia

48 Viehhirte in Feira de Santana (Bahia)

50, 51 Der Strand von Boa Viagem in Recife

◁ 49 Blick auf den südlichen Teil von São Paulo vom »Edificio Italia« aus

52 Strand von Imanema-Lebon in Rio de Janeiro

Sommersitz Kaiser Pedros II. in Petrópolis

den Grundbesitzern viel Reichtum brachte. Die Außenformen der Gutshäuser bleiben recht ansprechend und traditionell, die Einrichtungen bieten hingegen mehr eingeführtes Mobiliar als brasilianisches Kulturgut.

Wenn auch die Bauten des 19. Jahrhunderts insgesamt bei weitem nicht das Interesse erwecken können wie die des Kolonialbarock, sind doch einige Beispiele aus verschiedenen Landesteilen als qualitätvolle und für das Bild ihrer Städte wichtige Bauten zu nennen. In Recife entstanden durch die Tätigkeit des Ingenieurs Luis Vauthier in dem Zeitraum von 1840 bis 1847 einige gediegene klassizistische Gebäude. In erster Linie ist es das ›Teatro Santa Isabel‹ auf dem weiten Platz mit dem Regierungspalast. Eine Reihe großer Wohnbauten, das ›Ginásio Pernambucano‹ und das ›Hospital Pedro II‹, 1847 begonnen, und die spätere ›Academia Pernambucana de Letras‹ entstanden im gleichen Geist.

In Belém wurden etwas später der ›Palácio da Camara Municipal e Prefeitura‹ von 1868, das ›Teatro da Paz‹ und Wohnbauten wie der ›Solar do Barão de Guania‹ mit Arkaden und ionischen Säulen am Obergeschoß errichtet. Selbst im Süden des Landes, in Porto Alegre, kamen beim Wachstum der Stadt ein Theater und mehrere öffentliche Gebäude in klassizistischen Traditionen zur Ausführung.

Die ›Azulejos‹ erlebten im 19. Jahrhundert eine neue Blüte, nun als Verkleidung von Fassaden. Nun wurden nicht mehr figürliche Szenen, sondern teppichartig sich wiederholende ornamentale Muster gestaltet. Gute Beispiele dieser Dekoration größerer Häuser findet man hauptsächlich in São Luís und Belém, später auch in Recife und Salvador sowie anderen Orten. Die Kacheln kamen zunächst aus Portugal, dann auch aus England und Belgien. Die brasilianische Fabrikation der Keramik begann erst viel später. Azulejos als Fassadenverkleidung sind für die Zonen feuchten und tropischen Klimas sehr geeignet, da sie dort die sonst nach kurzer Zeit vermodert aussehenden Wände konservieren.

In der Zeit des Eklektizismus entstanden selbst in Brasilien Bauten in neugotischem und anderem Stilgemisch. Von ihnen ist allein die Kirche des Seminars von Caraça in Minas

Teatro José de Alencar, Fortaleza

Estação da Luz, São Paulo, 1900

erwähnenswert. Ein luftiger, wie eine Theaterszenerie wirkender Bau ist die Ausstellungs- und Festhalle auf der Ilha Fiscal, mit der dem Panorama von Rio neben den schweren Marinebauten eine leichte, bizarre Unterbrechung eingefügt ist.

In der zweiten Hälfte des 19. Jahrhunderts begann man auch Eisenkonstruktionen für öffentliche Bauten zu verwenden; so besitzt etwa Petrópolis einen Kristallpalast. Im Norden waren es zuerst Markthallen, die für Recife, Belém und Manaus aus Frankreich und England importiert wurden. Auch das ›Teatro José de Alencar‹ in Fortaleza ist eine solche aus England importierte und wegen der Ventilation etwas bizarre Konstruktion. Nach São Paulo wurden die Teile für den Bahnhof ›Estação da Luz‹ aus Glasgow geliefert. Gußeiserne Teile für Veranden, seien es Bögen, Säulen oder Gitter und Geländer, wurden in größerer Menge für die Villen importiert. Damit ist, abgesehen von dem berühmten Theater in Manaus, im wesentlichen erwähnt, was an Architektur zwischen Kolonialbarock und moderner Baukunst wichtig ist.

Die Arbeiten der Maler, die am Anfang dieser Epoche in Brasilien tätig waren, sind ebenfalls für den europäischen Besucher interessant. Mit ihnen wird eine reichhaltige, teils dokumentarische teils romantische Schau des Landes geboten. Es kamen außer der ›Missão Artistica Francesa‹ viele ausländische Künstler nach Rio de Janeiro. Die vielen Reisenden erlebten Brasilien als exotisches, tropisches Land mit ungeheuer reicher Tier- und Pflanzenwelt. Oft waren sie Begleiter naturwissenschaftlicher Expeditionen und porträtierten die Menschen, entdeckten das Volk und die Landschaft und stellten sie in lebendiger Weise dar, weniger dem strengen Klassizismus als romantischer Schau entsprechend.

Als Maler war Nicolas Antoine Taunay am bedeutendsten. Er hatte schon eine ruhmreiche Laufbahn in Frankreich hinter sich, als er 1816 mit der französischen Mission ankam und von der landschaftlichen Schönheit Rios begeistert war; er schuf eine Reihe sehr delikater Bilder, die im Museu Nacional de Belas Artes und in der Fundação Castro Maya zu sehen sind. 1820 kehrte er nach Frankreich zurück; sein Sohn Felix Emile Taunay (1795–1881) wurde sein Nachfolger als Professor für Landschaftsmalerei und später Direktor der Akademie. Seine Werke hängen ebenfalls in den Museen Rio de Janeiros. Auch der jüngste Sohn von Nicolas Taunay namens Adrien-Aimé (1803–1828) wirkte in Rio und begleitete als Zeichner die wissenschaftliche Expedition des Freiherrn von Langsdorff ins Innere des Landes, wo er jedoch bei Überquerung eines Flusses ertrank.

Jean Baptiste Debret (1768–1848) gehörte noch zur erwähnten französischen Mission und arbeitete bis 1831 in Brasilien. Nach seiner Rückkehr nach Frankreich veröffentlichte er die Ergebnisse seines Aufenthalts als *Voyage Pittoresque et Historique au Brésil,* deren häufig reproduzierte Illustrationen seinen Ruhm als realistischen Schilderer des Lebens von Rio begründeten. Besonders sind es die Volksszenen mit Straßenverkäufern, Sklaven und Festlichkeiten, die seine graphischen Werke so lebendig und anziehend machen. Debret war ein Verwandter von Jacques Louis David, seine Kunstauffassung änderte sich jedoch grundlegend, nachdem er Frankreich verlassen hatte.

Die Künstler anderer Nationen, die sich als Reisende länger in Brasilien aufhielten, sind heute durch ihre Schilderung von Land und Leuten bedeutender geworden als die Mehrzahl der damals lebenden brasilianischen Künstler.

Dies gilt für den aus einer Augsburger Künstlerfamilie stammenden Johann Moritz Rugendas (1802–1858), der sich auf ausgedehnten Reisen durch die Länder Lateinamerikas von 1821 bis 1825 und 1847 in Brasilien aufhielt. 1835 veröffentlichte er in Paris seine *Voyage Pittoresque au Brésil* mit 100 Lithographien. Ihn zeichnet eine scharfe Beobachtungsgabe und genaue Wiedergabe der Szenen aus dem Alltagsleben aus. Fröhliche Festlichkeiten, aber auch grausame Bestrafung der Sklaven sowie Trachten und Gerätschaften werden gezeigt. Die physiognomischen Eigenarten und Typen der in den von ihm besuchten Staaten Brasiliens noch lebenden Indianer und ihre Sitten hat Rugendas als einer der ersten ohne Verfälschungen dargestellt.

Neben Künstlern waren auch zahlreiche Naturwissenschaftler im exotischen Brasilien tätig. Unter diesen nehmen Prinz Maximilian zu Wied (1782–1867), Johann Baptist von Spix

Johann Moritz Rugendas, Urwald bei Mangueritipa in der Provinz Rio de Janeiro. Aus: Voyage Pittoresque, Paris 1827–1835

Thomas Ender, Landhaus des Conte da Barca, 1817

Prinz Maximilian zu Wied-Neuwied in Brasilien

(1781–1826) und Carl Friedrich Philipp von Martius (1794–1868) besonderen Rang ein. Die Ergebnisse ihrer Expeditionen haben sie in reich bebilderten Werken veröffentlicht. Die *Flora Brasiliense* von Martius ist in jeder Hinsicht bedeutungsvoll, allein wegen der botanischen Identifizierung von 22767 Pflanzen, von denen 6296 abgebildet und 5689 neu entdeckte Spezies sind. Daneben ist seine *Historia Naturalis das Palmeiras,* ebenfalls mit Hunderten bis dahin nicht beschriebener Arten, zu nennen. Nach den Werken der holländischen und deutschen Künstler, die im 17. Jahrhundert zur Zeit des Moritz von Nassau Brasiliens Natur schilderten, sind diese Werke ein neuer und wichtiger Beitrag für das Verständnis des Landes gewesen.

Künstlerisch-technisch besonders fein ausgearbeitet sind die Aquarelle und Zeichnungen von Thomas Ender (1793–1875). Der Österreicher kam mit den Wissenschaftlern wie Spix und Martius im Gefolge der Prinzessin Leopoldina 1817 nach Brasilien. In etwas mehr als einem Jahr hat er fast 800 Arbeiten angefertigt, die mit ausgezeichneter Treue die Straßen und Plätze von Rio de Janeiro, Landschaften aus der Umgebung bis nach Minas und São Paulo darstellen. Sie zeigen in klarer Weise, wie diese Orte und ihre Bewohner damals aussahen.

Im Verlauf des 19. Jahrhunderts haben zahlreiche Künstler und Laien, unter ihnen H. Chamberlain, Ch. Landseer, Edward Hildebrandt, Baron von Planitz oder Georg Grimm die Schönheiten der Bucht von Rio de Janeiro mit demselben Enthusiasmus dargestellt.

Der Kaiserhof und die vornehme Gesellschaft beschäftigten eine Reihe von Porträtmalern, unter den Augusto Müller (1815–1861) und der Portugiese Simplício Rodrigues de Sá (?–1839) genannt seien, ehe dann an der kaiserlichen Akademie eine neue Generation brasilianischer Künstler emporwächst, als Manuel de Araújo Porto Alegre (1806–1879) Direktor der Akademie wurde. Er reformierte den Lehrbetrieb und schickte die Stipendiaten nicht mehr nach Rom, sondern nach Paris. Wie in Europa ist diese Zeit auch in Brasilien eine Epoche der Historienmalerei gewesen. Vitor Meirelles aus Florianópolis (1832–1903) war einer der wichtigsten Meister. Seine ›Primeira Missa‹ (Erste Messe) und die ›Batalha de Guararapes‹ (Schlacht von Guararapes) im Museu Nacional de Belas Artes sind markante Beispiele für diese Richtung. Pedro Américo (1843–1905), der vor allem biblische Themen interpretierte, ist mit seiner ›Batalha do Avaí‹, der letzten Schlacht des Paraguaykrieges, auch im Museu Nacional, und dem ›Grito do Ipiranga‹, der Ausrufung der Unabhängigkeit Brasiliens, im Museu Paulista ein weiterer Vertreter der Historienmalerei. Seine Porträts in Rio de Janeiro und Petrópolis werden allerdings als viel authentischer empfunden.

Eine mehr ans Land gebundene neue Richtung des Realismus hat José Ferraz de Almeida Junior aus Itu (1850–1899) mit zuweilen sentimentalen Darstellungen von Menschen aus dem Volk eingeschlagen. Sein ›Caipira Picando Fumo‹ (Landbewohner Tabak schneidend) oder ›Amolação Interrompida‹ (Unterbrochenes Axtschärfen) und Intimszenen wie ›Die Pause des Modells‹ in der Pinakothek von São Paulo sind stärker brasilianisch empfunden, obgleich auch dieser Maler Europa und Paris besuchte. Selbst die Vergangenheit der brasilianischen Indianer und ihre Sagen wurden nun Bildinhalt, so bei dem Gemälde ›Moema‹ von Vitor Meirelles (1863), heute im Museu de Arte in São Paulo.

Der an französischer Malerei orientierte Naturalismus ging in der Folgezeit in eine rein akademische Malerei über, ohne daß die Künstler von dem, was im Paris des letzten Drittels des Jahrhunderts an revolutionären Ideen die Malerei veränderte, Notiz nahmen. Erst viel später haben Eliseu Visconti (1866–1944) impressionistische Effekte und Belmiro de Almeida (1858–1935) eine lockere Malweise aufgenommen. Bis es zum Aufbruch von moderner Kunst im Sinne der Stilbewegungen unseres Jahrhunderts kam, sollte in Brasilien noch beträchtliche Zeit vergehen.

So hat auch die Kunst des Jugendstils, der in Europa einen Übergang von traditionellen Stilformen zur Moderne bildete, trotz reger Zuwanderung und der Reisen brasilianischer Künstler nur teilweisen Eingang gefunden.

Im Bauwesen, in erster Linie im Städtebau, ergaben sich am Ende des letzten Jahrhunderts Notwendigkeiten zu neuer Gestaltung. Die Städte wuchsen, und wie einige Zeit vorher in Paris mußten neue große Straßen durch die alten Viertel gebrochen werden. So entstanden die Avenida Rio Branco und die Avenida Beira Mar in Rio de Janeiro. Geometrische Stadtpläne wie in Belo Horizonte und die Anlage neuer Viertel in Belém und Porto Alegre, ja aufwendigere Planungen wie die Avenida Paulista in São Paulo als Villenstraße der Kaffeebarone, veränderten die traditionell portugiesische, kurvenreiche und enge Straßenführung. Das Ende der mit eklektizistischen Formen überladenen Fassaden an öffentlichen Regierungsbauten, unter ihnen der ›Palácio da Liberdade‹ in Belo Horizonte, das Museum auf dem Hügel von Ipiranga in São Paulo, die Theater von Rio de Janeiro (1875) und São Paulo (1903–1911), war noch nicht erreicht.

Von einem Aufbruch im Sinne des Jugendstils war, wie gesagt, kaum etwas zu spüren. Eines der wenigen Beispiele ist die weitläufige ›Villa Penteado‹ (1902) in São Paulo von

Carlos Eckman (1866–1940). Sie ist samt Innendekoration gut erhalten, da der Bau lange als Sitz der Architekturfakultät diente. Charakteristisch für die Zeit waren auch die Bauten des aus Frankreich stammenden Architekten Victor Dubugras (1868–1933), der Wohnhäuser in der Gegend der Avenida Paulista schuf, die leider zum größten Teil abgerissen wurden. Dubugras mischte Komponenten des Jugendstils mit neukolonialen Formen, um den Bauten einen nationalen Anstrich zu geben. Er ist Urheber der Bauten an der heute kaum mehr benutzten alten Straße São Paulo – Santos, dem ›Caminho do Mar‹ mit seinen malerischen Stationen. Als Pionier neuer Bautechnik errichtete er den Bahnhof in Mayrink an der Sorocabanalinie, der die Stationen der Wiener Ringbahn von Otto Wagner zum Vorbild hatte und eine der ersten Eisenbetonkonstruktionen Brasiliens, mit Eisenbahnschienen als Einlage für die Vordächer, bekam.

Auch Malerei und Graphik befanden sich im Umbruch. Manche der modernen Maler erster Generation, wie Emiliano Di Cavalcanti, haben mit Jugendstilformen begonnen. Viele graphische Produkte der Zeit waren von dem Stil Beardsleys inspiriert.

Modernismus und zeitgenössische Kunst

Architektur

Die moderne Baukunst brasilianischer Prägung hat bedeutende Entwicklungen aufzuweisen, die auch international Aufmerksamkeit erweckten. Bis es zu den großen Bauten in Rio de Janeiro und Brasília kam, verging doch noch Zeit. Zu Anfang des Jahrhunderts bemühten sich schon einige genannte schöpferische Architekten, wie Dubugras und Eckman, von dem herrschenden Eklektizismus und Stilchaos der vorgeblendeten Fassaden wegzukommen. Dieser Eklektizismus dominierte aber besonders bei offiziellen Gebäuden noch lange. Die Bauten an der Avenida Rio Branco in Rio de Janeiro und das 1929 entstandene ›Edificio Martinelli‹ in São Paulo, damals das höchste Gebäude Lateinamerikas, sind klare Beispiele dafür.

Ganz vereinzelt tauchten langsam Elemente wirklich neuer Baukunst auf, meist durch neue Einwanderer vermittelt. Gregori Warchavchik (1896–1972) ist der bedeutendste von ihnen gewesen. Der gebürtige Russe hatte in Rom gearbeitet und brachte Ideen der Wiener Schule, ja auch deutscher Meister wie Behrens und Gropius mit. Das erste und gut erhaltene Beispiel seiner Bauweise ist in São Paulo das Wohnhaus in der Rua Santa Cruz von 1927–28. Ohne jeden Dekor, da dieser von den traditionellen Baumeistern angegriffen wurde, besitzt das Haus auch Eckfenster ohne Stütze, die jedoch noch nicht in Beton wie das übrige tragende Gerüst ausgeführt wurden. Das Haus des mit ihm verschwägerten Malers Lasar Segall, heute ›Museu Lasar Segall‹ im gleichen Viertel, spiegelt den Geist der Bauten Warchavchiks mit der von ihm entworfenen Einrichtung wider. Die Mehrzahl seiner um 1930 entstandenen Bauten, mit denen die moderne Architektur in Rio de Janeiro und São Paulo propagiert wurde, sind allerdings leider schon dem Zeitwandel zum Opfer gefallen.

In den dreißiger Jahren entwickelte sich rasch die Eisenbeton-Technik, die vor allem die Konstruktion von Hochhäusern erleichterte und bis heute ständig weiterentwickelt worden ist. Ein in der inneren Aufteilung wie in der Konzipierung der zweifarbigen Fassaden vorbildhaftes Gebäude ist das ›Edificio Esther‹ an der Praça da Republica in São Paulo, um 1935 durch Alvares Vital Brasil errichtet.

Danach ging die Führungsrolle an die Architekten der Landeshauptstadt Rio de Janeiro über. Der weitblickende Kultusminister Gustavo Capanema annulierte 1935 das traditionell ausgefallende Ergebnis eines Wettbewerbs zum Neubau des Ministeriums für Erziehung und Gesundheit und setzte eine Gruppe von Architekten unter Leitung von Lúcio Costa ein, die ein neues Projekt ausarbeiten sollte. Dieser Gruppe gehörten die ganz modernen Lúcio Moreira, Carlos Leão, Affonso Eduardo Reidy sowie auch die noch jungen Oscar Niemeyer und Ernani Vasconcellos an. Damit war der Startschuß für die moderne Architektur in Brasilien gefallen. Im Jahr darauf wurden die Entwürfe auf Vorschlag von Lúcio Costa eingehend mit dem dazu eingeladenen Le Corbusier diskutiert. Das daraus entwickelte endgültige Projekt wurde angenommen und kam in den folgenden Jahren zur Ausführung. Der Bau zeichnet sich durch die hohen Freistützen des Untergeschosses und die darauf im rechten Winkel aufgesetzten Blöcke mit verglasten Fronten sowie durch seine Sonnenblenden aus. Ab 1939 leitete Niemeyer die Architektengruppe. Der Vorplatz, die Gartengestaltung von Roberto Burle Marx, die Plastiken von Bruno Giorgi und Antonio Celso, die Azulejos von Candido Portinari heben das Gebäude aus der Umgebung heraus und geben ihm ein ästhetisches besonderes Gepräge. Die einheitliche Gestaltung aller Beteiligten zeigt, daß damit ein Markstein der Entwicklung erreicht ist: Die Architektur hat eine neue Qualität bekommen, sie ist nicht mehr Kopie europäischer Muster, sondern trägt eigene brasilianische Züge. In demselben Stadtteil entstanden an der Stelle, wo der Hügel Morro do Castello samt dem alten Jesuitenkloster abgetragen worden war, sogleich weitere fortschrittliche Bauten. Nahe dem Ministerium wurde schon 1936 von den Brüdern Milton und Marcello Roberto das Gebäude des brasilianischen Presseverbandes ABI aufgeführt, das zum ersten Mal eine Front aus festem Brise-soleil aus Beton erhielt. Der Flughafen Santos Dumont auf dem Gelände des abgetragenen Hügels wurde anschließend ebenfalls von ihnen geschaffen. Nahe dabei liegt die Station für Wasserflugzeuge, 1938 von Atilio Correia Lima entworfen. Bald danach begann man mit der Anlage der Gärten auf den ›Aterros‹, dem aufgeschütteten Landstreifen längs der Meeresbucht, nach Entwürfen von Roberto Burle Marx, auf dem dann die Schnellstraßen in Richtung Copacabana und neue Strandstreifen angelegt werden konnten. An den Anfang dieser städtebaulich für Rio de Janeiro so wichtigen Erweiterung hat in den fünfziger Jahren der bedeutende Mitarbeiter Lúcio Costas, Affonso Eduardo Reidy, das ›Museu de Arte Moderna‹ errichtet. Von ihm stammt auch eine der ersten und interessanten Wohnblockanlagen ›Pedregulho‹, in geschwungener Form an einem Hang im nördlichen Teil der Stadt angelegt. Lúcio Costa baute von 1948 bis 1954 eine andere sehenswerte Gruppe von Apartmenthäusern im ›Parque Guinle‹ mit Keramikverkleidungen und

Affonso Eduardo Reidy, Wohnanlage Pedregulho, Rio de Janeiro 1947–1954

Brise-soleil im Wechsel. Mit ihnen ist der Stil der modernen brasilianischen, dem Klima des Landes entsprechenden Architektur gut verkörpert. Diese erweckte auch Aufmerksamkeit im Ausland. Das ›Museum of Modern Art‹ in New York zeigte 1942 eine Ausstellung der neuen Architektur Brasiliens. Die Publikation *Brazil builds* vertiefte diese Eindrücke einer neuen Phase der Baukunst in Brasilien.

Was in der Folgezeit die Architektur kennzeichnete, kann beinahe eine ›Phase Oscar Niemeyer‹ genannt werden. Er schuf seine an barocke Traditionen erinnernden Umrißformen, die ihre Gliederung nicht nur statisch sondern auch ästhetisch mit Stützen und die sich abzeichnenden Horizontalen der Stockwerkdecken erhielten. Juscelino Kubitschek, noch in seiner Funktion als Oberbürgermeister von Belo Horizonte, berief ihn 1940 um die Bauten am Stausee Pampulha auszuführen. Diese stehen ganz frei in der Landschaft, was besonders dem Rundbau des ehemaligen Cassino, heute Museum, eine beherrschende Wirkung gibt. Die Kapelle São Francisco mit parabolischer Wölbung der Wände und Decke war ein derart revolutionäres Werk, das sich die Kirche längere Zeit zu weihen sträubte (Abb. 55). Sie ist mit Azulejos und Malereien von Portinari ausgeschmückt und ein besonderes Kleinod. In Belo Horizonte kamen ab 1950 einige Gebäude nach Entwürfen von Niemeyer und fast zur gleichen Zeit auch in São Paulo große Bauten von ihm zur Ausführung. Eines davon, das ›Conjunto Copan‹, ein großer Block in S-Form und mit einem rechteckigen Gebäude davor, ist die interessanteste Lösung. 1953 entwarf Niemeyer für die Vierhundertjahrfeier der Gründung von São Paulo die Ausstellungsbauten im ›Parque Ibirapuera‹, die durch eine reich gekurvte überdeckte Galerie verbunden sind. Der von ihm entworfene ›Palácio das Industrias‹ beherbergt heute die Kunstbiennale von São Paulo, wohingegen die für Kunstausstellungen bestimmten Gebäude im vorderen Teil des Parkes heute von den Büros des Oberbürgermeisters besetzt sind. Niemeyers Ansehen stieg und ebenso die Zahl der an ihn vergebenen Aufträge, wenn auch andere Architekten sich mit neuen Tendenzen auszeichneten. In São Paulo sind unter anderen zu nennen: Osvaldo Bratke mit schönen, breit gelagerten Häusern, von denen eines heute als Museum der Stiftung Maria Luisa und Oscar Americano dient. Der Bauhausschüler Adolf Heep war 1956 der Schöpfer des wohl höchsten Gebäudes von Brasilien, des ›Edificio Italia‹, das mit seinen abgerundeten Formen ein ebenbürtiges Pendant zum ›Copan‹ von Niemeyer geworden ist. Er und Lucjan Korngold,

Lina Bo Bardi, Museu de Arte de São Paulo, São Paulo 1969

Oskar Niemeyer

der große Geschäftshäuser baute, waren nach dem Zweiten Weltkrieg aus Osteuropa eingewandert. Aus Italien und dem Kreise Nervis stammt die Architektin Lina Bo Bardi, mit avantgardistischen Tendenzen, die das ›Museu de Arte de São Paulo‹ an der Avenida Paulista entwarf. Mit einem weiten offenen Platz im Straßenniveau ist der gesamte Raumkörper an seitlichen Pfeilern aufgehängt. Von den brasilianischen Architekten hat João Batista Vilanova Artigas, der Erbauer der Architekturfakultät der Universität São Paulo für die Betonbaukunst Bedeutung gehabt. Seitdem sind in São Paulo unzählige riesige Bauten bis weit in die Außenbezirke emporgewachsen, ohne daß stilistisch neue oder bemerkenswerte Formen hinzukamen. Die in ihrer Zusammensetzung unartikulierte Masse dieser Gebäude bestimmt immer mehr von allen Seiten die Silhouette der ungeheuer ausgedehnten Stadt.

Das bedeutendste Ereignis im Rahmen der brasilianischen Architektur dieses Jahrhunderts sind Planung und Bau der neuen Hauptstadt Brasília gewesen. Der Plan einer Verlegung des politischen und administrativen Zentrums in das Landesinnere war nicht neu. Schon die Verfassung von 1891 sah sie vor und im darauffolgenden Jahr wurde der Platz für ihre Errichtung auf der Hochebene von Goiás von einer Kommission ausgewählt. Es bedurfte jedoch der Initiative Kubitscheks, um ihn zu verwirklichen und die neu zu errichtende Stadt in ein ebenso anzulegendes weites Netz von Straßen zur Erschließung des Hinterlandes einzuspannen. Die Beamten und Politiker, die bislang ein bequemes und schönes Leben in Rio de Janeiro geführt hatten, waren zumeist nicht für den Gedanken zu begeistern, 1000 km landeinwärts auf ein steppenartiges Plateau zu ziehen, ohne die Vergnügungen in der alten Hauptstadt weiter genießen zu können. Juscelino fand jedoch zur rechten Zeit die richtigen Leute, um mit viel Idealismus die Planung und Ausführung der gigantischen Aufgabe zu verwirklichen. 1956 wurden schließlich sämtliche konkurrierende Pläne einer Ausschreibung beiseite gelegt und der eigentlich außer jeder Konkurrenz stehende ›Plano Piloto‹ von Lúcio Costa angenommen. Dieser hat eine kreuzförmige, an die Form eines Vogels mit ausgebreiteten Flügeln erinnernde Grundfrom. An der Mittelachse, die dem Körper des Vogels entsprechen würde, liegen die wichtigsten offiziellen Gebäude. Für deren Entwürfe und Ausführung wurde sogleich Oscar Niemeyer berufen, der hier eine sonst nie gebotene Möglichkeit bekam, den repräsentativen Bauten einer insgesamt neu geplanten Hauptstadt ihr Gesicht zu geben. Es sind dies die Ministerien und am Ende der Achse der Nationalkongreß mit zwei hohen Bürotürmen und den Kuppeln über den Tagungsstätten des Senats und Abgeordnetenhauses. Daneben sind der Amtssitz des Präsidenten und die oberste Justizbehörde in besonderen repräsentativen Bauten untergebracht, so daß der Platz davor als der Platz der drei Mächte, ›Praça dos Tres Poderes‹, bezeichnet wurde. In Richtung zu den parallel angeordneten Blöcken der anderen Ministerien liegen noch das architektonisch herausragende Außenministerium, der ›Palácio dos Arcos‹ oder ›do Itamaraty‹ und das Justizministerium. Sie haben vorgeblendete Bogenstellungen. Mit geschwungener Form der den Kern umgebenden und das Dach tragenden Pfeiler sind auch der Präsidentensitz ›Palácio do Planalto‹ und der etwas zum See hin abgelegenere Wohnsitz des Präsidenten ›Palácio da Alvorada‹ angelegt. Diese spezifischen Niemeyer-Formen, mit denen er allen seinen Bauten in Brasília eigene Charakteristik verliehen hat, machten sie auch in aller Welt bekannt. Weiter oben an derselben Achse liegen die Kathedrale, deren aufsteigende Betonrippen an einen Blütenkelch erinnern und das Theater, das die Form mexikanischer Pyramiden hat. Am Ende der Achse steht der Fernsehturm, von dessen Galerien man einen guten Überblick hat. An der Querachse, den Flügeln der Vogelfigur entsprechend, erstrecken sich die Wohnblocks ›Superquadras‹ mit Gemeinschaftsdiensten, Schulen und der Universität, die alle von der Achse kreuzungsfrei zugänglich sind. Man empfindet, welch gigantische Aufgabe dort in kollektiver Arbeit und dem Enthusiasmus der Schöpfungsphase geleistet wurde. Nur so konnte alle Opposition gegen das Projekt besiegt werden. Die aus allen Teilen des Landes zusammengeströmten Arbeiter, die ›Cadangos‹, begannen unter primitivsten Bedingungen. Zum großen Leidwesen Niemeyers erhielten sie keinen Anteil an der zentralen Planung, sondern wohnen in den sogenannten Satelitenstädten, die weit außerhalb wild und ohne Sozialstruktur anwuchsen und auch heute noch Hundertausende beherbergen. Sie bilden mit ihren Favelas einen scharfen Kontrast zu der ästhetischen Gestaltung der Stadt.

Der ›Plano Piloto‹ hat in den mehr als 25 Jahren seines Bestehens eine eigene vollständige Dynamik erhalten. Viele der Bewohner Brasílias sind nicht mehr Verpflanzte aus anderen Städten; es ist inzwischen in der Stadt selbst eine Generation herangewachsen, die sie als ihren Lebensraum angenommen hat. Das Werk Kubitscheks, seiner Architekten und Arbeiter gab schließlich dem brasilianischen Einheitsgefühl ein architektonisches Zentrum und neue Impulse in der Erfassung des Gesamtraumes.

Überall ging indessen der Bau von Hochhäusern weiter. Die Fronten von Copacabana, Leblon und Ipanema, die Wohntürme an der Barra da Tijuca, immer höhere Gebäude auch im Zentrum von Rio de Janeiro wie in Santos und Guarujá, in Salvador, Recife und Fortaleza und vielen andern Städten kennzeichnen diese Entwicklung, die jedoch nicht mehr so viel schöpferische Eigenart aufweist wie die vorhergehende Phase. Der Akzent dessen liegt nun eher auf technischem Gebiet, etwa auf dem Straßenbau wie der ›Via dos Imigrantes‹ von Santos nach São Paulo, der Brücke Rio-Niterói, Stauwerkprojekten wie Itaipu und Industriezentren. Der Wohnungsbau verlor an Individualität. Seine Abhängigkeit vom Immobiliengeschäft erwies sich nicht als vorteilhaft für die architektonische Gestaltung. Neuerdings wählen viele kommerzielle Unternehmen für ihre Bauten, beispielsweise Luxushotels, nicht mehr die Form massiger Hochhäuser, sondern betten sie wie Landgüter horizontal in die Landschaft ein. Es ist zu hoffen, daß Formen, die die Schönheiten der Landschaft respektieren, die künftige Bauweise bestimmen werden. Hinweise darauf fehlen nicht. Der Gartenarchitekt Roberto Burle Marx hat schon lange der Öffentlichkeit den Reichtum der brasilianischen Pflanzenwelt in seinen mit den modernen Anlagen verbundenen Gärten vor Augen geführt. Brasilien ist noch immer, nicht zuletzt vom Klima begünstigt, ein weites Feld für neue schöpferische Bauweisen.

Malerei und Skulptur

Es dauerte recht lange, bis in bildlichen Darstellungen auch die neuen Tendenzen dieses Jahrhunderts dargestellt wurden. Die vollkommene Abhängigkeit des Geschmacks von traditioneller, bürgerlicher Auffassung war der Grund für das lange Verharren der brasilianischen Kunst in überkommenen Formen. Obgleich geeignete Motive, etwa die Volkstypen bei Almeida Junior schon vor allen anderen modernen Ideen vorhanden waren, schauten die Maler in ihrer formellen Ausrichtung stets nach Paris, ohne sich dabei am Impressionismus oder noch neueren Richtungen interessiert zu zeigen. Auf Expressionismus, Futurismus und Kubismus erfolgte die Reaktion sogar noch später. Sporadische Ereignisse, wie die Ausstellungen 1912 von Lasar Segall (Wilna 1891– São Paulo 1957) in São Paulo und Campinas hatten kein Echo. 1917 erregte eine Ausstellung von Bildern Antia Malfattis (São Paulo 1889–1964) die Künstlerin verletzende Polemik. Anita, die 1912 nach Berlin kam und vor Ausbruch des Krieges bei Lovis Corinth und 1915 in New York bei Homer Boss ihre entscheidenden Studien betrieb, vertritt zwar für den Beschauer einen sehr viel gemäßigteren Expressionismus als Segall, wurde jedoch mit ihren Bildern wie ›Der gelbe Mann‹, ›Der Japaner‹, ›Die Frau mit grünem Haar‹ und ›Die Verrückte‹ zum Stein des Anstoßes und der Ablehnung, besonders in den Kritiken des Schriftstellers Monteiro Lobato. Das São Paulo jener Zeit war kulturell eben noch sehr eng. Heute hingegen sieht man diese Bilder ohne Erstaunen in der ›Pinacoteca do Estado‹ und im ›Museu de Arte Contemporânea‹.

Lasar Segall, der ab 1906 in Berlin und ab 1910 in Dresden an den scharfen Vorstößen des deutschen Expressionismus vollen Anteil hatte, bis er 1923 endgültig nach São Paulo übersiedelte, zeigte erst dann, als Künstler mit internationalem Ansehen seine beeindruckenden Bilder. Die Werke Segalls sind zum guten Teil in seinem ehemaligen Haus, heute das ›Museu

Emiliano Di Cavalcanti, Umschlag des Kataloges für die Ausstellung der ›Semana de Arte Moderna‹ in São Paulo 1922

Lasar Segall‹ ausgestellt und üben noch immer eine unverändert starke Wirkung aus. Seine ›brasilianischen Phasen‹ liegen erst in den Jahren nach der symbolhaften Veranstaltung ›Semana de Arte Moderna de 1922‹ in São Paulo. Diese von Intellektuellen wie Mario de Andrade und Künstlern wie Emiliano Di Cavalcanti als Fanal des Aufbruchs zur modernen Kunst vorbereitet und durchgeführt, umfaßte neben Werken der bildenden Kunst auch Literatur mit Vorträgen, Musik und Architektur. Die wichtigsten teilnehmenden, für die weitere Entwicklung bedeutsamen Künstler waren Anita Malfatti, Victor Brecheret, Vicente do Rego Monteiro und Di Cavalcanti.

Emiliano Di Cavalcanti (Rio de Janeiro 1897–1976) war einer der lebenssprühendsten und brasilianischsten Zeichner und Maler. Er begann mit graphischen Arbeiten; seine Malerei der Anfangszeit ist noch immer dem Jugendstil verpflichtet. Seine scharfen Charakterisierungen der Zeitgenossen führten ihn zur Karikatur. Immer mehr wandte sich seine Kunst in reicher und farbiger Weise den Menschen des Volkes, den Favelas und den Mädchen auf der Straße zu. Besonders gut gelang es ihm, den Reiz der Mulattinnen wiederzugeben, denen seine große Liebe galt. Seine großen dekorativen Wandbilder zeigen den Einfluß von Picasso. Eine große Sammlung seiner Zeichnungen befindet sich im ›Museu de Arte Contemporânea‹ in São Paulo.

Vicente do Rego Monteiro (Recife 1899–1970) war schon ab 1911 in Paris, wo er längere Zeit arbeitete. Er nahm 1922 an der Ausstellung in São Paulo teil und war durch den

Kubismus zu stark flächenhaften, streng koordinierten Kompositionen gekommen. Die von ihm gewählten religiösen Darstellungen und viele Themen aus der Mythologie der brasilianischen Indianer unterwarf er dieser konstruktiven Tendenz. Er arbeitete in Rio de Janeiro und Recife; dort gehörte er zum Kreis des Soziologen Gilberto Freyre.

Victor Brecheret (Farnese/Italien 1894 – São Paulo 1955) begann mit Plastiken, die vom Jugendstil beeinflußt waren. Er führte dies bis zum ›Art Deco‹ der dreißiger Jahre mit vielen eleganten Figuren fort. Nach der ›Semana de Arte Moderna de 1922‹ hielt er sich einige Jahre in Paris auf. Noch im alten Schema ist sein ›Fauno‹ im Park gegenüber dem ›Museu de Arte‹ in São Paulo geschaffen, bis er dann große Denkmäler auszuführen hatte. Nicht sehr glücklich ist das große und Renaissancetraditionen verpflichtete Reiterstandbild des Duque de Caxias ausgefallen. Sehr viel kompakter und wichtiger ist das aus einer großen Gruppe zusammengesetzte ›Monumento às Bandeiras‹, das den Platz vor dem Ibirapuerapark beherrscht. Die Figuren im einzelnen zeigen die Neigung Brecherets zu Formen archaischer Plastik. Das Denkmal (1920 geplant, ab 1936 in Ausführung) wurde 1953 fertig und zur Vierhundertjahrfeier São Paulos eingeweiht. Nach den monumentalen Figuren wandte sich Brecheret kompakteren Formen zu und schuf, ausgehend von vom Meer abgeschliffenen Steinen symbolhaft abstrakte Plastiken mit indianischen Mythen als Grundthemen.

Tarsila do Amaral (1890–1973) ist die brasilianische Künstlerin, die die in Paris bei André Lhote und Fernand Léger aufgenommene Formensprache souverän zu brasilianischer Aussage umgestaltet hat. Ihre Bilder, wie ›A Negra‹ von 1923 (Museu de Arte Contemporânea, São Paulo), sind eine entscheidende Stufe der neuen nationalen Kunst. Diese Phase ihrer Malerei wurde ›Pau Brasil‹ genannt, nach einem kulturprogrammatischen Manifest, das Oswald de Andrade, mit dem sie damals verheiratet war, verfaßt hat. Andere bedeutende Bilder, wie das der ›Estrada de Ferro Central do Brasil‹ (Zentraleisenbahn, 1924) und Stilisierungen ganz typischer Landschaften mit einfachen Häusern an Hügeln, Palmen oder Säulenkakteen vor leerem Land wurden als Bestätigung derselben Hinwendung zu den Werten des eigenen Bodens aufgefaßt. Eine weitere wichtige Serie, die auch in Paris gewürdigt wurde, ist als ›Antropofágica‹ bezeichnet. Sie brachte mit derselben Formkraft Figuren flächenhafter Struktur und schon surrealistischer Deformierungen zur Schau.

Zur selben Zeit schuf Lasar Segall, nunmehr ansässig in São Paulo und mit lebhaftem Anteil an dem intellektuellen Leben der Stadt, Bilder von Landschaften und Menschen des neuen Landes, dazu graphische Darstellungen von Favelas und der Prostitution in Rio de Janeiro. Eine Bananenpflanzung mit einem Arbeiter, ›Bananal‹ von 1927 (Pinacoteca do Estado, São Paulo), ist bezeichnend für die Umwandlung seines Stils und seiner Farbgebung unter den neuen Eindrücken. Segall blieb einer der Großen und wurde von Brasilien voll anerkannt. Im ›Museu Lasar Segall‹ kann man die weiteren Wandlungen des Expressionismus und seiner menschlichen Hintergründe verfolgen. Die Judenverfolgung und der Zweite Weltkrieg fanden emotionell starken Niederschlag in großen Bildern wie ›Pogrom‹, ›Navio de Emigrantes‹, ›Guerra‹, ›Campo de Concentração‹ und ›Exodo‹. Erst Anfang der fünfziger Jahre beruhigte sich seine Kunst zu harmonischen Kompositionen, deren Motive Ausschnitte aus den Wäldern von Campos do Jordão sind.

Von expressionistischen Malern sei noch Flavio de Carvalho (1899–1973) genannt, der in kraftvoller Strich- und Pinselführung hervorragende Porträts geschaffen hat. Eine Serie großer Zeichnungen ›Meine Mutter sterbend‹ mit scharfer psychologischer Tendenz wurde sehr bekannt. Als Architekturplaner und kritischer Geist künstlerischer Ereignisse hat er viel zur Diskussion der modernen Kunst in São Paulo beigetragen.

In Rio de Janeiro arbeitete der Meister brasilianischer expressionistischer Graphik Oswaldo Goeldi (1895–1961). Als Zeichner und Holzschneider bevorzugte er oft die düstere Atmosphäre von Szenen in leeren Straßen, oft mit Fischen und Fischern. Er stand zeitweise mit Alfred Kubin in Verbindung. Seine einfachen, kompakten Holzschnitte wurden von Jüngeren beachtet und geschätzt.

Eine interessante Einzelerscheinung war in Rio de Janeiro Ismael Nery (Belém 1900 – Rio de Janeiro 1934). Er malte nach einem Aufenthalt in Paris ab 1927 in etwas surrealistischer Tendenz und unter Einfluß von Chagall poetische Kompositionen menschlicher Figuren. Auch Cicero Dias (geb. 1908) aus Recife arbeitete ähnlich. Eine lockere, unbekümmerte Art phantastischer Malerei traumartiger Themen aus seiner pernambucanischen Heimat zeichnet seine Kunst aus. Trotz des frühen Todes Ismael Nerys und der Übersiedlung Cicero Dias' ab 1937 nach Paris haben beide Künstler viel zur Belebung der Malerei in Rio de Janeiro beigetragen.

In São Paulo erfolgte im Laufe der Zeit eine Umschichtung. Es erschienen eine größere Zahl von Malern meist sehr einfacher Herkunft – im Gegensatz zur intellektuellen Elite der zwanziger Jahre – und malten Landschaften und Menschen der Umgebung in eher italienischer Manier. Sie bildeten die Gruppe ›Santa Helena‹, nach dem Gebäude, in dem sie Räume benutzten. In anderem Zusammenhang – bei den Bemühungen um eine bodenständigere Kunst – bildeten sie die sogenannte ›Familia Paulista‹. Mario Zanini, Rebolo Gonsales, Paulo Rossi Osir, Clovis Craciano, Aldo Bonadei, Fulvio Pennacchi und Alfredo Volpi gehörten dazu. Nachdem Volpi (geb. 1896), heute als Neuerer gefeiert, die nachimpressionistische Manier seiner Anfänge in den fünfziger Jahren sein Hauptmotiv – Häuserfassaden – schrittweise abstrahierte, kam er schließlich zu signalhaft fixierten Elementen aus Fähnchengirlanden, die er in die bewegten Flächen der Bilder einschmolz. Von allen diesen Malern und zahlreichen anderen, die nicht alle erwähnt werden können, findet man Beispiele ihrer Werke in den Museen moderner Kunst.

Der brasilianische Maler, der ab 1930 die stärkste Wirkung ausübte und Anerkennung sowohl in seiner Heimat als auch im Ausland fand, war Candido Portinari (Brodósqui 1903 – Rio de Janeiro 1962). Nach den Anfängen mit einer fast akademisch realistischen Malweise, besonders bei Porträts, wandelte sich im Laufe der dreißiger Jahre sein Stil. Portinari wandte sich den sozialen Themen zu. Oft schilderte er in Erinnerung an das Leben in seinem Geburtsort im Innern des Staates São Paulo, das harte Leben und die Arbeit der Landbevölkerung. Sein Bild ›Café‹ von 1935, das die Kaffee-Ernte zeigt, wurde auf der Internationalen Ausstellung des Carnegie Instituts in Pittsburg ausgestellt und prämiert. ›Futebol‹ und ›Domingo no Morro‹ waren andere Themen dieser Bilder verhältnismäßig kleinen Formats, auf denen die Gliedmaßen der Figuren schon jene übergroßen Formen haben, die zu den monumentalen Wandbildern hinleiten. Diese Werke, die das Volk und die rote Erde Brasiliens, das Schicksal der Arbeiter und fast immer Schwarze und Mulatten zeigen, zeichnen deutlich seinen Weg als Interpreten menschlicher Schicksale vor. 1936 erhielt er den offiziellen Auftrag zu einem Fries am ›Monumento Rodoviário‹ zu Beginn der im Bau befindlichen Autostraße Rio – São Paulo. Noch im selben Jahr wurde er vom Kultusminister Capanema, der in Zusammenhang mit dem Ministerium für Kultur und Gesundheit in Rio de Janeiro erwähnt wurde, beauftragt, für den Saal in dem neuen Bau eine Serie von Wandbildern der wirtschaftlichen Zyklen Brasiliens zu malen. Dort konnte Portinari in seiner Weise die Anbau- und Ausbeutungsmethoden von ›Pau Brasil‹, ›Cana de Açúcar‹, bis ›Café‹ und ›Borracha‹ (Gummi) darstellen. Er bereitete diesen Zyklus mit eindrucksvollen Studien vor. Die Wucht der Figuren nahm zu, vielleicht in Annäherung an die Wandbilder der großen Mexikaner, obgleich er nicht zu so dramatischer Schilderung übergeht und seine Bilder ruhiger bleiben. Auch der Eindruck von Picassos Guernica, das er in New York sah, als er ein Wandbild ›Lateinamerika und seine Entdecker‹ für die Bibliothek des Kongresses in Washington malte, ist der einer freieren Gestaltung. Diese Arbeit wies ihn als einen der großen Künstler Lateinamerikas aus. Eine Zeitlang war doch ein intensiveres Engagement zu spüren. Die intensiven Bilder ›Retirantes‹, ›Criança Morta‹ und ›Enterro na Rede‹ von 1944 (Museu de Arte de São Paulo) sind in einer dramatischen und tieffarbigen Malweise geschaffen, die die Hinneigung zu Picasso und die politische Stellungnahme Portinaris zusammenschließen. Die großformatigen Wandbilder, z. B. ›Tiradentes‹ (heute im Regierungspalast in São Paulo); weitere in Banken von São Paulo und Rio de Janeiro und schließlich ›Guerra e Paz‹, 1953 begonnen und 1957 im Sitz der Vereinigten Nationen in New York angebracht, sind geometrisierende historische Kompositionen. Das von menschlicher und politischer Problematik bestimmte Gesamtwerk Portinaris schließt allerdings auch fröhlichere und leichtere Darstellungen ein. Jungen, die Drachen steigen lassen und Fußball spielen, Vogelscheuchen oder Zeichnungen von einer Israelreise sind von dieser Art. Portinari hatte durch seine Malerei einen außerordentlichen Einfluß auf das Schaffen der Zeitgenossen.

Von den Bildhauern der gleichen Generation bekam Bruno Giorgi (geb. 1905), der in Rom und Paris studiert hatte, mit seinen Plastiken viel Zuspruch und offizielle Aufträge wie Brecheret. Bereits die Gruppe zweier jungen Menschen, ›Monumento à Juventude‹, die er in den vierziger Jahren für den Platz am Ministerium für Kultur und Gesundheit schuf, war ein hervorragendes harmonisches Werk. Sein ›Dante‹ an der Stadtbibliothek São Paulo, die ›Cadangos‹ und die Figur der Gerechtigkeit in Brasília zeigen, wie er in den fünfziger Jahren zu stärkerer Stilisierung kam. In der folgenden Zeit schuf er rein abstrakte Formen, von denen ›Meteor‹ vor dem Außenministerium in Brasília, ›Labareda‹ vor dem Regierungspalast und ›Condor‹ auf der Praça da Sé in São Paulo in Carrara-Marmor und Bronze die bedeutendsten sind. In den letzten Jahren kehrte er zu den figürlichen Idealen seiner Jugend zurück.

Als Bildhauer, in Brasilien aber auch als Maler hervorgetreten ist Ernesto de Fiori (Rom 1884 – São Paulo 1945). Schon in Europa war er anerkannt und ist ab 1936 in São Paulo eine bedeutende Erscheinung gewesen. Seine figürlichen Plastiken, Porträts und starkfarbigen Malereien sind heute in den Museen und Privatsammlungen von São Paulo wichtige künstlerische Zeugnisse jener Zeit. Für die Wiedergabe brasilianischer Landschaft sei aus dieser Generation nur José Pancetti (1904–1958) erwähnt, der in der Marine diente und seine Eindrücke vom Meer und den Küstenstreifen mit kräftigen Farben malerisch interpretierte.

In Belo Horizonte wurde Alberto Guignard (1896–1962), der in Rio de Janeiro begonnen hatte, nicht nur als Maler, sondern auch als Lehrer der jungen Generation von Bedeutung. Seine Bilder sind sehr gefühlvolle Interpretationen der Menschen und Landschaften in Minas Gerais. Auch Orte wie Ouro Preto hat er viel gemalt.

In Rio Grande do Sul begann Carlos Scliar (geb. 1920) mit einer Gruppe meist jüngerer Graphiker in Anlehnung an den deutschen Expressionismus ausdrucksvolle Holzschnitte sozialer und politischer Thematik zu schaffen. Sie konnten damit auch der Darstellung des Lebens der ›Gauchos‹, der Viehhirten auf der Weite des an Argentinien grenzenden Landes, bildnerische Akzente verleihen.

In Bahia kam in den vierziger Jahren neben Recife, das schon Wirkungsstätte einzelner Künstler war, eine größere Gruppe junger Künstler zu Formulierung regionaler und folkloristischer Themen. Unter ihnen sind der Bildhauer Mario Cravo Junior (geb. 1923), die Maler Carlos Bastos (geb. 1923) und Jenner Augusto (geb. 1924), Genaro de Carvalho (1926–1971), der Schöpfer von eindrucksvollen Wandteppichen, und der Zeichner Carybé (geb. 1911), der das Leben am Hafen, auf den Märkten und die afro-brasilianischen Kulte unübertrefflich darstellt. Später kam der aus Hamburg stammende Holzschneider Karl-Heinz Hansen-Bahia (1915–1978) hinzu.

In São Paulo erschienen neue Kräfte. Dabei waren Künstler deutscher Abstammung die Plastikerin Elisabeth Nobiling, die expressionistische Zeichnerin und Graphikerin Lisa Fikker-Hofmann und eine ganze Gruppe von Malerinnen, die durch den Nationalsozialismus nach Brasilien verschlagen wurden. Besonders erwähnt sei Walter Lewy (geb. Oldeslohe 1905). Er lebt seit 1937 in São Paulo und gilt als der bedeutendste Vertreter rein surrealistischer Malerei in Brasilien. Er ist dieser Richtung mit einer Reihe von Bildern, die der Science fiction verpflichtet sind, stets treu geblieben.

Nach dem Zweiten Weltkrieg kam eine Fülle neuer Informationen nach Brasilien, die viele Bereiche des Kunstlebens stark beeinflußten. Die Gründung neuer Museen durch Mäzene aus der Wirtschaft, die Umschichtung des Informationswesens und soziale Veränderungen waren auch ursächlich für das Auftreten avantgardistischer Künstlergruppen.

Das entscheidende Ereignis, das das Panorama der Bildenden Kunst in Brasilien grundlegend änderte, war 1951 der Beginn der Internationalen Biennalen von São Paulo. Sie brachten die Künstler in direkten Kontakt mit der europäischen und amerikanischen Kunst unserer Zeit. Erst damit kam es zu einem Einbruch abstrakter Malerei.

Eine Gruppe jüngerer Künstler propagierte sehr aktiv die geometrische Abstraktion, bezeichneten ihn als Neokonkretismus und standen in Verbindung mit argentinischen Kollegen um Maldonado, verehrten Max Bill und kamen in Kontakt mit dem Ulmer Bauhaus. Unter ihnen waren in São Paulo als ihr Sprecher Waldemar Cordeiro, Willys de Castro,

Geraldo de Barros, Hermelindo Fiaminghi, Luis Sacilotto, Lothar Charoux, Alexandre Wollner und Mauricio Nogueira Lima. Sie schufen mathematisch fixierte Kompositionen, die heute in den Museen von São Paulo zu sehen sind. Einigen von ihnen begannen im Bereich des Industrial Design zu arbeiten, andere stagnierten. In Rio de Janeiro gab es eine ähnliche Gruppe, geführt durch den Dichter Ferreira Gullar, mit Lygia Clark, Lygia Pape, Helio Oiticica, Amilcar de Castro und Franz Weissmann, die wie in São Paulo die Theorien ihrer Manifeste verteidigte.

Noch von der geometrischen Abstraktion ausgehend, vereinte das ›Atelier Abstração‹ des Malers Samson Flexor (1907–1971) viele jüngere Künstler in freier Zusammenarbeit. Auch er war der Vertreter einer auf Proportionsstudien begründeteten geometrisch-abstrakten Malerei, die er selbst wie andere später zugunsten bewegter Formen und koloristischer Anreicherung verließ.

Immer wieder erhielten die neuen Bewegungen Impulse durch die Biennale von São Paulo. Die Epoche stark malerisch betonter, informeller Malerei fand daraum auch in Brasilien reichen Niederschlag. An ihr hatten Künstler europäischer und amerikanischer Schulung und eine Anzahl von japanischen Malern Anteil. Während die erste Generation japanischer Künstler in Brasilien vorbehaltlos die europäische Malweise in figürliche Malerei umsetzte, kam es bei der in den fünfziger und sechziger Jahren hervortretenden Generation von jung eingewanderten Japanern und den ›Nisei‹ (Söhne der Einwanderer) zu einer Verbindung mit überkommenen Aspekten der fernöstlichen Kunst, die mit der Symbolik der Tuschmalerei und des Gefühls für zartfarbige Akzente gerade auch amerikanische und europäische Malerei beeinflußte. Unter ihnen wurde Manabu Mabe (geb. 1924) zum erfindungsreichsten Schöpfer von Farbsymphonien. Ähnlich arbeitete Tikashi Fukushima (geb. 1920), wohingegen Frau Tomie Ohtake (geb. 1913) mit Kompositionen linear begrenzter Flächen farbiger Modulation aus dem alten Schatz orientalischer Kunst schöpfte und zu einzigartiger Vollkommenheit kam.

Unter den Künstlern europäischer Herkunft hat der aus Berlin stammende Henrique Böse (1897–1982) fein abgestimmte farbige Bilder geschaffen. Der Italiener Danilo Di Prete (1911–1985), der auf der ersten Biennale den Malereipreis für seine ›Zitronen‹ erhielt, hat danach einen abstrakten Expressionismus kosmischer Formen entwickelt. Der aus Fortaleza stammende Antonio Bandeira, der lange in Paris gearbeitet hat, schuf auch nicht-figürliche, delikat aufgeteilte Bilder mit vielen kleinen farbigen Partikeln. Besonders reich ist das Werk von Yolanda Mohalyi (1909–1978), die von der figürlichen Malerei des Expressionismus über stärkere Stilisierung in den fünfziger Jahren zu rein abstrakten Kompositionen kam. In ihnen gibt es Formen, die an kosmische Elemente erinnern in harmonischer Farbigkeit. Andere Künstler, wie Arcangelo Ianelli (geb. 1922), haben ihre nichtfigürlichen, malerischen Bilder wieder in begrenzte, ganz einfache Formen und Farbflächen gefaßt.

Einen hohen Rang hat die brasilianische Graphik der letzten Jahrzehnte. Oswaldo Goeldi ist bereits erwähnt. Livio Abramo (geb. 1903) aus São Paulo entwickelte im Laufe der Zeit eine besonders feine Manier des Holzschnitts. Viele seiner Schüler haben sozial-engagierte Thematik aufgenommen und damit der Graphik bedeutungsvolle Akzente gegeben. Marcelo Grassmann (geb. 1925) ist einem ausdrucksvollen und phantastischen Expressionismus treu geblieben. Die lyrische Abstraktion ist am schönsten in den Arbeiten von Fayga Ostrower (geb. 1920) zum Ausdruck gekommen. Sie arbeitet und lehrt in Rio de Janeiro. Mit großformatigen Drucken von Holzblöcken hat Maria Bonomi (geb. 1935) in São Paulo, neben Lithographien und anderen Arbeiten ausdrucksvolle Werke geschaffen.

An neueren Varianten der oft interdisziplinären Kunst, sei es Pop-art, Op-art oder Conzept-art, nahmen die brasilianischen Künstler direkter teil. Es sind dabei interessante Formulierungen, etwa bei Studien über das Verhältnis der Brasilianer zu Zeit und Raum gemacht worden. Wesley Duke Lee und Nelson Leirner sind zwei Objektkünstler, die in São Paulo arbeiten. Der aus Polen gebürtige Franz Krajcberg hat, von der Malerei ausgehend immer stärker dreidimensionale Formen geschaffen. Mit Elementen aus der organischen Natur, Wurzeln und Fasern, baute er überzeugende plastische Werke auf. Er steht damit neben denen, die in Metall und Stein arbeiten, wie Caciporé Torres und Sergio Camargo, und anderen die geometrische Konstruktionen beibehalten, wie Mary Vieira und Frans Weissmann.

In der Malerei ist vielerorts wieder eine Wendung zu konzentrierterer Bildgestaltung mit figürlichen, symbolhaften Elementen zu beobachten. Gute Beispiele hierfür sind die spannungsvollen Arbeiten von João Camara aus Recife und Antonio Henrique Amaral aus São Paulo, dessen Phasen der Bananen und Dornengestrüppe in der Zeit der Militärregierung eine sehr subtile und überzeugende Kritik des Regimes einschlossen. Der Neoexpressionismus der ›Wilden‹ war mit großformatigen Bildern auf der Biennale 1985 stark vertreten.

Wer eher typisch brasilianische Motive sucht wird sie nur in der regionalen Kunst finden, die wie etwa in Bahia vom Lokalkolorit lebt. Auch die naiven, die spontan der Folklore entwachsenen Kräfte fehlen nicht. Nur als Andeutung seien genannt: der Schwarze Heitor dos Prazeres, der ein richtiger ›Carioca‹, Sambamusiker und poetischer Maler war; Chico da Silva, der in Fortaleza herrliche Gouachen mit Fabeltieren, Vögeln und Schlangen malte, bis er durch Gehilfenarbeit an Authentizität verlor; José Antonio da Silva, der seit 1946 im Innern von São Paulo stimmungsvolle Motive, Baumwollernte, Regen, Ochsenkarren seiner Gegend malt, deren schönste in den Museen von São Paulo zu sehen sind. Von primitiven Künstlern wächst ständig eine mehr oder weniger authentische Produktion heran, die häufig im Kitsch der Folkloremärkte zu finden ist.

Eine eingehendere Analyse des zeitgenössischen Kunstschaffens würde den Rahmen der vorliegenden Betrachtung sprengen. Die wesentlichen Namen wurden genannt, die junge Kunst findet der Besucher mit einer Fülle neuer Namen und Spielarten, wenn er ihr nachspürt, was bestimmt sehr spannend ist. (Zum Kauf von Kunstwerken siehe auch den Hinweis in den ›Praktischen Reisehinweisen‹.)

Volkskunst – Brauchtum – Feste

Volkskunst und Volksfeste bilden in Brasilien einen immens reichen und farbigen Anteil von dem, was der Besucher in den verschiedenen Regionen unbedingt sehen und erleben sollte. Da im weiten Raum des Landes ein im Grunde fröhliches Volk lebt, das stets aufgelegt ist Feste zu feiern, sind viele spontane sehr natürliche und charakteristische Äußerungen seiner Freude vorhanden. Dazu haben die verschiedenartigen Elemente, die dieses Volk bildeten, beigetragen. Indianische und afrikanische Traditionen mischten sich mit den europäischen Gebräuchen zu einem faszinierenden Zusammenspiel. Das speziell portugiesische, ja auch spanische und im Süden deutsche Erbgut der Einwanderer schuf mit den autochtonen Riten und Kenntnissen der anderen Rassen die Formen der Schaustellungen und die handwerkliche Schulung. Lange Zeit wurden sie durch die intensive Religiosität der verschiedenen Gemeinschaften und Bruderschaft angespornt, den geistigen und geistlichen Kern der Feste mit Prozessionen, Schauspiel, Musik und Tänzen, die volkstümliche Darstellung verehrungswürdiger Themen und Personen, wie auch die damit verbundenen Gegenstände und Figuren zu pflegen.

In den großen Städten hat dieses Brauchtum natürlich nicht mehr seine Ursprünglichkeit bewahrt. Die modernen Massenmedien haben sie zur Seite gedrängt. Der mannigfaltige Schatz der Volkskunst fand jedoch dort in den ›Folkloristen‹ neue Verteidiger. Es werden für breite Kreise der Bevölkerung Vorführungen und Ausstellungen veranstaltet, um die Wertschätzung dieses Kulturgutes zu stärken und es in Erziehung und Freitzeitgestaltung einzugliedern. Es ist darum viel reizvoller, dieses Brauchtum an den Orten zu genießen, wo es noch ursprünglich und unverfälscht lebt, wo die alten religiösen Vorstellungen christlicher, indianischer oder afrikanischer Herkunft ohne Nachhilfe die Triebkraft der Prozessionen und Tänze sind, so der ›Homo ludens‹ aus im besten Sinne des Wortes Eingeborenem schöpft. Dasselbe gilt für das Handwerk. In kleineren, oft abgeschlossenen Gemeinden betreiben die Bewohner Töpferei, Holzschnitzerei, Weberei und andere handwerkliche Tätigkeiten noch in der ihnen eigenen Weise. Zwar verschwindet natürlicherweise auch dort manches vom Alten, da Kultur stets ein lebendiger Vorgang ist. Das diesem faszinierenden Bereich gewidmete Kapitel kann allerdings nur Hinweise auf die im Urgrund des Volkslebens pulsierenden, verschiedenen Äußerungen seiner Seele geben. Eine systematische Gesamtstudie wäre nur für diejenigen brauchbar, die lange Zeit und mit der Möglichkeit vieler Reisen in Brasilien verbleiben. Nur dann sind in größerem Umfang die über den gesamten Jahreslauf verteilten Festzyklen zu erfassen.

Ein großer Teil der alten Volksfeste ist an die Feiertage des Kirchenjahres gebunden. Die Kulte afrikanischen Ursprungs haben ebenso ihre im Jahresablauf festgelegte Zeiten. Selbst der Karneval ist darin eingeschlossen. Die primitiven Werkstätten der bodenständigen Töpfer- oder Schnitzkünstler aufzusuchen erfordert auch Zeit. Beim Kunsthandwerk der noch ursprünglich lebenden Indianer, ihrer Flechtarbeiten, ihres Federschmucks, ihrer Keramik ist man auf den Indianerschutzdienst (Funai) und die Missionsorden angewiesen. Das meiste, was die ›Coboclos‹ im Nordosten in weit abgelegenen Orten schaffen, ist heute in den Märkten von Salvador, Recife und Fortaleza und entsprechend teurer in Kunstgewerbeläden der Großstädte zu haben. Kritische Musterung ist geboten, da viel Verfälschtes und Nachgemachtes von geschäftstüchtigen Händlern untergemischt wird. Daher sollen einige typische Produkte echter Volkskunst aufgeführt werden.

Keramik

Der uralte Werkstoff Ton ist fast überall vorhanden. Gefäße aller Art, verschiedene Formen von Töpfen, urnenartige Vasen, Schüsseln und Teller werden seit langem hergestellt. In manchen Gegenden haben sich sehr große, hohe Gefäße für Wasser und andere Vorräte gehalten; sie können über einen Meter hoch sein. Sehr verbreitet sind auch Wasserflaschen mittlerer Größe aus Ton, ›Moringas‹ genannt. Beide Arten sind durch die Märkte in Salvador weithin bekannt geworden. Sie sind dort in verschiedenster Form aus rotbraunem Ton mit weißer oder sepiafarbener Bemalung durch stilisierte Ornamente, meist pflanzlicher Motive, aufgestapelt. Sie kommen aus dem Reconcavo Baiano, aus Sergipe und Alagoas, früher ausschließlich auf malerischen Segelschiffen, den sogenannten ›Saveiros‹ transportiert. Die Moringas sind in sehr vielen Landesteilen Brasiliens üblich und haben dementsprechend verschiedene Formen. Manchmal ist ihr Körper zu drei Rundformen ausgespreizt, was ihnen eine breitere Standfläche gibt. Oft wurden sie Anlaß zu phantasievoller Gestaltung und z. B. in figürliche Darstellungen von Menschen oder Tieren ausgeformt. Solche anthropomorphen Gebilde kommen in besonders schön ausgeführter, oft großer Dimension aus dem ›Vale do Jequetinonha‹, einem wenig erschlossenen Gebiet im nördlichen Minas Gerais. Sie werden dort mit hervorragender Charakterisierung menschlicher Typen, technisch reizvoll mit weißen Bordüren und Gesichtern aus dem braunen Ton modelliert. Im Süden des Staates São Paulo, in Apiaí, haben die Frauen, die meist die Keramiken schaffen, ebenfalls Motive dieser Art sehr originell und primitiv hergestellt. Einfache große Wassergefäße, ohne figürlichen Schmuck und nur mit Ornamenten verziert, sind auch am Rio São Francisco und in manchen anderen Gegenden noch im Gebrauch. Ganz im Süden ist in Santa Catarina das Töpferhandwerk noch in verschiedenen Orten lebendig. Bedauerlicherweise haben die auf dem Markt in Florianópolis feilgebotenen Keramiken völlig ihren ursprünglichen Charakter verloren und sind nur noch einer bunten »Blumentopfkultur« zuzurechnen.

Aus Ton modellierte Figuren, die mit viel Inspiration, ja kindlicher Freude Motive aus dem unmittelbaren Lebensbereich des Volkes auf dem Lande darstellen, sind gleichermaßen interessant und ein Sammelgebiet. Den reichsten Formenschatz auf diesem Gebiet haben die in Caruaru (Pernambuco) arbeitenden Familien entwickelt. Ihre zumeist bunt bemalten Figuren verschiedener Größe waren ursprünglich, wie bei dem berühmt gewordenen Vitalino und seiner die Tradition fortsetzenden Familie, einfache Motive wie Stiere, Viehhirten des Sertão und Musikanten. Jetzt werden in Caruaru, wo man die Figürchen auf dem Markt oder in den Häusern desjenigen Ortsteiles, wo sie hergestellt werden, findet, Gruppen von Rentnern, verschiedene Handwerker bei ihrer Arbeit, Musikkapellen und Gruppen von Volksfesten, mit Tänzen wie ›Bumba meu Boi‹ oder ›Maracatú‹ geschaffen. Sie alle sind lediglich aus reiner Spielfreude, zur Dekoration und zum Anschauen entstanden.

Anders ist es mit den Figuren aus Tracunhaém, gleichfalls in Pernambuco, deren Schöpfer sogenannte ›Santeiros‹ sind, die primitive Heiligenfiguren, meist unbemalt im hellbraunen Ton und auch größeren Formats schaffen. Diese haben nach der persönlicheren Art der Modellierung jeweils eine eigene Charakteristik. Sehr lustige, grell bemalte Figuren wurden auch im Reconcavo Baiano, um Maragogipinho geschaffen, wo viele der in Salvador gehandelten Gefäße herstammen. Einer ihrer Meister war Candido aus Cachoeira, der als eine seiner Spezialitäten Figuren des zur afro-brasilianischen Mythologie gehörenden ›Exu‹ geschaffen hat. Diese Art von Teufelchen ließ er auch aus Ton modellierte Schiffe, ›Navio de Exu‹ bevölkern. Noch zahlreiche andere afro-brasilianische Figuren, wie ›Sereias‹, Gruppen von Musikanten und Bahianerinnen in ihrer Tracht gehörten zu seinem Motivbereich. Leider hat seine Kunst in der sonst so fruchtbaren Gegend wenig Nachfolge gefunden und Figuren seines Stils sind selten geworden.

Nicht unerwähnt sollen die kleinen Tonfiguren bleiben, die in verschiedenen Orten des ›Vale do Paraíba‹ zwischen São Paulo und Rio de Janeiro von den Frauen in der Vorweihnachtszeit modelliert und bemalt werden. Sie gehen von eigentlichen Krippenfiguren aus, fügen dann aber vielfältige andere Darstellungen bei. Verschiedenste Tiere, viele Vögel, ja selbst Schlangen und Schildkröten und stilisierte Bäume kommen als beliebte Begleitfiguren der Krippen hinzu. Ein ungewöhnlich aufwendiges Motiv sind Pfauen mit großem aufgestellten Rad in reicher Bemalung. Auf den Märkten in Taubaté und São José dos Campos wurden sie verkauft. Heutzutage geht auch diese echte Volkskunst in der stark industrialisierten Gegend um São Paulo zu Ende. Man muß schon in die Häuser der Frauen, in Taubaté im Ortsteil São José oberhalb der ›Via Dutra‹ gehen, um ihre Figuren noch zu finden. Früher waren sie sehr fein mit Pulverfarben bemalt, jetzt wird meist dicke Ölfarbe aufgetragen.

In Goiânia ist der phantasievolle Autodidakt Antonio Poteiro als Maler und Keramiker tätig. Seine vielfigurigen Interpretationen mythologischer Themen haben Aufsehen erregt und wurden in einer der letzten Biennalen von São Paulo in einer Sonderausstellung gezeigt. Es handelt sich bei ihm jedoch nicht um das, was man echte Volkskunst nennt, sondern um eine der zahlreichen Spielarten von bewußtem Primitivismus am Rande der ›Art brut‹.

Holzarbeiten

Neben Keramik ist Holz stets ein bevorzugter Werkstoff der volkstümlichen Plastiker gewesen. Die ursprünglichsten und in ihrer Art wertvollsten Holzplastiken sind neben den

Heiligenfiguren zweifelsohne die ›Ex Votos‹. Diese sind ganz kompakt geformte Köpfe, Gliedmaße und Organe, die als Weihgeschenke bei Gelübden in den Wallfahrtsorten niedergelegt werden. Sehr viele davon kann man in ihrer eigenartigen Intensität in Canindé, in der trockenen Einöde von Ceará hinter Fortaleza sehen. In São Cristóvão in Sergipe sind im Kreuzgang des Karmeliterklosters viele Ex Votos aufgehängt. Im ganzen Nordosten und noch in Minas Gerais sind verstreute Santeiros am Werk. Sie schaffen die primitiven Heiligenfiguren und Kreuze, die in Wegkapellen und Privathäusern verehrt werden. Ihre Arbeiten sind bereits in den Museen, kommen aber auch immer noch in den Handel. Sie selbst aufzuspüren ist mühsam. An manchen Orten sind es Schnitzer, die ganz in den religiösen Traditionen verwurzelt sind, andere suchen schon ›kunstgewerbliche‹ Effekte, so daß auch hier die Betrachtung der Figuren nicht unkritisch geschehen kann.

Hinter Mariana (Minas Gerais), in Cachoeira do Brumal, leben eine Reihe von Künstlern, vornehmlich Mulatten, die großartige Figurengruppen, manchmal ganze Krippenensembles, aus dicken Holzstämmen herausarbeiten. Sie arbeiten hart in einer echten primitiven Tradition, die in ihrer reichen ornamentalen Kompositionsweise an den Säulen und Bögen der eingeborenen Schnitzer der Barockaltäre in derselben Region erinnert.

Weit verbreitet sind die ›Carancas‹, phantastische große Tierköpfe mit riesigen Zähnen in den aufgerissenen Mäulern, sie haben sich ursprünglich aus den Gallionsfiguren der Schiffe auf dem Rio São Francisco entwickelt. Heute sind sie vor allem bei den Touristen beliebte Objekte.

Viele kleine Nachbildungen von Jangadas (Flöße) wie Modelle von alten Ochsenwagen mit Scheibenrädern, Segelschiffe und Kanus vervollständigen das Angebot.

Öfters sind recht hübsche Boote und Figuren von durchaus noch volkstümlichen Schnitzern (ausschließlich Handarbeit!) darunter zu finden.

In den weiten Gebieten der Rinderzucht, im Nordosten wie auch im Süden, kommen aus Horn geschnitzte oder gedrechselte Gegenstände auf die Märkte. Ringe, mehr oder weniger verzierte, Armreifen, kleinere Schalen, Löffel und vieles andere sind traditionelle Produkte. Aus Leder werden noch ganze Anzüge hergestellt wie sie die ›Vaqueiros‹, die Viehhirten im Trockengebiet des ›Sertão‹ mit seinen Stachelpflanzen tragen. Dazu gibt es die typischen Hüte mit vorn aufgestellter Krempe, die durch die Freibeuter, die ›Cangaceiros‹, in vielen Darstellungen bekannt geworden sind. Rinderfelle werden zu lebendigen Teppichen zusammengefügt. Im Norden wie im Süden werden geflochtene Riemen, Gürtel und andere Objekte aus Leder gefertigt. Die Sättel der Gauchos der Pampas in den Regionen, die in die Gebiete spanischer Kolonisation übergehen, sind reich ausgearbeitet. All das erscheint auf den Märkten, ›Feira‹ genannt. Der Ort Feira de Santana, an der Straße von Salvador landeinwärts, ist einer jener großen Viehmärkte und Umschlagplätze aller Güter und Fertigwaren, die die Menschen des Hinterlandes von Bahia anbieten und brauchen. An der Küste selbst sind wiederum Arbeiten aus Schildpatt, aus der Hornplatte der Seeschildkröten, ›Tartarugas‹, beliebte Artikel.

Flechtarbeiten

Die vielen Körbe, die im ganzen Land sehr verschiedenartig, aus unterschiedlichen Materialien und zu allerlei Verwendungszwecken geflochten werden, haben oft ansprechende Formen, seien es die ›Balaios‹ der Fischer, seien es Körbe zur Ernte und Aufbewahrung von Früchten, auch offene Körbe und Siebe oder die in Bahia üblichen Strohtaschen. Hartes Material wie Weide oder Bambus (›Taquara‹) und weiche Materialien, unter ihnen Sisalhanf und Palmblattfasern kommen zur Verarbeitung. Ähnlich wird auch die Weberei auf primitiven Webstühlen als ein sehr altes und ursprüngliches Handwerk gepflegt. Ein besonderes Produkt sind die Hängematten, die im ganzen Norden und Nordosten noch hergestellt und benutzt werden. Einschließlich des ganzen Amazonasgebiets schlafen die meisten Menschen darin und bestimmt bequemer als in den primitiven Häusern fast ohne Möbel. Auf Reisen, auf den Schiffen des Amazonas oder den Lastkraftwagen im Nordosten ist die Hängematte, die ihren Ursprung bei den Indianern hat, die praktischste und gleichzeitig individuelle Möglichkeit zum Ruhen. Bunt aus Baumwolle oder weiß aus sehr fester Webart in Leinen, gibt es darunter reich ausgestattete Stücke mit seitlichen spitzenartigen Gehängen, den sogenannten ›Varandas‹.

Spitzen und Stickerei

Ein sehr reizvolles Feld traditioneller kunstgewerblicher Arbeit sind die in verschiedenen Gegenden an der Küste wie landeinwärts in Heimarbeit angefertigten Stickereien, Häkel- und Strickarbeiten und besonders Spitzen, geklöppelt oder in anderen Techniken gefertigt. Ein Zentrum dafür sind Küstenorte wie Majorlândia, Paracuru und andere in Ceará. Die teilweise sehr feinen Stickereien der Frauen dort, auf Blusen und Hemden, auch große, sehr aufwendige Decken kann man in Fortaleza in der alten Markthalle und im Kunstgewerbezentrum, das in den Galerien des alten Gefängnisbaues eingerichtet wurde, bewundern und erwerben. Ein anderes Zentrum sind Orte in Alagoas und Sergipe, die alte Stätten der in diesem Fall auf portugiesische Überlieferungen basierenden Arbeiten sind. Bei Maceió ist es reizvoll, diese Produktion in Pontal da Barra anzuschauen. Der Ort, auf dem Weg nach Marechal Deodoro, besteht praktisch nur aus Häusern, an deren Vorderseite die dort angefertigten Stickereiarbeiten ausgestellt sind. In Pernambuco werden die dort geschaffenen Spitzen und Stickereien in der alten Markthalle von Recife und ebenfalls in dem als Kunstgewerbezentrum eingerichteten alten Gefängnis in großer Menge angeboten. Dort überall mischen sich dann ursprüngliche Volkskunst und Touristenkitsch, die der Besucher selbst trennen muß. In den Markthallen ist öfters noch als reiner Folkloregegenstand primitives Spielzeug aus Holz zu finden. Aus alten Blechdosen gefertigte Kannen, Öllampen und

Klöpplerin im Nordosten

andere erfindungsreiche Stücke ergänzen die folkloristische Seite. Das wegen der Spitzen erwähnte Majorlândia ist außerdem noch einer der Orte, wo mit verschiedenfarbigem Sand in Flaschen dekorative Muster, ja ganze Landschaften und figürliche Szenen mit Hilfe von Strohhalmröhrchen aufgebaut werden.

Seifenstein

Auch Minas Gerais hat einige Spezialitäten zu bieten. Einmal sind es die gußeisernen, kesselartigen Töpfe, die zum Kochen mancher Gerichte noch heute dort verwendet werden. Zum anderen sind es die Töpfe und Gefäße aus Seifenstein, dem ›Pedra de Sabão‹. Die Töpfe sind auch zum Kochen, unter anderem von Reis bestimmt. Kleinere Gefäße, in abgerundeter wie zylindrischer Form mit Deckel waren vielfach als Salzfässer beliebt, da der hydroskopische Stein das Salz trocken hält. Aus Pedra de Sabão gibt es heute viele kunstgewerbliche Formen, die oft farbig lackiert sind. Man stellt aber fest, daß die einfachen, ursprünglichen, lang erprobten Formen und die oft natürlich gemaserte Oberfläche des Materials am schönsten sind.

Mit den geschilderten Beispielen ist der große Reichtum an handwerklichen Gegenständen längst nicht erschöpft. Es sei nur noch kurz ein in den Staaten des Nordostens beheimateter Zweig bildnerischer Arbeiten genannt. Es sind die Titelbilder und Illustrationen der als ›Literatura de Cordel‹ bekannten kleinen Hefte. Sie enthalten gereimte Geschichten und Moritaten mit primitiven Holzschnitten. Ursprünglich wurden sie auf den Märkten und Plätzen, wo die Straßensänger diese Geschichten vortrugen, an einem aufgespannten Faden – eben der ›Cordel‹ – aufgehängt und feilgeboten. In originaler Form besitzen die Schöpfungen auch heute noch ihren unmittelbaren graphischen Reiz.

Kirchliche Feste

Schaustellungen, Musik und Tanz, die das spektakulärste Gebiet der Gefühlsäußerungen des Volkes darstellen, hatten und haben ihren Ursprung zum allergrößten Teil in den religiösen Festen, am weitesten verbreitet selbstverständlich in denen der katholischen Kirche, deren Wirken Grundlage zur Entwicklung der Gemeinden und deren Erben ist.

Ostern ist in erster Linie ein Kirchenfest, bei dem die reichen Prozessionen wie in Ouro Preto und vielen anderen Orten durch die Bruderschaften volkstümliche Traditionen bewahren. Ein Passionsspiel wird in großem Rahmen in dem dazu aufgebauten Nova Jerusalem im Hinterland von Recife aufgeführt.

Eines der ältesten Feste in Brasilien ist das des Heiligen Kreuzes, ›Festa de Santa Cruz‹, das sich sogar bis heute in zwei nicht weit von São Paulo entfernten Orten gehalten hat. Es sind dies Itaquaquecetuba und die leichter erreichbare Aldeia de Carapicuiba. Dort finden an den Abenden des 2., 3. und 4. Mai Tänze auf dem Platz vor dem Kreuz statt wie sie vor vier Jahrhunderten von den Jesuiten mit den Indianern gestaltet wurden. Die indianischen Tanzformen mit den typischen Trampelschritten werden mit eintönigen Gesängen der religiösen Texte der Jesuiten mit Weihsprüchen für die Kirche vorgetragen.

Verbreiteter und für die Festveranstalter aufwendiger ist in vielen Gegenden das Fest des Heiligen Geistes, ›Festa do Divino‹, das in Verbindung mit Pfingsten, mit Prozessionen, bei denen die Standarte des Heiligen Geistes mitgeführt wird, mit rituellen Tänzen am ganzen Tag, auch Reiterturnieren zwischen ›Mauren‹ und ›Christen‹ und schließlich mit der Speisung aller Beteiligten aus riesigen Kesseln gefeiert wird. Die Darstellung des Heiligen Geistes als Taube mit Strahlenkrone wird dabei in verschiedener Art mitgeführt. Die Straßen werden geschmückt und Musikkapellen bereiten auf das Fest vor. In Alcântara und São Luís ist die eigentliche Prozession Hauptereignis, dem die Krönung des Festkönigs ›Rei do Congo‹ vorangeht. In Maranhão ist es besonders auch ein Fest der schwarzen Bevölkerungsteile, wohingegen es im übrigen Brasilien ein Fest der Weißen ist. Im Amazonasgebiet nehmen alle Autoritäten daran teil. Der Ursprung des Festes ist europäisch; nach Ansicht einiger portugiesischer Forscher wurde es zur Zeit der Königin Isabel im 14. Jahrhundert von Deutschland aus in Portugal eingeführt, als eine Speisenweihe, ›Panis gradilis‹. Von Portugal kam es im 16. Jahrhundert nach Brasilien, wo es die verschiedenen Ausschmückungen mit dem Umzügen der Bittsteller, der Krönung des ›Imperador‹ oder ›Rei do Congo‹, den Reiterturnieren und den anschließenden profanen Tänzen wie ›Mozambique‹ und ›Jongo‹ erfuhr. In einigen Orten Bahias, in Espírito Santo, in Minas Gerais, in der Gegend von Diamantina und Serro, bei Mariana und in Divinópolis sowie in Goiás, wo in Pirenópolis nach Besuchen der Reiter auf den Fazenden das Turnier der Mauren und Christen während mehrerer Tage mit reichen Uniformen aufgeführt wird, ist es ein prächtiges Fest. Selbst im Staate São Paulo, in den abgelegeneren Orten zwischen dem Paraíbatal und der Serra do Mar, beispielsweise São Luís do Paraitinga, wird es in überlieferten Formen mit intensiver Beteiligung der ländlichen Bevölkerung gefeiert.

Zu Fronleichnam werden in vielen Orten farben- und detailreiche Teppichmuster, teils mit figürlichen Szenen, aus buntem Sand, Sägespänen und Blumen auf den Straßen aufgetragen, über die dann die Prozession schreitet. Diese sehenswerten Arbeiten, die unter Teilnahme aller Anwohner entstehen, sind auch in Orten zu sehen, die leicht von den Großstädten aus erreichbar sind. Von São Paulo aus beispielsweise in Sant Ana do Parnaíba und in Caçapava.

Die Feste des ›Bom Jesus‹, das heißt des als wundertätig verehrten Christus werden in Bahia und ebenso verschiedenen Orten São Paulos, wie Iguape, Tremembé, Perdões oder Pirapora do Bom Jesus gefeiert. Es sind Wallfahrten, die an der Küste mit Booten, im Innern ursprünglich von Reitern und Pferdewagen unternommen werden; sie besitzen noch viel folkloristische Traditionen und ziehen im wesentlichen ›Caipira-Pilger‹ an. Zu ihnen gehört eigentlich auch die groß angelegte Wallfahrt zur ›Nossa Senhora‹ in Aparecida zwischen Rio de Janeiro und São Paulo, der wohl berühmteste Marien-Wallfahrtsort in Brasilien, der Hunderttausende bewegt. Ähnlich umfangreich ist der Besuch der Wallfahrt zum Padre Cicero in Juazeiro do Norte, im südlichen Ceará. Eine ebenso eigenständige Wallfahrt sind die ›Cirios de Nossa Senhora‹, deren größter in Belém jeden 8. September enorme Menschenmengen zur Prozession vereint, die dorthin in ihren Booten von weither aus dem Amazonasgebiet zusammenströmen.

Die uns als Sonnenwendfeste geläufigen Johannisfeiern mit Holzfeuer, vielen Böllern und Raketen an den Tagen des Heiligen Antonius, des Heiligen Johannes und Peter und Paul sind sehr beliebt und werden mit Musik, Tanz und einem speziellen Getränk, dem ›Quentão‹, einem Ingwerschnaps, und Speisen gefeiert.

Der Weihnachtszyklus am Ende des Jahres bringt Krippenspiele und Aufbauten von festen Krippen, mehr folkloristisch sind dabei die ›Folias dos Reis‹, Gruppen, die in den kleineren Orten bis zum 6. Januar als Heilige Drei Könige verkleidet mit musikalischer Begleitung um Gaben bittend abends von Haus zu Haus ziehen.

Der Monat August wird seit einiger Zeit als Monat der Folklore von den zuständigen Stellen vieler Orte mit zahlreichen Veranstaltungen wahrgenommen. So kann man dann durch Bekanntgabe in Zeitungen und Fernsehen oft lohnende Vorführungen und Ausstellungen sehen.

Bahia, wo die Vermischung von kirchlichen und afro-brasilianischen Traditionen schon früh und stark einsetzte, hat einen sich über das ganze Jahr hinziehenden Festkalender in

Salvador, der dies anschaulich zeigt. Am 1. Januar ist ›Procissão do Nosso Senhor dos Navegantes‹, eine bunte Prozession mit Schiffen aller Art vom alten Hafen beim Mercado Modelo in der Stadt über die Bucht zur kleinen Kirche ›Boa Viagem‹, wo sich dann ein noch bunterer Jahrmarkt mit typischen Speisen und vielen Getränken, Tanz wie auch Vorführungen des Kampftanzes Capoeira und Batuque entfaltet. Zum Fest der Heiligen Drei Könige ziehen am Abend des 5. Januar sogenannte ›Ternos‹ und ›Ranchos‹, Aufzüge, bei denen die Teilnehmer kostümiert vom Zentrum bei der Kathedrale zum Stadtteil ›Lapinha‹, wo diese Gruppen und das Volk die ganze Nacht hindurch tanzen.

Am Donnerstag vor dem dritten Sonntag im Januar findet eines der berühmtesten Feste statt, ›Lavagem do Bonfim‹, ein afrikanische und katholische Elemente verbindender Ritus, bei dem die Frauen der Candomblé-Kulte in ihren reichen weißen Gewändern mit Vasen voll Wasser und Blumen von der Kirche ›Nossa Senhora da Conceição da Praia‹ in der Stadt unter großer Beteiligung des Volkes den langen Weg bis zur Basilika do Bonfim ziehen und deren Treppen mit dem Wasser aus ihren Vasen waschen. Es ist eine Ehrung der Anhänger dieser afro-brasilianischen Kulte des Christus der Kirche Bonfim, vor der dann ein großes Volksfest stattfindet, zu dem am Samstag darauf die ›Ternos‹ und ›Ranchos‹ auch in Verehrung des Senhor do Bonfim aufziehen. Am Montag darauf ist das Fest des benachbarten Ortsteils Ribeira, das gewissermaßen den Karnevalszyklus einleitet.

Am 2. Februar ist das große Fest der Meeresgottheit ›Jemanja‹, das in allen Ortschaften der Bucht und der einmündenden Flüsse gefeiert wird. Jemanja bringt reiche Güter und ganz besonders reichen Fischfang, was in dem Meeresstaat sehr wichtig ist. In Salvador wird das Fest am Strand in Rio Vermelho und Itapoã gefeiert. Mit Blumenschmuck und reichen Geschenken für Jemanja werden kleine Schiffe losgelassen. Rio Vermelho ist dann Schauplatz weiterer Feste, die mit Umzügen und Kirmes nach der Messe in der Kirche Sant Ana laut und lustig vor sich gehen. Das Fest mit der größten Beteiligung ist Karneval, bei dem ungeheuren Mengen von Menschen hinter den Wagen mit Musik tanzend durch die Straßen wogen. Neuerdings sind diese Musiken, sogenannte ›Trios Eletricos‹, die auf Lastkraftwagen montiert die Lautstärke der Schlager ungeheuer erhöhen. Im März findet die Prozession ›do Senhor dos Passoa‹ statt, eine auf dem Platz vor der Kathedrale stattfindende kirchliche Feier des Zusammentreffens zweier Christusfiguren, das schon auf die Osterwoche hinweist. Bei diesem Fest werden dramatische Aufzüge dargeboten, unter anderem solche des toten Christus, die auf die Auferstehung vorbereiten.

Der Monat Mai ist der Verehrung Mariens gewidmet. Im Ortsteil der Kirche ›Santo Antonio alem do Carmo‹ wird das Fest des Divino Espírito Santo, Pfingsten, gefeiert. Im Juni ist Fronleichnam, wiederum ein Tag großer Prozessionen. An diesem Tage beginnen auch die Feiern in den Häusern der Candomblés mit einer Ehrung der Gottheit der Jagd, Oxosse. Die Tage von Santo Antonio, São João und São Pedro sind die traditionellen Sonnenwendfeiern, wobei Santo Antonio besonders als Heiratsstifter verehrt wird und an diesen Tagen überall Feuer, Feuerwerk und Heißluftballons leuchten. Ende des Monats beginnt in den Afro-Kulten der Zyklus der Feste für Xango. Am 2. Juli wird, nur in Bahia, ganz groß die Unabhängigkeit Brasiliens mit Musikkapellen, Parade und Volksfesten gefeiert. Eine Prozession für São Cristóvão am 23. Juli unter Beteiligung vieler Autofahrer, auch der Taxichauffeure, verehrt ihren Schutzheiligen.

Im August beginnen dann mehr Feste in den Candomblé-Kulten zu Ehren jeweils anderer Gottheiten, von denen noch zu berichten ist. Im September geht wieder eine Prozession mit Booten über die Bucht bis zur Kirche ›Nossa Senhora do Monteserrat‹ und am 27. September werden die Heiligen S. Cosme und S. Damião mit reichen Festmälern afro-brasilianischer Speisen verehrt. Oktober und November sind weiter Monate vieler und wichtiger Feste in den Terreiros (Kultstätten) der Candomblés. Am 4. Dezember wird die Heilige Barbara, insbesondere in der ›Baixa dos Sapateiros‹ gefeiert; am selben Tag verehren die Candomblés Iansã. Vom 29. November bis 8. Dezember währt das große Fest der Kirche ›Nossa Senhora da Conceição da Praia‹ mit vielen Vorführungen und Kirmes. Danach ist am 13. Dezember für Santa Luzia ein ähnliches Fest auf dem Platz der ›Igreja Nossa Senhora do Pilar‹ bis schließlich die Weihnachtsfeiern mit regionalen Gebräuchen wie den ›Pastorinhas‹, den Krippenspielen und der ›Missa do Galo‹ (Weihnachts-Mitternachtsmesse) den Jahreslauf schließen.

Dieser so umfangreiche Festkalender zeigt, wie das fröhliche und jederzeit zum Feiern aufgelegte Volk von Bahia sich stets erneut vergnügen kann, seine Traditionen, seine Religiosität und die früher ausgeübten afro-brasilianischen Kulte, die es durch Vermischung mit anderen Religionen zu schützen wußte, nun zur Schau stellen kann. Es gibt wohl nur wenige Orte, wo eine solche Fülle der Lebenslust, die ganz aus der Seele der überwiegend farbigen Bevölkerung kommt, in so vielen Festen ihren Ausdruck findet.

Tanzspiele

Eine ganze Reihe von Schaustellungen und Tänzen aus den verschiedenen Kulturkreisen haben in Brasilien ihre jetzt gültige Form gefunden. Eines der schönsten dramatischen Spiele

Nicht nur Festfreude wird offen zur Schau getragen: Sarghandlung in Salvador

in lockerer Szenenfolge ist der ›Bumba meu Boi‹, ein weit verbreitetes Tanz- und Gesangspiel. Seine reichste Form hat es wohl im Norden, in Maranhão, es wird aber auch im Nordosten, in Pernambuco, Alagoas und Sergipe sehr gepflegt. Nach Süden hin bis zu seiner Form ›Boi de Mamão‹ in Santa Catarina werden nur weniger aufwendige Kostüme bei den Vorführungen auf den Straßen und Plätzen benutzt. Das Ganze hat als Grundlage eine Erzählung. Der Boi, das heißt der Ochse, der selbst, aus einem Rahmengestell gefertigt, das mit Samt und glitzerndem Schmuck überzogen und einem Mann darunter, auftritt, ist die Titelperson. Weitere Teilnehmer sind der ›Amo‹, der Besitzer der Farm; Dona Catarina, die Frau seines Angestellten, die die Zunge des Boi essen möchte; ein ›Capitão do Mato‹ in Polizeiuniform und ein Arzt, deren Unfähigkeit im Spiel mit allerlei komischen Zwischenfällen herausgestellt wird. Dies ist eine alte und harmlose Art der Schwarzen, sich über ihre weißen Herren lustig zu machen. Zahlreiche Vaqueiros und federgeschmückte Caboclos ergänzen die Tanzgruppe und die Geschichte läuft je nach örtlichen Traditionen verschieden ab. In manchen Spielarten wird der Boi getötet und wiedererweckt, in anderen nur krank und in jedem Fall schließlich vom Doktor gerettet, was zuerst zu Wehklagen und dann zu Jubelgesängen Anlaß gibt, die mit Trommeln und Tamburins, bei den stärker indianischen Versionen dazu von ›Matracas‹, Holzstücken, die im Rhythmus aneinander geschlagen werden, begleitet. In São Luís und Umgebung beginnen die Bumba-meu-Boi-Feste am 23. Juni und werden bis in den September hinein gefeiert. In der Mehrzahl der anderen Gegenden sind sie ebenfalls mit dem Zyklus der Johannisfeste, in manchen Küstenzonen mit den Festen am Jahresende verbunden.

Abgesehen von den ›Cavalhadas‹, den Reiterspielen iberischer Herkunft, wo bei dem Gefecht zwischen Mauren und Christen sogar Karl der Große als Verteidiger der Christenheit zitiert wird, sind hingegen die Mehrzahl der Tänze stärker an die afrikanischen Traditionen der damaligen Sklaven gebunden. Das ist bei den Aufzügen des ›Maracatu‹, mit der Krönung eines schwarzen Königes, des ›Rei do Congo‹, bei den Congadas, dem Mozambique und den einfachen Tänzen des Lundú, des Jongo, Batuque und anderen zu beobachten. Solche Tänze wurden von alters her von den Sklaven gepflegt, wobei der ›Lundu‹ als besonders sensuell angesehen wird, weil bei steigender Animierung der Kavalier die sich anfangs kalt verhaltende Dame mit dem Bauch berührt, bis auch sie in eine solche schon von Debret und Rugendas abgebildete Bewegung gerät. Die Mehrzahl dieser Tänze sind in einigen Orten des Nordostens, ja sogar im Vale do Paraíba und angrenzenden Teilen des Staates São Paulo bei Gemeinschaften bodenständiger Menschen noch lebendig. In Recife und der weiteren Umgebung sind es die ›Congregações do Rosário‹, in den Orten wie Taubaté, Aparecida, Cunha oder Redenção da Serra; in São Paulo die ›Irmandades de São Benedito‹, die die ererbten Gesänge und Tänze weiter pflegen. Das Fest des schwarzen São Benedito selbst ist vom 18. bis 24. Oktober. Wer die Möglichkeit hat, sollte es nicht versäumen, diesen farbenprächtigen und ursprünglichen Veranstaltungen nachzuspüren.

Afrobrasilianische Kulte

Den stärksten Eindruck hinterlassen die unmittelbar aus afrikanischer Tradition stammenden Kulthandlungen des ›Candomblé‹. Ihr altes Zentrum ist Bahia, wo ihre Formen und Riten noch am reinsten bewahrt sind. Sie sind in fast noch derselben Form in den Außenbezirken der ›Zona Norte‹ von Rio de Janeiro zu finden. In Recife haben sie meist den Namen ›Xangó‹. Weniger aufwendige Abarten haben sich im Lauf der Zeit über das Land verbreitet. Sie laufen oft unter dem Namen ›Macumba‹ (Abb. 22). Mit indianischen Beimischungen werden sie im Nordosten als ›Caboclo‹, ursprünglich ›Toré‹ gefeiert, wobei die Caboclos mit reichem Federschmuck auftreten. Weiter verbreitet sind in neuerer Zeit die ›Tendas de Umbanda‹ und ihre Abart ›Quibanda‹, die viele Anhänger gefunden haben. Sie feiern ihre Feste in weißen Kleidern und haben spiritistische Einflüsse der Philosophie von Allan Kardec und anderen okultistischen Sekten angenommen. An ihnen nehmen auch viele weiße Brasilianer teil. Ihre Jemanjáfeiern an den Stränden von Rio de Janeiro und der Umgebung von Santos vereinen in der Nacht des 8. Dezember, in der Neujahrsnacht und bei anderen Feiern viele Tausende von Menschen.

Die bahianischen Candomblés sind alte, hierarchisch festgefügte Gesellschaften, die ihre Versammlungsstätten, die ›Tereiros‹, auf Grundstücken mit Baumbestand haben, da auch Riten der Verehrung damit verbundener Naturgottheiten gefeiert werden. Das Zentrum der Tereiros ist der Hauptraum für die Zeremonialtänze, zu dem Nebenräume auch mit Altären und zur Einkleidung der Medien, eine Küche für die Speiseopfer kommen. Kleine Häuschen stehen auf dem Gelände für die strenge Klausur der Vorbereitungszeit der ›Filhas de Santo‹, jener Frauen und Mädchen, die bei den Zeremonien die angerufenen Gottheiten verkörpern, denen sie geweiht sind. Trotz der langandauernden Unterdrückung dieser Kulte durch die Großgrundbesitzer, Kirche und Polizei, haben diese Gemeinschaften sogar noch die Sprachen und Gesänge der ihnen ursprünglichen afrikanischen Sprachen der Nago-, Yoruba- und Gegestämme bewahrt. Ebenso erhielten sie sich die Figuren ihrer Gottheiten, Kultgeräte, Musikinstrumente und Bekleidungsstücke aus Afrika und stellten weitere danach her. Eine Sammlung davon ist im Instituto Geográfico e Histórico da Bahia zu sehen, die zahlreiche aus den polizeilichen Verfolgungen stammende echte Stücke enthält. Die Kenntnis der afrikanischen Sprachen ermöglichte neue Kontakte und beispielsweise den Erwerb der schönen Gewänder aus den ›Pano da Costa‹ genannten Stoffen sowie der verschiedenfarbigen Ketten und Muscheln, die die Filhas de Santo und die anderen Anhänger der Candomblés tragen. Zu den Feiern im Candomblé gehören noch die drei langen Trommeln, ›Rum‹, ›Rumpi‹ und ›Lé‹ genannt, nebst einem Metallinstrument dem ›Agogo‹. Sie werden für die Anrufungsrhythmen und Begleitung der Gesänge für jede Gottheit mit verschiedenem Anschlag benutzt. Trommelrhythmus, Tanz und Gesang bereiten die Geweihten intensiver als Gebete auf den Empfang des Gottes vor, dem sie sich in Trance hingeben.

Danach werden sie mit den der jeweiligen Gottheit eigenen Kostümen und Attributen eingekleidet und wieder in die Runde der Tanzenden geführt, wo sie die ihrer Gottheit spezifischen Bewegungen unter Begleitung des dazugehörigen Rhythmus und Gesanges vollführen. Die ganze Zeremonie wird von der Vorsteherin des Candomblé, der ›Mãe de Santos‹ dirigiert. Die an der matriarchalischen Hierarchie des Candomblé beteiligten Männer, die für den Schutz der Gemeinschaft verantwortlich sind, nehmen an der Zeremonie mit Begrüßungsriten, nicht aber am Tanz teil. Keine andere mystische Feier der Religionen des Landes kann mit dem Reichtum und der Schönheit der rein erhaltenen Zeremonie des Candomblé der Abkömmlinge der schwarzen Sklaven aus Guinea oder Dahomé verglichen werden. Sie ziehen darum auch viele Mulatten und heute sogar Weiße in ihren Bann.

Zu Beginn jeder Feier finden zuerst Begrüßungsriten und Ehrungen statt. Dabei ist es wichtig, dem ›Exu‹, eine Art Götterboten, Opfergaben zu weihen. Er kann durch sie beschwichtigt werden und den Kontakt zu den anderen ›Orixas‹, den Gottheiten, die ihren Ursprung in Naturkräften oder alten Herrschern haben, herstellen.

Die angerufenen Gottheiten seien im folgenden kurz charakterisiert: ›Ogum‹ ist die Gottheit des Eisens, Herr der Schmiede und Landleute. Zur Kaschierung gegenüber dem Katholizismus wurde er mit dem Hl. Antonius gleichgestellt. Die Perlen der Ketten seiner Anhänger sind dunkelblau. ›Oxossi‹ ist die Gottheit der Jäger. Er trägt ein Hütchen, eine Jagdtasche und in der Hand Pfeil und Bogen. Seine Farbe ist grün. Sein Tanz stellt eine mimische Symbolik der Jagd dar. Der ihm gleichgestellte Heilige ist St. Georg. ›Omolu‹ oder ›Obaluaiê‹ ist eine Gottheit der Leiden und Krankheiten. Zur Zeit der Unterdrückung des Candomblé wurde er darum mit dem Hl. Lazarus und dem Hl. Rochus gleichgestellt. Er tanzt mit einer Kopf und Körper verhüllenden Strohmaske. Seine Kettenperlen sind rot und schwarz. Sein Tanz verkörpert Leiden und Fieberschütteln nach dem entsprechenden Rhythmus der Trommeln. ›Nanã‹ ist die Mutter von Omolu. Sie ist die älteste der Gottheiten des Wassers. Gleichgestellt mit der Hl. Anna tanzt sie sehr würdig, manchmal unter einem Thronhimmel; ihre Kettenperlen sind weiß, rot und blau. ›Oxumaré‹ ist der Regenbogen, gleichgestellt mit dem Hl. Bartolomäus, mit grünen und blauen Kettenperlen; der Tanz weist auf Himmel und Erde hin. Vielfach angerufen wird ›Xangó‹, Gottheit des Donners und Blitzes, symbolisiert durch Donnerkeil und Doppelaxt in seiner Hand; er tanzt mit männlicher Würde und kriegerischem Geist, denn er war ein König des Yorubas. Die Ketten seiner Anhänger haben rote und weiße Perlen und er ist gleichgestellt dem Hl. Hieronymus. ›Yansã‹, Frau des Xangó, ist die Gottheit der Winde, der Stürme und des Flusses Niger. Sie hat ein starkes und sensuales Temperament und ist die einzige Gottheit unter den Orixas, die fähig ist, den ›Eguns‹ oder Totengeistern entgegenzutreten. Sie tanzt sehr bewegt, und ihre Gewänder sind vor allem rosafarben. Ihre Perlen an den Ketten sind ziegelrot. Sie wurde mit der Hl. Barbara gleichgestellt. Die andere Frau des Xango ist ›Oxum‹, Gottheit des Flusses, Oxum ist gelb gekleidet; sie ist kokett und schmückt sich reich mit Armbändern, goldgelben Kettenperlen und hält eine verzierte Spiegelscheibe, die ›Abebé‹ beim Tanzen in der Hand; sie entspricht der Nossa Senhora de Aparecida. Ihr Tanz stellt mimisch Bewegungen des sich im Fluß Badens, des Kämmens, des sich das Gesicht Glättens und in den Spiegel Schauens dar. Viel verehrt wird die Meeresgottheit ›Yemanjá‹, was in der Schiffahrtsstadt Bahia verständlich ist; für sie werden besondere Feste gefeiert. Sie ist die Mutter einiger anderer

Orixas und wurde mit der Nossa Senhora da Conceição verglichen. Ihre Kettenperlen sind kristallblau, und sie zeigt im Tanz Interpretationen der Wasserbewegung. Sie wird vielfach einer Nixe vergleichbar dargestellt, mit Frauenoberkörper und Fischschwanz. Die Umbandas führen sie in großen Figuren der Hl. Jungfrau gleich in langem hellblauen Gewand dargestellt mit sich. ›Oxalá‹ ist die Gottheit der Fortpflanzung und Fruchtbarkeit. Sie wird wie Nanã in ganz weißer Gewandung dargestellt, auch ihre Ketternperlen sind weiß. Gleichgestellt mit dem ›Nosso Senhor de Bonfim‹, tanzt sie in verschiedener Weise, teilweise gebückt wie ein Greis mit einem silbernen Stab, der mit mehreren tellerartigen Formen geschmückt und von einem Vogel bekrönt ist, dann wieder aufrecht wie ein Krieger mit Schwert und Schild.

Dies sind die am häufigsten erscheinenden Gottheiten, deren Verehrung in den alten Häusern des Candomblé mit großem Reichtum an Gewändern und Schmuck gepflegt wird. Ihnen sind außerdem noch die Tage der Woche zugeordnet: Omolu, Montag; Ogum, Oxumaré, Nanã, Dienstag; Xango, Yansã, Mittwoch; Oxossi, Donnerstag; Oxalá, Freitag; Yemanjá, Oxum, Samstag. Ihre Feste können in den Monaten September bis zum Jahresende gelegentlich besucht werden. Manche Zeremonien sind nur den Eingeweihten zugänglich, andere, wie das Auftreten und die Namensgebung neu geweihter Filhas de Santo sind besonders prächtig anzuschauen. Selbst die Veranstaltungen, die schon mehr auf Besucher eingestellt sind, haben noch viel von der ursprünglichen Anziehungskraft des Ritus bewahrt.

Im Candomblé mit seinen Anrufungen und den Göttern gewidmeten Gastmählern, die wohl auf uralte, nach mancher Ansicht auf ägyptisch-syrische Fruchtbarkeitskulte zurückgehen, die in afrikanischer Umformung weiterlebten, sind viele der Praktiken der anderen Kulte – Umbanda, Quimbana und Macumba – nicht enthalten. Diese, mit sehr viel weniger selektiver Vorbereitung der Teilnehmer und unkomplizierteren Riten gehen mehr auf die Bedürfnisse der unteren Volksschichten der Großstädte ein. Mit Prophezeiungen der Medien, Weihrauchschwenken über den Gläubigen oder paramedizinischen Behandlungen, sogenannten ›Operationen‹, befriedigen sie die Masse der notleidenden Menschen. Es sind dann vom Spiritismus abhängige Mischformen neueren Ursprungs, die bis zu einem sehr verbreiteten, aber nicht zum alten Kulturgut des Volkes gehörenden Sektenwesen führen. Ähnliche zur Linie der Umbanda zu rechnende Kultformen mit Anrufungen, Opfergaben, Zeremonialbad und Trancetänzen kann man in Rio de Janeiro am Sonntagmorgen an der romantischen Szenerie eines Wasserfalles in der Floresta da Tijuca sehen.

Mit dem Namen ›Macumba‹ werden noch die an vielen Orten, meist nachts an Kreuzwegen oder am Strand, mit Kerzenlichtern niedergelegten Opfergaben, Blumen, Speisen und Zuckerrohrschnaps bezeichnet. Sie sind Anzeichen des mystischen Verlangens der Menschen. Erbetene Krankenheilungen, Liebesleiden, aber auch schwarze Magie mit bösartigen Wünschen, wie die Beseitigung anderer Menschen, können Ursache dieser psychischen Beistand erheischenden Aktionen sein.

23 SALVADOR Hafen mit Forte S. Marcelo ▷

24 SALVADOR Unter- und Oberstadt, Aufzug Lacerda ▷▷

casa

PHILCO

25 SALVADOR Santa Casa de Misericordia

26 SALVADOR Forte de Montserrat

27 SALVADOR
Franziskanerkloster, Kreuzgang mit Azulejo-Bild (Jonas)

28 SALVADOR Museu de Arte Sacra, Muttergottes 18. Jh.

29 SALVADOR Museu de Arte Sacra, N.S. do Monteserrat v. Agostinho da Piedade 1636

30 CACHOEIRA Igreja do Convento do Carmo

31 CACHOEIRA Hauptstraße

32 PENEDO Franziskanerkloster

33 LARANJEIRAS Nossa Senhora da Conceição

35 OLINDA Nossa Senhora do Carmo
34 OLINDA Franziskanerkloster mit Vorplatz
36 OLINDA Franziskanerkloster, Kreuzgang

38 OURO PRETO Matriz Nossa Senhora do Pilar
37 OURO PRETO Ortsteil Antonio Dias

39 OURO PRETO Igreja São Francisco de Assis

40 OURO PRETO Igreja Nossa Senhora do Rosário

41
OURO PRETO
Igreja Matriz
Antonio Dias

42
OURO PRETO
Igreja Nossa
Senhora do
Rosário ▷

43
MARIANA
Igreja da Ordem
Terceira de São
Francisco de Assis
und Igreja da
Ordem Terceira
do Carmo ▷▷

44, 45 MARIANA Kapitelhaus und Câmara e Cadeia

Capoeira

Ein ganz anderes, nicht zu den religiösen Bräuchen, aber doch zu den ursprünglichsten Lebensäußerungen der Bevölkerungsteile afrikanischen Ursprungs gehöriges Schauspiel sind die Kampftänze ›Capoeira‹ (Abb. 21). Sie kamen mit den Sklaven im 16. Jahrhundert aus Angola nach Brasilien, wurden vor allem in Bahia gepflegt und breiteten sich dann nach Pernambuco, Rio de Janeiro und in weiter südlich gelegene Landesteile aus.

Bei der Capoeira versuchen jeweils zwei Männer als Akteure mit Schlagbewegungen der Beine und des Kopfes den Gegner zu Fall zu bringen. Sie stützen sich dabei mit einem oder beiden Armen auf dem Boden ab. Dies ist ein Gegensatz zum europäischen Ringkampf, bei dem in Verteidigung wie Angriff versucht wird, den Gegner mit den Händen zu packen. So waren im Ernstfall die Europäer den wendigen schwarzen Capoeira-Kämpfern weit unterlegen. Man sagt, daß deshalb die Dienstherren und die Polizei die Ausübung der Capoeira verboten hatten. Die Sklaven verwandelten sie jedoch in ein bewegtes Spiel mit musikalischer Begleitung durch Gesang und typischen Instrumenten. Die Instrumente sind ›Berimbau‹, ein Holzbogen mit einer Saite, die geschlagen wird, die dazugehörigen Rhythmusinstrumente: die Rassel ›Caxixi‹, ein Bambusstück mit Rillen, ›Reco-Reco‹ genannt und der ›Pandeiro‹, ein Tamburin. Die so getarnten Pantomimen und tanzartigen Formen fanden die Sklavenaufseher hübsch und ließen die Schwarzen sich flink am Boden drehen und ihr Spiel mit den athletischen Bogenschlägen der Beine fortsetzen. In den Städten, speziell Rio de Janeiro und Salvador, ging im 19. Jahrhundert die Polizei erneut scharf dagegen vor, da bei Überfällen und Streit die gut trainierten Capoeiristas, bei solchen Kämpfen auf der Straße mit Messern bewaffnet, natürlich siegten. Dann fand Capoeira auch bei anderen Gesellschaftsschichten begeisterte sportliche Anhänger.

In neuerer Zeit werden die in ihrer Form fast eine Kunst darstellenden Spiele mit berühmt gewordenen Meistern in Bahia allgemein anerkannt. Es entstanden ›Academias de Capoeira‹, in denen man den interessanten Wettkämpfen zuschauen kann. Es sind traditionell geregelte Feste, bei denen die Männer zuerst wie zu fetischistischem Gebet vor der Musik hocken und dann, immer barfuß, beginnen, ihren Körper auf die Hände abgestützt und sich drehend die verschiedenen ›Toques‹ auszuführen. Diese haben bestimmte Namen wie ›São Bento grande‹, ›Banguela‹, ›Ave Maria‹ und ›Iúna‹. Die guten Kämpfer bewegen den Körper oft sehr nahe an der roten Erde des Bodens. Am Ende des Kampfes ist dann trotzdem kein einziger Fleck auf ihrem blütenweißen Anzug zu sehen. Dieser athletische Ritus hat nun auch bei Studenten Anklang gefunden. Er ist jedoch ausschließlich in Brasilien zu finden, und daher sollte man nicht versäumen, sich ihn in Salvador anzuschauen.

Karneval

Die historisch letzten Äußerungen des pulsierenden Volkslebens, die hier geschildert werden sollen, sind ›Samba‹ und ›Carnaval‹. Sie sind heute in aller Munde, und wer von Brasilien spricht, erwähnt sie sogleich. Früher wurde der Karneval in Brasilien genau wie in Portugal gefeiert. Er hat keine indianischen oder afrikanischen Urelemente in sich. In der portugiesischen Kolonie wurde er auf den Straßen laut und grob als eine erlaubte Möglichkeit, den anderen zu verunglimpfen genutzt. Später wurden Umzüge mit Wagen, schließlich mit Automobilen üblich, als eine Art Korso, bei dem sich die Beteiligten durch Bewerfen mit Wasser, Konfetti, Mehl, Eiern und allerlei stinkenden Sachen wahre Schlachten lieferten. Alle, gleichviel ob Herr oder Knecht, nahmen daran teil. In den aufkommenden Bällen wurden Batuque und Polka getanzt. Am Ende des 19. Jahrhunderts kamen Walzer und Mazurka in Mode. Ausgehend von Rio de Janeiro auf den Straßen begannen sich die Gruppe der ›Blocos‹ und ›Ranchos‹ zu organisiren, die mit ihren getragenen Weisen noch heute existieren. Sie spielten langsame Märsche bis in die Zeit von Chicinha Gonzaga und ihrer Gruppe ›Rosa de Ouro‹,, die mit ihrer Musik ›Abre Alas‹ (Öffne die Flügel) plötzlich zur großen Befreiung der Gefühle beitrug. Damit entstand der Samba und sein animierender Rhythmus. Er wurde offiziell 1916 unter diesem Namen auf der ›Praça Onze‹ geboren und eroberte sich sogleich die Führung im Karneval von Rio.

Er verlangt, will man ihn gut tanzen, große Beweglichkeit. Sei es beim ›Samba Batucada‹, der überall mitgeklopfte, mitgesummte und mitempfundene Samba, sei es der ›Samba enredo‹ mit festen Texten, der in den ›Escolas de Samba‹, den Samba-Schulen geprobt wird – überall zog er die Menschen in seinen Bann. Die Samba-Schulen wurden feste Organisationen mit ausgedehnten Hallen, wo die Proben für den Karnevalsaufmarsch mit Preiskonkurrenz unter eifriger Beteiligung der Angehörigen und schöpferischer Arbeit für Kostüme und Allegorien monatelang vorher beginnen. Unter der Regierung Getulio Vargas wurde er 1934 zum offiziellen Tanz des Karneval erklärt. Die Aufzüge wurden immer größer und prächtiger. Sambaschulen wie Portela, Mangueira, Imperio Serrano, Beija Flor und andere hatten nun eine organisierte Abfolge ihrer ›Alas‹ genannten Gruppen, Direktoren mit Zylinder an der Spitze, einer sehr großen Musik, Standartenträgerin, hübschen Mulattinen als ›Cabrochas‹, einer Gruppe von Bahianerinnen in Tracht, Luxuskostümen, worauf bekannte Künstler gern am Aufzug teilnehmen und alle ihre Reize nicht verbergen. Die Aufzüge fanden erst im Zentrum der Stadt, in der Avenida Rio Branco, dann in der Avenida Getulio Vargas mit jeweils aufgebauten Tribünen und Dekorationen statt. Nun sind sie mit den festen Bauten des ›Sambodromo‹ in Rio eine riesige Show geworden, die Menschen aus aller Herren Länder als Zuschauer vereint. Dabei ist natürlich viel von der Ursprünglichkeit des Karnevals – das sei nicht verschwiegen – verlorengegangen.

In Recife und Olinda werden bei den Umzügen die hohen maskierten ›Ze Pereira‹-Figuren mitgeführt und im Rhythmus bewegt. Dort ist auch nicht Samba, sondern ›Frevo‹ die bevorzugte Tanzform. Dieser erfordert gutes Training, da seine Schritte oftmals ein Auf und

Nieder mit den Beinen einschließen. Frevo mit seinen bunten Schirmchen hat sich weiter verbreitet, zumindest bis nach Bahia, wo die Massen hinter den in den letzten Jahren üblich gewordenen ›Trios Eletricos‹ durch die Straßen ziehen.

Zahlreiche Bälle in den Sälen von Vereinen, Klubs und Gaststätten haben oft schon eine mehr als tropische Sittenfreiheit erreicht, die sich in den größeren Städten, Bade- und Ferienorten austoben darf. In kleineren Orten, wo es ›provinzieller‹ und konservativer zugeht, bereiten die Bewohner ihre Bälle und besonders die Aufzüge ihrer Escolas de Samba ebenfalls mit großer Hingabe und Anstrengung vor. Sie sind stets ein wichtiges gesellschaftliches Ereignis, das unter dem Zeichen des Samba die Menschen verbindet. Dies ist dann der emotionale Höhepunkt der Volksfeste mit einer nicht mehr auf ethnische oder soziale Gruppen beschränkten Anteilnahme.

Musik – Theater – Film

Brasilien besitzt mehr klassische Musik, als allgemein bekannt ist. Größer ist jedoch der ungeheure Schatz an volkstümlicher und echter Volksmusik. Bei der Mannigfaltigkeit der Elemente, aus denen sich die Bevölkerung zusammensetzt, ist dies auch nicht verwunderlich. Die schon erwähnten Sambakomponisten und vielen Neuerer dieser Musik spielen im öffentlichen Leben eine große Rolle. Radio und Fernsehen sind voll von ihren Darbietungen.

Zuerst sei kurz von der klassischen brasilianischen Musik-Prägung berichtet. Man wußte, daß sich zur Zeit der Barockbauten in Minas Gerais dort auch eine reiche Musikpflege entwickelt hatte. Sie entstand hauptsächlich in Verbindung mit den kirchlichen Festen, der Messe, den Prozessionen und Andachten. Der wahre Umfang, die große Bedeutung und Schönheit der dort entstandenen Kompositionen wurden jedoch erst in neuerer Zeit entdeckt. Der Musikwissenschaftler Curt Lange hat sie in hingebungsvoller mühsamer Arbeit in den oft schon halb zerstörten Archiven seit den dreißiger Jahren aufgespürt und herausgestellt. Es ist vorgekommen, daß Fachleute Kompositionen als von Meistern des süddeutschen und österreichischen Spätbarock stammend ansahen, während sie tatsächlich von den als Organisten und Kapellmeister tätigen Mulatten in Minas Gerais geschaffen wurden. Diese waren mit erstaunlicher Schöpferkraft in Ouro Preto, São João Del Rei, Sabará, Diamantina und anderen Orten am Werk. Die melodische Leichtigkeit ihrer Kompositionen, die sie als zum echten Rokoko gehörig ausweist, überrascht durch den Reichtum an Motiven und ihrer Harmonie, die sie den Werken von Mozart, Haydn oder Pergolesi vergleichbar macht.

José Joaquim Emerico Lobo de Mesquita, Marcos Coelho Neto, Francisco Gomes da Rocha und Ignácio Parreiras Neves sind die Namen einiger der wichtigsten Meister. Ihre Werke sind nicht der portugiesischen Einwanderung zuzuschreiben, sondern stehen heute autochthon neben der Musik der europäischen Meister der zweiten Hälfte des 18. Jahrhunderts. Es ist bekannt, daß nach Minas Gerais importierte Partituren der Kompositionen von Händel, Haydn, Mozart, Purcell und Pergolesi existierten. Die Musiker waren in ihren Vereinigungen gut vorgebildet. 1749 wurde in Ouro Preto die dortige ›Bruderschaft der Heiligen Cäcilia‹ gegründet. Die Berufsmusiker mußten in der Folgezeit diesen Bruderschaften angehören. Trotz der rassischen Schwierigkeiten, die ihrer Anerkennung entgegenstanden, waren es meist Mulatten, auf die man nicht verzichten konnte. Sie besaßen gute Instrumente, wie man sie auf dem Deckengemälde Ataides in São Francisco de Assis in

Ouro Preto abgebildet sehen kann. Die Orgeln in Tiradentes und Mariana beweisen die Qualität noch besser. Die letztere gilt als diejenige, die alle anderen an Klangschönheit und technischer Ausführung übertrifft. Sie wurde in der Werkstatt von Johann Georg und Franz Gaspar, den Söhnen des brühmten Orgelbauers Arp Schnitger in Neuenfeld bei Hamburg gebaut und 1753 mit ihrer schönen Holzverkleidung portugiesischer Herkunft auf der vom Vater Aleijadinhos, Manuel Francisco Lisboa, errichteten Empore eingeweiht.

Man sieht, daß die Musiker in ihrer Abgeschiedenheit doch mit dem Ertrag des Goldes rechnen konnten und sorgfältig geschulte Chöre, Sänger und Instrumentalisten hervorragende Arbeit leisteten. Sie wurden zu allen öffentlichen Veranstaltungen, seien es Hochzeiten oder Todesfälle im fernen Herrscherhaus oder lokale Ereignisse, wie Gouverneursbesuche, ebenfalls aufgerufen. So entstanden neben den kirchlichen Musikschöpfungen profane Hymnen und andere musikalische Werke. In Ouro Preto gab es zu jener Zeit schon zahlreiche Opern- und Theateraufführungen.

Das Erbe der Barockmusik aus Minas Gerais wird heute gepflegt. Die Partituren wurden gesammelt und restauriert; in Mariana ist ein Zentrum dafür eingerichtet. Außerdem gibt es eine Reihe guter Schallplatten, insbesondere von den Werken Lobo de Mesquitas. Nach 1800 ist Pater José Mauricio (1767–1830) der charakteristischste Exponent der Musikpflege im Lande gewesen. Er war als ›Mestre de Capela da Catedral e Sé‹ in Rio de Janeiro tätig und wurde, trotzdem auch er ein Mulatte war, nach der Ankunft des portugiesischen Königshauses als Hofkapellmeister angestellt und schuf über 200 Kompositionen. Später wurde er durch den aus Lissabon berufenen Komponisten Marcos Portugal in den Schatten gerückt, obgleich seine noch auf den spätbarocken Traditionen fußenden Werke sicher künstlerisch wertvoller als die des Konkurrenten am Hof waren. Auch nach der Unabhängigkeitserklärung Brasiliens war der Hof Pflegestätte der Musik, denn der Kaiser Dom Pedro I. liebte Musikveranstaltungen und war auch selbst musikalisch.

In der Zeit der Romantik und des Realismus, einer Epoche neuer Bewunderung europäischer Kunst, hat der aus Campinas stammende Komponist Carlos Gomes (1836–1896) die größte Berühmtheit erreicht. Als in Mailand geschulter Schöpfer mehrerer Opern, die den Einfluß Verdis und seiner italienischen Zeitgenossen widerspiegeln, ist sein originalstes Werk die heute noch mit ihrer viel gespielten Ouverture geschätzte Oper ›O Guarani‹.

Der bedeutendste Exponent neuerer Musik in Brasilien ist Heitor Villa-Lobos (1887–1959), der mit reicher Inspiration auch Elementen der altamerikanischen und bodenständigen Kultur in seinen Werken Ausdruck verliehen hat. Interessant sind seine ›Bachianas Brasileiras‹ genannten Folgen, die erdgebundene Motive und neue Formen verbinden. – Viel jüngere avantgardistische Strömungen, mit Zwölftonmusik und Elektronik haben in Santos, São Paulo und Salvador ihren Sitz.

In der volkstümlichen Musik hat es stilistisch nach dem Samba, der natürlich immer weiter lebt, seit den fünfziger Jahren neue Entwicklungen gegeben. Sie führten mit dem Einbruch der Dissonanzen des ›cool‹ zur ›Bossa Nova‹ und schufen im ›Tropikalismus‹ eine Verbindung von Avantgarde und Motiven der Volksmusik. Als ihre Hauptvertreter sind João Gilberto, Tom Jobim, Chico Buarque de Holanda, Vinicius des Moraes und Nara Leão in der ersten Phase hervorzuheben. Dazu kamen Caetano Veloso, Gilberto Gil, Gal Costa und Maria Bethania mit einem Klang, der in starkem Maße Bahia verpflichtet ist und der mit melodiöser Musik aus Minas stammende Milton Nascimento.

Der weltweite Einbruch von Popmusik und Rock wurde so durch betonte Umformungen zum Brasilianischen und ein zum Teil politisch begründetes Engagement abgedämmt. Der Besucher wird allenthalben nebeneinander das Gemisch weiter beliebter romantischer Publikumserfolge und ernstzunehmender Schöpfungen nicht nur der genannten Komponisten und Interpreten zu hören bekommen. Eine ins einzelne gehende Analyse dieser Tag und Nacht aus den Lautsprechern tönenden Musik, die den meisten Menschen so geläufig ist, daß sie überall mitsingen, bleibt an den persönlichen Geschmack des Zuhörenden gebunden.

Das brasilianische Theater hat wie die Musik seine wesentlichen Ursprungsformen in kirchlichen Schauspielen gehabt. Diese wurden in erster Linie von den Jesuiten bei ihrer Bekehrungsarbeit mit den Indianern geschaffen. Andere Theateraufführungen fanden schon im 18. Jahrhundert nach portugiesischen Quellen und später auch in Minas Gerais von Texten einheimischer Dichter statt. Danach begann durch den Hof eine Zeit ähnlicher Schaustellungen in Rio de Janeiro. Im 19. Jahrhundert forderte die besitzende Klasse ein aufwendigeres Theater in den Städten. Es wurden dafür die noch heute repräsentativen Bauten geschaffen. Sie besaßen und besitzen kein eigenes Ensemble. Die führende Gesellschaft der Kaffeebarone und Gummiexporteure war nur mit Gastspielen ausländischer Theater- und Opernensembles zu befriedigen. Viele berühmte Namen gastierten zu jener Zeit in Brasilien und Argentinien, ohne daß dadurch ein nationales Theater von Bedeutung entstand.

Sehr spät, eigentlich erst nach dem Zweiten Weltkrieg und mit dem ›Teatro Brasileiro da Comedia‹ in São Paulo, hat eine neue und künstlerisch vollgültige Zeit modernen Theaters eingesetzt. Es kamen neue Kräfte aus Europa, die die Stücke von Pirandello, Brecht, Beckett und anderen Autoren zeitgemäß inszenierten. So entwickelte sich bei den schauspielfreudigen Brasilianern ein weitverzweigtes Theaterleben, das mit zum Teil ausgezeichneten Schauspielern jedoch weiterhin fast ausschließlich auf private Theatergruppen aufgebaut ist. Diese mieten oder besitzen nun Theater, in denen sie nationale Themen wie internationale Erfolgsstücke aufführen. Selbst die Stadttheater von São Paulo und Rio de Janeiro haben so in erster Linie während der Saison ein reichhaltiges und wechselndes Theaterprogramm mit privaten Schauspielgesellschaften und bei Opernaufführungen kontraktierten Kräften, die lediglich von den städtischen Orchestern unterstützt werden. Einzelne Akteure großen Namens und viele jüngere Gruppen kann man oft mit Genuß in den kleinen Kammerspieltheatern entfalten sehen.

Zum brasilianischen Film müssen auch einige Worte gesagt werden. Die Produktion hat ebenfalls spät eingesetzt. In den dreißiger Jahren gab es vereinzelte Pioniere, die mit dem Spielfilm ohne große Aufbauten begannen. Nach dem Zweiten Weltkrieg war wesentlich mehr Nachfrage vorhanden. Die Hollywood-Filme waren den wachsenden Ansprüchen nicht allein genügend. Es gab aber noch kaum Möglichkeiten zu einer eigenen Produktion. Gute Direktoren wie Alberto Cavalcanti zogen es daher vor, im Ausland zu arbeiten. Mit der ›Companhia Vera Cruz‹, die eigene Studios und italienische Mitarbeiter bekam, wurden technisch die ersten Voraussetzungen zu qualitätvollerem Film geschaffen. ›Caicara‹ war einer der ersten sehenswerten Streifen. ›O Cangaceiro‹ über die Freibeuter im Trockengebiet des Nordostens fand als wohl einziger Film jener Epoche größeren Anklang, sogar im Ausland. Trotz zahlreicher Filme konnte die ›Vera Cruz‹ sich nicht halten. Avantgardistische Produktionen von Glauber Rocha und anderen neuen Kräften kamen heraus. Unter ihnen war der Film ›Os Cafajestes‹ ein weit beachtetes Musterbeispiel. Viele der Filmschaffenden hatten während der Zeit der Militärregierung erhebliche Schwierigkeiten mit der Zensur. Es wurde die staatliche ›Embrafilme‹ gegründet, die seitdem viele Produktionen unterstützt hat, die in ihrer Mehrzahl jedoch Filme ohne bleibende Wertschätzung sind. Nach der Demokratisierung des Landes kamen einige Titel mit Darstellung der politischen Unterdrückung der Menschen unter den Militärs heraus, die zeitgeschichtlich beachtliche Arbeiten sind.

Die Ausbreitung des Fernsehens mit mehreren Sendeketten auf kommerzieller Basis hat dazu geführt, daß in den letzten 15 Jahren zahlreiche Lichtspieltheater geschlossen haben. Nur in den Hauptstädten und mit internationalem Angebot ist ein interessiertes Kino-Publikum vorhanden. Neben der Sendung von Filmen hauptsächlich amerikanischer Herkunft haben die ›TV-Novelas‹ ein sehr großes Publikum und ziehen Millionen von Menschen in ihren Bann. Unter diesen ausgedehnten Serien sind gelegentlich auch solche, die Werke brasilianischer Schriftsteller, insbesondere von Jorge Amado, für das Fernsehen verfilmt haben. Der Besucher kann sich oft kaum der Berieselung mit diesen Massenmedien entziehen. Sie haben selten künstlerischen Wert oder wirklich informative Qualität wie die hervorragende Serie ›Xingu‹ von einem der kommerziellen Fernsehsender. Diese berichtet über das gerade noch ganz von außenseitigen Einflüssen unveränderte Leben der Indianer und ihren Riten und Festen an dem gleichnamigen Fluß. Wer sich speziell für diesen Bereich interessiert, kann in den Filmklubs und mehr noch im Video-Verleih lohnende Bänder rein brasilianischer Thematik aus Fiktion und Dokumentation finden. (Zum Thema ›Literatur und Film‹ siehe auch den Beitrag von Ray-Güde Mertin.)

Reiserouten

1. Rio de Janeiro

Die prächtige Landschaft mit den Felskegeln, der üppigen Vegetation, den damals noch jungfräulichen Stränden und der geschützten Bucht lockte die europäischen Seefahrer an. Die erste portugiesische Expedition unter André Gonçalves fuhr am 1. Januar 1502 in die Guanabarabucht ein, sie hielten sie noch für eine Flußmündung und gaben dem Ort daher mit Bezug auf den Tag ihrer Ankunft den Namen ›Rio de Janeiro‹ (= Januarfluß). Im Jahre darauf kamen Gonçalo Coelho und Amerigo Vespucci mit ihren Schiffen durch. Gonçalo Coelho soll in der Flamengobucht ein befestigtes Haus und große Schuppen für die Reparatur der Schiffe angelegt haben. Die Tamoioindianer, die die Gegend bewohnten, nannten die Leute dort ›Carioca‹, von cari = weiß und oca = Haus, ein Name, der den Bewohnern von Rio bis heute verblieb. Außer den Portugiesen hatten sich bald darauf auch Franzosen, zum großen Teil Hugenotten unter dem Vizeadmiral Nicolas Durand de Villegagnon in der Bucht festgesetzt. Unter Mem de Sá, dem dritten portugiesischen Gouverneur (1557–1570), spielten sich in der Mitte des Jahrhunderts langwierige Kämpfe mit Korsaren und Franzosen ab, die durch den Tauschhandel ein besseres Verhältnis zu den Indianern hatten. Schließlich hatte sich die portugiesische Kolonie im heutigen zentralen Stadtgebiet fest etabliert. Sie entwickelte sich zwischen drei Hügeln, dem ›Morro do Castelo‹, dem ›Morro de São Bento‹ und dem ›Morro de São Antonio‹. Rio de Janeiro wurde wie Salvador und Santos einer der Schwerpunkte der Kolonisation.

Heute sieht der Besucher der Stadt zuerst wenig von ihrer Geschichte. Er muß erst im Hochhäuserdschungel nach den Resten des anfänglichen Rio de Janeiro ausschauen. Die Bauten des ausgehenden 18. Jahrhunderts im Zentrum stehen, nachdem hier 1763 die Hauptstadt des Vizekönigtums eingerichtet wurde, bereits eher im Blickfeld. Im 19. Jahrhundert kamen die öffentlichen Bauten der Kaiserzeit hinzu. Der Strom der Besucher, der sich Tag und Nacht zu den an den Stränden von Copacabana, Ipanema und Leblon liegenden neuen Stadtteilen ergießt, läßt meist die Stadt selbst wenig beachtet hinter sich. Trotzdem ist Rio de Janeiro, auch nach sinnloser Zerstörung mancher altehrwürdigen Bauten noch reich an künstlerisch wertvollen Stätten der Barockzeit, des Klassizismus und Historismus.

Von der Einfahrt der Bucht, deren Panorama von See als ein besonderes Schauspiel

Rio de Janeiro 1 Igreja e Convento de Santa Tereza 2 Igreja e Museu N.S. da Glória do Outeiro 3 Igreja N.S. da Penha 4 Ilha Fiscal 5 Museu Ruy Barbosa 6 Museu do Primeiro Reinade/Casa da Marquesa dos Santos 7 Museu do Teatro 8 Palácio do Catete/Museu da República/Museu do Folclore 9 Quinta da Boa Vista/Museu Nacional/Museu da Fauna 10 Museu de Açude 11 Casa Montigny 12 Museu do Indio 13 Santa Casa de Misericórdia/Universität ▷

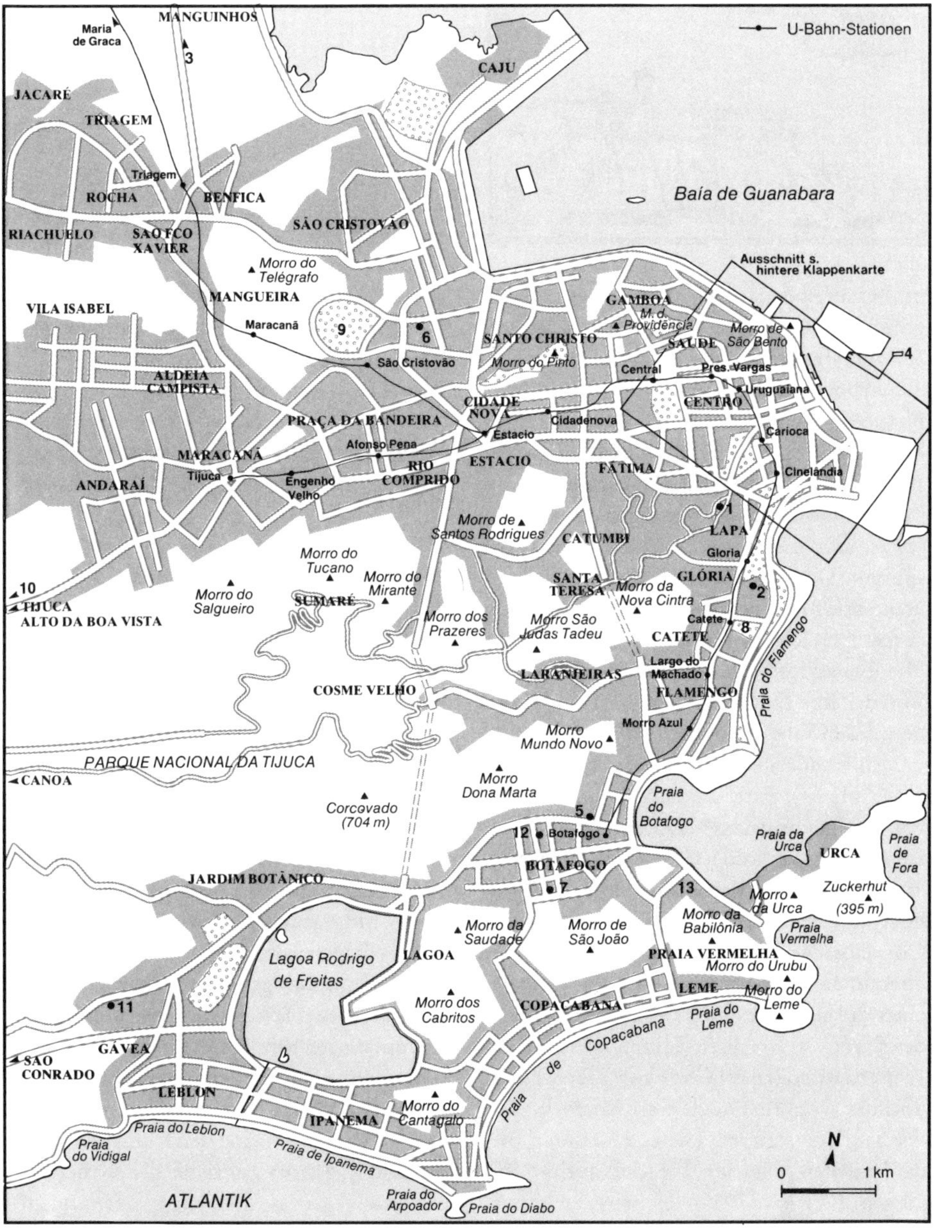

U-Bahn-Stationen
Baía de Guanabara
Ausschnitt s. hintere Klappenkarte
MANGUINHOS
Maria de Graca
CAJU
JACARÉ
TRIAGEM
Triagem
ROCHA
BENFICA
RIACHUELO
SAO FCO XAVIER
SÃO CRISTOVÃO
Morro do Telégrafo
VILA ISABEL
MANGUEIRA
Maracanã
GAMBOA
M. d. Providência
SANTO CHRISTO
SAUDE
Morro de São Bento
Morro do Pinto
São Cristovão
ALDEIA CAMPISTA
Central
Pres. Vargas
Uruguaiana
CENTRO
CIDADE NOVA
Cidadenova
PRAÇA DA BANDEIRA
Estacio
Carioca
Afonso Pena
MARACANÃ
RIO COMPRIDO
ESTACIO
FÁTIMA
Cinelândia
Tijuca
Engenho Velho
ANDARAÍ
Morro de Santos Rodrigues
LAPA
CATUMBI
Gloria
Morro do Tucano
Morro do Mirante
SANTA TERESA
Morro da Nova Cintra
GLÓRIA
10
TIJUCA
ALTO DA BOA VISTA
Morro do Salgueiro
SUMARÉ
Morro dos Prazeres
Morro São Judas Tadeu
Catete
CATETE
Largo do Machado
LARANJEIRAS
COSME VELHO
FLAMENGO
Praia do Flamengo
Morro Azul
Morro Mundo Novo
PARQUE NACIONAL DA TIJUCA
CANOA
Morro Dona Marta
Corcovado (704 m)
Praia do Botafogo
Botafogo
BOTAFOGO
Praia da Urca
URCA
Praia de Fora
Zuckerhut (395 m)
Morro da Urca
JARDIM BOTÂNICO
Morro da Babilônia
Morro da Saudade
Morro de São João
Praia Vermelha
PRAIA VERMELHA
Morro do Urubu
Lagoa Rodrigo de Freitas
LAGOA
LEME
Morro do Leme
Morro dos Cabritos
COPACABANA
Praia do Leme
Praia de Copacabana
GÁVEA
SAO CONRADO
LEBLON
Morro do Cantagalo
IPANEMA
Praia do Leblon
Praia do Vidigal
Praia de Ipanema
Praia do Arpoador
Praia do Diabo
ATLANTIK
N
0
1 km
1
2
3
4
5
6
7
8
9
11
12
13

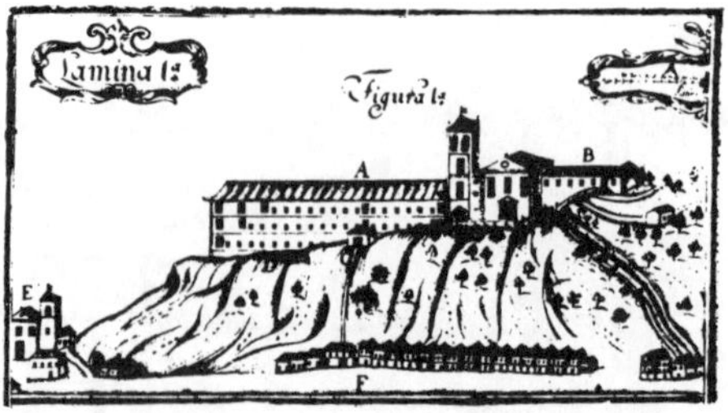

Kirche und Kloster der Jesuiten auf dem Morro do Castelo, 1728

oft beschrieben wurde, sah man vom Stadtgebiet selbst zuerst den ›Morro do Castelo‹, auf dem das Jesuitenkolleg stand. Er wurde zugunsten neuer Bauten, besonders des Flughafens Santos Dumont, abgetragen. Heute ist der *Morro de São Bento* an der rückwärtigen Ecke dieses Gebiets und vom Hafen umgeben, die wichtigste Stätte, um etwas von diesem alten Schöpfergeist zu spüren. Das Benediktinerkloster ist auch heute noch eine vornehme und in ihrem inneren Bereich ungestörte Insel religiöser Hingebung und Pflege kultureller Werte. Von der Rua Dom Gerardo führt eine Rampe auf den Vorplatz des Klosters mit der im 17. Jahrhundert errichteten Fassade der Kirche (Abb. 14), durch deren Vorhalle man ins Kircheninnere gelangt. Die reichen Schnitzereien der vergoldeten Bögen, Wandverkleidungen und Altäre mit den Jacarandáholz-Balustraden von Frei Domingos da Conceição und seinen Gehilfen ab 1669 bis über die Jahrhundertwende ausgeführt, sind eines der bedeutendsten Gesamtkunstwerke des Barock in Brasilien. Hinzu kommen die großen Malereien im Chor von Frei Ricardo do Pilar, von dem noch ein Christusbild in der Sakristei stammt. Die bedeutenden Bilder wurden bei der Neudekoration des Chores 1778 bis 1793 in leichten geschwungenen Rahmungen beibehalten. Auch die Figuren auf dem Hauptaltar, Nossa Senhora do Monteserrate, São Bento und Santa Escolástica, 1677/78 von Frei Domingos da Conceiçaõ geschaffen, wurden in den spätbarocken Altaraufbau übernommen. Zuletzt wurde die *Capela do Santissimo Sacramento* auf der linken Seite vor dem Chor ab 1795 in überschwenglichem Rokoko neu ausgestattet.

Die nächstbedeutende Anlage ist das Franziskanerkloster ›Convento de S. Antonio‹ auf den Resten des ›Morro de São Antonio‹ am Largo da Carioca, zu dem die *Igreja da Ordem Terceira de São Francisco* daneben gehört. Die Kirche in einfacher Grundform mit einem Schiff aus dem 17. Jahrhundert ist nur im Chor mit reicher Schnitzerei verziert. Der dem Hl. Antonius geweihte Hochaltar und zwei Nebenaltäre wurden 1716 bis 1719 von Frei Lucas de São Francisco geschaffen. Die gewölbte Decke des Schiffs wurde später angehoben, was eine wenig harmonische Dekoration über dem Triumphbogen zur Folge hatte. Auf der rechten Seite des sonst ziemlich schmucklosen Schiffes ist mit einem reichem Gitter die ursprüngliche Kapelle des Laienordens mit prächtigem Altar abgetrennt. Sehr prächtig und eine der schönsten in Rio de Janeiro ist die Sakristei der Ordenskirche. Außerdem ist die dem Kloster zugehörige hübsche Hauskapelle mit Rokokoaltar zu erwähnen.

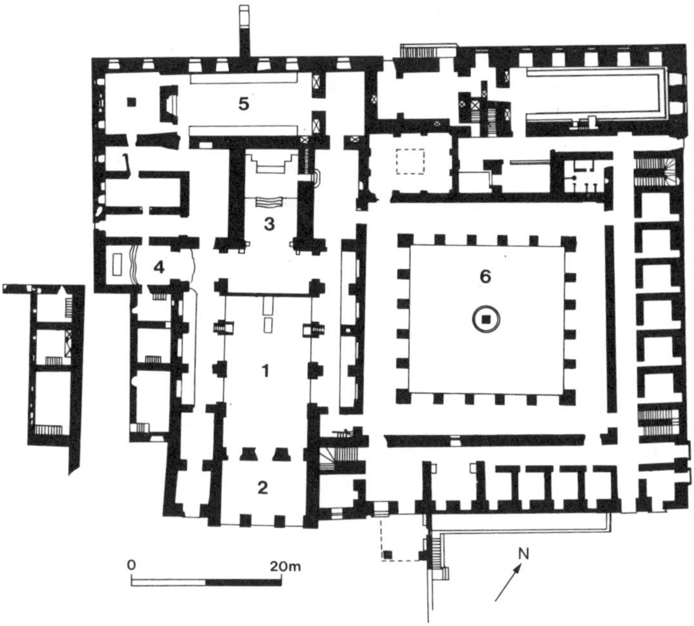

Mosteiro de São Bento
1 Schiff
2 Vorhalle, darüber Musikempore
3 Hauptaltar
4 Kapelle des Santissimo
5 Sakristei
6 Kreuzgang

Am erhöhten Vorplatz liegt rechts an die Klosterkirche angelehnt die bedeutende *Igreja da Ordem Terceira de São Francisco da Penitência.* Im Innern ist sie ganz mit vergoldeten Täfelungen und Schnitzereien überzogen, die ab 1732 ausgeführt das Hauptwerk des portugiesischen Meisters Manuel de Brito und seines Nachfolgers Francisco Xavier de Brito darstellen. Der Stil dieser reichen Schmuckformen ist von Francisco Xavier später nach Minas Gerais gebracht worden (s. o. S. 116). Von Manuel de Brito stammt insbesondere der reiche Hochaltar mit der dramatischen Darstellung der Stigmatisation des Hl. Franziskus. Die Decke besitzt eine der schönsten Architekturmalereien in Rio de Janeiro, sie wurde von Caetano da Costa Coelho zwischen 1737 und 1740 geschaffen. Von ihm stammen auch die Bilder in der oberen Zone der Wandtäfelungen. Diese Kirche ist das hervorragendste Beispiel des voll entwickelten Barock des zweiten Viertels des 18. Jahrhunderts in Rio de Janeiro in ihrem vollen Formenreichtum. Mit der Kirche verbunden sind eine Sakristei und die Räume der Bruderschaft mit einer weiteren Kapelle mit geschmücktem Altar der Nossa Senhora da Conceição; es ist dies alles fast ein Museum kirchlicher Kunst, einschließlich der stilvollen Möbel. Der Besuch ist zwar nur nach vorheriger Anmeldung möglich, sollte aber auf jeden Fall versucht werden.

Die dritte künstlerisch bedeutende Kirche Rio de Janeiros ist die an der Praia do Flemengo weithin sichtbare kleinere *Igreja de Nossa Senhora da Gloria do Outeiro* (Abb. 5). Ihre hervorgehobene Lage auf dem Vorsprung des hinter ihr ansteigenden Hügels ließ sie im vergangenen Jahrhundert zum

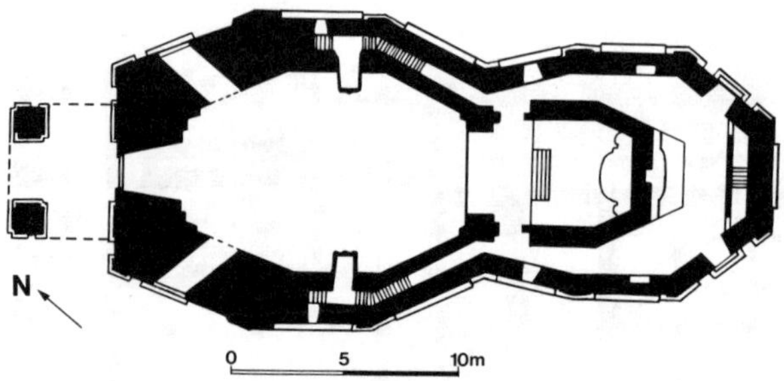

Igreja de Nossa Senhora da Gloria do Outeiro

Motiv vieler Maler werden. Architektonisch bemerkenswert ist ihr Grundriß, der aus zwei hintereinanderliegenden Achtecken (Schiff und Chor) bestehend, der Kirche einen bewegten Umriß gibt. Zu dieser Raumweitung und ihrer Verbindung mit portugiesischen Bauten (s. o. S. 93); sie war für die Zeit des Baubeginns der Kirche – 1714 – eine große Neuerung. Interessant sind die Formen der Einwölbungen, am Außenbau die aufgesetzten Kandelaber und innen die schönen portugiesischen Azulejobilder (1735–45). Die Schnitzereien der Altäre wurden später, nahe dem Übergang zu klassizistischen Formen ausgeführt. Es lohnt sich, die Treppen zu diesem Kleinod mit seinem Vorplatz hinaufzusteigen. Von hier aus genießt man den Blick auf das Zentrum der Stadt und die Bucht. Die Bruderschaft hat im Gebäude hinter der Kirche ein kleines Museum, das viele Stiftungen von liturgischen Geräten, insbesondere Silber enthält.

Eine beträchtliche Zahl von Kirchen im alten Stadtgebiet stammt aus dem 18. Jahrhundert. Die meisten von ihnen sind durch Veränderungen im 19. Jahrhundert in ihrer stilistischen Einheit beeinträchtigt. Sie enthalten jedoch in ihrer Mehrzahl manche interessante Kunstwerke.

Nossa Senhora de Bonsucesso, am Largo da Misericordia, Ecke Rua Santa Luzia, war als älteste Kirche von Rio de Janeiro im 17. Jahrhundert Kapelle der Santa Casa de Misericordia. Sie wurde 1780 grundlegend renoviert und mit Rokokoaltären ausgestattet; in einem steht noch eine portugiesische Madonna von 1637. In ihrem Schiff befinden sich drei sehr wichtige Altäre und die Kanzel aus der abgebrochenen Kirche S. Ignacio der Jesuiten, die in ihren Renaissanceformen als die wertvollsten Denkmäler dieser Art aus dem ausgehenden 16. und Beginn des 17. Jahrhunderts angesehen werden. Sie stehen am Anfang der Entwicklung der Retabulos (s. o. S. 105). Im weiten Raum der Sakristei hängen große Bilder der kolonialen Malerschule von Rio de Janeiro.

Ein umfangreicher Komplex sind *Kirche und Kloster der Karmeliter*, einschließlich der Kirche des Laienordens (Abb. 6). Sie liegen am rückwärtigen Teil des alten Hauptplatzes, heute Praça XV de Novembro, mit dem Paço Imperial und dem Brunnen des Mestre Valentim. Hier war früher der Landeplatz der Schiffe und hier wurden auch alle hohen Besucher empfangen. Die Kirche des Klosters wurde 1761 begonnen und 1808, als die Karmeliter den Konvent für Verwaltungsorgane des königlichen Ho-

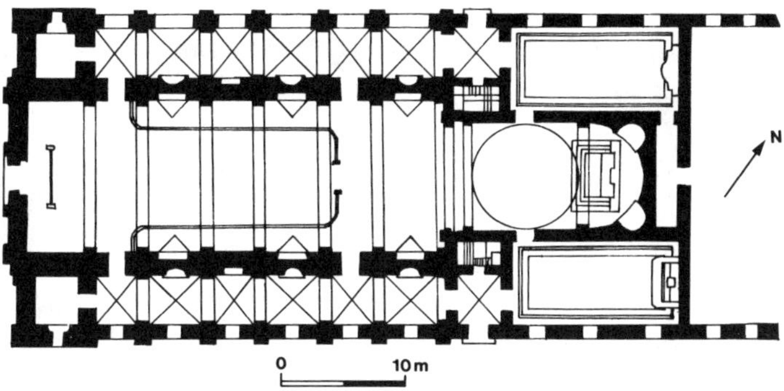

Karmeliterkirche

fes zur Verfügung stellten, als ›Capela Real‹ eingerichtet. Von 1889 bis in die jüngste Zeit war sie dann Kathedrale. Sie hat viele spätere Veränderungen erfahren, die nicht unbedingt positiv für die bauliche Harmonie gewesen sind. Die *Kirche des karmelitischen Laienordens* (Ordem Terceira do Carmo) in der Rua 1° de Marco, ist nur durch einen engen Gang von der ehemaligen Ordenskirche getrennt. 1755 bis 1770 errichtet, besticht sie durch ihre harmonisch geschwungene Fassade. Sie besitzt elegante Portale und im Innern Vertäfelungen sowie einen noch im 18. Jahrhundert ausgeführten Hochaltar mit silbernem Antependium. Alles an diesem Bau ist mit Mestre Valentim in Verbindung gebracht worden, obgleich manches erst später fertig wurde. Sicher ist von ihm die Ausstattung der seitlichen Kapelle des Noviziats mit dem Rokokoaltar (1772/73) und der späteren weißgoldenen Vertäfelung. Im Oberstock bewahrt ein Museum viele Stücke aus dem alten Konvent der Karmeliter auf.

In der seitlichen Nebenstraße zur Rua do Carmo befindet sich ein hübsches *Oratorium* mit Azulejos und einer Figur der Nossa Senhora do Cabo da Boa Esperanca. Schräg gegenüber liegt die Kirche *Santa Cruz dos Militares,* die zwar noch im 18. Jahrhundert begonnen wurde, aber in ihren Formen, besonders der Granitteile, wie die

São Francisco de Paula

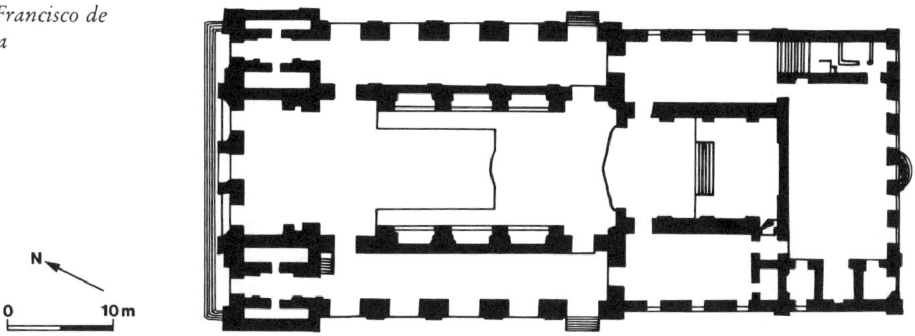

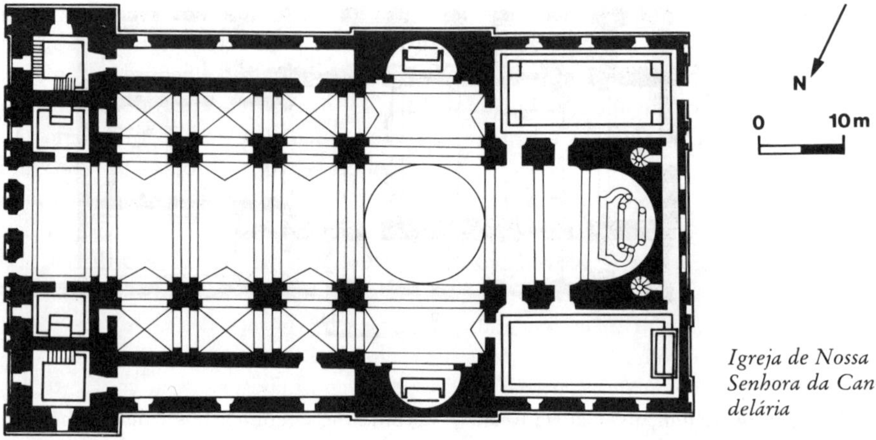

Igreja de Nossa Senhora da Candelária

Kirche ›São José‹ auf der anderen Seite des ›Paço Imperial‹ bereits den Charakter des 19. Jahrhunderts erhielt. Manche Kirchen der gleichen Zeit, wie Santa Luzia, in der gleichnamigen Straße, *Nossa Senhora do Carmo da Lapa,* am Largo da Lapa, oder *São Francisco de Paula,* am Largo São Francisco, wenn auch im 19. Jahrhundert erbaut, bewahren in ihrer Struktur Erinnerungen an die einfachen spätbarocken Bautraditionen.

Das eklektische 19. Jahrhundert ist am monumentalsten mit der volkstümlichen *Igreja de Nossa Senhora da Candelária* vertreten (Abb. 4). Sie wurde zwar schon im 18. Jahrhundert nach einem Gelübde für wunderbare Rettung aus Seenot geplant, aber als ein so großer und heute die Avenida Getulio Vargas abschließender Bau erst viel später errichtet. Eine Wallfahrtskirche, die im nördlichen Vorort Penha auf einem Felsen erbaute *Nossa Senhora da Penha da França* sei hier als folkloristischer Anziehungspunkt aufgeführt. Sie ist erst 1871 errichtet worden, zeigt jedoch altertümliche Umrißformen. Man muß dort 365 Stufen erklimmen. In der Sakristei befindet sich ein altes Kultbild, und an den Sonntagen im Oktober findet dort ein vielbesuchtes Fest mit portugiesischen Traditionen statt.

Der moderne Kirchenbau ist in Rio de Janeiro nicht sehr repräsentativ vertreten. Die *neue Kathedrale,* von 1964 bis 1976 im sanierten Viertel der Lapa, hinter dem Morro de Santo Antonio errichtet, ist ein ebenso ungefügter Klotz wie die sie umgebenden riesigen Bürogebäude. Man kann nur den Innenraum würdigen (Abb. 7).

Rio de Janeiro ist mehr als die anderen brasilianischen Städte mit seiner Zivilbaukunst hervorgetreten, da sie als Hauptstadt seit dem 18. Jahrhundert eine umfassende Bebauung erfuhr und in unserem Jahrhundert durchgehende Achsen wie die Avenida Rio Branco, Avenida Getúlio Vargas sowie Ausfallstraßen wie Avenida Brasil und Strandpromenaden erhielt.

Einzigartig ist der *Aqueducto da Carioca,* der an römische Aquädukte erinnert. Er wurde schon im 17. Jahrhundert begonnen, um genügend Wasser von den Tijuca-Bergen über die Talsenke der Lapa zu den wichtigen öffentlichen Brunnen der Stadt zu leiten; über lange Zeit hat diese Leitung die Wasserversorgung und öffentliche Hygiene im alten Rio de Janeiro aufrecht erhalten (Abb. 7).

Von den repräsentativen Palästen der Hauptstadt des 18. Jahrhunderts ist der *Paço Imperial* an der Praça XV de Novembro nach umfassender Restaurierung das unbedingt schönste Beispiel. Ab 1730 im Bau und 1743 eingeweiht, war er anfangs Sitz der Vizekönige, dann Stadtpalast des Kaiserhauses, in der Republik Zentralpostamt und ist nun ein Kulturzentrum für Ausstellungen. Nach der Entfernung späterer Aufbauten ist er, wieder in ursprünglicher Form, das beste Beispiel eines portugiesisch-brasilianischen Palastbaues des Spätbarock. Das Innere hat seine Ausstattung verloren, Innenhöfe, Haupttreppe und Wände geben aber noch gute Hinweise auf seine originale Anlage und Raumabfolge.

Einfacher, aber ebenfalls gut restauriert ist der alte Bischofspalast *Palácio da Conceição* aus dem 17. und 18. Jahrhundert. Der ausgewogene zweistöckige Bau mit Innenhof dient heute als Sitz einer Heeresdienststelle. Andere repräsentative Wohnbauten des 18. Jahrhunderts sind auf Landgütern in der weiteren Umgebung von Rio de Janeiro erhalten.

Umfangreichere Bautätigkeit setzte in der Stadt nach der Ankunft des portugiesischen Königshauses ein. Mit ihr erhielt Rio de Janeiro die besten Beispiele klassizistischer Baukunst und der Phase des eklektisch-akademischen Fassadenstils in Brasilien.

Die rein klassizistischen Bauten, die es anzuschauen lohnt, gehen in der Hauptsache auf den mit der französischen Mission angekommenen Grandjean de Montigny zurück. Sein ganz in französischen Formen der Zeit geformter Zollbehörde *Alfandega* (Abb. 13) in der Rua Visconde de Itaboraí, 1817 auf Befehl von Dom João VI. errichtet, ist Teil eines großen Projekts, einer ›Praça de Comercio‹ deren Entwürfe erhalten sind. Der Bau nimmt nun nach Restaurierung ein brasilianisch-französisches Kulturzentrum auf. Von Montignys *Academia de Belas Artes* ist nach Abbruch des Gebäudes an der Avenida Rio Branco der Mittelteil der Fassade in den Botanischen Garten übertragen worden (s. o. S. 128). Besonderen Reiz besitzt das Haus, das sich Montigny in dem tropischen Garten in Gávea, an der Rua Marques de São Vicente, jetzt auf dem Gelände der Katholischen Universität, erbaute. Es ist unbedingt besuchenswert, da es einen guten Eindruck von den Landhäusern jener Zeit vermittelt.

Zahlreiche Bauten der Folgezeit, die noch den Geist des Klassizismus widerspiegeln, wurden großenteils von Schülern Montignys errichtet (Abb. 1). In der Stadt ist die lange Front der *Santa Casa de Misericordia* in der Rua Santa Luzia (1840–1852) mit einem breiten Säulenvorbau im Mittelteil erwähnenswert. Für das alte Stadtbild waren auch die Bauten nahe der Urca und Praia Vermelha an der Avenida Pasteur wichtig. Dort liegt auch das ehemalige *Hospicio Pedro II.*, heute das Rektorat der Universität, nach dem Plan José Domingos Monteiros 1838 und mit hoher zweistöckiger Fassade des Montignyschülers José Maria Jacinto Rebelo errichtet. Es bildet mit dem danebenliegenden Blindeninstitut und weiteren Gebäuden eine ansehnliche Gruppe. Das frühere *Außenministerium Palacio do Itamarati,* heute Museum in der Avenida Ma-

Taufe Pedros II. 1831 in der Karmeliterkirche in Rio de Janeiro

rechal Floriano, ursprünglich Wohnsitz (erbaut 1851–55) eines geadelten Geschäftsmannes, Barão do Itamarati, und 1851 durch Jacinto Rebelo renoviert, 1889 von der Regierung angekauft, ist mit seiner noblen Straßenfront und dem palmenbestandenen Innenhof eine wohlausgewogene Architektur und wegen der darin enthaltenen Sammlungen (die Kultur Rios in der Kaiserzeit mit dem Luxus französischer Bilder, Möbel, Kronleuchter und Seidentapeten) ein empfehlenswerter Besuch. Ähnlich ist das *Solar da Marquesa de Santos,* das Dom Pedro I. schon vorher, 1824 bis 1827 für seine Geliebte durch Pedro José Pezérat errichten ließ. Im Stadtteil São Cristóvão, in der Avenida Dom Pedro II. gelegen, ist darin gleichfalls ein Museum der ersten Kaiserzeit eingerichtet.

Im gleichen Bezirk liegt der Palast, in dem die kaiserliche Familie meist gewohnt hat, die *Quinta Real da Boa Vista.* Es war ein Landhaus, das sein Besitzer Elias Antonio Lopes schon 1809 dem Prinzregenten zur Verfügung gestellt hatte und das im Laufe der Zeit mehrfach erweitert wurde. 1831 kamen die seitlichen Flügel von Pezérat hinzu, 1841–43 wurde der zentrale Teil zum Palast ausgebaut. Die Gartenanlagen wurden in der zweiten Hälfte des 19. Jahrhunderts in einen englischen Park umgewandelt. Im Palast ist nun das naturwissenschaftliche und anthropologische Nationalmuseum mit sehr reichen Sammlungen untergebracht, die zum Teil noch auf die Expeditionen der in der Kaiserzeit in Brasilien reisenden Naturwissenschaftler zurückgehen. Im Park finden öfters kulturelle Veranstaltungen (Konzerte, Tanzdarbietungen u. a.) statt.

Die Bauten der zweiten Hälfte des 19. Jahrhunderts, in Rio de Janeiro recht zahlreich vertreten, sind Beispiele der zu jener Zeit üblichen Stilmischungen. Was davon nicht ohne Reiz ist, sei an dieser Stelle erwähnt. Der *Palácio do Catete* in der Rua do Catete, heute ›Museu da República‹, von der Regierung 1896 erworben, war bis 1960 Sitz des Präsidenten der Republik. 1858–67 vom deutschen Baumeister Gustav Wähneldt als Privathaus erbaut, erinnern die übernommenen Renaissanceformen und die Bronzeadler auf dem Dachgesims ebenso wie die luxuriösen Innendekorationen an die Zeit Ludwigs II. in München. Dadurch, daß sich 1954 Getulio Vargas darin das Leben nahm, ist der Palast eng mit der brasilianischen Geschichte verbunden. In der Rua do Catete sind noch manche reizvolle Häuser aus der Mitte des 19. Jahrhunderts erhalten. Etwas weiter, in Botafogo, steht das *Haus des Staatsmannes Rui Barbosa,* 1846 erbaut und 1893 bis 1923 von ihm bewohnt – ein typisches Beispiel der besseren Architektur jener Zeit.

Das Wachstum Rio de Janeiros und die schon erwähnten Straßendurchbrüche schufen Raum für weitere repräsentative Bauten wie das nach Pariser Muster erbaute *Teatro Municipal*, die *Nationalbibliothek* und die *Akademie* mit dem ›Museu National de Belas Artes‹ an der Avenida Rio Branco. Sie unterscheiden sich in nichts von den in vielen Ländern und Städten errichteten akademischen Architekturen. Ein lustiges Beispiel von Stilnachahmung ist noch der *neugotische Pavillon* auf der ›Ilha Fiscal‹ am Hafen, in dem der letzte Ball des Kaiserreiches stattgefunden hat.

Danach dauerte es lange, bis die wichtigen Bauten der modernen Architektur geschaffen wurden, die schon im kunstgeschichtlichen Teil (s. o. S. 165ff.), beschrieben wurden. Hier seien sie deshalb nur noch kurz aufgezählt. Das Gebäude des *Ministerio da Educação e Saude* ist ohne Zweifel überragend und epochemachend. Der schon etwas früher erbaute Sitz des Presseverbandes ›ABI‹, die Station für Wasserflugzeuge und der Flughafen Santos Dumont liegen alle im Bereich der sogenannten ›Esplanada do Castelo‹ und wurden zwischen 1936 und 1940 von den bahnbrechenden neuen Architekten erbaut. Nach 1950 kamen baukünstlerisch sehr bemerkenswert das *Museu de Arte*

Die Ilha Fiscal um 1865

Moderna von Reidy und die Gartenanlagen von Burle Marx auf dem verbreiterten Uferstreifen der Praia do Flamengo hinzu. 1964 wurde die 15500 m lange *Brücke Rio-Niterói* mit ihrer 60 m hohen Durchfahrt konstruiert. Das Zentrum der Stadt wie die schmalen Bereiche von Copacabana, Ipanema-Leblon nun auch schon São Conrado und der Barra da Tijuca sind seitdem mit immer höheren Gebäuden bestückt worden. Dies erforderte weitere Ingenieurbauten, speziell Tunnel durch die die südlichen Stadtviertel trennenden Berge, um den Verkehr in der Stadt noch einigermaßen flüssig zu halten. Diese Aspekte städtischer Probleme jedoch sollen nicht weiter erörtert werden, denn der Besucher fühlt sie rasch am eigenen Leibe.

Von den zahlreichen Museen Rio de Janeiros wurden manche schon in Verbindung mit den Bauten, in denen sie untergebracht sind, aufgezählt. Zu denen, die wegen ihrer Exponate einen wichtigen Platz einnehmen, seien die nachfolgenden kurz beschrieben.

Das *Museu Nacional de Belas Artes* an der Avenida Rio Branco, hatte seinen Ursprung schon in der Verbindung mit der Gründung der Kunstakademien am Anfang des 19. Jahrhunderts. Den Grundstock bilden die Gemälde, die Dom João VI. auf seiner Flucht aus Lissabon mitbrachte, und jene Kunstwerke, die in Verbindung mit der ›Missao Francesa‹ hinzukamen. Es ist ein Konglomerat europäischer Malerei des 17. und 18. Jahrhunderts, wobei unter anderem die Malerei von Frans Post, der zur Zeit der Holländer in Pernambuco brasilianische Landschaftsmotive zeichnete, Interesse verdient. Die zweite große Gruppe der Sammlung bilden Werke der brasilianischen Künstler des 19. Jahrhunderts, die von der Romantik über den Realismus und die akademische Malerei reichen und hier besonders gut studiert werden können. Die dritte bedeutende Gruppe, die ständig weiter ergänzt wird, sind Bilder und Plastiken moderner und zeitgenössischer Künstler Brasiliens. Alle bedeutenden Künstler unseres Jahrhunderts wie Tarsila do Amaral, Di Cavalcanti, Portinari und neuere Richtungen sind vertreten.

Das mit neukolonialen Stilelementen erbaute *Museu Histórico Nacional* an der Praça Marechal Ancora, im ehemaligen Arsenal ›Casa do Trem‹, besitzt eine reiche Sammlung von Möbeln und Kunstgewerbe, alte Ansichten und Porträts, die die verschiedenen Perioden der Geschichte und Kunst im Lande gut illustrieren; im Hof erinnern teilweise sehr alte Kanonen an die ursprüngliche Bestimmung des Baues.

Das historische Museum wird ergänzt durch die schon erwähnten Sammlungen im *Museu do Primeiro Reinado* in der Casa da Marquesa de Santos, dem *Museu Histórico e Diplomático* im Palácio do Itamaraty und dem *Museu da Irmandade de Nossa Senhora da Gloria do Outeiro.* Überall sind Ansichten des alten Rio de Janeiro zu sehen.

Dies ist in besonderem Maße noch in einem etwas abgelegenem, aber überaus reizvollem Museum der Fall, dem *Museu do Açude* der Stiftung ›Fundação Raymundo de Castro Maya‹ in Alto da Boa Vista, im Wald der Tijuca an der Estrada do Açude in bezaubernder Umgebung. Das ehemalige Wohnhaus des Stifters, auf einer weiten Terrasse im Wald gelegen, enthält wichtige alte Ansichten von Rio de Janeiro, Figuren, Möbel, Porzellan und vor allem erlesene portugiesische Azulejobilder und Friese des 18. und 19. Jahrhunderts. Der Stiftung gehört außerdem eine große Sammlung von Aquarellen und Graphiken von Jean Baptiste Debret und Johann Moritz Rugendas, die aus klimatischen Gründen in dem anderen Museum der Stiftung, der *Chacara do Ceu* in der Rua Martinho Nobre im Stadtteil Santa Teresa aufbewahrt werden. Dieses Museum, nahe der Stadt, ist zugleich eine Sammlung vor allem moderner Kunst. Sie vereint Meister des ausgehenden 19. und des 20. Jahrhunderts wie Monet, Matisse, Vlaminck, Modigliani, Picasso und Dali mit moderner brasilianischer Malerei wie Portinari und Mabe. Sie ersetzt damit in gewissem Maße das, was im ›Museu de Arte Moderna‹ seit dem Brand von 1978 fehlt. Die beiden Sammlungen der Stiftung Castro Maya sind ebenfalls eine Besichtigung wert.

Ein Hinweis auf das Volkskunstmuseum *Museu de Folclore Edison Carneiro,* in der Rua do Catete, und das *Museu do Indio,* in der Rua das Palmeiras im Stadtteil Botafogo, beide mit reichen Beständen aus dem mannigfaltigen Sammelgebiet ihres Bereichs ergänzt die Serie der wichtigen Museumsschätze von Rio de Janeiro.

Lebendige Folklore kann man sonntags auf der ›Feira do Nordeste‹ neben dem Ausstellungspalast von São Cristóvão und Antiquitäten aller Art samstags auf dem Gelände der alten Markthalle nahe der Praça XV de Novembro finden. Dies leitet zu den mehr touristischen Genüssen von Rio de Janeiro über. Die Seilbahn auf den Zuckerhut, den *Pão de Açucar,* die Fahrten hinauf zur Christusfigur auf dem Corcovado und in die Waldgebiete der *Floresta da Tijuca* benötigen keine besondere Anpreisung. Noch weniger die Strände von Copacabana, Ipanema-Leblon, oder gar São Conrado und an der Barra da Tijuca hinaus, die den Besucher in engen Kontakt mit den Cariocas, ihren Reizen und Gefahren bringt. Dort entfaltet Rio de Janeiro seine Genüsse ganz selbstverständlich.

2. Die Umgebung von Rio de Janeiro

Niterói ist der erste Ort, der in der Umgebung von Rio zum Besuch einlädt. Auf der anderen Seite der Bucht, die man schnell über die große Brücke (gebührenpflichtig), genußreicher aber mit den ›Barcas‹ von der Praca XV de Novembro aus erreicht (Abb. 3). Die Stadt breitet sich zwischen Hügeln und Stränden aus und wächst landeinwärts mit ausgedehnten Vorstadtsiedlungen, die die Landschaft leider immer weiter zurückdrängen. Als Rio de Janeiro Bezirk der Bundesregierung war, ist Niterói die Hauptstadt des Staates Rio gewesen. Sie wurde 1573 als São Lourenço gegründet, besitzt aber heute nur noch zahlreiche Bauten des ausgehenden 19. Jahrhunderts, vor allem aber auch mit modernen Vierteln. In der wenig bekannten Kirche *São Lourenço dos Indios* befindet sich einer der ältesten großen Schnitzaltäre Brasiliens (s. o. S. 105). In der einfachen, ursprünglichen Kirche erweckt das große rechteckige Retabulo mit Säulen, Bekrönung und der statuarischen Figur des Schutzheiligen einen mächtigen Eindruck durch die großen Spätrenaissanceformen; die Wucht des Altars wird in dem kargen Raum ohne sonstigen Schmuck noch verstärkt. Alles in allem dürfte er in der ersten Hälfte des 17. Jahrhunderts geschaffen sein. Nächst den Altären aus der Jesuitenkirche in

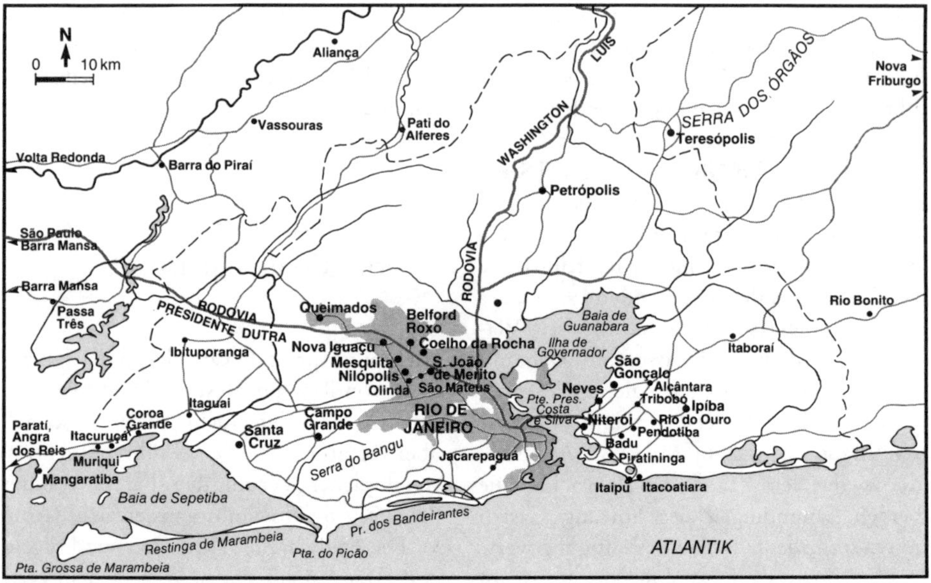

Rio und Umgebung

Rio de Janeiro ist es eines der sehr wenigen noch der Renaissance zugehörenden Kunstwerke von Bedeutung. In Niterói ist in dem ehemaligen Wohnhaus und Atelier des Malers Antonio Parreiras (1860–1937) ein Museum eingerichtet worden, das zahlreiche Werke des Meisters enthält, der um die Jahrhundertwende besonders für die Entwicklung der brasilianischen Landschaftsmalerei von Bedeutung war.

Die **Ilha da Boa Viagem** mit einem Fort und der *Igreja da Boa Viagem* ist ein lohnender Ausflug von Niterói. Die Anlage gehört zum Verteidigungssystem der Einfahrt in die Bucht. Von ihrem abgeflachten Granitfelsen aus hat man eine herrliche Sicht auf die Gebirge im Hintergrund mit der ›Serra dos Orgões‹ (Orgelgebirge genannt wegen seiner Bergformen), Rio de Janeiro mit Corcovado und Zuckerhut gegenüber und der zu Niterói gehörenden Bucht ›Saco de São Francisco‹. Über eine Brücke kommt man zum Fort und zu der einfachen Kirche, in der das Muttergottesbild der *Nossa Senhora dos Navegantes* verehrt wird, das am letzten Sonntag im Oktober in einer Prozession über die Bucht mitgeführt wird.

Von den Bergen Niteróis und den weiter am Ozean liegenden Stränden hat man eine besonders gute Sicht hinüber auf Rio de Janeiro; von Piratininga und Itaipu sogar auf Copacabana.

Landeinwärts ist der ebene Streifen um die Guanabarabucht bis zum Gebirge ein altes kultiviertes Gebiet mit Landgütern, die nun leider mehr und mehr von der Vorstadtbebauung überwuchert wurden. Nördlich Niterói, an der Straße nach Itaborai liegt in **São Gonçalo** die *Fazenda Columbandé*. Das altertümliche Gutshaus (Privatbesitz) ist in seiner breitgelagerten Art und mit umlaufender Veranda erbaut, zudem mit einer reich dekorierten Kapelle des 18. Jahrhunderts ausgestattet, eine der vollständigsten und besterhaltenen Anlagen dieser Art.

Duque de Caxias, auf der westlichen Seite von Rio de Janeiro, war ehemals eine Siedlung am Wege nach Petrópolis, die im 19. Jahrhundert vom Gelbfieber entvölkert wurde und ist heute ein großer Vorort mit Arbeiterwohnungen. Von der alten Stadt ist nur die Kirche *Nossa Senhora do Pilar* übrig geblieben. Sie stammt aus dem 18. Jahrhundert und hat handwerklich gut ausgeführte Altäre.

Die im Gebirge hinter Rio de Janeiro liegenden, klimatisch günstigen Orte, Nova Friburgo, Teresópolis und Petrópolis verdanken ihr gepflegtes Aussehen der vom Kaiserhaus herbeigerufenen schweizerischen und deutschen Einwanderung der Mitte des 19. Jahrhunderts. Dies ist nur noch an der Bauweise der Häuser und Gärten der heute für die Cariocas beliebten Ferienorte zu spüren. Auch die Namen der Ortsteile in Petrópolis wie Bingen und Koblenz erinnern an die Herkunft der ehemaligen Siedler. Hier nahm sich auch, das sei am Rande erwähnt, der Schriftsteller Stefan Zweig im Exil das Leben.

Petropólis, dessen Anlage auf den deutschen Baumeister Julius Köler zurückgeht, ist durch die Sommerresidenz des Kaiserhauses, dem *Palácio Imperial* berühmt. Der von Köler 1843 begonnene und nach seinem Tode von Guillobel und Rebelo weitergeführte breitgelagerte, rein klassizistische Palast inmitten des Parks bewahrt in seinen Räumen heute ein reichhaltiges Museum, das die kulturellen Aspekte der Kaiserzeit mit originalen Möbeln, Porzellanen, den Kronjuwelen und vielen anderen Erinnerungsstücken darbietet. Im Park liegen noch der Palast der Prinzesa Isabel und der *Palácio de Cristal,* eine 1881 aus Frankreich eingeführte Eisen- und Glaskonstruktion. Mit vielen Häusern des Zentrums bilden sie ein anziehendes Gesamtbild. Die in ihnen enthaltenen vielfältigen deutschen und französischen Einflüsse und Formen lassen es einen Ausflug wert sein. Eine Art Vorort von Petrópolis ist Correias mit der *Casa do Padre Correia* genannten Landsitz in großartiger, von vielen illustren Persönlichkeiten besuchten und beschriebener Gebirgslandschaft.

Andersartig, aber auch der Kultur des 19. Jahrhunderts zugehörig, ist **Vassouras,** in Richtung auf Rezende und das Itatiaigebirge im Tale des Paraíba do Sul gelegen. Dort hat

Die Serra dos Orgões

die erste große Blütezeit der Kaffeewirtschaft die Möglichkeit zu reich ausgestatteten Häusern im Ort und auf den umliegenden Farmen gegeben. Es entwickelte sich dort, wie in der Hauptstadt, ein nicht mehr an portugiesischen, sondern an französischen Formen orientierter Wohnstil.

Die Orte **Jacarepaguá** und **Santa Cruz,** südwestlich von Rio de Janeiro gelegen, haben mit sehr dichter neuer Bebauung und trotz vielem Grün nur wenige alte Bauten bewahrt. In Jacarepaguá liegt an der ›Estrada do Capão‹ ein typischer Landsitz des 18. Jahrhunderts, der ›Engenho d'Agua‹ mit der Veranda an der Vorderseite und erhöhtem Mittelteil. Die besuchenswerten Orte in dieser Richtung, Itacuruça, Mangaratiba, Angra dos Reis und Parati sind in der Route 17 aufgeführt.

3. Von Rio de Janeiro nach Salvador

Den Weg von Rio zum Nordosten Brasiliens mit seinen wichtigen Zentren Salvador und Recife, deren Bedeutung schon aus den kunsthistorischen Notizen ersichtlich wurde, kann man natürlich rasch mit dem Flugzeug überspringen. Es liegen daran jedoch sehr viele kleine, reizvolle Stationen aufgereiht, die durch Natur und Besiedlung har-

Von Rio de Janeiro bis Salvador

monisch verbunden sind. Darum ist es für diejenigen, die Land und Leute näher kennenlernen wollen, sehr lohnend, diese Strecke per Auto auf der BR 101, ja selbst in Omnibussen etappenweise zurückzulegen. Es ist eine Fahrt, die neben Entdeckerfreuden und nahen Stränden viel Kunstgenuß bietet.

Von Rio de Janeiro fährt man über die Brücke nach Niterói. Nach etwa 15 km in nördlicher Richtung sollte man nach rechts auf die gut markierte BR 101 einbiegen, die näher der Küste verläuft. Nach einiger Zeit sieht man Lagunen, die sich zwischen den Dünen und der Straße ausdehnen und wo eine Menge traditionell betriebener Salinen im Glanz ihrer regelmäßig unterteilten Wasserflächen mit den blendend weißen Salzhaufen liegen.

Durch **Saquarema** sollte man nicht hindurchfahren, sondern nach rechts bis zum Küstenstreifen vorfahren. Dort steht auf einem Granithügel eine einfache Kirche des 18. Jahrhunderts, die die Landschaft beherrscht; sie ist ein häufig gemaltes Motiv.

Auf der Weiterfahrt gelangt man nach São Pedro da Aldeia, von wo die Straße nach Cabo Frio abgeht. **São Pedro** und **Cabo Frio** wurden 1617 von den Jesuiten begründet. Zu jener Zeit war in Anchieta der Prior André de Almeida, der 1619 auch nach São Pedro kam. Für den kunstgeschichtlich Interessierten ist die Kirche in São Pedro bemerkenswert als Beispiel der frühen Jesuitensiedlungen, die hier meist auf strategisch günstigen Hügeln angelegt wurden und zur Erschließung des Landes beitrugen. Die schlichte aber solide Kirche hat drei Schiffe, was sonst sehr selten ist, hier aber wohl durch den Einfluß Reritibas, heute Anchieta genannt, zur Ausführung kam.

Wieder zwischen den in der Sonne glänzenden Salinen fährt man nach Cabo Frio zur Küste vor. Die alte Ortschaft, die sich heute als Ferienort stark ausgedehnt hat, besitzt im zentralen Teil noch die alten Bauten des ursprünglichen Hafenplatzes. Die Kirchen sind nicht aufwendig, aber anziehend; etwa die der Franziskanerniederlassung *Nossa Senhora dos Anjos* (Baubeginn 1686) mit schlichter Fassade, hübscher Altarnische und Resten des Konvents. Auf dem Hügel wurde Mitte des 18. Jahrhunderts als Orientierungspunkt für die Seeleute die Kapelle *Nossa Senhora da Guia* erbaut. Ebenso einfach ist die kleine *Igreja de São Benedito* auf dem Wege zum Fort. Dieses ist eine auf der Felsspitze der Hafeneinfahrt angelegte, vorzüglich erhaltene Befestigungsanlage, die durch ihren unregelmäßigen Umriß sehr romantisch wirkt, zumal sie über dem klaren Wasser der Bucht gelegen ist. Vor ihr war dort schon von französischen Piraten die ›Casa de Pedra‹, als Stützpunkt angelegt worden, dem nach der Holländerzeit das *Forte São Mateus,* 1650 in Bruchsteinmauerung ausgeführt, mit Munitionskammer und Unterkünften für die Truppe folgte.

Weiter auf dem Wege nach Norden, der immer der BR 101 folgt, überquert die Straße die Mündung des Rio São João. Dort steht auf der rechten Seite die Kirche von São João da Barra, die wie die Kirchen von Cabo Frio durch die malerische Lage nahe dem Meer herausgehoben ist. Über Macaé, das zwar keine Kunstdenkmäler, dafür aber die besten Krabben im Staat zu bieten hat, kommt man zur zweitgrößten Stadt des Staatsgebiets von Rio de Janeiro, **Campos,** das vor allem wegen seine wirtschaftliche Bedeutung erwähnenswert ist. In seiner Umgebung liegt das Zentrum der Zucker-

und Alkoholproduktion. In der Nähe der Stadt sind Reste der intensiven jesuitischen Kolonisierung des 17. und 18. Jahrhunderts. In **Goitacazes** bei Campos ist dafür die *Fazenda Jesuitica Santo Ignácio* ein beeindruckendes Beispiel. Die 1692 zuerst erwähnte Fazenda mit ihren Zuckerrohrplantagen hatte 820 Sklaven. Die Bauten sind noch gut erhalten. In der Kirche ist ein Hochaltar mit großem bekrönenden Bogen vom Ende des 17. Jahrhunderts zu sehen, der vielleicht vom 1707 als Tischler und Schnitzer erwähnten Bruder Lourenço Gonçalves stammt.

Im anschließenden Staat Espírito Santo waren es ebenfalls die Jesuiten, die den Grund für die Erschließung dieses Küstenstreifens legten. Ihre Ansiedlungen sind herrliche Orte und leicht zu erreichen. Von der Hauptstraße nach rechts gelangt man nach **Anchieta,** nach dem brasilianischen Apostel José de Anchieta benannt, der hier im letzten Teil seines Lebens wirkte und auch hier begraben liegt. Dieser Ort ist bis heute eine viel besuchte Gedenkstätte für den Jesuitenprediger, der die gesamte östliche Küste besuchte und missionierte. Man sieht hier wie bei anderen Jesuiten-Niederlassungen ihr großes Geschick, ihre ›Residencias‹ auf weit sichtbaren Erhebungen und nahe von Flußmündungen, die gute Hafeneinfahrten boten, aufzubauen. Die Kirche war schon 1597, vor der Zeit Anchietas im Bau. Ihre rustikale Architektur weist auch die dreischiffige Sonderform auf. In dem gut erhaltenen Klosterbau ist ein kleines Museum eingerichtet. Von diesem reizvollen Ort kommt man direkt an der Küste entlang nach Guarapari, einem Badeort, dessen auf die Jesuitenzeit zurückgehende Kirche allerdings mannigfache Veränderungen erfuhr. Weitere 60 km sind es noch nach **Vitória,** der Hauptstadt von Espírito Santo. Schon von weitem sieht man den steilen Berg, auf dessen Spitze, im Stadtteil Vila Velha, das Eremitenkloster *Nossa Senhora da Penha* liegt. Es wurde oft um- und ausgebaut, bietet aber auch heute noch auf der engen Bergkuppe einen sehr malerischen Anblick, hatte aber auch eine strategische Bedeutung. Bereits 1639–43 fand ein erweiterter Neubau der Kapelle statt, verschiedene weite Teile wurden im 18. Jahrhundert hinzugefügt und 1945 vom Denkmalschutz nochmals hergerichtet. Hinsichtlich seiner Lage auf der Felskuppe, zu der alles Material hinaufgetragen werden mußte, ist es einschließlich der Passionsstationen am steilen Anstieg eine bauliche Besonderheit. Von oben hat man eine herrliche Aussicht auf Stadt, Hafen, Meer und Land. Da meist gutes Wetter herrscht, ist es ein lohnendes Ziel. An den Wochenenden und zum Fest des Gnadenbildes ziehen große Pilgerscharen hinauf.

In Vitória, das noch einige ruhige Winkel im Zentrum an den Hängen besitzt, ist vieles modernisiert. Selbst das ehemals bedeutende große *Jesuitenkolleg* ist leider durch den Umbau zum Regierungspalast am Ende des 19. Jahrhunderts völlig entstellt worden. Selbst von der Kirche ist nur noch die Fassade erkenntlich. Nach Nordosten in Richtung zum Meer dehnt sich Vitória mit neuen Vierteln, der Universität und dem riesigen Erzhafen Tubarão aus. Wenn man in Richtung Küste die Reihe der Ferienhäuser von Manguinhos durchfahren hat, kommt man nach **Nova Almeida.** Hier ist wohl einer der Höhepunkte der Reise zu sehen. Auf einem breiten Hügel nahe der Mündung des Rio dos Reis Magos liegt die Jesuitensiedlung

Santo Inácio e Reis Magos. In dem unendlich weiten Raum der Küste, die sich vor und unter ihr ausbreitet, ist sie in ihrem ganzen Umfang als ein wahres architektonisches Kleinod erlebbar. Schon im 16. Jahrhundert gegründet, entwickelte sich die ›Aldeia‹ rasch und hatte zahlreiche Bewohner, besonders nachdem die Kirche 1615 eingeweiht war. Vor ihr dehnt sich der große rechteckige Platz der alten Siedlung aus. Er ist planiert und besitzt an den drei der Kirche gegenüberliegenden Seiten noch eine erhebliche Zahl in jeweils gleichen Proportionen erbaute einstöckige Häuser. Im einzelnen sind sie mit ihren Gärten zwar erneuert, bewahren aber den originalen Gesamteindruck. Auf dem Platz selbst betonen noch einige riesige Königspalmen, Reste von zwei, früher etwas dichteren Reihen, die Regelmäßigkeit der Anlage. Diese ist mit Kirche und ›Residenz‹ vollständig erhalten. An der Nordseite des Platzes sind Kirche und Residenz mit einem in der Fassade eingebundenen Turm erbaut worden. Das Innere der Kirche ist ein einfacher Saalbau von großzügigen Ausmaßen und mit offenem Dachstuhl. Die Stirnseite nimmt ein wuchtiger Hochaltar ein. Mit den plastisch verzierten Sockeln und dicken gedrehten Säulen sowie der volutenreichen Bekrönung, die das Bild der Anbetung der Heiligen Drei Könige einrahmen, ist er ein beeindruckendes Zeugnis der hier beginnenden Schnitzerei eines kräftigen Barock (s. o. S. 105f.). Es ist eine weniger elegante als überzeugend urwüchsige jesuitische Arbeit, die ohne Zweifel unter Mitarbeit angelernter einheimischer Kräfte geschaffen wurde. In der anliegenden zweistöckigen Residenz, mit einem Innenhof und Galerie, fast einem schlichten Kreuzgang, sollte man nicht verfehlen, im Obergeschoß in die Zellen der Mönche zu gehen, die hier lebten und arbeiteten. Von ihren Fenstern aus hat man die prächtige Landschaft mit der Mündung des Rio dos Reis Magos vor Augen.

Um die Route weiterzufahren, muß man auf die BR 101 zurückkehren, die in einigem Abstand zur Küste durch Pflanzungen und Waldstücke nach Norden führt. Für Naturliebhaber lohnt es sich, an manchen Orten zur Küste vorzufahren, die hier ganz unberührte Strände hat.

Im Staat Bahia liegt die Gegend, wo Pedro Alvares Cabral und seine Expedition im Jahre 1500 zum ersten Mal die brasilianische Küste sichteten und betraten. Berühmt ist der Berg, den sie aus der Weite des Meeres schon sahen, der Monte Pascoal, heute ein Nationalpark, eine bewaldete Kuppe ohne weitere Besonderheit. Vorher kommt man an einem volkreichen Ort, Itamaraju, vorbei, der mit seinen primitiven Lehmhäuschen einen elenden Eindruck in der sonst grünen, aber nicht intensiv bebauten Landschaft hinterläßt.

Anders **Porto Seguro** und **Cabrália,** die beide am Meer liegen und als historische Stätten gepflegt werden. In der ›Cidade Alta‹ von Porto Seguro ist ein Gedenkstein der Entdeckung der ›Terra da Santa Cruz‹ zu sehen. Er wurde schon 1504 vom Vater von Duarte Coelho errichtet und besteht aus einer Marmorstele, die auf der einen Seite die portugiesische Krone und auf der anderen das Malteserkreuz trägt. Die zuerst erbaute *Igreja da Gloria* ist schon lange eine Ruine. Die *Igreja da Misericordia,* die der Bruderschaft Nossa Senhora da Conceição gehörte, ist ihrem Ursprung nach gleichfalls den Bauten des 16. Jahrhunderts zuzurechnen, wurde aber später durch einfache, aber hübsche Barockformen verändert. Die Pfarrkirche *Nossa Senhora da Pena* stammt aus dem 18. Jahrhundert und ist ebenfalls ein einfacher Bau. Das Anziehendste ist der weite Platz mit dem 1722 erbauten *Paço Municipal.* In ihm ist ein kleines historisches Museum untergebracht. Von den ehemaligen Befestigungen sind nur geringe Reste vorhanden. Die unteren Teile Porto Seguros und Cabrálias sind Fischer- und Strandorte, wo es, wie auch in den Oberstädten, Unterkunftmöglichkeiten gibt.

Wenn man zur BR 101 zurückkommt, fährt man weiter nach Norden durch das Hauptkakaoanbaugebiet Bahias, bis man zu dessen wirtschaftlichen Zentrum Itabuna kommt. Hier lohnt wieder ein Abstecher zur Küste. Das Hafenstädtchen **Ilhéus** ist durch die Romane von Jorge Amado, besonders durch sein ›Gabriela Zimt und Nelken‹ bekannt geworden. Die Ortschaft stammt hauptsächlich aus der zweiten Hälfte des 19. Jahrhunderts und ist mit seinen Häusern eine stimmungsvolle Kulisse für den Aufschwung der Kakaowirtschaft. Nunmehr ist der Einflußbereich von Salvador, der Hauptstadt von Bahia, immer stärker zu spüren. In **Cairu** ist ein Beispiel der vielen schönen Franziskanerklöster dieser Provinz zu sehen. Es besitzt eine breite, fast dreieckige Kirchenfassade und zudem einen der selten erhaltenen Küchentürme über dem großen Holzfeuerherd des Konvents. Der Bau wurde 1654 begonnen, aber erst im 18. Jahrhundert vollendet. Das Kirchenschiff und die reich ausgestattete Sakristei enthalten schöne Azulejofriese.

Von Cairu an durchquert man den ›Reconcavo Baiano‹ (Route 5), eines der an Barockbauten reichsten Gebiete. Es ist das Hinterland der Bucht von Salvador, der ›Baia de Todos os Santos‹, das als erste Hauptstadt für die Entwicklung Brasiliens bis zum 18. Jahrhundert das Zentrum seiner gesamten künstlerischen und kulturellen Entwicklung war.

4. Salvador

Die ›Cidade do São Salvador da Bahia de Todos os Santos‹, wie Salvador vollständig heißt, ist 1549 gegründet und war bis 1763 Sitz der Generalgouverneure von Brasilien. Auch als Hauptstadt des Staates Bahia blieb sie ein bedeutender Platz: kulturell und natürlich auch wegen der Ausfuhr von Zukker, Kakao und Tabak. Das Hinterland wurde landwirtschaftlich erschlossen; heute sind Erdöl und Industrie die bestimmenden Faktoren der Entwicklung.

Tomé de Sousa, der als erster Generalgouverneur mit großer Flotte kam, soll den Platz ausgewählt haben. Ein in der Bucht gut geschützter Hafen und die steile Anhöhe dahinter für eine leicht zu verteidigende Stadt, gemäß portugiesischer Tradition, dürften den Ausschlag gegeben haben (Abb. 23). So entstanden ›Cidade Alta‹ mit Kirchen, Regierungspalast und erstem Bischofssitz sowie ›Cidade Baixa‹ mit Hafen und Handelszone. Die zum guten Teil noch erhaltenen Befestigungen schützten sie gegen Angriffe vom Meer wie von der Landseite. Oberstadt und Unterstadt ergänzen sich bis heute, auch wenn dahinter nun ausgedehnte Stadtteile des modernen Salvador sich über die Hügel und Täler erstrecken.

Der Steilhang zwischen Unterstadt und Oberstadt wurde mittels steiler Rampen überwunden. Heute helfen mehrere Aufzü-

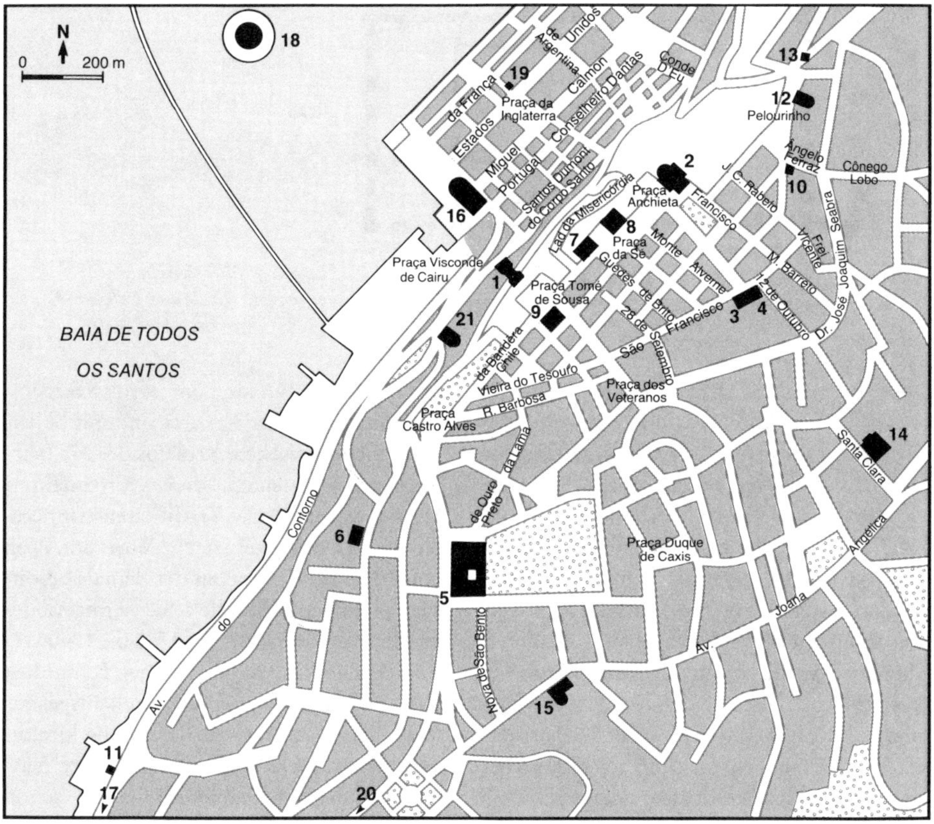

Salvador 1 Elevador Lacerda 2 Catedral 3 Igreja de São Francisco 4 Igreja da Ordem Terceira de São Francisco 5 Igreja e Mosteiro de São Bento 6 Museu de Arte Sacra 7 Igreja da Misericórdia 8 Paço Arquiepiscopal 9 Paço Municipal 10 Solar do Ferrão 11 Solar do Unhão 12 Igreja Nossa Senhora de Rosário dos Pretos 13 Igreja do Carmo/Museu do Carmo 14 Igreja e Convento do Desterro 15 Igreja e Convento da Lapa 16 Mercado Modelo 17 Museu de Arte da Bahia 18 Forte de São Marcelo 19 Post 20 Forte de São Pedro 21 Matriz da Conceição da Praia

ge, von denen der 1930 erbaute *Elevador Lacerda* durch seine beherrschende Architektur am berühmtesten geworden und sehr zentral gelegen ist (Abb. 24). Brodelndes Volksleben erfüllt alle Straßen und Plätze. Dabei wird dem Fremden sogleich die enge Verbindung Bahias mit Afrika vor Augen geführt, denn hier ist der in Brasilien höchste Prozentsatz farbiger Menschen vertreten. Viele ihrer Kulturformen aus der Sklavenzeit haben sie bewahrt und dem heutigen Leben integriert.

Die bedeutendsten Kirchen, Klöster und profanen Bauten, sind in erster Linie auf

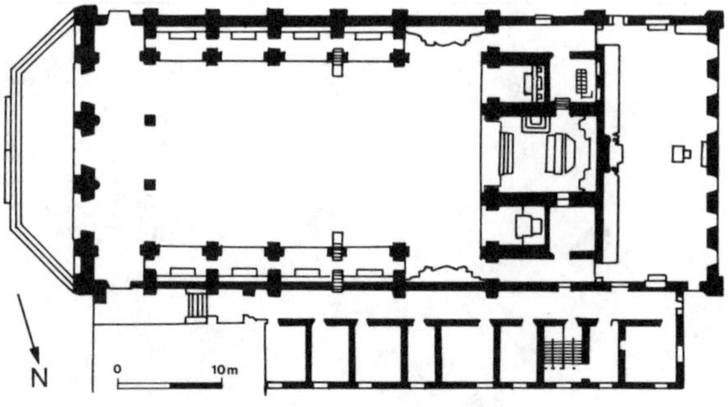

Die alte Jesuitenkirche, heute Kathedrale von Salvador

dem Bergrücken der Oberstadt angelegt worden. Eine Abfolge von Plätzen mit dem ›Terreiro de Jesus‹ vereinigt die nicht nur für ganz Brasilien einmaligen Bauten der Jesuiten und Franziskaner.

Die Kirche des ehemaligen Jesuitenkollegs ist heute *Kathedrale.* Sie ist der vierte Bau an diesem Platz und wurde in der zweiten Hälfte des 17. Jahrhunderts errichtet. Ihre baugeschichtliche Bedeutung wurde bereits beschrieben (s. o. S. 88 f.). Das weite und hohe Schiff endet in den 1665–70 errichteten Chorkapellen. Der herrliche Raum hat eine eingewölbte Decke mit prächtiger Kassettendekoration, die 1700 vergoldet wurde. Bedeutend sind auch die Altäre der ersten Kapellen im Schiff mit bei geöffnetem Schrein sichtbaren Reliquienbüsten. Die übrigen beachtenswerten Altäre kamen im Laufe des 18. Jahrhunderts hinzu. Hinter dem Chor auf der rechten Seite liegt die Sakristei – wohl eine der bedeutendsten Lateinamerikas. Sie ist mit ornamentaler Dekkenmalerei und einem der größten und reichsten Sakristeischränke mit Intarsien aus Schildpatt, Elfenbein und verschiedenen Hölzern ausgestattet. Hinzu kommt eine Reihe auf Kupfer gemalter Tafelbilder mit Szenen aus dem Leben Mariä, die aus Rom kamen. Die Wände um den Sakristeischrank, Türen und Fenster sind mit herrlichen portugiesischen Azulejos des 17. Jahrhunderts verkleidet, deren ornamentale Motive an maurische Traditionen erinnern. Neben der Sakristei ist ein Vorraum. Von dort führt die Treppe zu der damals besonders wichtigen Bibliothek. Sie ist mit Azulejobildern aus der Zeit von 1730 bis 1740 verkleidet. Der Saal der ehemaligen Bibliothek über der Sakristei, ebenfalls reich ausgestattet, beherbergt jetzt eine Sammlung kirchlicher Altertümer, besonders Teile der Ausstattung der alten Kathedrale, die schon 1765 als baufällig bezeichnet wurde und trotzdem noch bis zu ihren Abbruch 1931 – um eine Straßenbahnlinie durchzulassen – existierte. Das anliegende Kolleg hat wechselvolle Schicksale nach Ausweisung der Jesuiten erlitten. Ein Teil wurde im 19. Jahrhundert Medizinische Fakultät, deren Bauten noch stehen. Ein anderer Teil mit der inneren Kapelle brannte 1905 ab.

Kirche und Koster der Franziskaner liegen am Ende des Terreiro de Jesus in einer sich anschließenden kurzen Straße, so daß sich die Fassaden mit größerem Abstand gegenüberliegen (Abb. 27). Die Kirche ist in ganz Brasilien bekannt wegen der überreichen Vergoldung des gesamten Schnitzwerks, das den Innenraum überzieht. Ihre Zweiturmfassade mit Obergeschoß hat im Reconcavo Nachfolge gefunden. Das Kloster wurde schon 1686, der Kirchenbau 1708 begonnen und 1723 beendet. Ihr Ausbau mit der reich verzierten Decke, die Vergoldung der Chorkapelle (1738–40) und der zwei großen Querschiffaltäre der Nossa Senhora da Conceição und des Santo Antonio erforderte viel hingebende Arbeit. Hier steht das brasilianische Barock mit dem Überschwang seiner Formen und der Fülle des Goldes auf dem Höhepunkt. Im weiten Kreuzgang des Klosters wurden von 1749 bis 1752 in beiden Stockwerken die herrlichen Folgen portugiesischer Azulejobilder angebracht. Die Werkstatt dieser für Brasilien bedeutendsten Folgen ist unbekannt. Der größte Teil stellt biblische Szenen dar, außerdem aber auch Darstellungen zur Moral des menschlichen Lebens nach Horaz. Die Ausschmückung des Eingangs mit Azulejos wurde erst 1782 angebracht.

Links von der Klosterkirche liegt, mit der Front schon in einer Seitenstraße, die Kirche des Laienordens, *Igreja da Ordem Terceira de São Francisco da Penitência.* Sie besitzt eine Fassade, die im brasilianischen Barock ein Einzelstück ist, da sie insgesamt mit plastischem Bildhauerschmuck überzogen ist. Fassaden so vollkommen von figürlichem und ornamentalem Skulpturenschmuck gebildet, gibt es sonst nur im Bereich des spanischen Kolonialbarock. In Bahia hat diese Art von Bildhauerarbeit auch nur geringe Nachfolge gefunden, so etwa am Portal des nahegelegenen ›Solar do Saldanha‹. Das Innere der Kirche wurde im 19. Jahrhundert in klassizistische Formen umgestaltet.

Die Benediktiner haben ihr Kloster, das *Mosteiro de São Bento,* in Salvador in der zweiten Hälfte des 17. Jahrhunderts ausgebaut. Die große Kirche mit Vierungskuppel geht auf den Plan von Frei Macário de São João zurück, kam aber sehr langsam zur Ausführung. Von ihm dürfte noch die Vorhalle mit den Renaissanceumrahmungen der

Franziskanerkirche

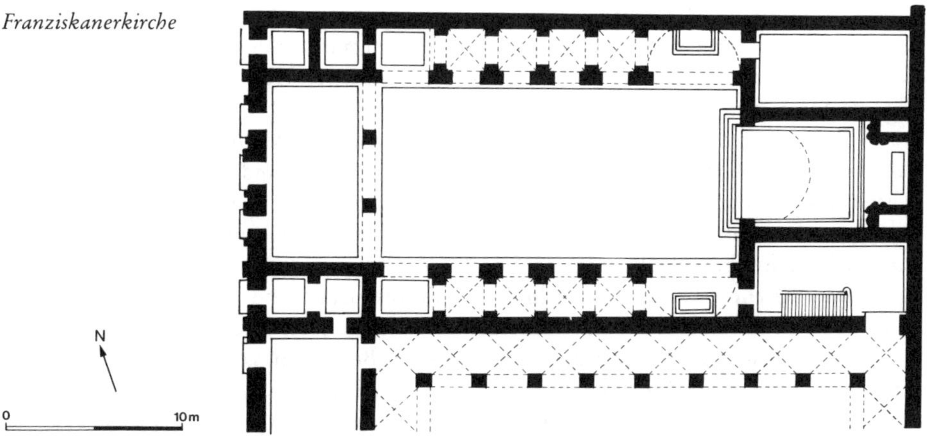

Salvador im 18. Jahrhundert, Kupfer aus ›Moore's Voyages and Travels‹

Portale stammen. Der Kirchenraum selbst und insbesondere die erst im 19. Jahrhundert ausgeführte Kuppel machen einen für Bahia besonders kalten Eindruck, der selbst durch den hübschen Windfang des 18. Jahrhunderts im Eingang kaum gemildert wird.

Architektonisch viel qualitätvoller sind die nicht weit entfernt liegende *Kirche und Konvent Santa Teresa.* Dort ist das ›Museu de Arte Sacra‹ des Staates Bahia untergebracht. Der Plan zu dem 1670 begonnenen Bau wird ebenfalls dem Benediktinerbaumeister Frei Macário zugeschrieben. Das Hauptportal an der Straße hat eine schöne und wuchtige frühbarocke Bekrönung. Die Fassade der Kirche ist eine ausgezeichnete, kompakte Steinmetzarbeit mit einer Nische und Figur der Santa Teresa. Mit ihr ist der Plan eines tonnengewölbten Schiffes und einer Vierungskuppel in abgestimmten Proportionen zur Ausführung gekommen. Im Schiff sind Azulejos mit teppichartigem Muster angebracht. Sehr stilvoll sind die kleinen, ebenfalls mit Azulejos ausgelegten Beichtnischen. Über dem Hochaltar mit seinem sehenswerten Silberantependium hängt ein großes Kruzifix aus der alten Kathedrale von Salvador. Eine schöne Sakristei von 1686, in deren Deckenmalerei orientalische Motive eingeflochten sind und ein Raum für das Lavabo aus Marmor, von Azulejos umrahmt, vervollständigen den Kirchenbau. Durch den ganz in Haustein ausgeführten Kreuzgang kommt man in die Klosterbauten, deren Räume, teils mit Blick auf die Meeresbucht, geschickt für das Museum kirchlicher Kunst genutzt sind. Dieses ist seinen Beständen nach wohl das wichtigste und reichste Museum seiner Art in Brasilien. Es besitzt insbesondere die bedeutendsten Stücke der im 17. Jahrhundert tätigen Schöpfer großer Tonfiguren, Frei Agostinho da Piedade und Frei Agostinho de Jesus (s. o. S. 113 f.). Die weitere Entwicklung sakraler Figurenplastik im 18. Jahrhundert, preziöse Elfenbeinfiguren aus den asiatischen Kolonien der Portugiesen, einzigartige Monstranzen und andere silberne Kultgeräte vervollständigen seine Schätze.

Die *Santa Casa de Misericordia*, an der Ecke der Praça da Sé gelegen, gehört architekturgeschichtlich auch zu den von den Benediktinerbaumeistern beeinflußten Gebäuden (Abb. 25). Trotz späterer Veränderungen läßt dies die Anlage der frühbarocken Fassade aus der Zeit nach 1654 noch erkennen. Das Innere der Kirche wurde in der Mitte des 18. Jahrhunderts in spätbarockem Stil überarbeitet. Aus jener Zeit stammen auch die reizvollen Azulejobilder mit verschiedenen religiösen und profanen Themen. Besonders gelungen erscheint im Hospital der Santa Casa die doppelte Treppenanlage (direkt neben der Kirche), die sich zur Meeresbucht hin öffnet und in ihrer Form europäischen Palastanlagen gleicht. Sie wurde auf Beschluß der Vorsteher des Hospitals fertig aus Portugal geliefert.

Von den zivilen Bauten der Stadt liegt der erzbischöfliche Palast als massiver Block an der Praça da Sé. Architektonisch bedeutender ist der an der Praça Tomé de Sousa gelegene *Paço Municipal*, ein breiter Bau mit einem Turm in der Mitte, der die Bogengalerie der Front unterbricht. Er wurde 1660 wohl auch nach dem Plan Frei Macários errichtet, wie man aus seinen Formen geschlossen hat. Um die Wende des 17. zum 18. Jahrhundert entstand eine Anzahl palastähnlicher Bauten im Auftrag reicher Grundbesitzer aus Bahia. Das sehenswerteste Beispiel ist der *Solar do Ferrão* nahe dem Pelourinho. Nach elf Jahren Bauzeit (1690–1701) war er eine zeitlang Seminar der Jesuiten und wurde 1793 von Pedro Gomes Ferrão erworben, dessen Namen er trägt. In den weiten Räumen des kürzlich restaurierten Gebäudes sind die Sammlung von Barockfiguren von Abelardo Rodrigues aus Recife und der Denkmalschutz von Bahia untergebracht. Vom schon erwähnten *Solar do Saldanha* in der Rua Guedes de Brito ist praktisch nur das Portal mit den seitlichen atlantenartigen Figuren noch sehenswert. Außerhalb des Zentrums liegt näher am Hafen das große Handelshaus *Solar do Unhão,* in dem jetzt ein noch in Anfängen befindliches Museum für moderne Kunst eingerichtet ist. Die Anlage wird malerisch ergänzt durch eine Kapelle des 18. Jahrhunderts und zeigt in ihrer Gesamtheit deutlich den alten Reichtum Bahias.

In der Stadt selbst und ihren Außenbezirken müssen noch eine Reihe sehenswerter und zum Teil reich ausgestatteter Kirchen beschrieben werden. Am Pelourinho, dem Platz, wo die Säule für die Bestrafung der Sklaven stand und der ein Zentrum des traditionellen Volkslebens ist, steht die Kirche der Bruderschaft der Schwarzen *Nossa Senhora do Rosário dos Pretos.* Die einfache farbige Fassade und im Innern die Deckenmalereien aus der zweiten Hälfte des 18. Jahrhunderts sind Elemente, die zur romantischen Szenerie dieses Teiles der Stadt gehören. Über den abfallenden Teil des Platzes und die ›Baixa dos Sapateiros‹ sieht man gegenüber die *Igreja do Paço,* die eigentlich nur wegen ihrer Lage und der großen, steilen Freitreppe erwähnenswert ist. Etwas höher und weiter dahinter liegt der große *Convento do Carmo* mit Klosterkirche und der

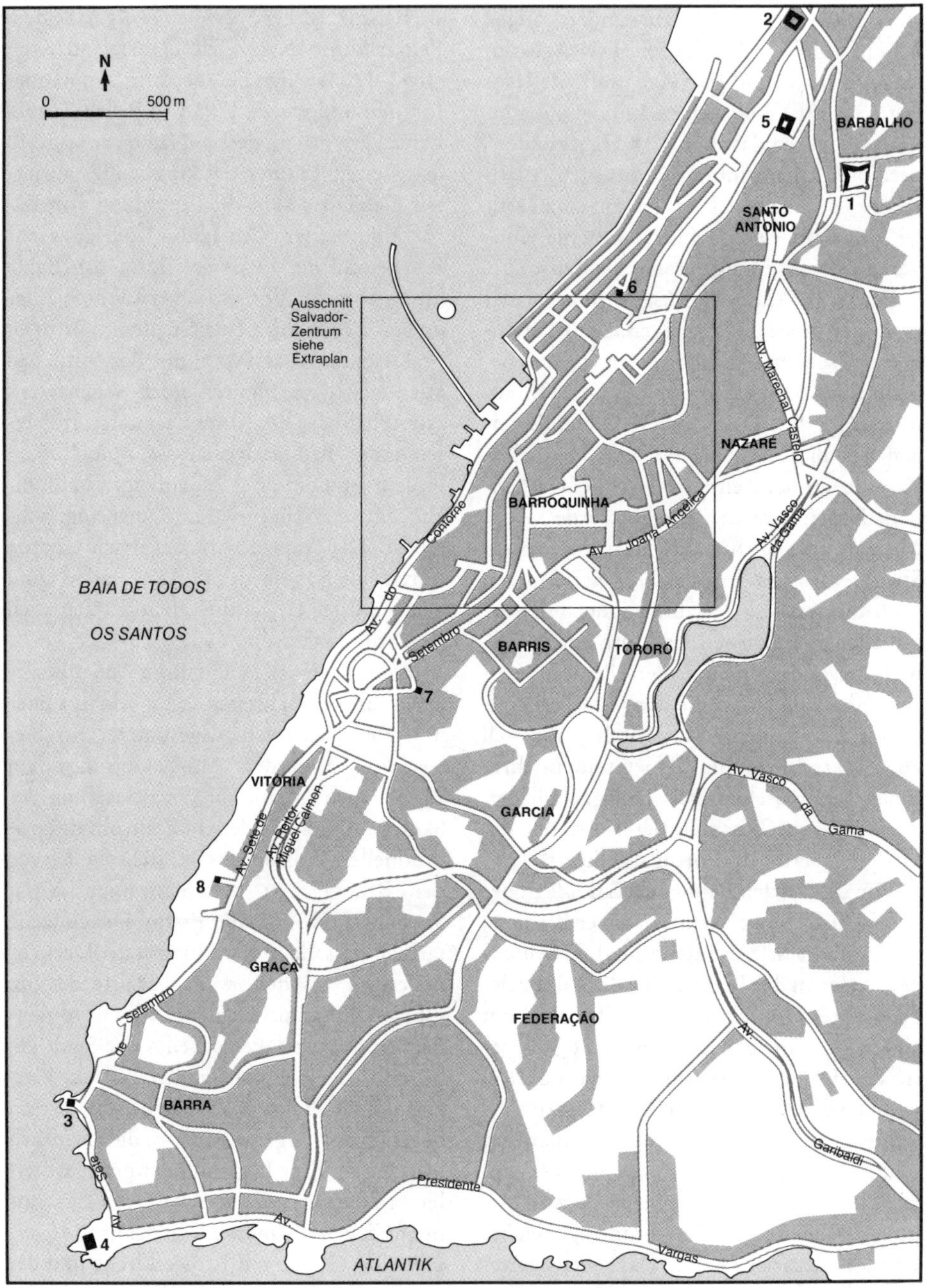
N
0
500 m
Ausschnitt Salvador-Zentrum siehe Extraplan
BAIA DE TODOS OS SANTOS
ATLANTIK
BARBALHO
SANTO ANTONIO
NAZARÉ
BARROQUINHA
BARRIS
TORORÓ
VITÓRIA
GARCIA
GRAÇA
FEDERAÇÃO
BARRA
Av. Marechal Castelo
Av. Joana Angélica
Av. Vasco da Gama
Av. do Contorno
Setembro
Av. Sete de
Av. Reitor Miguel Calmon
Setembro
de
Sete
Av.
Presidente
Vargas
Av.
Garibaldi
1
2
3
4
5
6
7
8

Kirche des Laienordens. Er wurde schon im 17. Jahrhundert mehrfach erweitert, so 1681 mit den großen Schlafräumen der Mönche. Die wichtigsten Teile stammen aus der zweiten Hälfte des 18. Jahrhunderts, die Fassaden der beiden Kirchen, der weite Kreuzgang und die Chorkapelle dazwischen wurden um 1788 ausgebaut. Aus derselben Zeit dürfte auch die Ausstattung der Sakristei stammen, die sich als festlicher Raum darbietet und noch ganz dem Barock zugehörig ist. Die Altäre der beiden Kirchen wurden im 19. Jahrhundert klassizistisch erneuert. Ein Teil des Klosters ist heute Museum, ein anderer Teil Hotel. Vom Karmeliterkloster aus sieht man einige der weiter landeinwärts, hinter der Baixa dos Sapateiros liegenden Kirchen, unter ihnen den *Convento de Nossa Senhora do Desterro* der vornehmen Klarissen und den *Convento de Nossa Senhora da Lapa,* ebenfalls ein Nonnenkloster, die beide in der zweiten Hälfte des 18. Jahrhunderts ausgebaut wurden. Im *Convento do Desterro* sind noch viele Ausstattungsstücke erhalten, wie der silberne Altaraufsatz und sehr originelle ältere Altäre in einer Kapelle im Kloster selbst. In der Kirche des Convento da Lapa ist besonders wichtig eine schöne Deckenmalerei aus der Zeit von 1750–59. Beide Klöster haben hohe Aussichtsbauten, die sogenannten ›Mirantes‹. Nicht weit von ihnen liegt die *Igreja de Nossa Senhora do Pilar,* die eine im Stil sehr an Portugal erinnernde Fassade aus der Mitte des 18. Jahrhunderts besitzt.

Wie es in einem Lied von Dorival Caymmi heißt, soll es dreihundertfünfundsechzig Kirchen in Salvador geben. Auch wenn es nicht ganz so viele sind, ist es natürlich nicht möglich, sie alle zu beschreiben. Die wichtigsten sollen jedoch noch hervorgehoben werden. Eine Reihe interessanter kirchlicher Bauten liegt nahe am Ufer der Bucht. Von der Spitze zur offenen See angefangen sind dies *Santo Antonio da Barra,* ein einfacher, wohl gegen Ende des 17. Jahrhunderts ausgeführter Bau, der malerisch hinter dem Hügel des Forts da Barra liegt. Nahe dem Hafen liegt die *Igreja Basilica de Nossa Senhora da Conceição da Praia,* ohne Zweifel eine der schönsten und architektonisch bedeutendsten Kirchen Bahias (s. o. S. 93 f.). An der Stelle einer älteren Kapelle in der zweiten Hälfte des 18. Jahrhunderts errichtet, ist eine ihrer Besonderheiten, daß ihre Steinblöcke alle fertig behauen als Ballast der Segelschiffe aus Portugal kamen. Ihr Grundriß mit den abgeschrägten Ecken des Innenraumes und den diagonal in die Fassade eingebundenen Türmen ist demzufolge auch portugiesisch. Die monumentale illusionistische Deckenmalerei des Kirchenschiffs, von José Joaquim da Rocha geschaffen, stammt aus den Jahren 1772–73 und ist das hervorragendste Werk seiner Art der Malerschule Bahias. Die Treppenanlage vor der Kirche, von der viele Prozessionen, einschließlich zur ›Lavagem do Bonfim‹ ausgehen, wurde erst am Anfang des 19. Jahrhunderts fertig.

◁ *Übersichtsplan von Salvador 1 Forte do Barbalho 2 Forte de Jequitaia 3 Forte de Santa Maria 4 Forte da Barra 5 Forte de Santo Antonio 6 Palácio da Associacão Comercial 7 Instituto Femino da Bahia 8 Museu Costa Pinto*

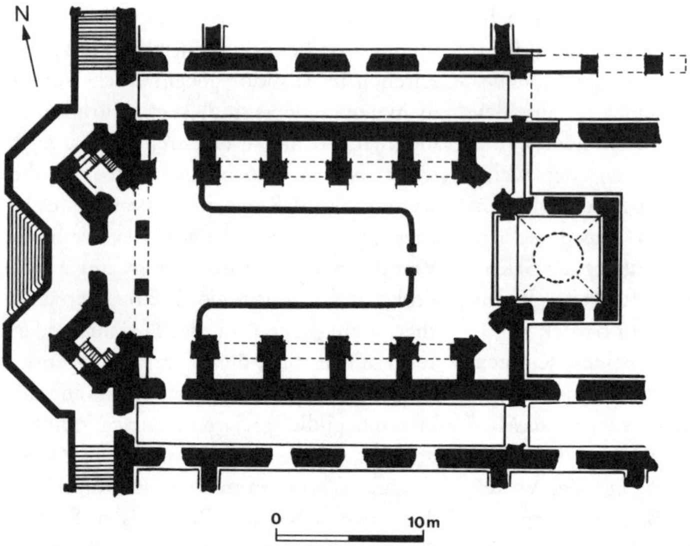

Igreja Basilica de Nossa Senhora da Conceição da Praia

Die *Conceição da Praia* liegt ganz nahe an der belebten Praça Cairú, die neben dem alten Segelschiffhafen liegt und mit einer großen Plastik (1970) von Mario Cravo geschmückt ist. Früher war der Platz das Gelände des ›Mercado Modelo‹, der aber abbrannte. Dieser ist nun in der wuchtigen *Alfandega,* der Zollbehörde aus dem 19. Jahrhundert, eingerichtet. Auch in der Alfandega ist er mit seinen Verkaufständen für allerlei typisches Kunstgewerbe und Andenken schon einmal ausgebrannt, so daß dort heute Zwischenstock und Treppen feuersicher in Eisenkonstruktion eingebaut sind.

Durch das aus modernen, höheren Gebäuden bestehende Geschäftsviertel der Unterstadt, wo manche der Eingänge mit Reliefs oder Malereien moderner bahianischer Künstler geschmückt sind, kommt man am Largo do Riachuelo zum *Palácio da Associação Comercial,* dem in seinem ›Zopfstil‹ einzigen repräsentativen Bau des Klassizismus in Salvador. Aus derselben Zeit können zwar noch einige private Häuser wie der elegante *Solar do Conde dos Arcos* angeschlossen werden, die jedoch in ihrer Architektur von der Lebensweise früherer Epochen abhängig sind.

An der weiten Bucht weiter landeinwärts liegen reizvolle Bauten, die man unbedingt besuchen sollte. Kirche und Hospiz *Nossa Senhora da Boa Viagem* sind der erste anziehende Punkt. Am Strand vor der Kirche findet am 1. Januar das Volksfest der ›Festa dos Navegantes‹ statt (s. o. S. 187). Die kleine Kirche hat eine hübsche Fassade und einen Turm, der als einer der ersten mit Fließen verkachelt wurde; sie ist 1710 begonnen worden und wurde zwischen 1743 und 1746 vollendet. Die Azulejos wurden danach angebracht. Ursprünglich einschiffig, hatte die Kirche seitliche Emporen, damit die Kranken des Hospizes am Gottesdienst teilnehmen konnten. Der Innenbau ist 1908–12 umgebaut worden, wobei leider manches zerstört wurde. In der Chorkapelle befinden sich zwei besonders schöne Azulejobilder, die zur Erinnerung an den wunderbaren Schutz bei der Überquerung des Ozeans von Bernardo da Costa 1720 und Antonio Reiz 1731 gegen Mitte des 18. Jahrhunderts gestiftet und angebracht worden sein dürften. Im alten Refektorium des Hospizes ist ein großes Wandbild auf Holz mit der Geschichte des Franziskanerordens in zwei Kreisen angebracht, die Alte und die Neue Welt darstellend.

Dringt man weiter in derselben Richtung vor, kommt man zu einer Halbinsel, auf deren Spitze die kleine Kirche *Nossa Senhora do Monteserrat* steht. Sie war ursprünglich eine ›Eremitage‹ und vom Kloster São Bento abhängig. Der einfache, einschiffige Bau des 17. Jahrhunderts hat eine offene Vorhalle, ›Alpendre‹ genannt, einen seitlichen Turm und einen kleinen, mehrfach veränderten Klosterbau dahinter. Leider sind hier nur noch geringe Reste der Azulejos bewahrt. Der Hauptaltar stammt aus São Bento, seine reichen Barockformen wurden für die kleinere Kirche zurechtgeschnitten. Die früher dort befindliche Figur des reumütigen Petrus von Frei Agostinho da Piedade ist heute im Kloster in der Stadt, eine Replik im Museu de Arte Sacra. Hinter der Kirche, auf der ersten Anhöhe, liegt das *Forte do Monteserrat,* eines der am besten erhaltenen Befestigungswerke des 17. und 18. Jahrhunderts in Bahia. Mit seinen sechs kuppelgedeckten Wachtürmchen beherrscht es die Gegend von der Spitze der Halbinsel bis Boa Viagem. Der Bezirk ist nach der Kirche benannt und steht unter Denkmalschutz; er zählt zu den schönsten Stellen von Salvador.

Nicht weit davon liegt auf einer Höhe die Wallfahrtskirche *Nosso Senhor Bom Jesus do Bonfim* aus dem 18. Jahrhundert. Dort findet im Januar die berühmte ›Lavagem do Bonfim‹ statt, bei der die aus der Stadt kommenden Frauen in traditionellen Gewändern die Freitreppe der Kirche waschen. Danach entwickelt sich auf dem Platz und in den anliegenden Straßen ein sehr buntes Volksfest. Auch sonst ist die Kirche Ziel vieler Wallfahrer. Ihr hoher, weithin sichtbarer Bau wurde mehrfach erweitert, so in der Disposition der seitlichen Korridore, dem Hauptaltar von 1814 und der Verkleidung des Außenbaues mit portugiesischen Kacheln. Der Gesamtkomplex ist besonders anziehend wegen des Lebens und Treibens der Menschen, die von nah und fern kommen und die man inbrünstig vor der Christusfigur in der Kirche beten sieht.

Hinter dem Hügel der Kirche von Bonfim erstreckt sich ein von der modernen Entwicklung bisher kaum gestörtes Viertel, ›Ribeira‹ genannt. An seinem Ende liegt am Wasser die Kirche ›Nossa Senhora da Penha‹, mit einem Sommerpalast des Erzbischofs Dom José Botelho de Mattos verbunden, der ihn 1741 errichten ließ. Heute ist sie Gemeindekirche.

In Salvador und seiner Umgebung sind eine Reihe alter Befestigungsanlagen zu sehen, die in der Mehrzahl ihre endgültige Form im französischen System des 18. Jahrhunderts erhielten; in ursprünglicher und primitiver Form waren sie jedoch schon zwischen 1620 und 1650, der Zeit der holländischen Angriffe, entstanden. Einige liegen gleich im Blickfeld der Besucher. Dies ist in erster Linie das runde *Forte de São Marcelo,* das, ein Sonderfall, dem Hafen vorgelagert ist (Abb. 23). Es wurde nach

Diógenes Rebonças, Salvador im 19. Jahrhundert (Rekonstruktion)

Entwurf des großen Militärbaumeisters Francisco Frias de Mesquita 1650 angelegt und war 1728 in der Form, wie es sich heute darbietet, fertig. Auch das *Forte Santo Antonio da Barra,* heute an den stadtnahen Badestränden, ist geradezu ein ›Postkartenobjekt‹. Als eine der ältesten Befestigungen wurde es auf der Felsspitze mit Blick auf die offene See errichtet. Ein hohes Kommandantenhaus, heute Museum, und ein Leuchtturm wurden später hinzugefügt. Es gehört mit dem *Forte Santa Maria* und dem *Forte São Tiago* zum alten Verteidigungssystem der Einfahrt in die Bucht. Weiter stadtwärts liegen auf der Höhe, jetzt in der Nähe des Campo Grande, das ausgedehnte *Forte de São Pedro* und das kleinere *Forte de São Paulo,* die auch schon in der Zeit der holländischen Angriffe als ein Riegel vor der Südseite der Stadt gedacht waren und am Beginn des 18. Jahrhunderts wesentlich ausgebaut wurden. Auf der landeinwärtigen Nordseite der Oberstadt, nach dem Convento do Carmo, liegen das *Forte Santo Antonio alem do Carmo* und das sehr große *Forte do Barbalho.* Die ersten Anlagen wurden hier von Luiz Barbalho Bezerra 1638 gegen einen befürchteten neuen Angriff der Holländer ausgehoben und später hoch aufgemauert. Am Fuß des Berges auf der Hafenseite wurden sie durch das kleinere *Forte de Jequitaia* ergänzt. Weiter nach Norden, auf der Halbinsel Monteserrat, liegt dann das bereits erwähnte Fort gleichen Namens. Die jetzt mit Hochhäusern und Autostraßen ausgedehnte Stadt läßt diese Bauwerke, ebenso wie die Kirchen, nicht mehr so wie früher hervortreten. Sie zeigen jedoch noch heute, wie mächtig die Anlage der ersten Hauptstadt Brasiliens damals schon ausgebaut wurde.

Zu den Kunstsammlungen in der Stadt sei bemerkt, daß man außer dem schon erwähnten *Museu de Arte Sacra* das *Museu Abelardo Rodrigues* und das *Museu do Carmo* nicht versäumen sollte, das *Museu de Arte do Estado da Bahia* in der Avenida 7 de Setembro, das *Museu C. Costa Pinto* in der gleichen Straße und die *Fundação do Institu-*

to Feminino da Bahia in der Rua Monsenhor Falviano zu besuchen. Sie beherbergen mannigfaltige Schätze an Figuren, Malerei, besonders auch Möbeln und Kunstgewerbe, die den Reichtum der Kunst und Kultur Bahias hervorragend ausbreiten (Abb. 28, 29). Archäologische und ethnologische Sammlungen mit einer interessanten afro-brasilianischen Abteilung sind in der ehemaligen medizinischen Fakultät am Terreiro de Jesus zu sehen.

An der oberen Seite des volkstümlichsten Platzes der Stadt, dem ›Pelourinho‹, ist in einem großen Haus eine *Casa de Jorge Amado* eingerichtet. Die Stiftung zeigt reiches Material zum Leben und zu den Werken Jorge Amados, dem bei weitem bekanntesten Schriftsteller Bahias, dessen Werke, wie etwa ›Gabriela Cravo e Canela‹, weit über Brasilien hinaus bekannt geworden sind.

5. Reconcavo Baiano

Die Landgüter und Ortschaften im Umkreis von Salvador kamen in der Kolonialzeit durch den Anbau von Zuckerrohr, später auch Tabak und Baumwolle zu viel Reichtum. Die fruchtbarste Gegend um die Baia de Todos os Santos und am Paraguaçufluß wird als ›Reconcavo Baiano‹ bezeichnet. In Verbindung mit den ›Engenhos de Açucar‹ und den Handelsplätzen entwickelte sich ein intensives kirchliches Leben, von dem die vielen Bauten vom Ende des 17. und aus dem ganzen 18. Jahrhundert zeugen.

Man erreicht diese landschaftlich schöne Gegend am einfachsten per Auto oder Omnibus, wenn man von der Straße Salvador – Feira Santana nach **Santo Amaro da Purificação** abzweigt. Dieser Ort ist heute Zentrum der landwirtschaftlichen Produktion des Gebietes und bietet sich an, um das Landleben zu beobachten. Die Kirchen, *Igreja Matriz de Nossa Senhora da Purificação* und *Igreja Matriz de Oliveira dos Campinhos* sind einfache Bauten; ihre Turmbekrönungen sind mit lustigen blauweißen Kacheln verkleidet. Der alte *Paço Municipal* ist, wie in den meisten Orten der Gegend, ein repräsentativer Bau des 18. Jahrhunderts.

Cachoeira mit dem im Tale des Rio Paraguaçu malerisch gegenüberliegenden São Felix ist der bedeutendste und interessanteste Ort des Reconcavo (Abb. 31). Hier sind qualitätvolle kirchliche und profane Denkmäler zu sehen. Früher war der Ort ein belebter Flußhafen und mit der Hauptstadt Salvador verbunden. *Igreja e Casa de Oração da Ordem Terceira do Carmo* hat eine ganz mit Blattgold belegte reiche Schnitzerei, die alle Teile der Altäre und Wände einschließlich der Emporen überzieht. Sie erinnert an São Francisco in Salvador, gehört jedoch einer etwas späteren Stilphase an und nimmt in einigen Teilen bereits Rokokomotive auf. Die Sakristei ist ein reich ausgestatteter, festlicher Raum, ähnlich dem der Karmeliter in Salvador. Als Besonderheit ist eine Schrankreihe zu vermerken, in der wohl aus Macau stammende große Passionsfiguren Christi stehen. Die Türen der Schränke sind dementsprechend mit Chinoiserien verziert, wie auch ein weiterer Schrank im Obergeschoß. Dieser Bauteil zeichnet sich durch hübsche zweistöckige Galerien an seiner Front und einen kleinen Kreuzgang aus. Der eigentliche *Convento do Carmo,* rechts anschließend ist heute zweckentfremdet (Abb. 30). Hinter der

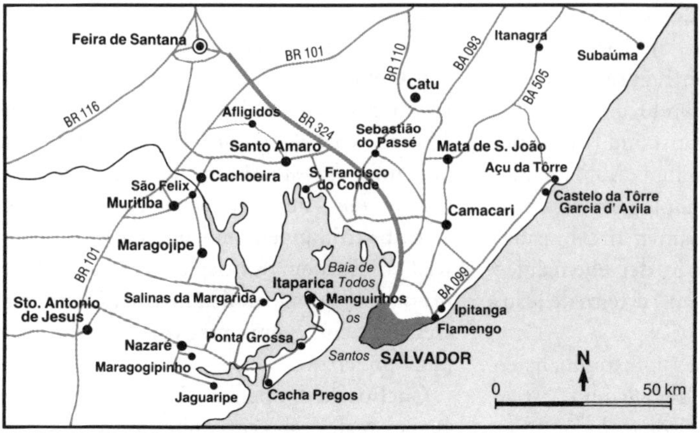

Reconcavo Baiano

spätbarocken Fassade sind im Kirchenraum ein Festsaal und im Klosterbau ein Hotel eingerichtet.

Die *Igreja Matriz Nossa Senhora do Rosário* ist ein verhältnismäßig einfacher Bau. Interessant sind in ihrer Straße Häuserfronten aus dem 18. und in der Rua Benjamin Constant solche des 19. Jahrhunderts, die gut erhalten sind. Sehr repräsentativ ist hier wieder der *Paço Municipal,* etwas erhöht und wohlproportioniert mit Bogengalerie im Untergeschoß und Balkons darüber, an Salvador erinnernd.

Vom ehemaligen Seminar in Belém da Cachoeira ist nur die am Anfang des 18. Jahrhunderts erbaute Kapelle erhalten. Bemerkenswert ist die ornamentale Malerei der Decke der Sakristei, wo zwischen Seligen und Philosophen Blumenmotive in orientalischem Geschmack eingefügt sind. Der Turm ist mit Fließen aus Macau gedeckt. Aus dem 18. Jahrhundert stammen ebenfalls die *Igreja e Santa Casa de Misericordia* und einige typische Kapellen auf umliegenden Landgütern: die *Capela de Nossa Senhora da Pena* auf dem zu Santiago do Iguape gehörenden Engenho Velho mit Azulejos in altertümlichen Mustern und die *Capela de Nossa Senhora da Ajuda* mit Alpendre sind dafür Beispiele. In der Stadt sei noch das *Museum Karl Heinz Hansen-Bahia* (Rua Ana Neri 7) erwähnt, eine Stiftung des aus Hamburg stammenden Expressionisten, der lange Zeit in Salvador und zuletzt in Chachoeira gelebt hat und vor allem durch seine Holzschnitte bekannt ist. Hier sind auch viele seiner Druckstöcke aufbewahrt.

Südlich von Cachoeira liegt nahe der Mündung des Paraguaçu die Franziskanerkirche *Santo Antonio de Iguape do Paraguaçu,* eine Ruine mit reicher Fassade in dreieckiger Umrißform auf der hohen Uferböschung, die stilmäßig an Cairu erinnert. Auf der anderen Seite des Flußes in **Maragojipe** ist ein hübscher *Paço Municipal,* die *Matriz de São Bartolomeu* und die ansprechende *Fazenda São Roque* aus der Wende vom 17. und 18. Jahrhundert zu sehen.

Auf der östlichen Seite der Bucht, südlich von Santo Amaro und in Richtung Salvador, liegt **São Franciso do Conde,** ein weitläufiger Ort mit einer der besonders schönen Franziskanerkirchen Bahias (*Convento de São Francisco,* Bauzeit 1718–22). Ihre Fassade ist wie São Francisco in Salvador mit gleichbreitem Obergeschoß und Zweiturmaufbau angelegt. Sie besitzt fünf Eingangsbögen zur Vorhalle, alles kräftig ausgeführt. Im Kirchenschiff sind Azulejobilder an den Wänden und eine bemalte Decke bemerkenswert. Der tiefe Klosterbau besitzt einen zweistöckigen Kreuzgang. Die anschließende Kapelle des dritten Ordens wurde in zwei Stockwerke geteilt. Die etwas unterhalb liegende Pfarrkirche *São Gonçalo* ist zwar ein großer Bau des 18. Jahrhunderts, aber unvollendet geblieben; zudem wird sie von der Franziskanerkirche an Bedeutung übertroffen.

Näher an Salvador liegt **Matoim** mit seinem großartigen Gutshaus, dem *Engenho Freguesia,* heute ›Museu do Reconcavo‹ und ein unbedingt sehenswertes Museum zur Kultur des Reconcavo. Das Herrenhaus lehnt sich an den Abhang eines Hügels. Zum Wasser hin erhebt sich eine dreistöckige Vorderfront mit geradezu palastartigem Charakter. Die intim wirkende Kapelle mit Deckenmalerei ist etwas hinter dem Haus und höher gelegen. Unterhalb der ›Casa Grande‹ findet man näher am Wasser und seitlich die Bauten des alten ›Engenho‹ und der ›Senzala‹ erhalten; man kann sich gut vorstellen, wie die Sklaven dort gearbeitet haben. Insgesamt ist hier ein Musterbeispiel für eine große, aufwendige Besitzung der Herren im Reconcavo.

Die der Stadt Salvador gegenüberliegende Insel **Itaparica** ist ein lohnendes Ausflugsziel. Schon die Fahrt über die Bucht – heute allgemein mit Motorschiffen, aber auch noch mit Seglern, den Saveiros, möglich – bietet reizvolle Ausblicke auf die Stadt und über die Bucht. Die Kirchen auf der Insel,

Georg Marcgraf, Engenho. Holzschnitt aus der ›Historia Naturalis Brasiliae‹

die *Matriz de São Lourenço* und die *Capela Santo Antonio* wie auch das strategisch an der Nordspitze angelegte Fort sind einfache Bauten. Die Strände dort locken viel mehr.

In anderer Richtung von Salvador aus ist noch ein großartiger Herrensitz der jungen Kolonie zu sehen. Es ist die *Casa da Torre de Garcia d'Avila* in Açu da Torre an der Bucht von Tatuapara. Sie liegt etwa 60 km von Salvador entfernt an der Küste hinter Itapua. Von dem schon im 16. Jahrhundert erbauten Herrensitz stehen große Teile als Ruine auf einer Anhöhe nahe dem Meer. Am besten erhalten ist die sechseckige Kapelle, die wohl schon zur Zeit des ersten Garcia, der 1549 mit dem Generalgouverneur Tomé de Sousa kam, erbaut wurde. Er lebte zunächst bei Salvador und begann 1551 mit dem Bau der Kapelle. Der Hauptteil des Komplexes, die drei Flügel des Herrenhauses mit Innenhof, wurden von seinem Enkel Francisco Garcia d'Avila bis 1624 errichtet und sind mit den Bogengängen im Erdgeschoß eine sonst nicht nachweisbare großartige Anlage, von der aus ausgedehnte Besitztümer, zur Viehzucht genutzt, beherrscht wurden. Da die ursprünglich vom portugiesischen Königshaus vergebenen Lehen in der unermeßlichen Wildnis des Neulandes nicht florieren konnten, hat die Casa da Torre de Garcia d'Avila keine Nachfolge gefunden.

6. Von Salvador durch Sergipe und Alagoas nach Recife

Das alte Herz Brasiliens, Salvador, liegt inmitten eines weiten Gebietes, zu dem der schöne Küstenstreifen zwischen Bahia und Pernambuco gehört. Es ist eines der ältesten Kolonisationsgebiete und jene Landschaft, die vielleicht am ehesten Brasilien und seine Kultur verkörpert. An den 839 km, die hier die BR 101 durchquert, liegen rechts und links zahlreiche kleine Orte, die mit ihren alten Kirchen und Häusern viel vom Leben der aus Portugiesen und schwarzen Sklaven zusammengewachsenen Gesellschaft bewahrt haben. In dieser Landschaft der sich unendlich ausdehnenden Zuckerrohrpflanzungen haben die Alkoholindustrie und das Fernsehen noch nicht den heißen Reiz des Bodenständigen zerstört. Diese Strecke in den Staaten Bahia, Sergipe, Alagoas und Pernambuco sollte man, wenn möglich, langsam mit dem Auto durchfahren. Überall ist es zudem nicht weit zur Küste mit ihren langen weißen Stränden. Diese sind, abgesehen von jenen in Stadtnähe, kaum berührt und paradiesische Natur. Es können darum in dieser Route in erster Linie nur die kulturell besonderen Orte aufgeführt werden, die für die Betrachtung der Kunstdenkmäler wesentlich sind. Ihre Umgebung wird den Besucher von selbst gefangennehmen.

Von Salvador aus, über Alagoinhas, erreicht man nach rechts von der BR 101 zuerst **São Cristóvão,** die alte Hauptstadt des Staates Sergipe, in deren zentralen Straßenzügen der Charakter der historischen Bauten gut bewahrt ist. An dem zentralen Platz, der Praça São Francisco, liegt die wohl älteste Kirche des Ortes, die *Igreja da Santa Casa de Misericordia.* Sie ist ein typischer Bau des 17. Jahrhunderts mit einem noch ursprünglichen Turm und einem später veränderten Giebel. In der Sakristei kann man eine steinerne Umrahmung des Lavabo mit Rankenornament und auf dem Hauptaltar

Von Salvador nach Recife

ein Gemälde der Begegnung zwischen Maria und Isabel von José Teofilo de Jesus sehen. Das ehemalige Hospital ist jetzt ein Waisenhaus. Der bedeutendste Baukomplex in São Cristóvão sind die *Igreja e Convento de São Francisco,* am selben Platz gelegen. Sie wurden 1693 begonnen und im 18. Jahrhundert vollendet. Im 19. Jahrhundert war der Komplex während langer Jahre nicht bewohnt. Die Fassade und die reichen Seitenaltäre in der Kirche mit kräftiger barocker Schnitzerei sind in der ersten Hälfte des 18. Jahrhunderts ausgeführt. Der herrliche Kreuzgang aus Kalkstein ist hier mit Quaderverzierung und Ornamenten in den Bögen geschmückt. In der Sakristei befindet sich ein Lavabo, ebenfalls aus Kalkstein mit Intarsien von 1723. Die Kapelle des Dritten Ordens hat an der Decke eine reiche illusionistische Architekturmalerei, ebenfalls aus dem 18. Jahrhundert. Als São Cristóvão Hauptstadt von Sergipe war, wurde der Konvent zunächst als Provinzialparlament, später als Kaserne benutzt. Mit der Ankunft deutscher Franziskaner im Jahre 1902 wurden die Wiederherstellungsarbeiten begonnen, die erst kürzlich beendet wurden. Der linke Flügel einschließlich der *Capela da Ordem Terceira* dient nun als ›Museu de Arte Sacra‹ mit einer Fülle von Skulpturen und liturgischen Gegenständen aus aufgelassenen Kirchen. Am Klosterbau ist an der Gartenseite noch der alte Küchenturm erhalten.

Im *Palácio Provincial* (Anfang 19. Jahrhundert) ist ein Museum der Geschichte von Sergipe untergebracht. Dicht dabei haben in der Rua Castro Alves und der Rua Getulio Vargas einige Häuser die alten Balkons und Galerien aus Holz, die charakteristisch für den kolonialen Wohnbau waren. Unter den bemerkenswerten Kirchen von São Cristóvão sind die *Igreja do Convento de Nossa Senhora do Carmo* und die dazugehörige *Igreja da Ordem Terceira do Carmo.* Beides sind Bauten des 18. Jahrhunderts, die letztere mit primitiven Malereien der Legende der Heiligen Teresa an der Decke der Sakristei. In ihrem eigenen kleinen Kreuzgang ist eine Sammlung von Hunderten von Ex-Votos aufgehängt. Die große Pfarrkirche *Nossa Senhora da Vitoria* hat Teile ihrer Ausstattung an das ›Museu de Arte Sacra‹ verloren und ist daher recht leer. Die *Igreja de Nossa Senhora do Rosário dos Homens Pretos* und die *Igreja de Nossa Senhora do Amparo dos Homens Pardos,* das heißt die Kirchen der Schwarzen und der Mulatten, sind einfache Bauten des späteren 18. Jahrhunderts, heute ohne besondere Ausstattung.

In der neuen Hauptstadt des Staates Sergipe, **Aracaju,** die 1855 gegründet wurde, sind natürlich keine historischen Bauten zu sehen. Im *Museu do Instituto Histórico e Geográfico* sind skulpierte Teile von einigen Kirchen der Region ausgestellt. Die moderne Welt von Aracaju lebt in Atalaia, dem Strand zum offenen Meer.

An der Mündungsbucht des Rio Sergipe liegt **Nossa Senhora do Socorro** mit einer recht geräumigen Pfarrkirche vom Anfang des 18. Jahrhunderts mit Steinrelief an den Türumrahmungen und den Bögen der Kapellen. Auf der Nordseite der Bucht liegt auf einem Hügel die *Igreja Matriz de Santo Amaro das Brotas* mit einer frühbarocken Fassade, ein bedeutendes Beispiel der Steinmetzarbeiten dieser Region, die mit Reliefs die Portalumrahmungen, die Nische darüber, den Kanzelfuß, die Tür zur Sakristei und ein Nebenportal mit vegetabilen Motiven überziehen. In Santo Amaro das Brotas ist auf dem *Engenho Caieira* noch eine sehr

Carl Friedrich Philipp von Martius, Vogelteich am Rio São Francisco

ursprüngliche Kapelle, *Nossa Senhora da Conceição,* mit Vorhalle und seitlicher Veranda erhalten.

Laranjeiras, das von der Autostraße wenig nördlich Aracaju nach links gelegen, zieht sich in einem leicht gewellten Tal hin mit einigen Kirchen auf den umliegenden Höhen. Von ihnen ist die am westlichen Ende, im Ortsteil Comandaroba gelegene *Nossa Senhora da Conceição* die interessanteste (Abb. 33). Nach kirchlichen Überlieferung wurde sie von den Jesuiten 1731 bis 1734, für Brasilien in frühbarockem Stil erbaut. Sie hat eine Vorhalle und anschließende seitliche Arkadengänge, denen Emporen im Obergeschoß entsprechen und den Eindruck einer leichten, Architektur vermitteln. Das skulptierte Türgewände mit dem Fertigstellungsdatum 1734, der Kanzelfuß und das Taufbecken sind mit der gleichen feinen Steinmetzarbeit verziert wie die erwähnten Kirchen. Von ihr hat man einen schönen Blick auf die *Igreja de Nosso Senhor do Bonfim* auf einem anderen Hügel. In der im Ort selbst gelegenen *Igreja de Nossa Senhora da Conceição,* einem einfachen, aber mit portugiesischen Fliesen verkleideten Bau, ist ein ›Museu de Arte Sacra‹ eingerichtet, das schöne Heiligenfiguren des 18. Jahrhunderts besitzt. Es wären noch die *Igreja Matriz do Sagrado Coração de Jesus* und einige Kapellen der umliegenden Landgüter zu erwähnen. Alles dies ist kennzeichnend für die intensive Religiosität, durch die in dieser fruchtbaren und reichen Gegend nach der Holländerbesetzung im 17. und dem

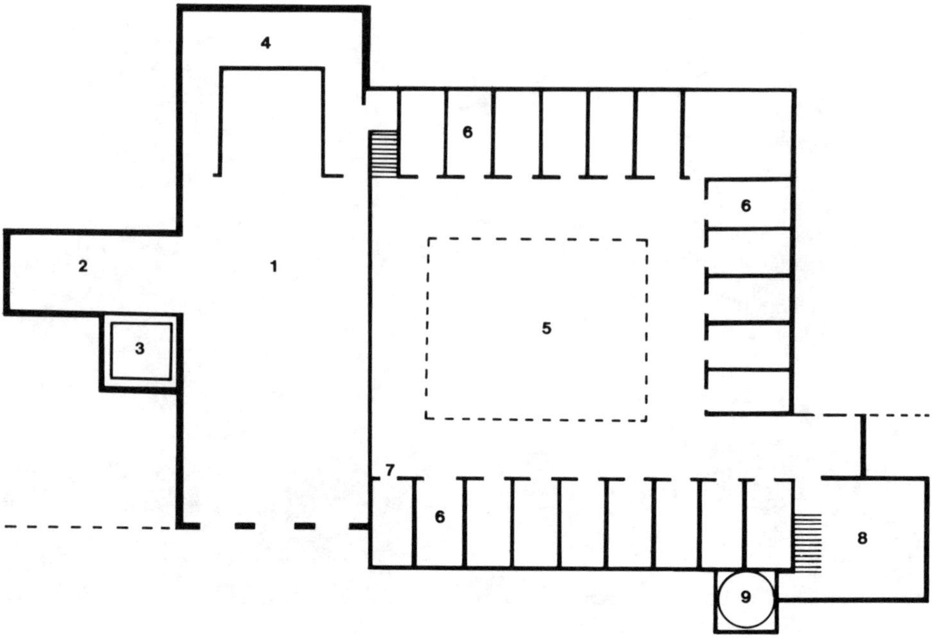

Franziskanerkloster in Penedo 1 Klosterkirche 2 Kapelle des Ordem Terceira 3 Glockenturm 4 Sakristei, darüber Bibliothek 5 Kreuzgang 6 Zellen der Mönche (2 Stockwerke) 7 Klosterpforte 8 Mirante 9 Küchenturm

ganzen 18. Jahrhundert so viele ansehnliche kirchliche Bauten geschaffen wurden und die heute noch in vielen traditionellen Volksfesten lebendig geblieben ist.

Nördlich von Laranjeiras liegt **Divina Pastora;** der Göttlichen Hirtin ist auch die große Kirche geweiht, zu der Wallfahrten stattfinden. Die Kirche aus der ersten Hälfte des 19. Jahrhunderts ist eher noch spätbarocken Traditionen als dem Klassizismus verbunden. Eine illusionistische Deckenmalerei mit der jungen Maria als guter Hirtin in der Mitte stammt von dem der Malerschule Bahias angehörenden José Teófilo de Jesus, der am Ende der Arbeit vom Gerüst fiel und bald darauf starb. Lieblich und etwas theatral wirkt eine im Schrein des Hauptaltars aufgebaute Gruppe: Maria mit Kind umgeben von Schafen und schwebenden Engeln.

Fährt man nach Norden weiter, so kommt man an den Rio São Francisco, der die Grenze zum Staat Alagoas bildet. Hier lohnt es sich nicht, die Brücke in Propriá zu überqueren, sondern vorher bei Japoatá nach rechts abzubiegen. Dann kann man bei Neópolis den breiten Fluß auf einer Fähre nach Penedo überqueren. Diese Gegend ist für ihre volkstümliche Keramik bekannt. Penedo gilt wie São Cristóvão und Laranjeiras als eine der ›Perlen‹ in der langen Kette schöner Orte im Küstenbereich, auch wenn es bis zur Mündung des Rio São Francisco noch 30 km sind. **Penedo** ist ein einladender Ort, wo man sehr gut Fisch essen kann. Die malerischen Segelboote, die man auf dem Fluß sieht, kann man auch mieten.

Das bedeutendste Kunstdenkmal in Penedo ist das Franziskanerkloster mit seiner Kirche *Santa Maria dos Anjos* (Abb. 32). Es wurde 1661 gegründet. Der Kirchenbau erfolgte erst ab 1682, wird jedoch in seinem Aussehen von den Erweiterungen des 18. Jahrhunderts bestimmt. Die Vorhalle ist in die geschlossene Fassade von 1759 einbezogen. Diese gehört mit ihren großen nach außen gerollten Voluten dem dekorativen Spätbarock an. Dem Kirchenschiff ist hinter dem zurückgesetzten Turm links die Kapelle *dos Terceiros de São Francisco da Penitência* angesetzt. Schiff wie Kapelle erhielten ihre Ausstattung – zu ihr gehören eine Muttergottes in großer Wolkenaureole und in der Kapelle eine Stigmatisation des Heiligen Franziskus – erst im späten 18. Jahrhundert, wie es die beiden von Libório Lázaro Lial ausgeführten und mit der Jahreszahl 1784 versehenen Deckengemälde zeigen. Der Klosterbau hat an der Front noch den großen originalen Küchenturm vom Ende des 17. Jahrhunderts und an der flußwärtigen Ecke einen aufgesetzten ›Mirante‹, ein Aussichtsgeschoß.

Nicht minder interessant und bedeutend ist die dem Fluß direkt zugewandte *Nossa Senhora da Corrente* mit der den Platz beherrschenden Zweiturmfassade vom Ende des 18. Jahrhunderts. Ihr Rokokohauptaltar und die sich bereits dem Klassizismus zuneigenden Seitenaltäre in entsprechender Farbigkeit zählen nach Bazin zu den schönsten Schnitzwerken, die in Brasilien ausgeführt wurden. Die Deckenmalereien, ebenfalls von Lial um 1790 ausgeführt, zeigen im Schiff eine Scheinarchitektur mit Geländer und im Chor die symbolische Darstellung der Kette (= Corrente) um Maria. An den Wänden des Schiffes sind portugiesische Azulejobilder angebracht, die das Leben Marias darstellen; auch bei ihnen ist die Rahmung bereits ganz klassizistisch. Penedo besitzt außer der Kirche insgesamt zahlreiche noch gut erhaltene Häuser aus der Zeit seiner wirtschaftlichen Blüte im 19. Jahrhundert. Die Hauptkirche Penedos, *São Gonçalo Garcia*, hat ein Fassadenmittelteil, das dekorativ in Formen des ausgehenden Rokoko geschmückt ist, wohingegen die Türme im 19. Jahrhundert sehr plump erneuert wurden.

Nördlich von Penedo erreicht man wieder die BR 101 und kann kurz vor Maceió nach rechts nach **Marechal Deodoro** abbiegen. Dieses Städtchen, früher ›Alagoa do Sul‹ und ›Santa Madalena‹ genannt, war die alte Hauptstadt von Alagoas. Es ist auf einem Höhenzug, nahe am Meer gelegen, und ebenso wie Penedo eine Franziskanerniederlassung. Die Kirche wurde 1684, das Kloster 1723 begonnen. Die hübsche schmale Fassade der Klosterkirche und die der abgesetzt daneben aufgeführten *Capela da Ordem dos Terceiros Franciscanos* wurden erst 1793 vollendet. In der Klosterkirche hat die Chorkapelle eine in rechteckige Felder eingeteilte Wölbung mit reicher ornamentaler Bemalung, in die franziskanische Symbole eingefügt sind. Sie ist ihrem Stil dem Ende des 17. bis Anfang des 18. Jahrhunderts entsprechend und mit ihrer Decke der allerdings viel reicheren *Capela Dourada* in Recife vergleichbar. Der Hauptaltar und ein Altar einer Seitenkapelle des Schiffs sind in überaus reicher Schnitzerei mit üppigen Barockornamenten vom Beginn des 18. Jahrhunderts ausgeführt, die jetzt gut restauriert sind. Der Klosterbau hat auch einen ›Mirante‹, von dem aus man den Blick über die sich weit erstreckenden Lagunen hat, die Alagoas den Namen gaben. Ein Teil des Klosters um den beachtenswerten Kreuzgang ist als ›Museu de Arte Sacra‹ eingerichtet, ein anderer Teil ist Waisenhaus. Die anderen Kirchen des Ortes sind einfache Bauten des 18. Jahrhunderts, die allerdings den Gesamteindruck des sich noch ursprünglich erhaltenen Ortes bereichern.

Auf guter Straße kommt man zum nahen Meer und zur neuen Hauptstadt **Maceió** mit vielen neuen Häusern an den schönen Stränden, sie hat jedoch keine wichtigen älteren Bauten. Der Besuch des Viertels ›Pontal da

Recife 1 Forte do Brum 2 Forte das Cinco Pontas 3 Capela Dourada Museu Franciscano 4 Igreja e Convento do Carmo 5 Igreja de San Pedro dos Clérigos 6 Igreja Nossa Senhora da Conceição dos Militares 7 Igreja da Madre de Deus 8 Matriz da Boa Vista 9 Museu Arqueológico e Geográfico 10 Teatro Santa Isabel 11 Mercado São José 12 Empetur 13 Estação Rodoviária 14 Igreja de Nossa Senhora do Pilar 15 Regierungspalast 16 Casa de Cultura/Casa Detenção/Museu do Barro 17 Igreja dos Homens pretos de Recife 18 Igreja do Santissimo Santo 19 Capela do Sitio da Jaqueira 20 Edificio da Assembleia Constituinte 21 Matriz do Santo Antonio

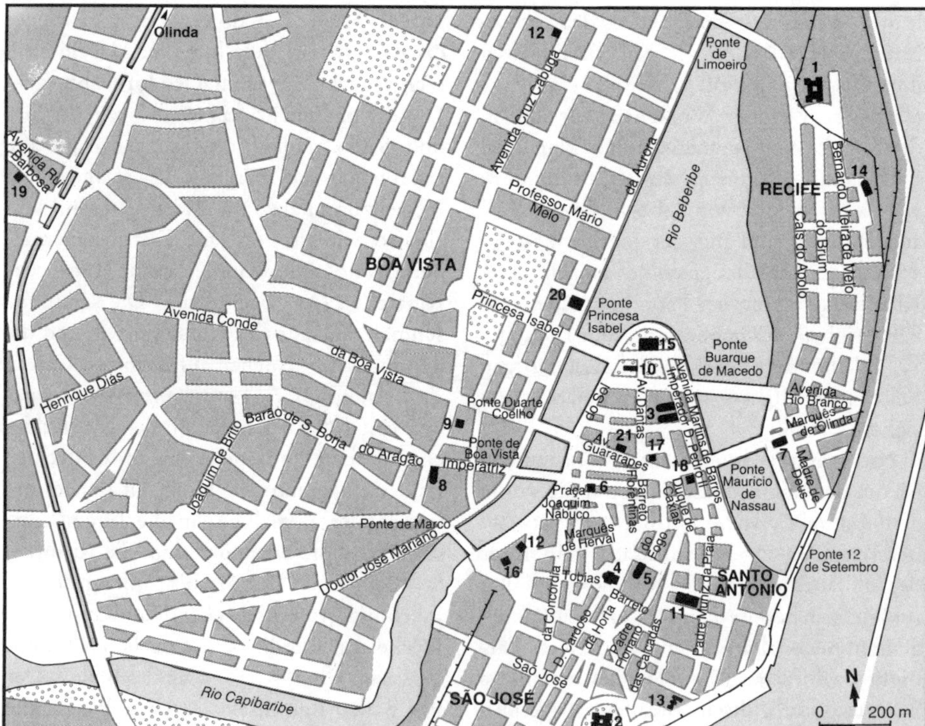

Barra‹ ist interessant, da dort typische Spitzen und Stickereien hergestellt werden.

Auf der Weiterfahrt nach Recife kommt man durch Palmares, dessen Name an die ›Quilombos von Palmares‹ der aufständischen Sklaven erinnert, nach Cabo und Jabotão, die schon als Vororte von Recife gewertet werden können.

7. Recife

Recife ist als Hauptstadt des Staates Pernambuco im alten fruchtbaren Zuckerrohranbaugebiet zu einer Millionenstadt mit Industriegürtel geworden. Es ist nicht die älteste Stadt in diesem Bereich. Das nahe gelegene Olinda war von den Portugiesen schon in der ersten Zeit der Kolonisation und ihren Traditionen entsprechend auf der Anhöhe angelegt worden. Recife in der sumpfigen Niederung auf Inseln zwischen Flußläufen hinter dem Riff, das dem Ort den Namen gab, war lediglich eine kleine Ansiedlung an dem Hafen für die Schiffe, die von Portugal kamen. In der Zeit der holländischen Besetzung ab 1630 wurde Recife planmäßig aufgebaut. Und zwar entsprach es gerade holländischem Städtebau, die Inseln und Halbinseln, die von den Schleifen der Flüsse Capibaribe und Beberibe gebildet wurden, auszunutzen. Von ihren Bauten, dem Regierungssitz des Prinzen Moritz von Nassau, ist nichts außer den Befestigungsanlagen, das *Forte do Brum* nahe der Hafeneinfahrt und das *Forte das Cinco Pontas* am Südende der Altstadt erhalten. Die Paläste des Prinzen und die Häuser mit Stufengiebeln nach holländischer Art sind nur durch die Bilder und Zeichnungen der holländischen und deutschen Künstler, die damals dort arbeiteten, bekannt. Die Befestigungsanlagen wurden nach der Vertreibung der Holländer 1648–49 von den Portugiesen weiter benutzt, ergänzt und ausgebaut. In der zweiten Hälfte des 17. Jahrhunderts entstanden die wesentlichen kirchlichen Niederlassungen, in erster Linie im Stadtteil Santo Antonio, wo das gleichnamige Kloster der Franziskaner und die *Capela Dourada* des dazugehörigen Laienordens liegen. Die Gründung des Klosters erfolgte schon 1606, also vor der Holländerzeit. Die heute bestehenden Bauten wurden jedoch Ende des 17. und Anfang des 18. Jahrhunderts errichtet, zuletzt die Fassade mit bewegter Bekrönung und kachelverkleidetem Turm. Die Kirche besitzt eine verkachelte Kuppel von fast maurischem Charakter sowie reiche Azulejobilder im Kreuzgang. Einen großen Teil ihrer originalen Ausstattung verlor sie im 19. Jahrhundert. Dafür ist die Capela Dourada einer der schönsten und harmonischsten Innenräume des Barock in Brasilien. Baubeginn und -meister werden mit 1696 und Mestre Antonio Fernandes Matos angegeben; die Schnitzereien (1698–1724) sind von Mestre Antonio Santiago ausgeführt. Die ersten Tafelbilder wurden schon ab 1699 gefertigt. Die besten dieses Zyklus', die der Tugenden, erinnern in der Komposition der Figuren noch an manieristische Auffassungen. Besonders eindrucksvoll sind die 1707–1710 gemalten Schilderungen des Martyriums von Jesuiten und Franziskanern und deren japanischen Laienbrüdern, die als Missionare im fernen Osten starben. Die Altarfiguren der Kapelle sind ebenso kräftig und ausdrucksvoll in der für Brasilien frühbarocken, noch wenig bewegten Art der Auffassung.

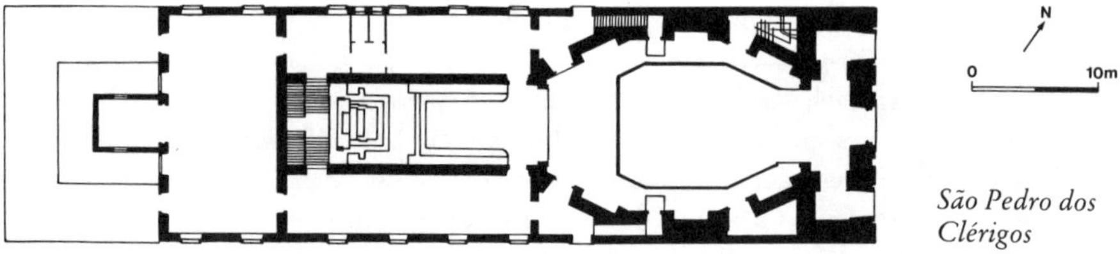

São Pedro dos Clérigos

Von den Ordenskirchen in Recife ist auch die *Nossa Senhora do Carmo* wichtig. Sie ist 1685 begonnen, möglicherweise auch mit Beteiligung des Meisters Antonio Fernandes de Matos. Ihre Fassade hat mit dem spätbarocken, rocailleverzierten Voluten einen besonders ornamental bewegten Umriß erhalten, der auch in der Bekrönung des Turmes, in seinen Aufsätzen und Kandelabern wiederholt wurde. Im Innern der Kirche ist das Chorgewölbe mit schönen vergoldeten Schnitzereien kräftiger Ornamente verziert, wie sie ähnlich in São Pedro dos Clérigos zu finden sind. Das Chorgestühl ist eines der schönsten seiner Zeit. Am Hauptaltar wurde vom Münchner Bildhauer Heinrich Moser 1919 unter der Muttergottes des 18. Jahrhunderts eine große Engelgruppe in Zementwolken aufgebaut. Sie zeigt, wie problematisch ein solcher Versuch der Angleichung an das Barock ist. In der Mitte der Deckenmalerei prunkt das beliebte Motiv des Propheten Elias auf dem Feuerwagen, umgeben von anderen Szenen aus der Geschichte des Karmeliterordens.

Ein im gesamten luso-brasilianischen Barock sehr bedeutender Bau ist die Hauptkirche *São Pedro dos Clérigos.* Ihre Pläne wurden ab 1700 entworfen, als die Gemeinschaft der Geistlichen, die ›Confraria dos Padres de Recife‹, beschloß, eine eigene Kirche zu bauen. Die Ausführung erfolgte ab 1728 nach dem Entwurf des Baumeisters Manuel Ferreira Jácome (s. o. S. 93). 1734 war die Chorkapelle fertig, das Schiff bis 1759. Außen rechteckig mit kraftvoller barocker Fassade, ist mit ihr die einzige Kirche des Nordostens geschaffen worden, die einen oktogonalen Innenraum hat. Der großartige illusionistische Architekturprospekt der Deckenmalerei, 1770 von João de Deus Sepúlvedas ausgeführt, erhöht den Eindruck der Raumausweitung. Die Altarnische mit der großen Figur des Heiligen Petrus als Papst, die 1746 aus Lissabon kam, sowie das große vornehme Chorgestühl aus Zedernholz ergänzen die reiche Ausstattung. Auch in der rückwärtigen Sakristei, 1781 eingeweiht, sind die ›Arcazes‹ genannten Kommoden, die Bilder heiliger Kleriker, Schränke aus Jacarandáholz und die die Apostel darstellende Deckenmalerei qualitätvolle Kunstwerke.

Die zahlreichen anderen Kirchen und Kapellen in Recife sind entweder Pfarrkirchen oder von Bruderschaften errichtet. Einige davon sind sehr reizvoll, besonders in ihrer Innenausstattung. Ein Beispiel dafür ist die in einer Straßenfront eingegliederte *Igreja de Nossa Senhora da Conceição dos Militares,* das heißt der Bruderschaft der Militärgarnison von Recife. Sie ist berühmt wegen der reichen spätbarocken Schnitzerei und Stuckdekoration der Wände und besonders der Decke. Um die gemalten Tafeln mit Darstellungen symbolischer Einzelheiten aus dem Leben Mariä wurde ein tiefes plastisches Relief gebildet, unter dem noch ein Umgang mit Geländer angebracht ist. Diese Teile sind ein einzigartiges Beispiel einer solchen mit viel Weiß und Gold gewissermaßen schäumenden Dekoration des vollendeten Rokoko. Dem Stolz der Militärs entspricht ein unter der Decke der Orgeltribüne angebrachtes großes und interessantes Gemälde zur Erinnerung an die Schlacht von Guararapes, das heißt der Vertreibung der Holländer. Zahlreiche erklärende Aufschriften und Nummern identifizieren die Phasen der Schlacht und die Teilnehmer. Das Votivbild wurde 1781 von Gouverneur José Cesar de Menezes in Auftrag gegeben. Über dem Triumphbogen der Kirche wurde später ein Wappen des brasilianischen Kaiserreiches eingefügt.

Die *Igreja do Santissimo Sacramento,* gleichfalls im Stadtteil Santo Antonio gelegen und von 1766 bis 1791 erbaut, zeichnet sich durch eine sorgfältig gearbeitete und mit dekorativen Motiven geschmückte Hausteinfassade aus. Die *Igreja de Nossa Senhora do Rósario dos Homens Pretos de Recife* hat eine ab 1739 erneuerte ähnliche Front. In ihrem Innern sind die große Madonna auf dem Hauptaltar und die schwarze Santa Efigenia, die von der farbigen Bevölkerung besonders verehrt wird, kennzeichnende Plastiken für die Mitte des 18. Jahrhunderts. Wenn man der Avenida Rui Barbosa nach Westen folgt, kommt man zu der Kapelle des ›Sitio da Jaqueira‹, die der Nossa Senhora da Conceição geweiht ist und 1766 von dem Kapitän Henrique Martins auf Grund eines Gelübdes errichtet wurde. Ihre Lage auf einem baumbestandenen Platz, eine an die Capela Dourada erinnernde Decke und die im Stil der ›Nossa Senhora Conceição dos Militares‹ ausgeführte Dekoration der Chorkapelle mit Deckenmalerei (Verkündigung) sowie sehr gute Azulejos mit der Geschichte Josephs im Schiff machen den Besuch zu einem Erlebnis.

Im Hafenviertel erhebt sich die große *Igreja Madre de Deus* mit strenger Fassade, die leider zum Teil ausbrannte. Die *Matriz de Santo Antonio* ist ebenso groß; sie stammt aus der ersten Hälfte des 18. Jahrhunderts und hat ein weites Schiff. Der Turm der *Igreja do Terco* ist in einer Zopfstil-Dekoration des 19. Jahrhunderts gestaltet, die an die Bauten von Porto erinnert. Für die weitere Entwicklung des Kirchenbaues im Recife des 19. Jahrhunderts ist die große Pfarrkirche *Matriz da Boa Vista* als typisch anzusehen.

Im weiteren Umkreis der Stadt liegt die auf der Höhe des Nationalparkes von Guararapes befindliche *Nossa Senhora dos Prazeres* als ein besonderer Anziehungspunkt. Sie wurde im 17. Jahrhundert auf dem Schlachtfeld, wo die Vertreibung der Holländer besiegelt wurde, erbaut und vom Ende des 17. bis zum Anfang des 18. Jahrhunderts erweitert. Ihre Innenwände sind vollständig mit dekorativen portugiesischen Azulejos verkachelt. Der Hauptaltar und die beiden Nebenaltäre sind sehr kraftvoll geschnitzt und mit salomonischen Säulen geschmückt. Ebenso stark in ihrer Formensprache sind ihre Figuren: die Titelheilige Maria, im rechten Seitenaltar die lehrende Anna und links Christus am Kreuz. Die Kirche wurde von den Benediktinern verwaltet, was auch an den Formen der an Olinda erinnernden Fassade mit der Vorhalle aus dem 18. Jahrhundert nachempfunden werden mag. Den Besuch von Guararapes sollte man nicht versäumen.

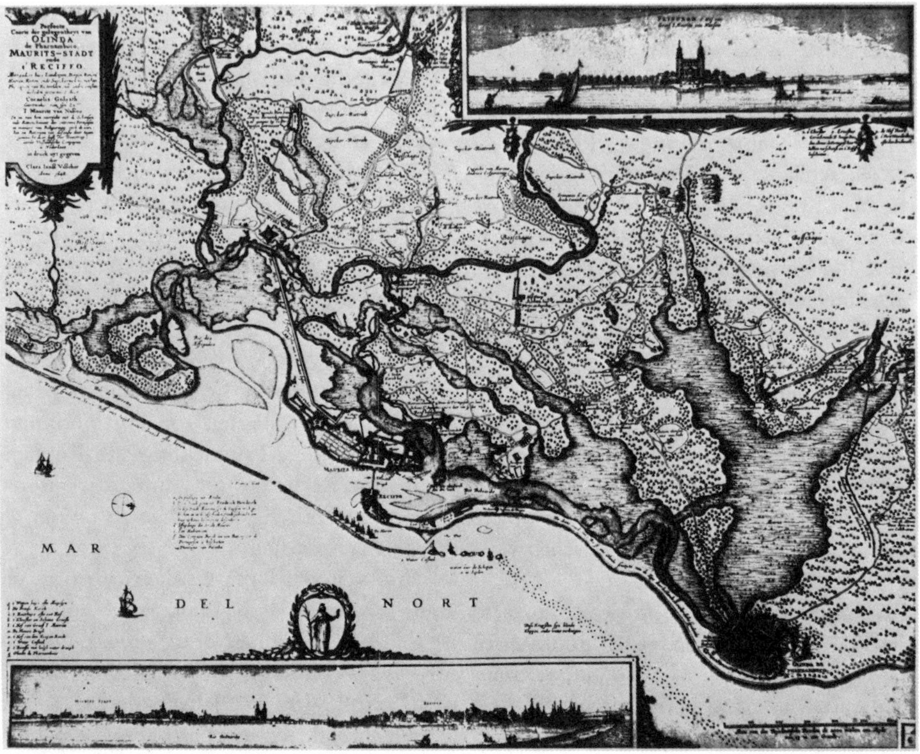

C. Golijath, Karte von Mauritz-Stadt oder Recife, 1648

An ziviler Baukunst der Kolonialzeit ist in Recife kaum etwas erhalten. Alles fiel der modernen Entwicklung zum Opfer. Manches mag ähnlich den erhaltenen Häusern in Olinda gewesen sein. Auf alten Ansichten sind hohe und schmale Häuser zu sehen. Im 19. Jahrhundert wurden einige bedeutende klassizistische Bauten errichtet, die dem Wirken des französischen Architekten Luis Vauthier, der von 1840 bis 1846 in Recife arbeitete, ihr Entstehen verdanken. An der Praça da República steht das von ihm entworfene *Teatro Santa Isabel;* das *Edificio da Assembleia Constituinte* in der Rua Aurora und das *Ginásio Pernambucano* sind weitere Beispiele für sein Schaffen. In der Rua Aurora und in der Rua do Benfica sind andere typische Häuserfronten aus der Mitte des 19. Jahrhunderts erhalten. Darüber hinaus gibt es an der Avenida Rui Barbosa und Umgebung die ›Solar‹ genannten Villen mit Veranden und Gärten. Die militärischen Anlagen, die von den Holländern angelegten und später von den Portugiesen weiter verstärkten Forts wurden schon erwähnt.

In Recife lohnt es sich, einige der Museen anzuschauen, die das Bild der Kultur und Kunst der Region mit ihren reichen Sammlungen ergänzen. Das *Museu do Estado de Pernambuco* in der Avenida Rui Barbosa besitzt viele Möbel und Gegenstände des Kolonialbarock und des 19. Jahrhunderts. Dort sind auch noch zwei sehr wichtige und große Tafelbilder der Schlachten von Guararapes ausgestellt, die früher in der Kirche auf dem Schlachtfeld und im Paço Municipal von Olinda waren. Das *Museum der Franziskaner* bei der Capela Dourada ist eine Ergänzung mit kirchlicher Kunst. Das *Museu do Barro* in der Rua Floriano Peixoto zeigt schöne Beispiele der Volkskunst, insbesondere der Keramik sowie Stücke des Meisters Vitalino und seiner Familie aus Caruaru (s. o. S. 180f.). Interessant sind auch die Sammlung und das Atelier des Keramikers Francisco Brennand, den man in seinem Besitz, dem ›Engenho São João‹ in der Varzea aufsuchen kann. Im früheren Gefängnis, der ›Casa de Detenção‹, ist ein Kunstgewerbemarkt eingerichtet. Noch ursprünglicher und billiger sind jedoch viele volkstümliche Handarbeiten in der alten Markthalle *Mercado de São José* zu haben.

Die weitere Umgebung von Recife bietet außerordentlich viel an künstlerischen und landschaftlichen Höhepunkten, so daß man sich einiges davon auswählen sollte.

8. Olinda

Olinda ist der Ort, von dem Recife bis 1709 verwaltungsmäßig abhängig war. Als eine der ältesten portugiesischen Gründungen in

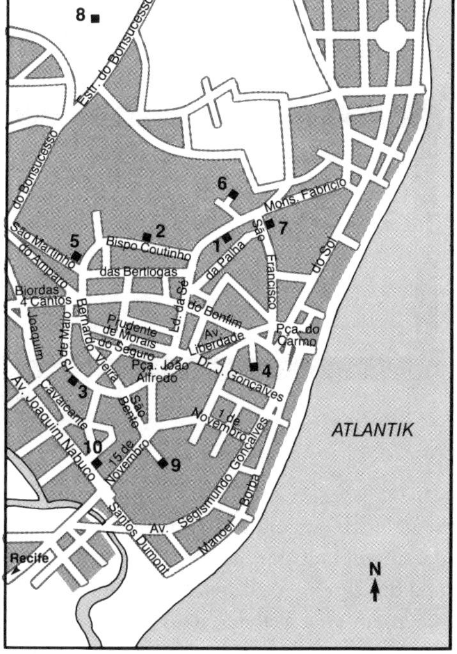

Olinda 1 Igreja da Sé 2 Museu de Arte Sacra 3 Museu de Arte Contemporánea 4 Igreja de Nossa Senhora do Carmo 5 Igreja de Nossa Senhora da Misericórdia 6 Igreja de Nossa Senhora das Graças 7 Convento Nossa Senhora das Neves dos Franciscanos 8 Igreja da Nossa Senhora do Monte 9 Mosteiro de São Bento 10 Igreja de São Sebastião

Brasilien wurde es schon 1537 von Duarte Coelho angelegt. Er war Besitzer der einzigen ›Capitania‹, die sich durch den Zuckerrohranbau entwickelte. 1551 kamen die Jesuiten, 1577 begründeten die Franziskaner (Abb. 34, 36) und 1580 die Karmeliter dort ihre Niederlassungen. 1631 wurde Olinda von den Holländern geplündert, und die Kirchen wurden abgebrannt. Nach deren Abzug begann eine neue reichere Phase des Aufbaues, und es sind diese Werke, die wir

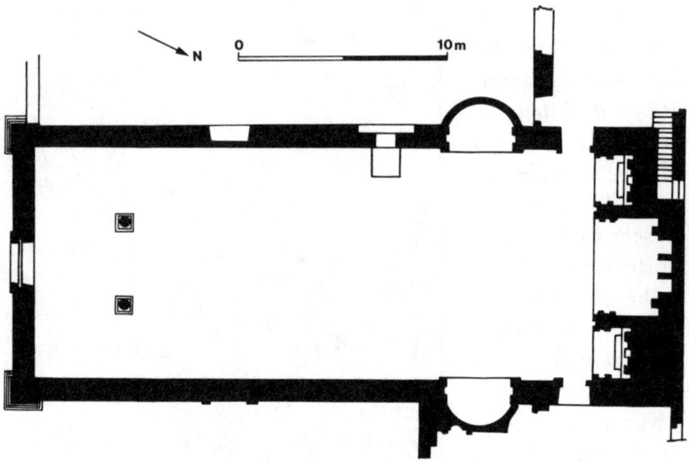

Nossa Senhora da Graça

heute noch bewundern können. Die Portale der alten Hauptkirche (›Sé‹) auf dem Hügel und der *Igreja do Antigo Convento do Carmo* im unteren Teil der Stadt haben noch die Formen der Zeit vor der Holländerinvasion mit Säulen und Gesimsen der Spätrenaissance bewahrt, wie sie genau auf den Bildern des holländischen Malers Frans Post zu sehen sind. Die Sé, von der aus man einen schönen Blick auf Recife hat, ist sonst stark restauriert. Die Karmeliter erhielten bereits 1591 eine Bauerlaubnis; 1630 war ihre Kirche wohl noch nicht fertig. Nach dem Brand und Plünderung wurde sie 1704 vollendet. Die restaurierte Kirche hat ein breites Schiff, auf dessen Nordseite eine Empore zu dem nicht mehr existierenden Kreuzgang und Kloster und auf der Südseite ein nach außen offener Gang liegen.

Etwas rückwärts auf der Höhe liegt die Kirche der Jesuiten, *Nossa Senhora da Graça,* die auf den Begründer der kirchlichen Architektur in Brasilien, Irmão Francisco Dias, zurückgeht (s. o. S. 83), der den Plan 1592 zeichnete. Mit ihrer einfachen, klaren Fassade mit Dreiecksgiebel vor einem hohen einschiffigen Raum, in dem die Altarnischen jeweils flach abschließen, ist sie der einzige Zeuge einer wichtigen Architekturphase, aus der keine anderen Bauten von gleicher architektonischer Schönheit existieren. Nach der Ausweisung der Jesuiten wurde das Kloster zum Priesterseminar der Diözese. Es wurde auch als Sitz des seinerzeitigen Erzbischofs von Olinda und Recife, Dom Helder Camara, weiter bekannt.

Das Franziskanerkloster mit seiner Kirche *Nossa Senhora das Neves,* in reizvoller Hanglage mit Blick auf den Ozean, ist 1585 gegründet worden. Es ist eine der bedeutendsten Anlagen des Ordens, der im ganzen Nordosten im 17. und 18. Jahrhundert eine ungemein rege Bautätigkeit entfaltete. Auch diese ihre älteste Niederlassung mußte nach der Zerstörung durch die Holländer wieder aufgebaut werden. Die Erweiterungen und Ausschmückungen, die man heute sieht, wurden 1686 begonnen und im 18.

Jahrhundert fortgesetzt. Die Verkleidungen der Kirchenwände mit Azulejobildern, die das Leben Marias und im Kreuzgang Szenen aus dem Leben des Heiligen Franziskus darstellen, gehören zu den bedeutendsten Folgen solcher portugiesischer Kachelbilder aus diesem Jahrhundert. Eine Fülle von Deckenmalereien schmücken den Kapitelsaal, den Saal für Philosophieunterricht, die Vorhalle der Kirche und die Sakristei, die auch hier hervorragend ausgestattet ist.

Im unteren Teil des Ortes liegt das Benediktinerkloster mit der spätbarocken Kirche. Der Erste Bau war 1599 vollendet und wurde auch 1631 von den Holländern niedergebrannt und in der zweite Hälfte des 17. Jahrhunderts erneut aufgebaut. Ab 1750 wurde die Innenausstattung vollständig erneuert. Für die Schnitzereien waren jene des Klosters São Bento de Tibães in Portugal von Frei José de Santo Antonio Ferreira Vilaça Vorbild. Die Fassade wurde 1761 nach dem Entwurf des Architekten Francisco Nunes Soares errichtet. Schließlich kam in der Zeit von 1783 bis 1786 ein neuer großartiger Hochaltar von Meister Gregório zur Ausführung. Durch dies alles ist die Kirche eines der reichsten Denkmäler der Endphase des Barock im Nordosten geworden.

Olinda besitzt noch eine Reihe alter Wohnbauten, meist zweistöckig, ›Sobrados‹ genannt; einige stehen an der Praça João Alfredo, einige in der Rua Aurora, dort mit dem ursprünglichen Balkon, dem ›Muxarabi‹ aus gekreuztem Lattenwerk. Das *alte Gefängnis,* in dem das Museum für zeitgenössische Kunst untergebracht ist, die *Santa Casa de Misericordia,* mit einer schönen Kanzel und Wasserbecken in der Sakristei ihrer Kirche, der alte Bischofspalast auf der Höhe, in dem ein Museum kirchlicher Kunst mit einer Abteilung für Volkskunst untergebracht ist, sind Beispiele der hier besser erhaltenen Zivilbaukunst. In *Mercado da Ribeira* ist ein Kunsthandwerksmarkt eingerichtet. Nach Norden hinaus sind an den alten Kern neue Viertel auch mit Luxushotel angeschlossen, die glücklicherweise die Altstadt, die sogar unter Schutz der UNESCO steht, nicht beeinträchtigen. Die Hauptsorge in Olinda ist, das weitere Abtragen der Küste durch den starken Wellenschlag zu verhindern. Weiter hinaus nach Norden liegen herrliche Strände, die sich palmenbestanden bis zur Insel Itamaracá hinziehen, auf der ein Fort der Holländerzeit, das *Fort Orange* steht.

9. Pernambuco

In die Landschaften Pernambucos eingebettet sind einige sehr malerische kleine Orte mit alten Kirchen und viel ursprünglich erhaltener Tradition. Südlich von Recife, an einer von der Stadt Cabo abgehenden Straße, die nahe am Meer verläuft, kommt man zu einigen besonders sehenswerten Stellen. **Cabo** selbst hat nur wenig aus alter Zeit bewahrt. An dem vorgelagerten Kap hingegen, dem ›Cabo São Agostinho‹, stehen auf der Anhöhe Reste einer Befestigung, das *Castelo do Mar,* und einer Kapelle mit Steinmetzarbeiten des 17. Jahrhunderts. Das Wesentliche dort ist jedoch die einmalige Landschaft. Von der Höhe blickt man auf die Palmenhaine der Strände und das vorgelagerte Riff. Vom Cabo São Agostinho aus in südlicher Richtung liegend kommt man noch zu zwei sehenswerten Klöstern der Franziska-

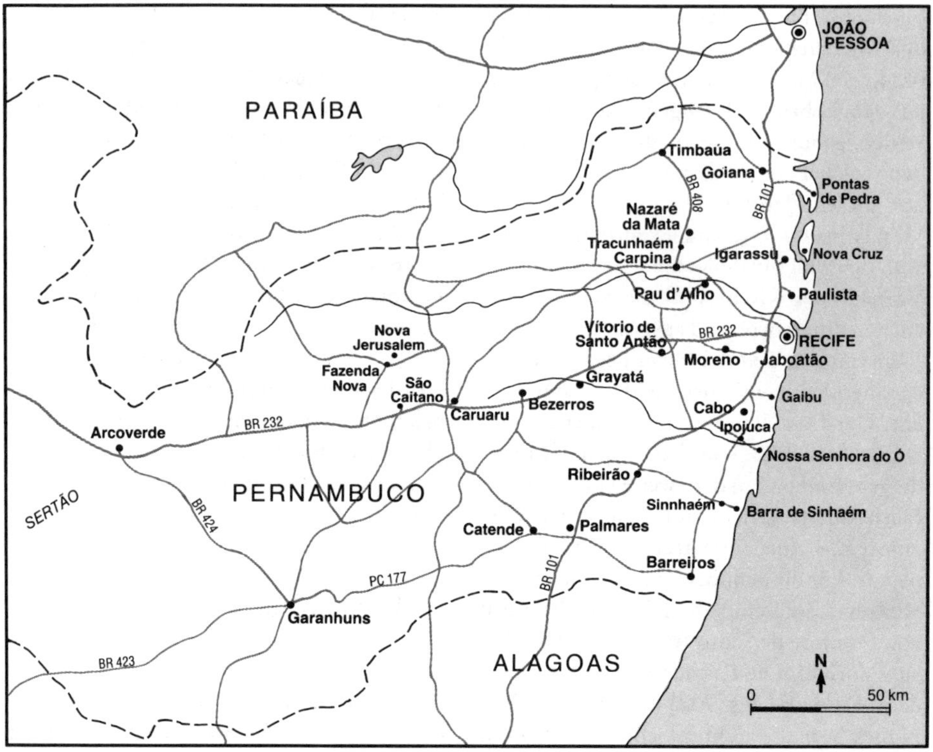

Pernambuco

ner, Ipojuca und Serinhaem. Es sind typische Klosteranlagen dieses Ordens aus dem 17. Jahrhundert, die nach der Brandschatzung durch die Holländer wieder aufgebaut wurden. Die Bauwerke haben leider in neuerer Zeit durch Brand beziehungsweise auch durch Restaurierung viel ihrer ursprünglichen Ausstattung verloren. In Ipojuca ist davon immerhin eine eindrucksvolle Christusfigur erhalten.

Ein Ausflug von Recife ins Landesinnere ist zumindest bis **Caruaru** recht lohnend. Man kommt dabei in eine hoch gelegene Gegend, die sich durch eine vom Küstenstreifen sehr verschiedene Vegetation auszeichnet. Dort sind die Schöpfer bunt bemalter Tonfiguren zuhause, unter ihnen die Nachkommen des berühmten Vitalino. Ihre Figuren, oft ganze Gruppen mit volkstümlicher Thematik, sind auf dem Wochenmarkt (Mittwoch und Samstag) und in den Häusern der ›Villa dos Ceramistas‹ in dem etwas außerhalb gelegenen Ortsteil Alto do Moura zu sehen und zu erwerben. In Caruaru sind viele folkloristische Traditionen lebendig. Eine Pfeiferkapelle, die ›Pifanos de Caruaru‹ und populäre Sänger mit Ziehharmonika wie Luis Gonzaga, kommen aus dieser

Stadt. Auf dem Weg nach Westen kommt man bald in die Trockengebiete des ›Sertão‹. In dem urwüchsigen Hinterland mit seiner herben Natur liegt **Nova Jerusalem,** ein weitläufiger szenischer Aufbau. In ihm werden in der Osterwoche (Dienstag bis Samstag) Passionsspiele aufgeführt.

In Richtung Norden, westlich an Olinda vorbei, kommt man auf der Fortsetzung der BR 101 durch den für die Anfänge der Industrialisierung interessanten Ort **Paulista** mit alten, von der schwedischen Familie Lundgreen im 19. Jahrhundert begründeten Textilfabriken bald nach Igarassu.

In **Igarassu** stehen kunstgeschichtlich bedeutende Bauwerke. Die Kirche *São Cosme e Damião* wird als die älteste erhaltene steinerne Pfarrkirche in Brasilien angesehen. Der einfache Bau aus dem 16. Jahrhundert hat eine angenehm proportionierte Fassade mit Dreiecksgiebel und Eckpilastern. Der seitliche Turm wurde später verändert. Etwas unterhalb liegt das Franziskanerkloster *Santo Antonio.* Dieses ist einer der typischsten und anziehendsten Komplexe unter den vielen Niederlassungen dieses Ordens im Nordosten. 1588 gegründet, von den Holländern gebrandschatzt, wurden Kirche und Konvent am Ende 17. bis zum Anfang des 18. Jahrhunderts wieder aufgebaut und neu ausgestattet. Ein tiefer Vorplatz mit großem Kreuz führt zur verhältnismäßig schmalen Kirche, deren Fassade durch drei Eingangsbögen gegliedert wird. Sie ist einschiffig, die Sakristei liegt hinter dem Chor. Der verhältnismäßig kleine Bau besitzt schöne Azulejobilder im Schiff, die das Leben des Heiligen Antonius schildern, darüber schließt eine von dem Mulatten Rabelo 1749 vollendete Deckenmalerei den Raum. Dem Maler und ehemaligen Soldaten wird auch die dreißig Jahre später ausgeführte Deckenmalerei in der ›Nossa Senhora da Conceição dos Militares‹ in Recife zugeschrieben. Die Sakristei ist sehr reich mit einer verkachelten Nische für das große Lavabo, einem prächtigen Sakristeischrank und Bildern der Kirchenväter ausgeschmückt. Das Besondere ist hier jedoch die im Konvent untergebrachte Sammlung von Gemälden (Szenen aus dem Leben der Heiligen, Einzelfiguren und Serien), die in einem langen Saal des Obergeschosses aufgehängt sind. Die großen Tafelbilder mit Heiligenfiguren und Schilderungen der Pest in Olinda, von der Igarassu wunderbarerweise verschont blieb, bilden die wichtigste Galerie barocker Malerei im ganzen Nordosten. Im Ort sind eine Reihe rustikaler alter Häuser erhalten. Dabei sind die *Casa Paroquial* hinter ›São Cosme e Damião‹ und Sobrados mit Balkons aus Lattenwerk auf Steinkonsolen zu nennen.

Fährt man weiter nach Norden, kommt man nach **Goiana,** das schon nahe an Paraíba liegt. Die Kirchen des Ortes sind abgesehen vom Karmeliterkonvent *Santo Alberto* alle der Muttergottes geweiht. Es sind dies

Aldert Meyer, Holländisches Paar in Pernambuco, Mitte 17. Jahrhundert

Nossa Senhora do Rosário dos Brancos, Nossa Senhora do Rosário dos Pretos und *Nossa Senhora do Amparo,* alles hübsche, aber sehr einfache Bauten des 18. Jahrhunderts. In Goiana gibt es ebenfalls Töpfer, die ähnlich volkstümliche Tonfiguren wie in Caruaru fertigen. Einige von Ihnen haben Muster ihrer Figuren auf dem Gesims der Fronten der Häuser aufgebaut.

An einer schon ab Recife mehr landeinwärts verlaufenden Straße, der BR 408, kann man zu einigen Orten mit schönen und gut erhaltenen ›Engenhos de Açucar‹ gelangen. Über **Pau d'Alho,** wo das Konvent *Mosteirinho de São Francisco* erhalten ist, der Zufluchtsort der Franziskaner während der holländischen Besetzung war, kommt man zunächst nach **Tracunhaém,** wo wiederum eine Anzahl Künstler primitiver Kunst, vielfach Frauen, Tonfiguren modelliert. Diese sind hier meist größeren Formats und unbemalt, in der Mehrzahl Heilige darstellend.

Zum nahen Hauptort **Nazaré da Mata** gehört das Landgut *Engenho Bonito,* dessen Kapelle niemand Geringerem als São Francisco Xavier geweiht ist; sie besitzt schöne Schnitzereien aus der Zeit um 1730. Etwas weiter, in **Vicência,** liegt das *Engenho do Poco Comprido,* ein schönes Herrenhaus mit Bogengalerie im Erdgeschoß und altertümlicher, offener Veranda darüber und der dazugehörigen Kapelle aus dem 18. Jahrhundert. Von all diesen Orten ist es nicht weit nach João Pessoa in Paraíba.

10. Paraíba

João Pessoa, die Hauptstadt des Staates Paraíba, ist heute eine recht große, dennoch aber angenehme Stadt. Sie liegt in einer Gegend, in der im 16. Jahrhundert Kämpfe erst mit den Indianern und dann mit den Fran-

Paraíba

zosen stattfanden; damals hieß der Ort zuerst Nossa Senhora das Neves, dann Filipéia und Paraíba, bis er schließlich 1930 in Gedenken an den in jenem Jahre ermordeten Gouverneur Pessoa dessen Namen erhielt. Wichtigstes Bauwerk in der ganzen Gegend war lange Zeit die *Fortaleza Santa Catarina* in Cabedelo an der Mündung des Rio Paraíba do Norte, deren heutige Form auf die Zeit nach der bis 1654 andauernden Besetzung durch die Holländer zurückgeht. Am Strand vor João Pessoa ist der kühne Rundbau des *Hotels Tambau* bemerkenswert: Das Projekt von Sergio Bernardes ähnelt eher einer Raketenabschußrampe als einem Hotel.

In der Stadt selbst ist der *Convento de Santo Antonio* der Franziskaner mit der dazugehörigen Kapelle des Dritten Ordens eine Baugruppe von Bedeutung. Unter den Franziskanerkirchen des Nordostens ist es wohl eines der vornehmsten Kunstwerke. Er wurde 1701 begonnen und 1734 geweiht. Der Kirche vorgelagert ist ein tiefer Platz mit sehr großem Kreuz mit reichprofiliertem Sockel. Die seitlichen Wände sind zwischen kleinen Oratorien der Kreuzwegstationen mit Azulejos und Löwenfiguren auf den Enden verziert. Die herrliche Fassade besitzt im Erdgeschoß eine fünfbogige Vorhalle (›Galilea‹). Die Obergeschosse sind etwas weniger breit und haben der Fassade damit die für Franziskanerbauten des Gebiets nördlich Bahia charakteristische dreieckige Form gegeben. In der Vorhalle sind reich skulpierte Türumrahmungen bemerkenswert. Im Schiff sind die Wände über den Azulejobildern weiß gelassen; über ihnen wölbt sich die illusionistische Architektur der Decken (Apotheose des Franziskanerordens und der Muttergottes, umgeben von anderen heilig gesprochenen Franziskanern). Eine mächtige barocke Kanzel und der Bogen zur Linken der sehr reich mit vergoldetem Schnitzwerk ausgestatteten ersten Kapelle des Dritten Ordens unterstreichen die vornehme Würde des Raumes. Die Sakristei ist etwas später ebenso reich geschmückt worden. Der Hauptaltar im Chor wurde leider 1908 zerstört. Links von der Klosterkirche liegt mit eigenem Kolonnadenhof die endgültige Kirche der *Ordem Terceira de São Francisco,* ihr Schiff ist zur gleichen Zeit wie die Klosterkirche und ebenso nobel ausgestattet; die Altäre ihrer Chorwand in rot und blauer Fassung mit goldenen Rahmungen wurden erst im Rokoko hinzugefügt. Ihre Fenster geben den Blick in die weite Landschaft frei. Das *Kloster* rechts der Hauptkirche, das im Laufe der Zeit verschiedenen Zwecken (Hospital, Schule, Sitz der Provinzialregierung, Priesterseminar und Museum) diente, ist ein wuchtiger Block mit Kreuzgang. Heute ist darin ein Museum kirchlicher Kunst und eine Sammlung typischer Geräte aus der Region (Fischfang, Ackerbau, Hausrat) untergebracht.

Die anderen Kirchen in João Pessoa, wie das *Kloster São Bento,* der *Convento do Carmo* und die *Igreja da Ordem Terceira do Carmo* sind Bauten des 18. Jahrhunderts, die jedoch weniger an Kunstwerken bieten.

Interessant ist auch die Kirche der ehemaligen Karmeliterniederlassung in **Lucena,** die man über Santa Rita auf dem nördlichen Ufer des Rio Paraíba erreicht. Die Kirche *Nossa Senhora da Guia* ist eine jetzt gesicherte Ruine, die eine ganz eigenartige Fassade und Vorhalle (1720–1750) besitzt. Die Front ist im Mittelfeld originell mit skulpierten tropischen Früchten geschmückt.

Die wulstigen Tür- und Fensterrahmungen zeigen ornamentale Motive mit tropischen Fruchtranken, seitlichen wie Seile gedrehten Säulen und überquellenden Ornamenten. Auch die Portale in der Vorhalle und die aus Kalkstein gearbeiteten erhaltenen Altäre wurden von einheimischen Bildhauern in derselben Art ausgearbeitet.

Im Gebiet von Santa Rita liegt noch eine Kapelle, die zu einem Engenho de Açucar, dem *Engenho Patrocínho,* das früher ›Engenho Una‹ hieß. Diese wurde in einer für die erste Hälfte des 18. Jahrhunderts bezeichnenden polygonalen Form mit Kuppel erbaut und besitzt ein schönes Portal. Die Mehrzahl der reichen Landgüter in der dem Meer zugewandten fruchtbaren Zuckerrohranbauzone haben leider wenig von ihren traditionellen Bauten erhalten.

11. Die Nordküste von Rio Grande do Norte durch Ceará und Piauí bis Maranhão

Es ist ein ganz andersartiges Erlebnis, die Nordküste Brasiliens zu bereisen. Sie ist kein Gebiet mit dichtgesäten Kunst- und Kulturdenkmälern wie die Landschaften der voraufgehend beschriebenen Routen an der Ostküste. Von Recife und João Pessoa geht der Weg bis zur Nordostecke des Kontinents vorerst weiter auf der BR 101. Recife ist auch der Ausgangspunkt für Flüge zu der fischreichen Insel Fernando de Noronha mit Felsformationen.

Natal, die Hauptstadt des Staates Rio Grande do Norte an der Nordostecke des Kontinents liegt weniger als 5,5 Grad unter dem Äquator, der die Amazonasmündung schneidet. Diese sehr ausgedehnte Zone, deren Hinterland periodisch von langen Dürrezeiten und alles überschwemmende tropischen Regenfällen heimgesucht wird, ist für den Besucher aus ›gemäßigten‹ Klimabereichen mit der vom Zenit sengenden Sonne ein starker Eindruck. Die wenigen Hauptstraßen durchkreuzen weite Strecken mit vereinzelter Bebauung und den vorherrschenden Carnaubapalmen. Aus ihren Blättern wird durch Schlagen ein Wachs gewonnen. Wo es Wege gibt, kann man zu den ausgedehnten leeren Stränden abbiegen. Wer diese ganz andersartige Welt nicht im einzelnen kennenlernen will, erreicht die Hauptorte rasch mit dem Flugzeug.

Die Kolonisierung setzte hier viel später ein als in Bahia und Pernambuco. Alle wichtigen Orte haben als Befestigungsanlagen begonnen. Die sporadische Landnahme mit Kämpfen gegen Indianer und Franzosen ließ erst im 17. Jahrhundert eine feste verwaltungsmäßige Angliederung dieses Gebietes an die portugiesische Kolonie zu. Daher kam es auch nicht zu so zahlreicher Gründung kirchlicher Niederlassungen wie in anderen Gegenden.

Natal besitzt als wichtigste Anlage das *Forte dos Reis Magos,* eine sternförmig angelegte Befestigung, die in den Jahren 1614 bis 1628 unter Leitung des bekannten und bedeutenden Militäringenieurs Francisco Frias de Mesquita im Meeresraum hinter den vorgelagerten Riffs errichtet wurde und heute gut restauriert ist. Die Stadt Natal selbst hat weniger kulturelle Bedeutung erlangt, in der Neuzeit wurde sie sogar mehr als militäri-

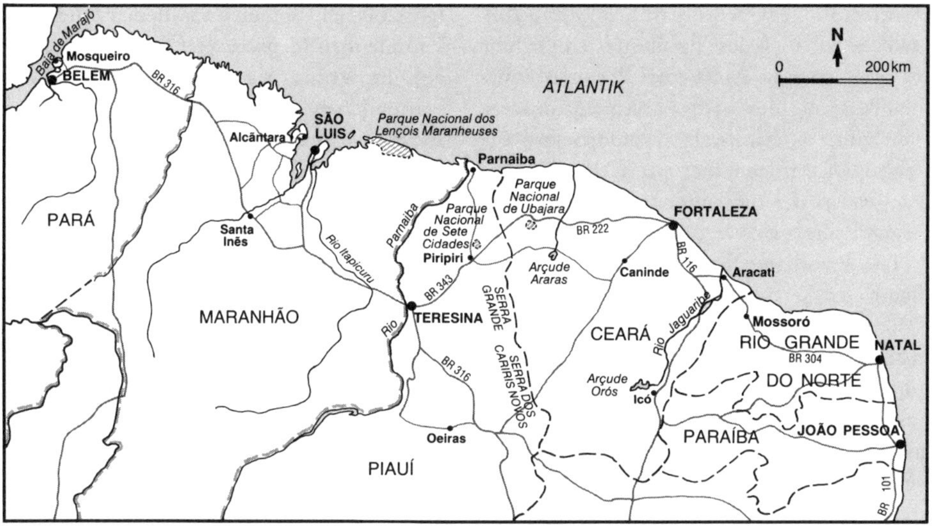

Die Nordküste Brasiliens

scher Stützpunkt bekannt. Die Küstenregion von Rio Grande do Norte hat vom Ozean beeinflußtes grünes Aussehen und bei Mossoró, Areia Branca und Macau an der Nordküste kann man die größten Salinen Brasiliens sehen.

Fortaleza, die Hauptstadt von Ceará, geht ebenfalls auf eine Befestigung an der langen offenen Küste zurück, die hier von ausgedehnten, oft hohen Dünen begleitet wird. Vom *Forte São Sebastião* sind die Unterbauten gut erhalten, es wird heute als Platz mit Grünanlagen für den ›Passeio Público‹ genutzt. Nicht weit davon ist das ehemalige Gefängnis mit seinen Höfen in ein *Centro Cultural de Turismo* verwandelt worden, wo das Kunstgewerbe aus den Ortschaften Cearás feilgeboten wird. Lohnend sind hier Stickereien und Spitzen, die, gemessen an der ungeheuren Mühe, die die Frauen für die Blusen, Kleider und Decken aufwenden, sehr billig verkauft werden. Wer diese volkstümlichen Arbeiten nicht so touristisch aufgetischt erwerben will, kann sich in das Gewühl des *Mercado Central* wagen, der schräg gegenüber der neugotischen

Forte dos Reis Magos aus Arnoldus Montanus' ›De nieuwe en obekende weerelt‹

Kathedrale liegt. Kurios ist das *Teatro José de Alencar,* nach dem berühmtesten Dichter Cearás benannt. Es ist eines der interessanten Beispiele der noch zu Anfang unseres Jahrhunderts aus England importierten Eisenkonstruktionen, hier mit reichen Verzierungen an den umlaufenden Galerien mit Jugendstilmotiven (s. o. S. 162).

Die Brasilianer besuchen Fortaleza, das heute große Luxushotels aufweist, ausschließlich wegen seiner Strände und Dünen, die von den stadtnahen ›Iracema‹ und ›do Futuro‹ bis zu fernen und noch schwer zugänglichen wie ›Jericoacoara‹ nicht alle aufzuzählen sind. Hier kann man die Fischer beobachten, wie sie mit ihren ›Jangada‹ genannten Segelflößen zum Langusten- und Fischfang sehr weit auf den Ozean hinausfahren. Diese Anziehungspunkte stellen alles andere in den Schatten.

Da die Besiedlung von Ceará praktisch erst im 18. Jahrhundert erfolgte, sind die älteren Bauten weniger barock, sondern nur ›kolonial‹ zu nennen; ihre Form und ihr Schmuck sind meist einfach und erinnern eher an barocke Ausgestaltung, als daß sie sie zeigen. Das kann man an der rustikalen Kirche von 1738 in **Icó** sehen, an der *Câmara e Cadeia* und dem *Haus des Barão do Crato* (ein von Pedro II. geadelter Politiker); in **Aracati** am Jaguaribe ebenfalls an der *Câmara e Cadeia* von 1748 und in **Sobral** an der Kirche von 1773.

Von Fortaleza sind es 150 km landeinwärts ins Trockengebiet nach **Canindé.** Die neugotische Kirche des Wallfahrtsortes wird von einigen deutschen Franziskanern betreut und ist an Festtagen (vor allem im Oktober, in dem am 4. der Tag des Heiligen Franziskus gefeiert wird) stark besucht. Das Besondere außer Landschaft und Wallfahrtsbetrieb mit den aus dem Hinterland kommenden Menschen ist die große Menge von Ex Votos. Sie sind zumeist sehr ursprünglich aus Holz geschnitzte Köpfe und andere Gliedmaßen, die nach der vom Heiligen Franziskus mit Gelübden erbetenen Heilung dort niedergelegt wurden. In der *Sala de Milagres* häufen sie sich derart, daß sie von Zeit zu Zeit weggeschafft werden müssen.

Der westlich anschließende Staat Piauí ist ebenfalls spät besiedelt worden. Schon lange wurde auf seinem Gebiet extensive Viehwirtschaft betrieben, bei der das Vieh vom Rio São Francisco in Bahia quer durch das Land kam und ohne gepflegte Weiden frei in der grenzenlosen Buschlandschaft lebte, nur von den umherstreifenden Hirten überwacht. An der Grenze zu Ceará liegen einige Naturschutzgebiete, in denen zum Teil vorgeschichtliche Funde gemacht wurden. Am phantastischsten ist der *Parque Nacional das Sete Cidades,* der von Piripiri aus (an der Straße Fortaleza – Teresina gelegen) zu erreichen ist. Hier sind außer den grotesken turmähnlichen Gesteinsformationen eine Unmenge sehr primitiver vorgeschichtlicher Felsmalereien zu sehen. Die älteste Stadt in diesem Bereich ist **Oeiras,** das schon im 17. Jahrhundert begründet wurde und ab 1712 den Status einer ›Vila‹ hatte. Die massive breite *Igreja Matriz de Nossa Senhora das Vitórias* und der ehemalige Bischofspalast, heute ein Museum, wurden in historisierender Art erst zu Beginn des 19. Jahrhunderts errichtet. Damals war das ganze Gebiet noch von den ›Coroneis‹ mit ihrer extensiven Vieh- und Milchwirtschaft beherrscht. Teresina, seit 1852 die Hauptstadt von Piauí, bietet dem Kulturfreund nichts von Bedeutung.

São Luís ist in jeder Hinsicht weit interessanter. Auch diese Gründung geht auf eine Befestigungsanlage zurück. Die Küste und das Hinterland von Maranhão waren in ihrer weiten Ausdehnung von den Portugiesen am Ende des 16. Jahrhunderts noch kaum erfaßt. Sie waren praktisch verlassen, als 1612 die Franzosen ankamen, um ein ›äquinoktiales Frankreich‹ zu errichten. Das *Fort Saint Louis* erbauten sie an der Stelle, wo heute der Regierungspalast in der Avenida Pedro II. steht. 1615 kapitulierten sie jedoch und Maranhão, das nur 1641–44 nochmals in fremde Hände fiel, wurde wieder dem portugiesischen Kolonialbereich zugeschlagen. São Luís wurde Hauptstadt der Provinz ›do Maranhão e Grão Pará‹. Der *Regierungspalast* an der schönen und platzartigen Hauptstraße bietet heute durch viele Umbauten das Bild eines eklektischen Stilgemischs. Am oberen Ende dieser Straße liegt die *Kathedrale,* die im 17. Jahrhundert zusammen mit dem *Erzbischöflichen Palast* das alte Jesuitenkolleg bildete. Der Nossa Senhora da Luz geweiht, ist sie mit ihrem breiten Schiff und den großzügigen Proportionen der bedeutendste Kirchenbau in São Luís. Leider wurde sie 1922 nicht restauriert, sondern völlig »überarbeitet«. Von dem originalen Bau ist hier der riesige Hochaltar mit reicher, etwas flacher, aber vergoldeter Schnitzerei erhalten. Die übrigen Kirchen der Stadt, auch wenn sie zum Teil schon im 18. Jahrhundert existierten, sind so verändert, daß sie heute als Schöpfungen des 19. Jahrhunderts anzusehen sind. Dies gilt für die *São João, São Pantaleão* geweihten Bauten wie für die *Igreja dos Remédios, Nossa Senhora do Rosário* und *São José do Desterro,* letztere mit einer kuriosen Bekrönung der Fassade: der Volutengiebel ist wie eine flache Zwiebelform gebildet, was wohl unbegründete Spekulationen über die Herkunft des Motivs gefördert hat. Sie liegt im unteren alten Teil der Stadt, wo der ehemalige Hafen kleinen Schiffen und der Überfahrt nach Alcântara dient. Nahebei, in der Rua da Cascata 43, liegt die kleine *Cafua das Mercês,* der noch einzige in Brasilien erhaltene Sklavenmarkt, wo die aus Afrika importierten Sklaven erst eingesperrt und dann verhandelt wurden. Er ist heute Museu do Negro.

Das architektonisch Interessanteste in São Luís sind jedoch die Häuser, die im 19. Jahrhundert völlig mit Azulejos verkleidet wurden (s. o. S. 161). Nachdem im 18. Jahrhundert noch vorwiegend Steinmetzarbeit für den Fassadenschmuck üblich war, sind ab 1840 halbindustrielle Fliesen mit Musterung für diese dem Klima entsprechende Oberflächenverkleidung verwendet worden. Auf einem Rundgang an der *Praça João Lisboa,* der *Praça Benedito Leite* und den anliegenden Straßen kann man feststellen, daß sie zum Teil an recht großen Bauten mit mehreren Stockwerken angebracht wurden. Im alten Teil mit engen Gassen findet man auch kleine Häuser mit Azulejos.

São Luís hat noch manches von seiner Folklore bewahrt, besonders erwähnenswert sind die Vorführungen des ›Bumba meu Boi‹ in der Zeit von Juni bis September (s. o. S. 188f.).

In **Alcântara,** das man über die Meeresbucht per Schiff oder Flugzeug erreichen kann, sind ähnliche Häuser und Ensembles wie in São Luís zu besichtigen. In diesem verfallenen Ort in fruchtbarster Umgebung, wo durch das feucht-tropische Klima die üppige Vegetation alles schnell überwuchert, ist die *Igreja do Carmo* aus dem Ende des 17. Jahrhunderts am besten erhalten, sogar auch ihr Schnitzwerk hoher Qualität. Die Klosterbauten sind jedoch nur noch Ruinen. Auch die am Platz mit der *Câmara e Cadeia* liegende *Kirche São Matias* ist eine malerische Ruine, ja sie wurde nie fertiggestellt. Auf dem Platz selbst steht noch der verzierte steinerne *Pelourinho,* der Pranger, an den die zu bestrafenden Sklaven und andere Missetäter festgebunden wurden. Er ist eines der wenigen gut erhaltenen Monumente dieser Art. Es ist zu hoffen, daß die auch in Maranhão wachsende Industrie die landschaftlich und kulturell wichtigen Bezirke von São Luís und Alcântara nicht zu sehr beeinträchtigen wird.

12. Belém

Für alle, die Kultur und Wesen der Menschen in dem ungeheuren Stromgebiet des Amazonas kennenlernen wollen, ist Belém südlich der Insel Marajó Ausgangspunkt und die bedeutsamste Stadt. In dem unter dem Äquator liegenden Mündungsgebiet dieses größten aller Flüsse hatte auch diese Niederlassung ihren Ursprung in einer die Einfahrt zwischen den Inseln beherrschenden Befestigungsanlage. Das *Forte do Castelo,* oder *Forte do Presépio de Belém,* wie es damals genannt wurde, das heißt der Krippe von Bethlehem, wurde 1616 errichtet. Später ausgebaut, war es lange Zeit ein wichtiger militärischer Stützpunkt. Die ausgedehnte Provinz ›do Grão Pará‹ mit Maranhão wurde der portugiesischen Krone direkt unterstellt und eine Handelsgesellschaft zur Entwicklung der Produktion und der Ausfuhr vom Gebiet des unteren Amazonas gegründet. Nur langsam und nach mehreren Aufständen, die ihre Verselbständigung zum Ziel hatten, bekam die Provinz im 19. Jahrhundert mehr Kontakt zu dem übrigen, dann schon unabhängigen, aber weiten Brasilien.

Es ist klar, daß sich die überwältigende tropische Natur mit dem Riesenstrom, dessen gegenüberliegendes Ufer kaum zu sehen ist, dem Besucher zuerst aufdrängt. Die verschlungenen Wasserläufe zwischen oft überschwemmten und mit dichtem Urwald bestandenen Inseln, sollte man unbedingt mit dem Schiff durchfahren und das Leben am Ufer dieser ›Estreitos‹, wie die vielen Flußarme genannt werden, betrachten. Die halbindianische Bevölkerung, die in ihren kleinen Hütten unter den hohen Bäumen wohnt und mit ihren winzigen Booten zu Fischfang und allen anderen Betätigungen hin und her rudert, ist das Eindrucksvollste was man in dieser unter der sengenden Sonne und heftigen Gewittern liegenden Zone sehen kann und tritt an Umfang und Bedeutung mehr hervor als alles, was der Mensch dort sonst angelegt hat.

Belém hat als Hauptstadt von Pará viel von der ruhmreichen Vergangenheit der Soldaten, Priester und Handelsleute bewahrt, die in die Wildnis des vielfach unerforschten Flußsystems des Amazonas eingedrungen sind. Der Aufenthalt in Belém ist trotz der Hitze und Feuchtigkeit an Eindrücken reich.

Nicht weit vom ›Forte do Castelo‹ errichteten die Jesuiten und die Karmeliter zu Beginn des 18. Jahrhunderts ihre umfangreichen Niederlassungen. Das wichtigste Bauwerk im alten Kern ist das *Jesuitenkolleg Santo Alexandre* mit seiner großen Kirche

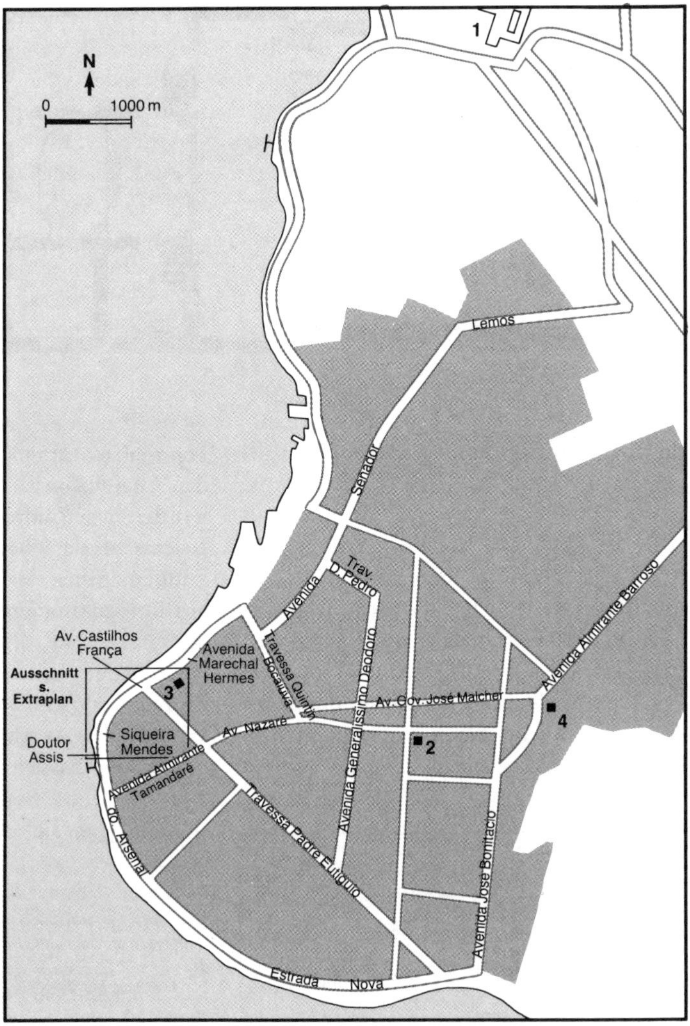

Belém Übersicht
1 Aeroporto
2 Museu Emilio Goeldi
3 Igreja das Mercês
4 Estação Rodoviária

(s. o. S. 86f.). Zu Beginn des 18. Jahrhunderts erbaut, ist sie nächst dem Jesuitenbau in Salvador der bedeutsamste unter den so wenigen erhaltenen größeren Bauten dieses Ordens in Brasilien. Die breite Fassade der Kirche liegt an der Ecke des Kollegs, der heute erzbischöflicher Palast ist. Ihre Gliederung in mehrere Stockwerke erinnert an portugiesische Vorbilder des 17. Jahrhunderts wie Coimbra oder Santarém. Die Einzelformen sind in den Tropen, etwa im Vergleich zum trockenen Nordosten, wo auch

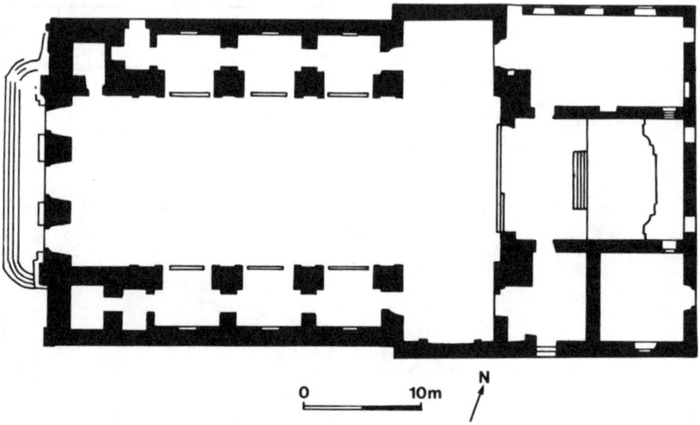

Jesuitenkirche in Belém

die Kenntnis europäischer Architektur allgemein verbreitet war, etwas weicher; die großen Voluten des Giebels stammen aus späterer Zeit. Die Innenausstattung des Tonnengewölbes mit ihren großen Altären und hohen Kanzeln hat plastische Schnitzereien in einem kräftigen, von Voluten und Engelsköpfen überquellendem Barock.

Die ebenfalls große Kirche des *Convento do Carmo* aus derselben Zeit, jedoch 1766 erneuert, besitzt einen ähnlich reichen Hauptaltar, der möglicherweise noch vor den Altären von Santo Alexandre geschaffen worden ist. Zahlreiche kirchliche Bauten Beléms aus der zweiten Hälfte des 18. Jahrhunderts gehen fast durchweg auf Pläne des aus Bologna stammenden Architekten José Antonio Landi (1708–1790) zurück, der nach einer Landvermessungs-Expedition bis Manaus von 1759 bis 1790 in Belém tätig war. Die kurz vorher errichtete Kathedrale erhielt eine Fassade und hatte einen Hoch-

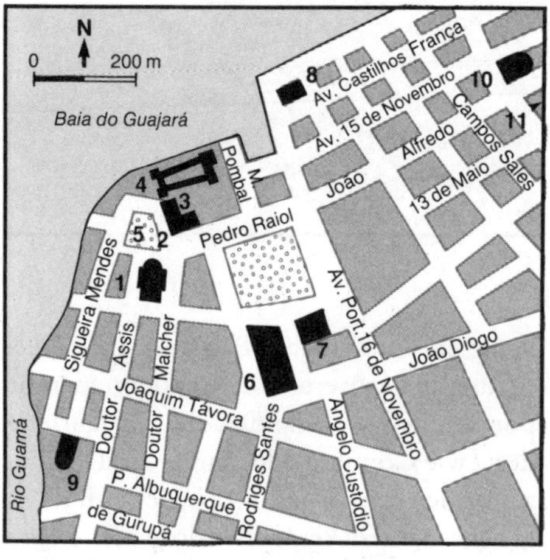

Bélem Innenstadt 1 Catedral Nossa Senhora da Graça 2 San Alexandre 3 Palácio Arquebiscopal 4 Forte do Castelo 5 Praça Frei Caetano Brandão 6 Palácio do Governo 7 Prefeitura Municipal 8 Mercado Ver-o-Peso 9 Igreja e Convento do Carmo, Praça do Carmo und Travessa Dom Bosco 10 Igreja das Mercês, Praça Visconte do Rio Branco 11 Igreja São Batista, Praça Republique do Libano/Igreja de Sant'Ana, Brasilica do Nazaré

46 BRASÍLIA Denkmal für die Bauarbeiter (Cadangos) Brasílias von Bruno Giorgi neben dem Palacio do Planalto ▷

47 BRASÍLIA Blick vom Fernsehturm zur Praça dos três Poderes ▷ [

48 BRASÍLIA Palacio do Planalto

49 BRASÍLIA Außenministerium mit ›Meteor‹ von Bruno Giorgi

50 SÃO PAULO Ibirapuera-Park mit Denkmal der Revolution von 1932 und Biennalegebäude

51 SÃO PAULO Edificio Copan von Niemeyer 52 SÃO ROQUE Capela und Sitio San Antonio

53 EMBU Jesuitenkirche und Konvent

54 COTIA Casa do Padre Ignacio

55 PAMPULHA Capela de San Franciso ▷

57 Zusammenfluß des Rio Negro mit dem Rio Solimões

◁ 56 IGUAÇU

58 Viehtransport auf dem Amazonas

59 Dschungelufer am Amazonas

60, 61 RONDÔNIA Rio Madeira

62 ›Caatinga‹-Vegetation im Sertão im Staat Paraíba

64 Kandelaberkaktus der ›Caatinga‹-Vegetation in Bahia ▷

63 Erodiertes Gelände im Sertão bei Soledade (Paraíba)

altar nach seinem Entwurf. Der heutige Hochaltar in eklektischer Marmorpracht ist von Papst Pius XI. gestiftet worden. 1871 kam er an und wurde 1892 geweiht. Die *Igreja Matriz de Sant'Ana,* 1761 begonnen, wurde von ihm als Zentralkuppelbau erbaut. Die Fassade ist leider später durch recht plumpe Türme verändert worden. Die Kirche, die wohl am reinsten seine Ideen verkörpert, ist die 1772–77 errichtete *Capela de São João Batista,* oktogonal mit Kuppel. Die Kirche *Nossa Senhora das Mercês,* ebenfalls um 1777 errichtet, besitzt eine im Mittelteil vorgewölbte Fassade, mit der Landi den für die italienische Architektur der Zeit charakteristischen Übergang vom Rokoko zum Klassizismus vertritt. Auch die erst im 19. Jahrhundert ausgeführte *Igreja Nossa Senhora do Rosário* geht auf einen Plan von Landi aus dem Jahre 1767 zurück. Sein erster großer Auftrag in Belém war der *Palácio do Governo* (1767–71), einer der größten Bauten seiner Art in Brasilien mit dreistöckigem Hauptbau und zweistökkigen Flügeln um einen mit Galerien versehenen Innenhof. Der Bau ist heute im wesentlichen wieder von späteren Veränderungen befreit, in der von Landi geschaffenen Form restauriert worden. Der Bau des alten Militärhospitals stammt ebenso von ihm.

Als später, noch im 18. Jahrhundert, Topographen und Ingenieure meist portugiesischer Herkunft Expeditionen von Belém aus unternahmen, wuchs die Stadt weiter und es entstanden weitere Regierungspaläste und kirchliche Bauten um den alten Kern, die ihr das endgültige Gepräge gaben. Es kamen die *Câmara Municipal* von 1868, das *Teatro da Paz* von 1869–75, der der Stadtverwaltung gehörende *Palácio Azul* und der *Solar do Barão de Guajará* zur Ausführung, die den wirtschaftlichen und sozialen Aufschwung widerspiegeln, der im Gummiboom am Ende des Jahrhunderts seinen Höhepunkt hatte. Sie umgaben den Kern mit baumbestandenen Alleen. Die Häuserfronten mit bunten Azulejos im Handelsviertel wie an der Praça dos Cais gehören mit dem unbedingt sehenswerten Markt *Ver-o-Peso* (importierte Eisenkonstruktion!) zu derselben Entwicklungsphase.

Zu Anfang dieses Jahrhunderts wurde als Replik von ›San Paolo fuori le mura‹ in Rom die *Basilica de Nossa Senhora do Nazaré* erbaut. Zu Ehren der Titelheiligen findet jeden zweiten Sonntag im Oktober der ›Cirio‹ statt, eine Prozession mit großer Beteiligung des Volkes aus dem Norden Brasiliens. Unzählige Boote kommen zu diesem Fest aus dem gesamten Amazonasgebiet.

Eine besondere Sehenswürdigkeit von kultur- und naturwissenschaftlicher Bedeutung ist in Belém das in einem Park, dem ›Bosque Rodrigues‹, gelegene *Museu Emilio Goeldi* mit ausgedehnten Sammlungen auch lebender Spezien der Tier- und Pflanzenwelt des Amazonas. Es ist außerdem die wichtigste Sammlung präkolumbianischer Keramik, besonders der verschiedenen Phasen der Marajoara- und Santarémkulturen.

Von Belém aus kann man Ausflüge zu dem beliebten Badeort Mosqueiro machen und auf dem Festland seewärts weiter in **Vigia** noch die einfache Kirche einer alten Jesuitenniederlassung sehen. Ihre Gründung erfolgte 1729 von Sao Alexandre in Belém aus. Zu dieser *Nossa Senhora Mãe de Deus* gehörte auch ein Kolleg; heute ist sie Pfarrkirche. Das Besondere an ihr sind die hohen Kolonnadengalerien, die sich am Schiff nach außen öffnen, eine architektonische, durch das Klima bedingte Bauweise.

Weiter den Amazonas stromaufwärts liegt **Santarém** an der Mündung des Tapajós. Die Stadt ist nach Belém der zweitwichtigste Ort in Pará für die Kultur und Besiedlung dieses weiten Gebiets. Schon in vorkolumbianischer Zeit war es ein Zentrum mit figürlich bizarrer Keramik (heute im ›Museu Goeldi‹ in Belém). Auch Santarém ist ein Ort, der zu Ausflügen ins Flußnetz einlädt. Am Tapajós gibt es schöne Strände, an denen man wegen der Gezeiten nichr immer baden kann.

Die nördlich des Amazonas liegenden Regionen, wie Macapá im Territorium von Amapá mit einem großen Fort von 1763, schon in Vaubans Bauweise errichtet, seien nur gestreift. Die Unternehmungen, die in diesen Territorien gestartet worden sind, sind wie das Projekt Jari (Bauxit- und Zelulosegewinnung, Landwirtschaft), von dem Amerikaner Daniel Ludwig begonnen, gehören jetzt aber einem brasilianischen Konsortium; oder die im Süden des Staates Pará gelegenen riesigen Anlagen für Mangan- und Eisengewinnung, das Projekt Carajas südlich von Marabá und mit einer neuen Eisenbahnlinie zur Küste in São Luís sind Ergänzungen des Gesamtbildes des Landes.

Anonyme portugiesische Karte des Amazonas bis Peru, 1637

13. Das Amazonasbecken – Manaus und der Urwald

Im Herzen des riesigen, faszinierenden Urwaldes mit dem größten Flußsystem der Erde liegt Manaus, die Hauptstadt des Staates Amazonas. In ihrer Nähe fließen zwei Ströme, der Solimões und der Rio Negro zusammen, die von dort ab den Amazonas bilden. Das Zusammentreffen der beiden großen Flüsse, ›O Encontro das Aguas‹, ist ein besonderes Naturschauspiel. Der Rio Negro führt ganz dunkles, aus den Wäldern des nördlichen Teiles kommendes Wasser mit sich. Der Solimões ist hellbraun vom Geröll und Sand aus den westlichen Hochgebirgen der Anden. Die verschieden gefärbten Wassermassen vermischen sich erst langsam stromabwärts, wie man vom Schiff oder Flugzeug aus gut beobachten kann. Manaus ist das ideale Zentrum für die verschiedenartigsten Möglichkeiten das größte Urwaldgebiet der Erde mit seinen vielen Wasserläufen kennenzulernen. Die Schönheiten der tropischen Natur kann man kurz oder auch tagelang mit Exkursionen aller Art in den sich verengenden Wasserläufen der ›Igarapés‹ und ›Igapós‹ mit der üppigen Pflanzenwelt, der ›Vitoria Regia‹, der bunten Vogelwelt mit ihren Lauten und den Fischen aller Größen unter der erforderlichen fachkundigen Führung genießen.

Man kommt per Flugzeug nach Manaus, das regen brasilianischen Flugverkehr über Brasília und Belém wie auch Verbindungen zu den Nachbarländern nach Lima, Bogota und Caracas sowie den Vereinigten Staaten hat. Wer mehr Zeit hat, kann romantischer von Belém per Schiff den Amazonas herauffahren. Es gibt heute sogar die Straße Manaus – Porto Velho, deren 901 km sogar teilweise asphaltiert sind. Durch den dichtesten Urwald, mit Fähren über die Flüsse, deren größter der ›Rio Madeira‹ ist, ist die Fahrt noch ein wildes Abenteuer durch die grüne Hölle, das nur tagsüber fortgesetzt werden kann, da die Fähren unregelmäßig verkehren und bei Regenfällen und Begegnung mit steckengebliebenen Lastwagen trotz des schon regen Verkehrs kaum Ausweichmöglichkeiten bestehen. An das weitere brasilianische Straßennetz hat diese Straße mit den Routen Porto Velho – Cuiabá (1456 km) und Cuiabá – Brasília (1133 km) Anschluß. Sicher erfährt der, der diese Reisen per Schiff oder Kraftwagen unternimmt, wesentlich mehr von der Natur des Landes und trifft außerdem die Menschen. Das alles entgeht dem darüberfliegenden Schnelltouristen, der, airkonditioniert, nichts von der alles überwuchernden Pflanzenwelt, von der heißen und feuchten Luft und besonders nichts von der Unmenge lästiger Insekten empfindet.

Schwer kann man sich heute vorstellen, was die Entdecker dieses Gebiets empfunden haben mögen. Der Spanier Francisco de Orellana, ein Begleiter Pizarros, erreichte von Peru kommend im Februar 1542 den Amazonas und fuhr ihn hinab. Er erklärte, zurück in Westindien und dann in Spanien, er habe – was ja auch stimmt – den längsten Fluß der Erde entdeckt. Als er und seine Begleiter von Indianern angegriffen wurden, die am Körper haarlos waren, dachten die Spanier an weibliche Krieger, an Amazonen, was zur Benennung des Flußes führte. Später kamen die Portugiesen langsam flußaufwärts, um Früchte zu sammeln. Heilpflanzen lernten sie durch die Indianer

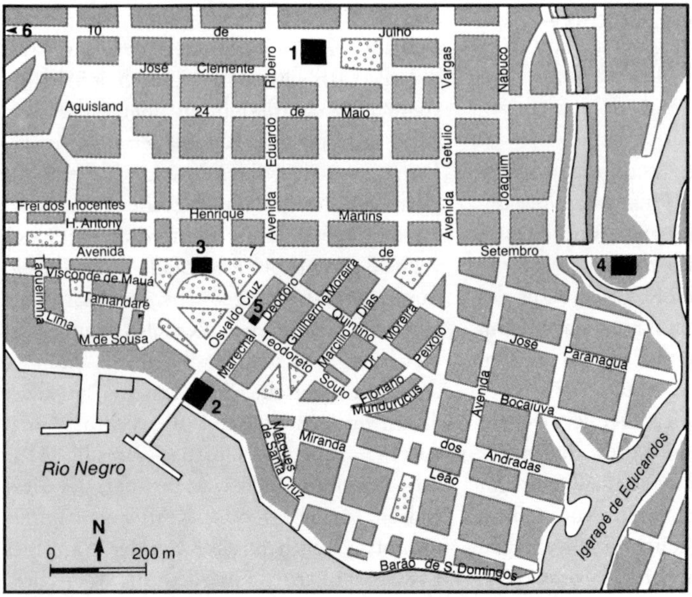

Manaus
1 Teatro Amazonas
2 Alfandega
3 Catedral
4 Palácio Rio Negro
5 Post

kennen. Seitdem hat sich vieles geändert. Industrien wurden um Manaus angesiedelt. Der Urwald wird in einem Maße erschlossen, das vielfältige Probleme für die Infrastruktur von Fauna und Flora aufwirft. Im Geschäftsviertel von Manaus, bei der Markthalle nahe dem Hafen, einem Gebiet, das die Brasilianer zum Einkauf in der Freihandelszone aufsuchen, findet der Fremde neben dem vielen Angebot an Früchten und Fischen auch die Reisebüros der Ausflugsgesellschaften. Man kann bei dem Ponton, an dem die Schiffe anlegen, auch direkt Boote mit Steuermann mieten, sei es zu Rundfahrten oder zum Fischen, ja zu ganzen Expeditionen, darf dabei aber nicht versäumen, den Preis vorher auszuhandeln. Die Exkursionen, die von gewerblichen Veranstaltern durchgeführt werden, sind durchweg gut organisiert. Gelbfieberimpfung und Mittel gegen Malaria, Vorsicht mit Wasser, ungewaschenen Früchten und andern für europäische Mägen schwer verdauliche Dinge ist geboten. Das luxuriöse ›Hotel Tropical‹ und das ›Conjunto Flutuante do Lago January‹ haben Einrichtungen, die den Kontakt mit dieser wild wuchernden Natur sogar von Booten mit Plexiglaskuppeln aus erleichtern. Als architektonische Höhepunkte hat Manaus, das erst 1850 zur Stadt erhoben wurde, nur die Bauten der von 1870 bis 1910 währenden Blütezeit des Gummiexports aufzuweisen. Unter ihnen ist das in den Jahren 1784–1896 errichtete *Teatro Amazonas* der bekannteste Bau. Die gesellschaftliche Oberschicht des aus der Gummigewinnung stammenden Reichtums forderte den Bau, um sich der Welt zu zeigen. Das Äußere der ansehnlichen Oper mit zweistöckigem Säulenvorbau und einer mit bunter Keramik gedeckten Kuppel unterscheidet sich wenig von anderen Theatern jener Zeit. Höchstens die Metallkonstruktion des Dachstuhls war eine damals noch nicht allgemein übliche Neuerung. Mit Deckenmalereien und Wandbildern im Foyer des sonst wenig hervorgetretenen Italieners Domenico de Angelis (gegen Ende des 19. Jahrhunderts in Pará und Amazonas tätig) und mit viel Stuck sind die Räume ausgeschmückt. Auch einige Häuser im Zentrum spiegeln noch den Geist jener abenteuerreichen Epoche wieder.

Wichtig ist das *Museu do Indio,* das eine reichhaltige Sammlung von Indianerobjekten aus dem Gebiet des Rio Negro besitzt. Es wird vom Salesianerorden unterhalten, dessen Missinare noch immer schöne Arbeiten aus ihrem Gebiet mitbringen. Auch diese Indianer sind nun schon von Eindringlingen bedroht, die im Urwaldgebiet, sogar in den Reservaten, Mineralvorkommen ausbeuten wollen. In Verbindung mit dem Museum kann man bei den Salesianern noch originale Arbeiten erwerben. Interessant ist auch das *Museu do Instituto Geográfico Histórico do Amazonas,* das viele für die Kenntnis des Amazonasgebiets aufschlußreiche Dinge zeigt. Ein zoologischer Garten, der die sonst schwer erreichbare Tierwelt des Amazonas darbietet, ist in dem *Centro de Instrução de Guerra na Selva* (CIGS) eingerichtet. Es liegt an der Estrada da Ponta Negra und ist eine lebendige Ergänzung zu den Ausflügen in die tropische Umwelt von Manaus.

Vollständigkeitshalber sei erwähnt, daß nördlich und südlich vom Staat Amazonas noch Gebiete liegen, von denen das Territorium Roraima an der Grenze zu Venezuela und Britisch Guinea heute trotz der schwierigen Verbindungen wegen der Mineralvorkommen die Ausbeuter anlockt und andererseits in seinen Gebirgswäldern noch Indianerstämme leben, die bisher kaum Kontakte zu den Weißen hatten und nun Gefahr laufen, von skrupellosen Eindringlingen überrollt zu werden. Diese Gebiete (›territorios‹) haben wohl einen Gouverneur, aber keine eigene gesetzgebende Versammlung und sind daher der Zentralgewalt direkt unterstellt.

Im südlicheren Grenzgebiet zu Peru und Bolivien sind zwei Staaten, Acre mit Rio Branco als Hauptstadt und Rondonia mit Porto Velho, zum Ausgangspunkt weiterer Erschließung geworden. Im letzten Jahrzehnt hat ihre Besiedlung dank der vorhandenen Straßenverbindungen und der fruchtbaren Böden sehr zugenommen. Die Transamazonica wird die Aufgabe haben, die Verbindung vom Nordosten zu diesen Gebieten zu sein. Trotz tropischer Krankheiten und harter Lebensbedingungen haben sich aber auch viele Kolonistenfamilien aus südlichereren Teilen Brasiliens dort angesiedelt.

Erstaunlich ist, daß im 18. Jahrhundert schon Goldsucher in das Tal des Guaporé (Rondonia) vorgedrungen sind, und die portugiesischen Militärs Stützpunkte in diesem unwegsamen Land errichteten. Das majestätische *Forte do Principe da Beira* im südlichen Rondonia ist das einzige wirklich wichtige Monument. Im Gebiet von Guajará-Mirim wurde es von 1776 bis 1783 von dem italienischen Ingenieur Domingos Sambocetti angelegt. Als großes Quadrat mit Eckbastionen – ganz nach dem Vorbild Vaubans – und von tiefen Gräben umgeben, hat es in seinem Hof Platz für 16 Gebäude. Es ist eine ungeheure Leistung, daß dies alles mit Sklaven aus großen behauenen Steinblöcken in einer so weit von allen Hilfsquellen entfernten tropischen Wildnis errichtet wurde. Die mehr als ein Jahrhundert jüngeren Unternehmungen, wie die durch die Zunahme der Gummizapfer und Kastaniensammler unter großen Opfern gebaute Eisenbahnstrecke Madeira – Mamoré, hielten in der Zwischenzeit nicht so stand wie jene riesige Zitadelle.

Für den kunstinteressierten Reisenden bieten Roraima und Acre jedoch eher wie auch der Amazonas Gelegenheit zu abenteuerlichen Abstechern, die das Brasilienbild ergänzen, manche Entdeckerfreuden und Gefahren zugleich in sich bergen.

14. Brasília

Seit 1960 ist Brasília Bundeshauptstadt von Brasilien und durch seine Architektur und Konzeption ein besonders wichtiger Punkt. Trotz der Entfernungen sollte man bei Reisen in Südamerika die Besichtigung dieser neuen und repräsentativen Stadt nicht auslassen. Alle Flüge und Straßen, die von der Küste, also von Rio de Janeiro und São Paulo aus in den Westen Brasiliens und ins Amazonasgebiet gehen, berühren Brasília. Im kunsthistorischen Teil ist bereits geschildert worden, welche Stellung Brasília in der Entwicklung der modernen Architektur einnimmt (s. o. S. 69ff.). Die Bedeutung dieser Aufgabe, die Präsident Kubitschek dem Städteplaner Lúcio Costa und dem Architekten Oscar Niemeyer stellte und ihre konsequente Durchführung können nicht genug betont werden. Brasília liegt in der endlos weiten Hügellandschaft der ›Cerrados‹ auf 1172 m über dem Meeresspiegel. Da die Stadt heute schon von einer Million Menschen bewohnt wird und stets Besucher aller Art zu empfangen hat, sind Unterkunft und Rundfahrten mit Besichtigung der markantesten Bauten kein Problem, wenn sie nicht gerade der Schauplatz besonderer politischer Ereignisse sind.

Die Bauten an der Achse mit der *Esplanada dos Ministerios* und der *Praça dos Três Poderes* sind die mächtigste Anlage der Stadt (Abb. 47). Die Variation der Fassaden der hauptsächlichen Bauten mit der wechselnden Form ihrer Stützen macht sie als schöpferisches plastisches Werk lebendig. Das Außenministerium, *Palácio dos Arcos,* mit seinen Bögen und dem Wasserspiegel davor (Abb. 49), das oberste Gericht (*Supremo Tribunal Federal*) und der Amtssitz des Präsidenten *Palácio do Planalto* (Abb. 46, 48) bilden mit dem abschließenden *Congresso Nacional,* aus den Kuppeln der beiden Sitzungssäle des Senats und des Abgeordnetenhauses und den hohen Türmen der Büroräume eine in sich gestaffelte lockere Einheit. Sie unterscheidet sich grundsätzlich von der leblosen Uniformität der Regierungssitze totalitärer Staaten. Der offizielle Wohnsitz des Präsidenten *Palácio da Alvorada,* Palast der Morgenröte, auch er wieder mit der Besonderheit ihn umgebender Stützen, liegt etwas näher an dem die untere Seite der Stadt einfassenden Stausee. Näher dem Schnittpunkt der beiden Achsen des Planes liegen die *Kathedrale* und der wuchtige pyramidale Block des *Theaters,* eigenste Schöpfungen Niemeyers. Im zentralen Teil sind die Plastiken von Bruno Giori und Alfredo Ceschiatti, das Monument für Juscelino Kubitschek und der Fernsehturm, die das ästhetische Gesamtbild der Anlage abrundenden

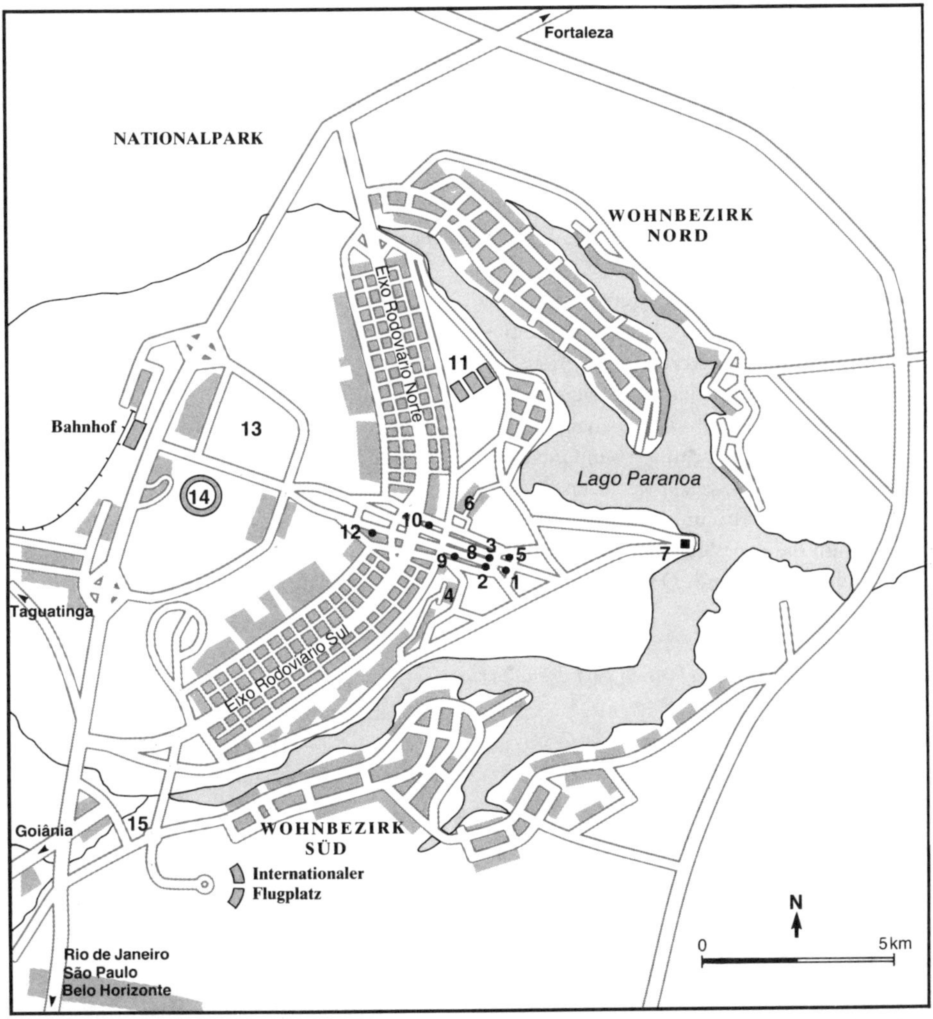

Brasília 1 Museu histórico de Brasília 2 Palácio do Itamarati 3 Congresso Nacional 4 Botschaften (Sektion Süd) 5 Palácio do Planalto 6 Botschaften (Sektion Nord) 7 Palácio da Alvorada 8 Esplanada dos Ministerios 9 Kathedrale 10 Teatro Nacional 11 Universität 12 Post/Telefon 13 Médici-Sportzentrum 14 Observatorium 15 Zoo

Bestandteile. Die Wohnblocks (Superquadras) und die Universität wurden ebenso getreu nach dem Originalplan gebaut. Eigenartig setzt sich dagegen das Viertel der ausländischen Botschaften ab, deren Sitze in unterschiedlichster Bauweise errichtet worden sind. Der Plan Lúcio Costas hat zudem ein System mit kreuzungsfreien Hauptachsen, zu dem die Hotelviertel und Geschäftsstraßen gehören. Davon entfernt liegen die sogenannten ›Satellitenstädte‹, die Wohnbezirke der armen Bevölkerungsschichten, die zur Dienstleistung in der Stadt weit fahren müssen. Niemeyer selbst hat bedauert, daß es nicht gelang, die damit verbundenen sozialen Probleme (Favelas) zu lösen, da die anfänglichen Primitivunterkünfte der Bauarbeiter um die neue Stadt als Arbeiterwohnungen verblieben sind. Der Kern Brasílias, der ›Plano Piloto‹ Lúcio Costas wird in seiner großartigen Struktur jedoch nicht entstellt, sondern weiterhin städtebaulich respektiert.

An diese Hinweise auf Brasília seien einige Bemerkungen darüber angeknüpft, was im Hinterland zu sehen ist, wodurch die neue Hauptstadt und die damit geschaffenen Verbindungen einen starken Entwicklungsimpuls erhalten haben. Brasília hat die Wege nach Goiás, Mato Grosso und Mato Grosso do Sul entscheidend geöffnet.

Goiás wurde infolge der Goldfunde in Minas Gerais schon von den ›Bandeirantes‹ auf der Suche nach weiteren Quellen von Gold und Edelsteinen aufgesucht. Eine dauernde Besiedlung, durch die die Goiás oder Goiatacases genannten Indianer zurückgedrängt wurden und eine extensive Viehhal-

Thomas Ender, Goiás. Kupferstich 19. Jahrhundert

tung möglich wurde, kam erst in der Mitte des 18. Jahrhunderts in Gang. Der kleine Ort ›Vila Boa de Goiás‹ wuchs zum Städtchen; 1745 wurde die erste Prälatur eingerichtet. Die Stadt taufte man dann Goiás Velho, sie war der zentrale Ort, bis 1937 Goiânia als neue Hauptstadt des Staates eingeweiht wurde. **Goiás Velho** besitzt eine Reihe reizvoller, wenn auch sehr einfacher Bauten des 18. Jahrhunderts. Die Stadtverwaltung mit dem Gefängnis von 1766 ist jetzt das *Museu das Bandeiras*. Außerdem sehenswert sind der später etwas veränderte *Gouverneurspalast* und unter den sehr kleinen Kirchen die *Igreja de Nossa Senhora da Abadia* mit einem hübschen Deckengemälde und die *Igreja da Boa Morte*. Sie sind sympathische Reste aus der Zeit der Goldfunde, nach deren Ende die Bautätigkeit in Goiás bis zur Neuzeit daniederlag. Pilar de Goiás und Pirenópolis sind andere alte Orte mit sehr einfachen Kirchen der Zeit der Kolonisation. In Pilar de Goiás sind einige Häuser mit den sehr hübschen durchbrochenen hölzernen Fensterläden erhalten. In Pirenópolis finden großartige folkloristische Reiterspiele statt.

In Mato Grosso, jetzt in zwei Staaten unterteilt, ist in der alten Hauptstadt Cuiabá praktisch nichts von den Anfängen der Besiedlung erhalten. Lediglich eine ländliche Kirche in Chapada de Guimarães erinnert an die Goldsucherzeit. **Mato Grosso** reicht bis an die Grenze von Bolivien, wo in Corumbá die Kaianlage vom Ende des 19. Jahrhunderts die Bedeutung der alten Flußschiffahrt im wasserreichen *Pantanal* dokumentiert. Dies ist ein weites Gebiet für Naturfreunde, noch immer sind Alligatoren und andere seltene Tiere zu sehen, die jetzt unter Schutz stehen. Außerdem bietet das Pantanal hervorragende Gelegenheiten für Sportfischer. Die meisten in Mato Grosso ansässigen Indianergruppen sind völlig zivilisiert. Der Kunstfreund findet nichts, was den Küstenländern oder dem vorgelagerten Minas Gerais an Kulturgütern auch nur entfernt vergleichbar wäre.

15. Minas Gerais

Der Besuch der Ortschaften von Minas Gerais, die noch unverfälscht den Charakter ihrer Blütezeit im 18. Jahrhundert bewahrt haben, ist ohne Zweifel eine der schönsten und eindrucksvollsten Reiserouten in ganz Brasilien.

Die Wege zu den verschiedenen und zumeist in ihrer Art wichtigen Orte lassen sich nicht an einem Faden aufreihen wie etwa die an der Küste gelegenen Städte. Die Mehrzahl der Sehenswürdigkeiten erreicht man am besten von Belo Horizonte aus auf guten Straßen. Nach Belo Horizonte selbst kommt man leicht per Flugzeug, falls man es nicht vorzieht, die Anfahrt von Rio de Janeiro oder São Paulo schon mit dem Auto oder Omnibus durch das grüne Mittelgebirge von Minas zu machen. Dies ermöglicht auf der Hin- oder Rückfahrt die im Süden des alt-besiedelten Kerns gelegenen Orte São João Del Rei und Tiradentes zu besuchen.

Belo Horizonte ist seit 1897 und nach Ouro Preto die Hauptstadt des Staates Minas Gerais. Es ist in bergiger Umgebung mit schachbrettartig angelegten Straßen erbaut, wobei aber auch diagonale Avenuen das Rechteckmuster durchkreuzen; dadurch ist es zuerst etwas schwierig sich zu orientie-

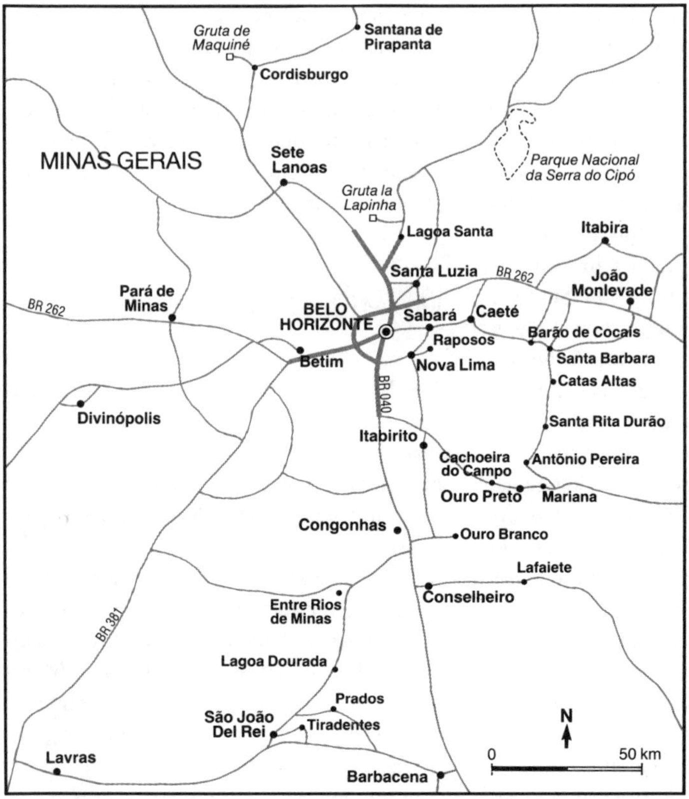

Minas Gerais

ren. Der Stadtpark und das um die Praça da Liberdade gelegene Regierungsviertel sind in dieses zentrale Schema eingeschlossen. In den letzten vierzig Jahren ist die Stadt sehr stark gewachsen und wird bald zwei Millionen Einwohner haben. Im Zentrum bestimmen heute Hochhäuser das Stadtbild. Darunter sind auch einige Bauten nach Plänen von Oscar Niemeyer. Von ihm stammen auch die Häuser am Stausee Pampulha, unter denen vor allem das Kassino – heute Museum für moderne Kunst – und die Kirche São Francisco (s. o. S. 68) herausragen. Villenviertel und Siedlungen dehnen sich an den Hängen der umliegenden Bergrücken weit hinauf aus. Daß man im Gebiet des Eisenerzvorkommens ist, führt ein magnetisches Phänomen vor Augen: Auf einer ansteigenden Straße im Viertel Serra rollt ein Auto im Leerlauf die Straße allein aufgrund der Anziehungskraft der hier vorhandenen Eisenvorkommen bergauf. Nach der Goldgräberzeit des 18. Jahrhunderts haben überhaupt die hochprozentigen Eisenerze im Gebirge der Umgebung von Belo Horizonte das Wachstum der Region und ihrer Industrieorte zur Folge gehabt. Schwerindustrien wie die Belgo-Mineira, Mannesmann und Usiminas und der Metallverarbeitung, wie die Automobilfabrik Fiat, haben sich nahe der Rohmaterialvorkommen angesiedelt. Da die dunkel-rotbraunen, oft glänzenden Erzlagerstätten zum Teil im Tagebau ausgebeutet werden, kann man sie auf den Zufahrtstraßen gut beobachten. Sonst ist die Landschaft mit ihrem Mittelgebirgscharakter (800 bis 1500 m über dem Meeresspiegel) durchaus immer grün.

Zuerst sei der Weg nach Ouro Preto und Mariana beschrieben. Er beginnt mit der Straße in Richtung Rio de Janeiro, der BR 040. Sehr bald liegt links abseits Nova Lima. In der Kirche dort sind ein schöner Altar von Aleijadinho, etwa 1780 geschaffen, und eine Kanzel zu sehen, die ein Engländer aus der Kapelle einer alten Fazenda, die er gekauft hatte, dorthin übertragen ließ. Der Altar Aleijadinhos ist wichtig als Vorstufe zum Hauptaltar von São Francisco in Ouro Preto (s. o. S. 108). Nach etwa 30 km zweigt die Straße von der Straße nach Rio ab, und man kommt nach **Itabirito.** Die Straße nach Ouro Preto geht heute außerhalb des Ortes vorbei. Es ist trotzdem lohnend, die Stadt ausgiebig zu besichtigen. Am Anfang liegt rechts an der Straße einer der ersten Hochöfen aus dem 19. Jahrhundert. Die Kirche *Nossa Senhora do Rosário* besitzt reiche, das Barock der ersten Hälfte des 18. Jahrhunderts verkörpernde Altäre.

Diese Stilphase ist mehr noch in der Kirche von **Cachoeira do Campo** vertreten.

Ouro Preto 1 Igreja São Francisco de Paula 2 Igreja das Mercès 3 Museu de Mineralogia e Escola de Minas 4 Museu da Inconfidência 5 Igreja Nossa Senhora da Conceição 6 Igreja de Santa Efigênia do Alto da Cruz 7 Capela do Padre Faria 8 Igreja de São Francisco de Assis 9 Igreja Nossa Senhora das Mercès e Perdões 10 Igreja Nossa Senhora do Carmo 11 Igreja Nossa Senhora do Rosário dos Pretos 12 Casa dos Contos 13 Estação Rodoviária 14 Santa Casa 15 Casa de Tomás Gonzaga 16 Igreja Nossa Senhora das Dores 17 Igreja Bom Jesus do Matozinho 18 Igreja do São Miguel e Almas 19 Teatro Municipal 20 Igreja Nossa Senhora do Pilar

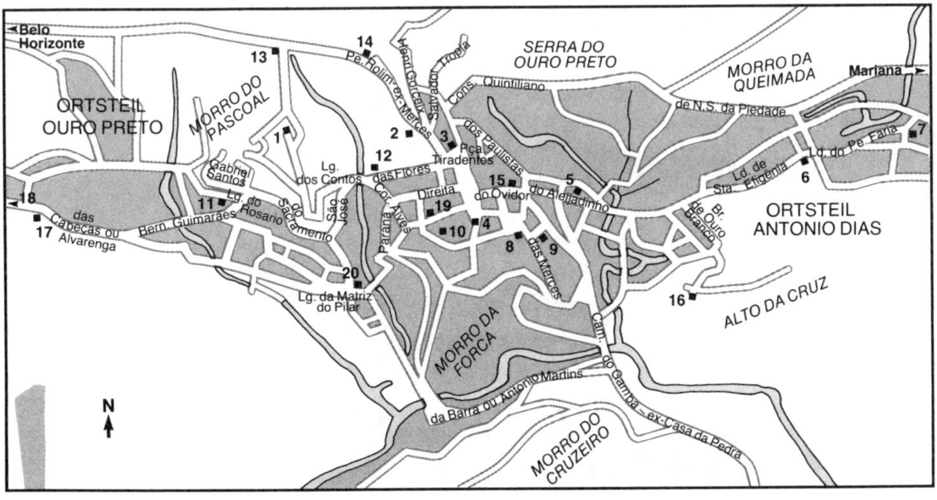

Der Ort liegt ebenfalls direkt an der Straße nach Ouro Preto. Wenn man seine Höhe erreicht hat, sieht man links oben die äußerlich einfache Kirche liegen, deren Innenausstattung allerdings eines der reichsten Beispiele für den einheitlichen Anblick der meisterhaften und vergoldeten Schnitzaltäre aus dem zweiten Viertel des 18. Jahrhunderts ist (s. o. S. 106). *Matriz de Nossa Senhora do Nazaré* wird schon ab 1710 erwähnt. Die Arbeit an der Innenausstattung dürfte vor 1725 in der Chorkapelle mit Hauptaltar und den beiden Seitenaltären davor, mit ihren besonders schönen und plastischen Schnitzarbeiten begonnen worden sein. Für den Triumphbogen und die Orgelempore sind Kontrakte von 1752 vorhanden. Die Wände der Chorkapelle sind holzgetäfelt, mit Säulen unterteilt und Malereien einheitlich im Stil Dom João V. geschmückt, dessen Formen sich schnell von der Küste nach Minas Gerais verbreitet hatten. Hinter der Kirche kann man mit viel Glück einen der traditionellsten Antiquare von Minas, Senhor Edson, besuchen, der zwar nicht mehr so viele ›Santos‹ wie früher, aber immer noch manche interessanten Schnitzereien und andere Stücke aus dem alten Minas im Hause hat.

Über den nächsten Gebirgspaß nähert sich die Straße **Ouro Preto,** dem bedeutendsten Goldgräberort des 18. Jahrhunderts und ehemalige Hauptstadt. Heute ist es eine Denkmalstadt, die unter dem Schutz der brasilianischen Behörden wie auch der Unesco steht. Es liegt zwischen 1000 und 1200 m über dem Meeresspiegel; der den Gebirgszug dahinter bekrönende ›Pico do Itacolomi‹ ist 1752 m hoch. Nahe der Einfahrt in die Stadt hat man von der Terrasse der Kirche *São Francisco Paula* einen schönen Blick auf den zentralen Teil der Stadt. Die Kirche selbst stammt ganz vom Ende des Barock, ab 1804 erbaut mit Altären in den gestreckten Formen ihrer Zeit. Auf der Terrasse sind portugiesische Keramikstatu-

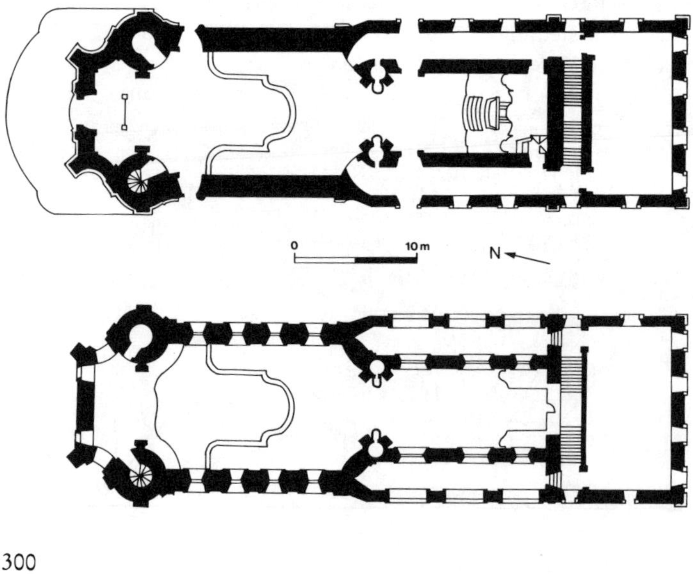

São Francisco Paulo

en aufgestellt, die am Anfang des 19. Jahrhunderts in Mode kamen. Wenn man sich dann der Mitte der Stadt nähert, kommt man an der kleinen Kirche *Nossa Senhora das Mercês e Misericordia,* auch ›Mercês de Cima‹ genannt, vorbei, die seit 1773 in Benutzung ist. Das Relief an der Fassade fällt sofort ins Auge. Der Hauptplatz *Praça Tiradentes* wird auf der einen Schmalseite von dem befestigten *Gouverneurspalast* beherrscht, der 1741 begonnen wurde und heute Bergbaufakultät sowie Mineralienmuseum ist. Auf der anderen Seite steht der monumentale Sitz der Stadtverwaltung, die Casa de Câmara e Cadeia, vom Ende des 18. Jahrhunderts, in der heute das ›Museu da Inconfidência‹ mit einer Gedenkstätte für die Teilnehmer des von Tirendentes angeführten Aufstands von 1789 enthält. Außerdem bietet es die umfangreichste Sammlung von kirchlichen Altertümern, Möbeln und Gerätschaften aus der goldenen Zeit der Stadt und der Provinz. Figuren von Aleijadinho und anderen Bildhauern seiner Zeit und eine Fülle hübscher kleiner Hausaltäre sind in ihrer Art besondere Ausstellungsstücke. Der Bau selbst wurde nach einem Entwurf des Gouverneurs Dom Luís da Cunha Menezes 1783 begonnen. Er ließ die Arbeit von eingefangenen Sklaven, Steinmetzen, Maurern und anderen Handwerkern, die er zur Arbeit zwang, ausführen. Der Dichter Tomás Antônio Gonzaga (Porto 1744–Mozambique 1809/10) hat in zwei von seinen eindrucksvollen ›Cartas Chilenas‹ die Leiden jener Arbeiter beschrieben, die unter dem Gouverneur das Gebäude ausführten. Wuchtige Mauern aus Bruchstein und Ziegel sind mit großen Itacolomiblöcken verkleidet. Im Hof und im Erdgeschoß, wo die Gefangenenzellen liegen, kann man noch die grausame Atmosphäre des Unternehmens nachempfinden.

Die Praça Tiradentes ist nicht nur Zentrum, sondern markiert auf dem Höhenrükken die Stelle, wo die beiden Ortsteile, die zunächst eigenständig waren, zusammengewachsen sind. Der für den von Belo Horizonte Ankommenden nach Osten abfallende Teil, ›Antonio Dias‹ genannt (Abb. 37), besitzt als Pfarrkirche die *Nossa Senhora da Conceição, Matriz de Antonio Dias.* Sie wurde 1724 als Pfarre gegründet und ist eine der ältesten und größten Kirchen Ouro Pretos (Abb. 41). Der Plan mit das Schiff seitlich begleitenden abgeschlossenen Korridoren soll vom Vater Aleijadinhos, Manuel Francisco Lisboa, stammen, der auf jeden

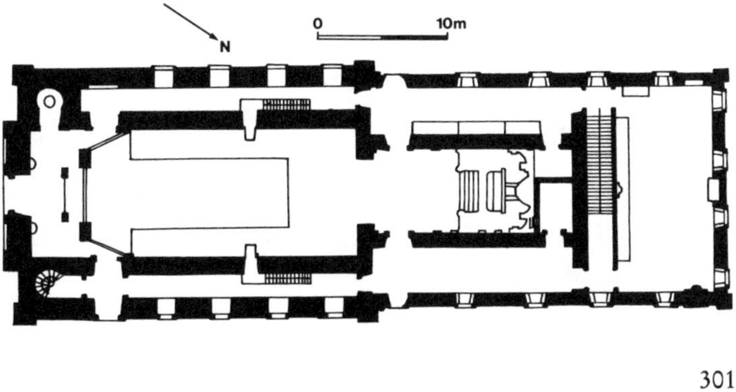

Nossa Senhora da Conceição

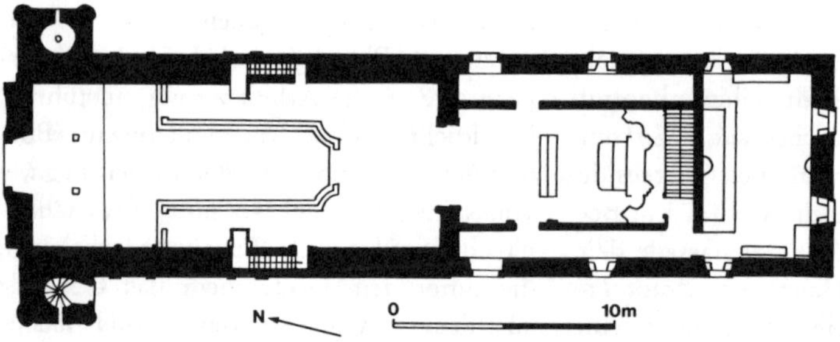

Igreja Santa Efigênia

Fall am Bau beteiligt war. Über die acht Altäre im Schiff, die nach Bazin ähnlich den Altären in der anderen Pfarrkirche *Nossa Senhora do Pilar* sind, gibt es keine Nachrichten. Für den Ausbau der Chorkapelle und den Hauptaltar wurde der Kontrakt 1760 geschlossen. Weiter vom Zentrum entfernt liegt weithin sichtbar auf der nächsten Höhe die *Igreja Santa Efigênia do Alto da Cruz.* Sie ist die Kirche der Bruderschaft der Schwarzen in der Pfarre von Antonio Dias, die 1733 gegründet wurde. Die Arbeiten scheinen danach bald begonnen zu haben; Manuel Francisco Lisboa war wohl auch hier aktiv am Bau beteiligt. Für die Ausstattung mit ihren Barockaltären, noch im Stil Dom João V. sind Zahlungen ab 1747–49 nachgewiesen. In ihnen ist öfters Francisco Xavier de Brito ›Entalhador‹ (d. h. Schnitzer) erwähnt, der nach Bazin auch an der Ausschmückung der *Nossa Senhora do Pilar* arbeitete.

Seitlich unterhalb der Santa Efigênia liegt die *Capela do Padre Faria,* ein Bau aus Bruchstein mit abgesetztem Glockenturm und ebenfalls mit Altären noch aus der ersten Hälfte des 18. Jahrhunderts. Auf derselben Seite der Stadt liegt mit einem eigenen Vorplatz die einer späteren Epoche zugehörende Kirche São Francisco, mit vollem Namen *Igreja da Ordem Terceira de São Francisco de Assis da Penitência* (Abb. 39). Sie ist unzweifelhaft eines der Meisterwerke Aleijadinhos. Die Bruderschaft beschloß 1765, eine eigene Kirche zu bauen. Die Chorkapelle stand 1771–72 im Rohbau. Portal und Fassade wurden 1774–75, der Triumphbogen bald danach und der Hochaltar 1778–79

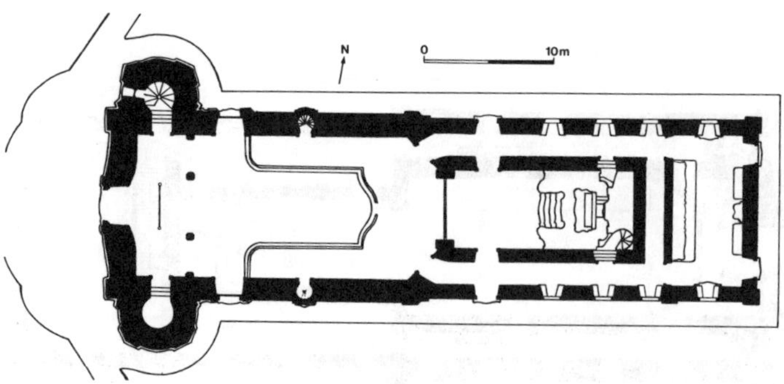

Nossa Senhora do Carmo

errichtet. Nach der Würdigung der Chorkapelle mit Hochaltar und Kanzeln sollte man nicht versäumen, auch die dahinterliegende Sakristei mit dem ›Lavabo‹ aus Seifenstein (1777–79), ebenfalls von Aleijadinho, anzuschauen. Die Vollendung des kunstgeschichtlich so wichtigen Baues (s. o. S. 97f.) zog sich in die Länge. Der Vertrag mit dem Maler Manuel da Costa Ataide, der selbst zur Bruderschaft gehörte, wurde erst 1801 für die Ausführung der großen Deckenmalerei mit der Himmelfahrt Mariä geschlossen. Dennoch ist die Kirche einer der harmonischsten sakralen Räume des Spätbarock in Minas. Hinter São Francisco und seinem ummauerten Friedhof liegt die *Nossa Senhora das Mercês e Perdões* oder auch ›Merçês de Baixo‹, für deren Chorkapelle Aleijadinho den Plan anfertigte. Sie wurde zwischen 1775 und 1780 errichtet, erfuhr aber im 19. Jahrhundert einige Veränderungen.

Von der Praça Tiradentes nach der anderen, der westlichen Seite, liegt erhöht neben der Câmara e Cadeia die *Nossa Senhora do Carmo.* Sie wurde ungefähr zur selben Zeit wie São Francisco errichtet, nachdem 1750 Laienbrüder des Karmeliterordens aus Rio de Janeiro gekommen und beschlossen hatten, eine eigene Bruderschaft zu gründen. Der erste Plan 1756 von João Peixoto und Ventura Alves Pereira wurde 1766 von Manuel Francisco Lisboa übernommen, der den Bau mit weiteren Planänderungen, an denen bereits auch sein Sohn Aleijadinho Teil hatte, bis zu seinem Tode leitete. Aleijadinho war auch später noch am Bau dieser Kirche beteiligt. Die breite Fassade mit den ein wenig zurückgesetzten Türmen und das reich verzierte Portal sind ganz in seinem Stil ausgeführt. Die Altäre in langgestreckten, eleganten Formen wurden ab 1784, wohl ebenfalls in Verbindung mit Aleijadinho, ausgeführt. Zum Hauptaltar lieferte der Maler Ataide erst 1813 den Entwurf.

Im Ortsteil ›Ouro Preto‹ befindet sich dann weiter unterhalb die Pfarrkirche *Matriz Nossa Senhora do Pilar* (Abb. 38). Der Kontrakt für ihren Bau wurde 1731 mit der Bruderschaft des Heiligen Sakraments abgeschlossen. 1736 wurde nach Bazin schon an der Ausstattung gearbeitet, so daß damals auch schon die dem Rechteckbau eingefügte zehneckige Raumform festgelegt sein mußte, für deren Ausführung Francisco Pombal als Meister belegt ist. Es ist das erste Beispiel einer vieleckigen Raumform in Minas (s. o. S. 96). Durch die enge Abfolge von großen

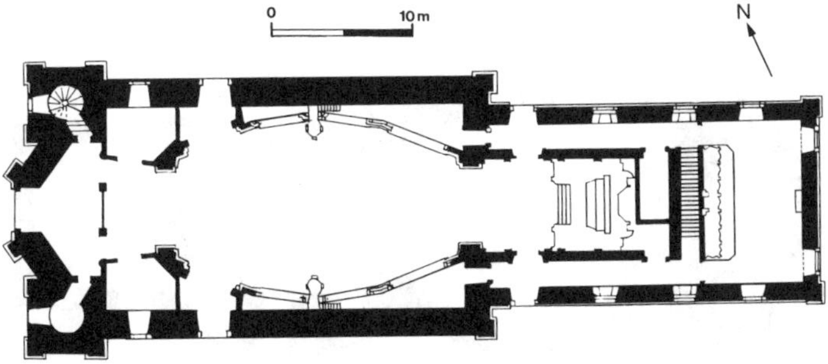

Nossa Senhora do Pilar

Pilastern und Jochbögen mit Emporen über den Seitenaltären ist ihre Ausstattung besonders reich und lebendig. Von 1737 gibt es eine Nachricht über eine Kanzel, 1746 wurde die Vergoldung der Schnitzereien in der Chorkapelle begonnen und die Errichtung des Hauptaltars beschlossen. Die Decke mit der Kassettenunterteilung paßt sich schön der Raumform an. Das Schiff mit der ansehnlichen Vergoldung und Ausstattung ist eines der besten Beispiele des entwickelten Hochbarock in Minas. Teile der Kirche, ursprünglich aus Taipa, mußten im Laufe der Zeit in Stein erneuert werden. Die Sakristei wurde vor einigen Jahren vom Verkehr derart erschüttert, so daß sie teilweise einstürzte. Sie wurde vom Denkmalschutz wieder aufgebaut. Seitdem wird der Schwerverkehr umgeleitet.

Noch etwas weiter vom Zentrum entfernt und nach einer durch Bergrücken bedingten Windung der Hauptstraße des Viertels São José, dessen gleichnamige hübsche Kirche aus der 2. Hälfte des 18. Jahrhunderts auf der Anhöhe steht, kommt man zu der baugeschichtlich letzten bedeutenden Kirche Ouro Pretos, der *Igreja de Nossa Senhora do Rosário* (Abb. 40, 42). Sie wurde anstelle einer schon 1709 entstandenen ersten Kapelle um 1770 errichtet. Ihre Grundform, aus zwei elliptischen Raumkörpern zusammengesetzt, ähnelt der Kirche ›São Pedro‹ in Mariana, die auf Antonio Pereira Sousa Calheiros zurückgeht. Es ist wahrscheinlich, daß er auch den Plan für die Nossa Senhora do Rosário mit ihrer markanten vorgewölbten Front geschaffen hat. Die Kirche beherrscht harmonisch ihre nähere Umgebung, die aus kleinen und zumeist noch original erhaltenen Häusern besteht.

Ein Stück weiter außerhalb, nahe der Ausfahrt nach Belo Horizonte, liegt noch

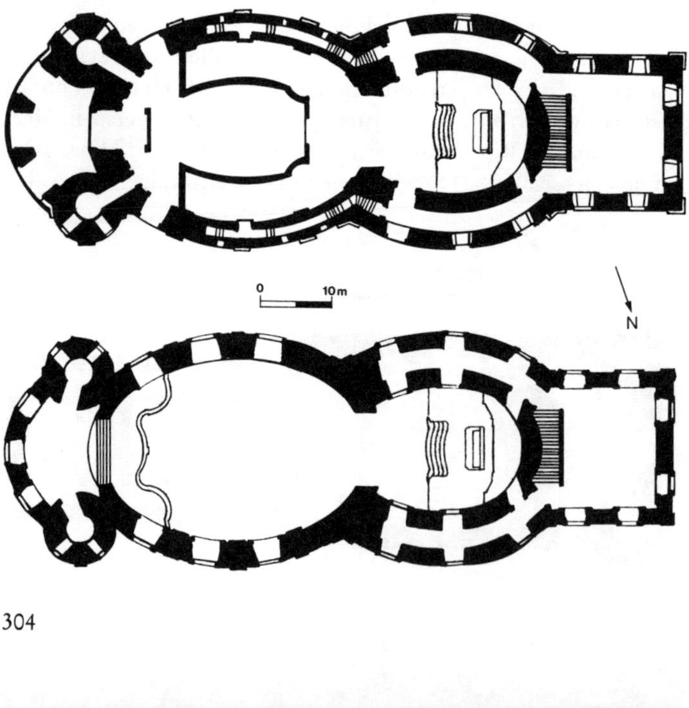

die Kirche *São Miguel e Almas*, über deren Portal ein interessantes Relief von Aleijadinho angebracht ist. Auf dem Rückweg zum Zentrum von Ouro Preto kann man im unteren Teil der Stadt am Anfang der Rua São José eines der bedeutendsten Gebäude, die *Casa dos Contos* besichtigen. Es ist eines der repräsentativsten Beispiele der Zivilbaukunst des 18. Jahrhunderts in Minas. 1783 wurde sie nach Plänen von Antonio Ferreira de Sousa Calheiros im Auftrag von João Rodrigues de Macedo erbaut, der die Goldgewinnung und die Abgabe des ›Dizimo‹, der Goldsteuer, an die portugiesische Krone zu überwachen hatte. Der Bau diente später als Sitz verschiedener Behörden, ist aber jetzt wieder in ursprünglicher Form hergestellt. Die Eingangshalle mit steinerner Treppe, die oberen Räume, in denen Rodrigues Macedo gewohnt haben dürfte, die rückwärtigen Anlagen zum Einschmelzen des Goldes, einem überhöhten Saal mit Rundblick und der schöne Innenhof mit umlaufender Galerie sind sehr aufwendig angelegt. In ihnen ist heute ein Studienzentrum für die Geschichte der Goldgräberzeit und ein Museum untergebracht.

Die Zivilbauten behielten im allgemeinen den Charakter der goldenen Zeit Ouro Pretos. An den zweistöckigen Häusern der Praça Tiradentes, der Rue Direita und anderen reicheren Bauten wurden nach gesetzlichen Vorschriften im 19. Jahrhundert neue Einzelteile wie eiserne Balkongitter und verglaste Fenster angebracht, die ursprünglich aus Holz gewesen waren. Bei den Wanderungen über das Buckelpflaster Ouro Pretos sind die öffentlichen Brunnen mit ihren Schauwänden anziehende Blickpunkte. Wenige Häuser hatten in der Kolonialzeit eigene Brunnen oder Quellen am Hang. So war der Gebrauch der öffentlichen Brunnen allgemein. Diese besitzen umrahmende Rückwände, oft mit ornamentaler, teils figürlicher Verzierung durch Masken aus Seifenstein um die Wasserrohre, die hübsch in barocken Formen mit Voluten und dem Bekken davor ausgeführt sind.

Nahe der Kirche ›Nossa Senhora do Carmo‹ ist noch das *alte Theater* als ein Zeugnis des intensiven Kulturlebens des 18. Jahrhunderts in der Stadt erhalten.

Von der Praça Tiradentes geht neben der ›Escola de Minas‹ die Straße in Richtung Mariana ab. Ansehnliche Häuser ziehen sich den Hang entlang ziemlich weit hinaus. Einige berühmte Persönlichkeiten der Zeit der Goldfunde, wie Chico Rei, hatten dort ihre Wohnsitze. Von dieser Seite hat man auch einen schönen Blick auf den sich architektonisch in der Bergwelt imposant aufbauenden Mittelteil der Stadt und weiterhin auf die Höhe der Kirche Santa Efigênia und die Kapelle des Padre Faria.

Bis Mariana sind es 19 km am Gebirgszug des Itacolomi entlang. Man kommt durch den Ortsteil ›Passagem de Mariana‹ mit der kleinen *Nossa Senhora da Gloria* mit separatem Turm und einer später angebrachten Fassade; im Innern sind drei Altäre im Stil Dom João V. zu sehen. Hier ist noch ein Goldbergwerk, nun mit tiefem Schacht, in Betrieb.

In **Mariana** selbst liegt der alte Teil des Städtchens auf einem zu einer Flußniederung schräg abfallenden breiten Rücken, der eine regelmäßigere Anlage der Straßen erlaubte. Den Mittelplatz beherrscht die *Igreja Matriz da Assunção da Nossa Senhora*, auch als ›Sé‹ bezeichnet, denn schon seit 1745 ist hier der älteste Bischofssitz in Minas Gerais. Als er begründet wurde, war Maria-

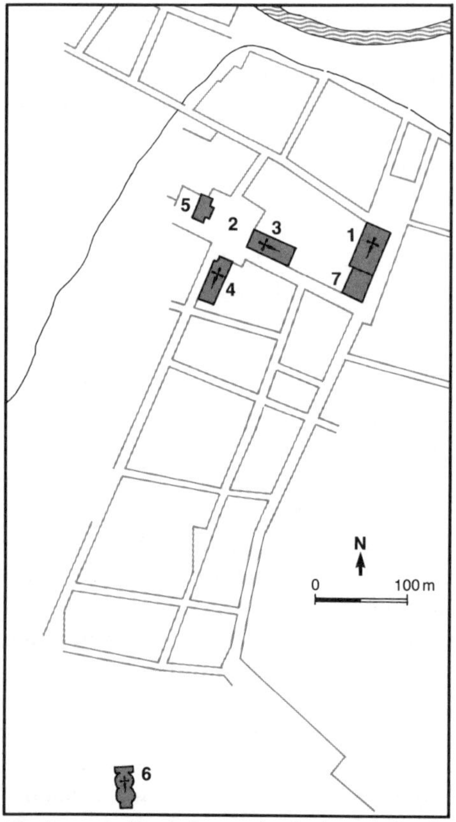

Mariana 1 Sé 2 Largo do Carino 3 Igreja da Ordem Terceira de São Francisco 4 Igreja da Ordem Terceira do Carmo 5 Câmara e Cadeia 6 Igreja de São Pedro 7 Casa Capitular/Museu Arquidiocesano

na noch die Hauptstadt der Provinz. Der Gouverneur zog jedoch ein Jahr später, wie es heißt nach einer Überschwemmung, in den damals im Bau befindlichen befestigten Palast in Ouro Preto um. Den Namen Mariana erhielt der Ort, als er noch Sitz der Provinzregierung war zu Ehren der Königin Maria Anna von Österreich, Gemahlin des portugiesischen Königs Dom João V. Die Sé ist neben der Matriz von Sabará eine der bedeutendsten und größten Bauten der bald nach der Gründung der Orte errichteten dreischiffigen Pfarrkirche aus dem Anfang des 18. Jahrhunderts, ja sie ist Pfarre schon seit 1704 (s. o. S. 95). Ihr Chor wurde, nachdem sie Bischofskirche geworden war, in zwei Joche unterteilt und durch zwei Kuppeln aus Holz erhöht. Diese erhielten eine perspektivische Architekturmalerei mit Figuren der Kirchenväter. Der ursprüngliche Hauptaltar, 1727 erwähnt, wurde in der Mitte des 18. Jahrhunderts etwas verändert, als man darin ein großes Bild der Himmelfahrt Mariä einsetzte. Das Chorgestühl mit chinesischen Motiven an seiner Rückwand und einige Altäre im Schiff mit toskanischer Ordnung gehören noch zur anfänglichen Dekoration der Kirche. 1751 wurden die Orgel und weitere Teile der Ausschmükkung angebracht. Erstaunlich ist, wie gut der Charakter des Außenbaues, der ganz zu Anfang des 18. Jahrhunderts aus Holz und Taipa errichtet wurde, sich trotz Verstärkung der tragenden Glieder in Stein erhalten hat. In der Straße, die links von der Sé ansteigt, liegt anschließend an die Kirche die ›Casa Capitular‹, heute das *erzbischöfliche Museum* (Abb. 44). Das Haus ist mit seiner reichen Fassade, mit den geschwungenen Tür- und Fensterbekrönungen und Kapitellen der Eckpilaster, 1770–71 errichtet, eine der bedeutendsten Schöpfungen dieser Art in Brasilien an der Wende zum Spätbarock. Der Besuch des Museums vermittelt lohnende und reizvolle Einblicke in die kirchliche Kunst und Kultur des 18. Jahrhunderts. Am Platz dahinter liegen an dessen höher gelegenen Seiten in rechtem Winkel zueinander zwei spätbarocke Kirchen und be-

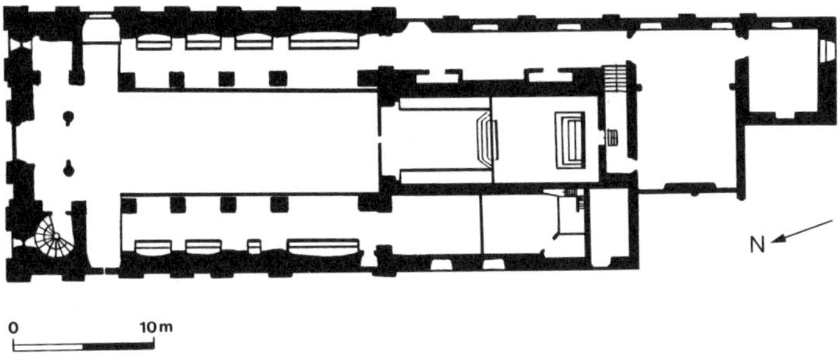

Igreja Matriz da Assunção da Nossa Senhora, ›Sé‹

herrschen diesen Platz. An dessen niedrigster Seite befindet sich die einzigartige ›Câmara e Cadeia‹ von Mariana. Die beiden Kirchen *Ordem Terceira de São Francisco de Assis* und *Ordem Terceira do Carmo* (Abb. 43) sind einschiffige Bauten, an deren breiten Fassaden die Türme wohl vom Boden an durch Pilasterjoche markiert sind, sich aber erst über dem Hauptgesims über das Schiff herausheben. Sie besitzen daher einen blockhaften und in seiner Einheitlichkeit einzigartigen Charakter. Für die Kirche der Franziskanerbruderschaft wurde nach Annahme eines dritten Projekts 1763 der Grundstein gelegt. Chorkapelle und Sakristei konnten 1777 in Benutzung genommen werden. Wohl unter Einfluß der neuen Bauten Aleijadinhos in Ouro Preto wurden 1783 Veränderungen an der Fassade beschlossen und schließlich 1794 wesentliche Teile, die Eindeckung des Schiffs und der Chorkapelle, Kanzeln und sechs Altäre abgenommen. Die Zahlungen für die eindrucksvollen Deckenmalereien des unbekannten Autors liefen noch bis 1816–17. Die *Nossa Senhora do Monte do Carmo* wurde 1783 von der Bruderschaft in Auftrag gegeben, aber erst 1793 war sie aufgemauert und konnte eingedeckt werden. Ihre Ausstattung wurde deswegen erst nach 1800 ausgeführt. Bazin bezeichnet sie als eines der letzten Monumente des Rokoko in Minas.

Die *Casa de Câmara e Cadeia* (Abb. 45) ist ohne Zweifel eine der reizvollsten Anlagen ihrer Art in Brasilien. Im Untergeschoß liegt das Gefängnis und oben die Verwaltung. Mit der in zwei Läufen aufsteigenden Freitreppe folgt sie, wie Toledo Lima betont, in ihren Proportionen und Formen nordportugiesischen Vorbildern. Sie wurde zur Zeit des Baues der zwei Kirchen durch Leutnant José Pereira Arouca errichtet, der als Platzkommandant Ingenieur- und Bauaufgaben wahrzunehmen hatte.

Mariana besitzt noch weitere ansprechende Bauten. Die Kirche *Nossa Senhora do Rosário dos Pretos* der Bruderschaft der Schwarzen wurde 1752 vom Maurermeister José Pereira dos Santos begonnen und 1758 geweiht. Interessant ist auch das *Seminário da Nossa Senhora da Boa Morte*, das schon der erste Bischof von Mariana begründete und 1750 einweihte; es stellt mit seiner Kapelle als Mittelbau und den zwei seitlich vorspringenden Flügeln den Prototyp dieser Seminarbauten dar. Die Kirche *São Pedro dos Clérigos* auf der Höhe hinter der Stadt vereint in ihrem Grundriß genau wie die ›Igreja do Rosário‹ in Ouro Preto zwei Ellipsen. Nur der Schöpfer des Entwurfs ist

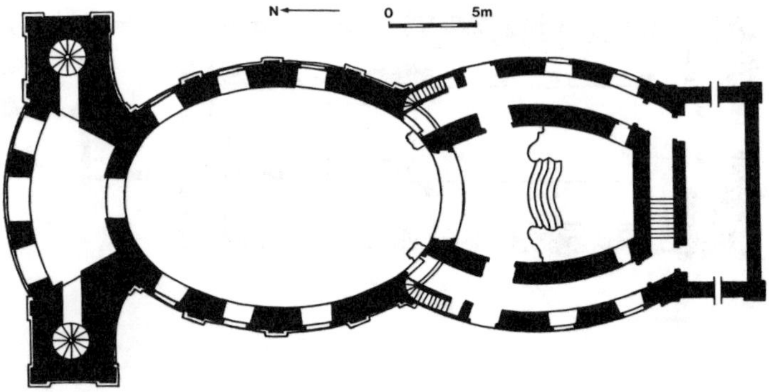

São Pedro dos Clérigos

bekannt, Daten über den Fortgang der Errichtung bis zur Einstellung der Bauarbeiten 1820, fehlen. 1920 bis 1922 wurden zwei klobige Türme vorgebaut.

Außerhalb Marianas, an der Straße nach Ponte Nova, liegt abseits die kleine Ortschaft **Cachoeira do Brumal,** wo seit einigen Jahren einige volkstümliche Schnitzer, meist Mulatten, Holzskulpturen aus massiven Stämmen bis hin zu ganzen Krippen ausarbeiten. Meist wählen sie jedoch pflanzliche Motive, etwa Zweige mit Blättern und Früchten, Vögel und andere Tiere, die an die salomonischen Säulen der Anfänge des Barock erinnern und nun als fruchtbares Kunsthandwerk wieder zum Vorschein kommen.

Von Mariana kann man über Antonio Pereira auf steinigen Straßen über das Gebirge nach Santa Rita Dourão und Santa Bárbara fahren, um die Kirchen dieser Orte zu besuchen; sie sind jedoch leichter von Belo Horizonte über Sabará und Caeté zu erreichen und darum innerhalb der nächsten Route behandelt.

Sabará ist von Belo Horizonte nur 27 km entfernt. Dort war im Tal des Rio das Velhas und des Rio Sabará eine der ältesten Fundstätten von Flußgold in Minans. Durch seine Lage ist auch dort der Kern der Ortschaft in seiner alten Struktur erhalten geblieben. Am einen Ende des Ortes liegt die Pfarrkirche *Matriz de Nossa Senhora da Conceição.* Sie ist eine der ältesten Kirchen in Minas. Ihr Bauschema mit drei Schiffen, ihre Konstruktion in Holz und Taipa und ihre Holzverschalungen mit Kasettendecke und dekorativer Bemalung zeigen dies ganz deutlich (s.o. S. 95). Die Pfarre wurde 1701 eingerichtet. 1710 oder 1714 erfolgte schon die Weihe. Nicht nur ihre historische Bedeutung, sondern mehr noch die künstlerische Gestaltung ihrer ursprünglichen Teile, wie eine Tür mit orientalischen Motiven und eine andere dieser nachgeschaffen, machen sie besonders anziehend. Dicht dabei, auf der anderen Talseite, liegt die kleine *Nossa Senhora do Ó,* die mit ihrer reichen Ausstattung an die Bauten der Wende vom 17. Jahrhundert in den älteren Siedlungsgebieten an der Küste, wie Embu bei São Paulo, erinnert. Sie steht in Minas für einen eher intimen Beginn des Barock. Die Vertäfelung der Wände mit Malereien, an der Stirnseite des Schiffs mit chinesischen Motiven in Rot, Gold und Blau ist viel gewürdigt worden.

Die im Stil der Lackmalereien des Orients ausgeführten Motive mit Pagoden und fliegenden Vögeln unterscheiden sich von den Tafeln religiöser Szenen an den Seitenwänden. Sie gehen wohl auf Anregungen zurück, die von Portugiesen aus den ostasiatischen Kolonien mitgebracht worden waren. Man hatte zuerst angenommen, daß die sonst so einheitlich erhaltene Kapelle in ihrer Front später verändert wurde. In jüngster Zeit wurden jedoch im Norden von Minas ganz ähnliche Kapellenfronten festgestellt. So ist es möglich, daß alles mit der Innenausstattung einheitlich und der Datierung eines Votivbildes in der Sakristei entsprechend um 1720 zur Ausführung kam.

Von den Kirchen Sabarás hat auch die *Igreja da Ordem Terceira do Carmo* künstlerische Bedeutung. 1761 beschloß die Bruderschaft, eine eigene Kirche nicht mehr in Holz und Taipa, sondern in Stein zu errichten. 1763 wurde ein Kontrakt mit dem Meister Tiago Moreira geschlossen. Von 1771 bis 1774 erfolgten Planänderungen. Um diese Zeit leistete Aleijadinho bedeutende Mitarbeit, die nicht im Einzelnen belegt, sich aber in erster Linie auf die ornamental bewegte Bekrönung der geraden Front und im Innern auf die Atlanten der Musikempore, die Kanzelreliefs und vermutlich auch auf die Balustraden zum Chor bezieht (s. o. S. 97). Die Deckenmalerei mit Elias auf dem Feuerwagen und andere Teile von Meister Joaquim Gonçalves da Rocha wurden erst später angebracht.

Die *Nossa Senhora das Mercês,* die die alte Kapelle der Farbigen war, ist wohl nicht vor 1781 entstanden, wie Lucia Machado de Almeida annimmt, sondern wurde damals eher, nach Bazin, nach dem System der älteren Kirchen erneuert. Einen pittoresken Anblick bietet die *Nossa Senhora do Rosário;* da ihr Neubau nicht vollendet wurde, steht die alte kleine Kirche vor dem fertigen Chor.

In Sabará ist auch eine ganze Reihe original erhaltener Häuser zu sehen, in der Rua Borba Gato sogar mit hölzernem Balkon, gedrechselten Säulen und dem ursprünglichen Schmuck des Dachgesimses. Auch das hübsche Haus der ehemaligen Intendantur zur Kontrolle der Goldfunde gehört noch zu den aus Holz und Taipa errichteten Bauten. Es beherbergt heute das *Museu do Ouro.* Alles wurde hier in kleinerem Maßstab als in Ouro Preto errichtet. Die von 1735 bis 1833 funktionierende Intendantur ist als um einen Innenhof angelegtes und mit Galerien versehenes Gebäude erhalten geblieben. Im oberen Teil war die Wohnung des Intendanten (Deckenmalerei im Festsaal), unten kann man noch die Goldschmelze sehen.

Außer einigen andern schönen Häusern, wie dem in der zweiten Hälfte des 18. Jahrhunderts erweiterten *Solar do Padre Correira* gibt es in Sabará auch ein *Theater,* 1818 erbaut; man meint, daß es schon eine primitive Opernbühne aus der Zeit um 1737–40 als Vorgänger hatte.

Von Sabará kommt man auf seitlichen Abzweigungen der Straße nach João Monlevade zu einer Reihe von Orten, die ebenfalls sehr prächtige und kunstgeschichtlich wichtige Kirchen des 18. Jahrhunderts mit reicher Ausstattung aufweisen. Es ist zuerst **Caeté** zu nennen, dessen Gebiet schon 1703 von den Goldsuchern erreicht wurde, sodaß die aufblühende Ortschaft bereits 1714 zur ›Vila‹ erhoben wurde. Von der ersten *Matriz de Nossa Senhora do Bom Sucesso* ist wenig bekannt. 1752 sollte eine neue Kirche errichtet werden, wofür 1756 ein Vertrag zum Bau der Chorkapelle geschlossen wurde und 1757 die Sakristei und Korridore in Arbeit waren. Nach alter Überlieferung stammte der Plan von Manuel Francisco Lisboa, dem Vater Aleijadinhos, der an den mit vielen Figuren versehenen Altären um 1760–65 mitgearbeitet haben soll (s. o. S. 156). Der weite Kirchenraum wurde mit besonders reich ausgearbeiteten Retabulos geschmückt, die mit Baldachinen, teilweise noch mit gedrehten Säulen und verkröpften Pilastern plastische Elemente des Hochbarock und Formen des Rokoko vereinen. Die anderen Kirchen von Caeté, besonders die *Igreja de Nossa Senhora do Rosário* aus derselben Zeit, wurden ebenfalls reich ausgestattet. Caeté hat außerdem ein kleines *Regionalmuseum,* ein typisches Haus des 18. Jahrhunderts.

Santa Bárbara ist von Caeté aus die nächste Station. Dort befinden sich zwei sehr interessante Kirchen. Die ältere von ihnen, *Igreja Santo Antonio do Brumal,* liegt etwas abseits in einer Gegend, die sich ihr intensives religiöses Leben mit den Prozessionen, wie sie in den alten Orten in Minas üblich waren, bewahrt hat. Die einfache Architektur von Santo Antonio mit einer Zweiturmfassade in Holz und Taipa hat sich gut erhalten. Sie schließt an die Pfarrkirchen der ersten Bauperiode in Sabará und Mariana an. Soweit bekannt, wurde sie 1727 errichtet und ein Teil schon am Ende desselben Jahres geweiht. Die schöne Ausstattung im Stil Dom Joao V. aus den dreißiger Jahren des 18. Jahrhunderts besteht aus plastischem Schnitzwerk des Hochbarock. Der Triumpfbogen zum Chor nimmt durch seine Portalform mit Gesims und Dreieckgiebel die architektonische Funktion auf, die er zwischen den seitlichen Altären hat.

Die *Igreja Matriz de Santo Antonio* war wohl in der Form, wie sie 1744 entstand, auch in Taipa und Holz erbaut, war aber 1760 so verfallen, daß ein Neubau beschlossen wurde. Dieser zog sich länger hin, so daß heute sein Äußeres, abgesehen von den altertümlichen Turmhauben, den Stilformen der zweiten Hälfte des 18. Jahrhunderts entspricht. Die Ausstattung des Inneren ist von Rokokoformen bestimmt, wobei Teile des Schnitzwerkes aus dem ersten Bau am Hochaltar, Triumphbogen und Seitenaltären eingesetzt wurden. Die Ausmalung der Decken von Chorkapelle und Schiff durch den wichtigsten Maler seiner Zeit, Manuel da Costa Ataide, wurden erst 1806–1807 in der luftigen Art seiner Kompositionen fertiggestellt.

Von Santa Bárbara aus kann man eine ganze Reihe beeindruckender und weniger besuchter Orte erreichen. Fährt man in nördliche Richtung kommt man in der Serra do Caraça nach **Caraça** mit dem *Hospicio Nossa Senhora Mãe dos Homens,* das 1774 als Eremitage gegründet und nach dem Tode des dort lebenden Bruder Lourenco in ein Seminar der Lazaristen verwandelt wurde. Die Kirche ist 1854 zerstört worden. Der Nachfolgebau in neugotischem Stil nimmt sich in dieser Landschaft recht seltsam aus. Das Hospiz brannte 1968 einschließlich eines großen Teils der wertvollen Bibliothek aus, wurde aber unter Aufsicht des Denkmalschutzes als ›Hospedaria‹ wiederhergestellt und ist heute ein Ort für Meditation.

12 km westlich von Santa Bárbara liegt **Barão de Cocais** mit drei interessanten Kirchen. Die *Igreja Matriz de São João Batista,* als Kapelle schon 1713 erwähnt, wurde 1763 durch einen Neubau ersetzt, dessen Fassadengestaltung mit runden Türmen und einer

Nische über dem Portal Aleijadinho zugeschrieben wird. In der Kirche befinden sich einfache Altäre des Spätbarock in Minas. Die *Igreja Nossa Senhora do Rosário* war die erste Kirche am Ort und wurde von Schwarzen und Goldgräbern errichtet. Ihr Bau aus Holz und Taipa ist auch innen einfach. Die *Igreja de Nossa Senhora de Sant'Ana,* aus Stein und Kalkmörtel aus der zweiten Hälfte des 18. Jahrhunderts, war zuerst Privatkapelle des Barons Feliciano Pinto Coelho und seiner Familie und wurde später längere Zeit als Pfarrkirche benutzt. Sie besitzt reichere vergoldete Altäre.

Noch weiter südlich in Richtung Mariana liegt **Santa Rita Dourão** mit der *Matriz Nossa Senhora de Nazaré.* Sie ist nach Bazin mit ihrer eleganten farbigen Rokokoholzvertäfelung des Innenraumes eine der schönsten Kirchen in Minas. Der Altar auf der Evangelienseite des Schiffes wurde von Aleijadinho geschaffen; der auf der anderen Seite nach seinem Muster erstellt. Weiter südöstlich liegt, von Santa Bárbara zu erreichen, das abgelegene **Catas Altas** mit seiner *Matriz Nossa Senhora da Conceição.* Es ist dies eine außergewöhnlich große Kirche und einer Eingangsfront, die von graziösen Zwiebeltürmchen bekrönt wird. Hinter der Fassade liegt eine Vorhalle mit drei Bogen. Das Schiff hat seitliche Gänge, mit Emporen, die zum zentralen Raum geöffnet sind. Der Plan soll von Manuel Fernandes Pontes aus dem Minho-Douro stammen. Im Gegensatz zur üblichen Verfahrensweise wurde hier der Bau von der Fassade her begonnen. Dokumente von 1738–39 besagen, daß sie zu dieser Zeit im Bau war. Nach dem Tode von Pontes erhielten seine Nachfolger in der Bauleitung noch bis 1756–57 Zahlungen. Die Altäre sind mit vegetabil wuchernden Schnitzereien geradezu überdeckt. Für diese herrlichen Werke gibt es auch aufschlußreiche Dokumente hinsichtlich ihrer Baugeschichte. Am ältesten ist der Altar der Bruderschaft São Gonçalo von 1738. Der Meister Fernandes Pontes zog einen Gehilfen als ›Aparilhador‹ hinzu, was vielleicht als Zurichter übersetzt werden kann. Es war der junge Aleijadinho, der dafür Zahlungen erhielt. Für die anderen Altäre gibt es keine Dokumente. Hingegen ist gesichert, daß für den gegenüberliegenden Altar des São Miguel schon Aleijadinho den Entwurf machte. Dabei gab es noch einen Streit mit der Bruderschaft wegen des Vorsprungs des Bogens dieses Altars, der von einem ›Entalhador‹ Francisco Xavier ausgeführt wurde. Im Ganzen eine spannende und an schöpferischen Geistern reiche Geschichte.

Als nächstes Ziel von Belo Horizonte aus seien die in Minas Gerais wichtigen Höhlen kurz erwähnt. **Lagoa Santa,** 41 km in nördlicher Richtung von Belo Horizonte entfernt, ist ein altes Zentrum der Höhlenforschung. Etwa 300 Höhlen wurden in der Gegend untersucht, wovon die bekannteste schon 1830 von dem Dänen Peter Lund entdeckt wurde. Sie hat über 500 m Ausdehnung, und Lund fand dort aufsehenerregende vorgeschichtliche Reste. Damit begann in diesem Bereich die prähistorische Forschung. Höhlenmalereien wurden insbesondere in der *Gruta Vermelha* gefunden (s. o. S. 56). In Lagoa Santa sind ein kleines archäologisches Museum und die Grabstätten des Geologen Lund zu besichtigen. Weitere Höhlen kann man im *Parque Estadual da Serra do Cipó* in landschaftlich reizvoller Umgebung finden. Während die Gegend von Lagoa Santa ein Zentrum vorgeschichtlicher Besiedlung, mit Ausläufern vom Rio

São Francisco bis Paraná war, hat die heute bekannteste und touristisch am meisten besuchte Höhle, *Gruta de Maquiné*, nichts mit den bildnerischen Tätigkeiten der Urbewohner zu tun. Sie liegt bei Cordisburgo, 120 km von Belo Horizonte entfernt, über die Straße in Richtung Brasília zu erreichen. Es ist eine große Tropfsteinhöhle, die 1834 ebenfalls von Peter Lund entdeckt wurde; er fand dort versteinerte Tiere. Im Ort selbst kann man das Haus des Dichters Guimarães Rosa besichtigen und in den umliegenden Orten Bergkristalle und Topase kaufen.

Die Gegend der Diamantenfunde liegt weiter entfernt, aber auch nördlich von Belo Horizonte. Soweit bekannt, kamen 1713 die ersten Schatzsucher in das Bergland. Schon 1729 war aus dem ›Arraial de Tejuco‹ eine Siedlung mit schnellem Zustrom an Diamantenwäschern geworden, die aus diesem Grund eine geordnete Verwaltung haben mußte, die für die Krone die Diamantenausbeutung überwachen sollte. So entstand **Diamantina.** Zwei ihrer Intendanten gingen durch ihr ausschweifendes Leben in die Geschichte ein: Felisberto Caldeira Brant, der alles verlor was er gewonnen hatte, und João Fernandes de Oliveira, der mit der legendären und einflußreichen schönen Mulattin Chica da Silva verbunden war. Durch sie wurde hier der Bau vieler schöner Häuser in der Blütezeit der Diamantenfunde angeregt. Nach dem Höhepunkt kam in dem abgelegenen Teil von Minas alles wirtschaftliche Leben praktisch zum Stillstand und daher sind die Häuser nur wenig verändert erhalten geblieben. In der Rua Francisco Sá befindet sich beispielsweise die *Casa da Quitanda,* das einzige Haus in Minas mit ›Muxarabi‹, der ursprünglich üblichen Fenster- und Balkonverkleidung. An der Praça Juscelino Kubitschek, der aus Diamantina stammte, steht ein weiteres großes *Haus aus dem 18. Jahrhundert* und an der Praça Lobo de Mesquita ist das *Haus der Chica da Silva,* mit breiter Front und seitlich mit ›Treliças‹, der holzvergitterten Terrasse, zu sehen. In der Rua Tiradentes ist das *Institut Eschwege* mit schöner bemalter Decke und in derselben Straße das Haus gelegen, das Padre Rolim gehörte, der an der Verschwörung der Inconfidentes in Ouro Preto teilnahm. Heute ist das *Museu do Diamante* in ihm untergebracht. Ein romantischer Anziehungspunkt ist noch der *Mercado,* eine offene Markthalle des 19. Jahrhunderts, ursprünglich der Platz, wo die Tragtierkarawanen ankamen und abgingen.

Mit dem Reichtum der Stadt entstanden im 18. Jahrhundert einige reizvolle Kirchen, die, kleiner in ihren Proportionen, einen anderen Charakter als die Sakralbauten im Gebiet der Goldfunde besitzen. Sie sind aus Holz und Taipa errichtet, in ihren tragenden Teilen in lebendigen Farben bemalt. Die *Igreja da Ordem Terceira do Carmo* gilt als die Schönste und Aufwendigste des Ortes. 1760 wurde die Baugenehmigung erteilt und 1766 wurde schon ein Kontrakt mit dem Maler José Soares de Araujo abgeschlossen, der die Decke mit einer reich profilierten Architekturperspektive bemalt hat. Sie hat viele Ausstattungsstücke und eine Orgel von 1781 bewahrt. Ein Turm wurde 1837, der andere viel später errichtet. Die Kirche *Nossa Senhora das Mercês* wurde von einer Bruderschaft der farbigen Bevölkerung ab 1771 erbaut und 1784 geweiht. Sie besitzt nur einen Turm, im Chor steht noch ihr ursprünglicher Hochaltar. Die Kirchen *Nossa Senhora do Rosário* und *Ordem Terceira de São Francisco* aus derselben Zeit, haben stärkere Veränderungen erfahren, und die Bischofskirche ist sogar ein neubarocker Bau.

In der Umgegend von Diamantina kann man an Flußläufen noch einzelne ›Garimpeiros‹ beim Auswaschen des Sandes auf der Suche nach Diamanten sehen.

An der Straße von Belo Horizonte liegt nahe bei Diamantina **Serro,** ein kleinerer, hochgelegener und interessanter Ort, in dem noch eine Reihe von Bauten aus dem 18. Jahrhundert erhalten sind, deren Reiz in ihrer Ursprünglichkeit liegt; die Kirchen sind sehenswert durch die Qualität der Schnitzereien und die perspektivischen Deckenmalereien. In Serro, damals ›Vila do Principe do Serro Frio‹ genannt, lebte am Ende des 18. Jahrhunderts der begabte Maler Silvestre de Almeida Lopes, der für die Malerei, besonders die Deckenmalerei in Minas von Bedeutung ist. Auch die südlich von Belo Horizonte gelegenen Teile von Minas Gerais waren ein Gebiet, das zu der Zone der Goldfunde des 18. Jahrhunderts gehörte; auch dort sind Ortschaften, die bedeutende Kunstdenkmäler aufweisen. Sie liegen heute an guten Autostraßen, näher an Rio de Janeiro und São Paulo. Die Kirche von **Congonhas do Campo** mit den Werken Aleijadinhos sieht man bereits von der Straße Rio de Janeiro – Belo Horizonte auf der Höhe liegen. Sie ist 80 km von Belo Horizonte entfernt. Die Gründung geht auf ein Gelübde des Portugiesen Feliciano Mendes für eine wunderbare Errettung zurück. Dieses *Santuario do Bom Jesus de Matozinho* ist ein viel besuchter Wallfahrtsort. Seine Geschichte ist gut bekannt und erforscht. Am interessantesten und besten publiziert ist die entscheidende Beteiligung von Aleijadinho, die hier vorzugsweise in Bildwerken besteht (s. o. S. 118f.). Der Bischof von Mariana

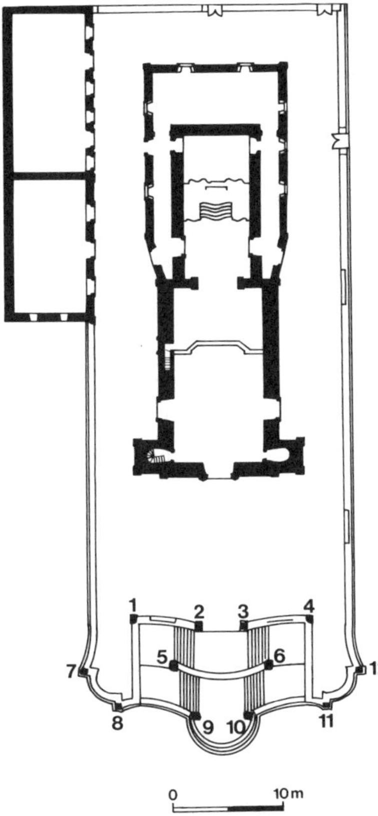

Santuário de Bom Jesus do Matozinho mit den Propheten 1 Jona 2 Daniel 3 Hosea 4 Joel 5 Baruch 6 Ezechiel 7 Amos 8 Obadja 9 Jesaja 10 Jeremia 11 Habakuk 12 Nahum

gab 1757 Erlaubnis zum Bau einer Kapelle, der 1758 begann. Die Chorkapelle war schon 1761 fertig, der Unterbau der Türme und die Ausschmückung der Kirche schritt rasch fort, so daß sie um 1771 im wesentlichen beendet gewesen sein dürfte. Die Namen vieler beteiligter Meister, besonders der Schnitzer, sind bekannt. In der Folgezeit wurden noch die Tafelbilder an den Wänden und die schöne Deckenmalerei ausgeführt. Vor der Kirche wurden ab 1780 größere Arbeiten zur Anlage der Terrasse über dem Bergabhang unternommen, um die Gesamtanlage ähnlich der Wallfahrtskirche Bom Jesus in Braga, Portugal, zu gestalten. Die Terrasse war als Standplatz für die Statuen der 12 Propheten vorgesehen. Am Hang hinauf wurde der Pilgerweg mit den Passionsstationen angelegt. Aleijadinho unterzeichnete selbst 1796 bis 1799 die Kontrakte, obgleich nur ein Teil der Ausführung der 64 Figuren von ihm selbst stammen kann. Die Namen seiner Gehilfen sind nicht bekannt. Die Bemalung der Gruppen Christus im Garten, der Dornenkrönung und des Kalvarienberges erfolgte durch Francisco Xavier Carneiro, die des letzten Abendmahles, der Folterung und der Kreuzigung durch Manuel da Costa Ataide. Lima de Toledo weist darauf hin, daß gewisse Ungereimtheiten in der Anordnung der Figuren vermutlich daraus zu erklären sind, daß die Bauten, die diese aufnehmen sollten, nach erhaltenen Belegen erst 1802 bis 1818 errichtet wurden. Nach denselben Quellen wurden die 12 Propheten des Adro aus Seifenstein im Zeitraum von 1800 bis 1805 bei Aleijadinho bestellt.

In Congonhas ist außer diesem Heiligtum die *Igreja Matriz* besuchenswert, die der Wallfahrtskirche gegenüber an einem Berghang liegt. Von ihr aus hat man einen weiten Blick zurück. Sie besitzt ein schönes Portal mit einem Relief, das die Arche Noahs darstellt und nach Bazin Merkmale des persönlichen Stils Aleijadinhos besitzt. Die Beteiligung seines Vaters, Manuel Francisco Lisboa, an der Ausstattung der Chorkapelle um 1766 ist nicht bestätigt.

In Congonhas wird viel Kunstgewerbe aus Seifenstein verkauft – der hier auch abgebaut wird –, wobei leider die ursprünglichen Formen der runden Töpfe und Büchsen mit natürlicher Oberfläche des Seifensteins mehr und mehr mit Reliefs versehen werden oder lackierten Phantasiegebilden Platz machen.

Nicht weit von Congonhas entfernt und vor dem Industrieort Conselheiro Lafaiette gelegen, ist **Ouro Branco** mit der ansehnlichen *Matriz de Santo Antonio*. Die Pfarre wurde 1724 eingerichtet und die Kirche zwischen 1735 und 1750 erbaut. Aus derselben Zeit besitzt sie noch drei Altäre in kräftiger barocker Ausführung des Dom João V. Die elegante Fassade, die den Einfluß der Fassaden Aleijadinhos zeigt, wurde 1774 errichtet. Aus dieser Zeit stammen auch die Dekkenmalereien im Schiff und in der Chorkapelle. Mit dem hübschen ländlichen Vorplatz ist die Kirche von Ouro Branco ein beeindruckendes Beispiel der Kunst des 18. Jahrhunderts in Minas auch außerhalb der Zentren.

Nahe von Congonhas kann man auf asphaltierter Straße von der BR 040 abbiegen und über Entre Rios de Minas und Lagoa Dourada durch das Hügelland nach São João Del Rei und Tiradentes gelangen, die sonst von der Rio-Straße über Barbacena und von São Paulo über Lavras zu erreichen sind. Am Wege liegt **Prados** an einem Gebirgszug, auf dessen anderer Seite sich Tiradentes befindet. Der kleine Ort hat viel von seinem ursprünglichen Charakter erhalten und besitzt eine hübsche Kirche. Er wurde in letzter Zeit besonders durch eine Vielzahl von Veranstaltungen bekannt, die der Pflege der Musik des 18. Jahrhunderts gewidmet sind.

Die Stadt **São João Del Rei,** das Zentrum dieser Region, liegt in einem weiten Tal mit der Serra de São José auf der einen Seite und schon nahe dem Anfang der Serra do Espinhaço. Die Goldgewinnung begann am nahen Rio das Mortes, wo eine Raststelle der von São Paulo über das Gebirge nach Minas einwandernden Leute lag. Die Ansiedlung in diesem Areal wurde dann schon 1713 zu Ehren des portugiesischen Königs João V. als São João Del Rei benannt und 1738 zur Stadt erhoben. Mitten durch die Ortschaft fließt ein Bach, der ›Corrego do Lenheiro‹, der sie in eine ältere und eine neuere Seite teilt. Von den Brücken aus dem 18. Jahrhundert haben zwei noch ihre ursprüngliche Bauweise mit Bögen aus Bruchstein erhalten. Die Stadt hat sich, im Gegensatz zu anderen Orten des alten Goldgräbergebiets durch Handel und Industrie weiter ausgedehnt und stark verändert. Seit 1881 ist sie durch eine Eisenbahn mit der Außenwelt verbunden; es umgeben sie neue Viertel. Die historischen Bauten im Zentrum wurden jedoch gut gepflegt; es ist vorwiegend Barockarchitektur mit vielen dekorativen Details, die die kirchlichen und zivilen Bauten auszeichnet. Auch die kirchliche Tradition lebt noch in starkem Maße. So gibt es die Sitte, bei Todesfällen den Rhythmus der Glockenschläge so zu variieren, daß die Einwohner des jeweiligen Sprengels wissen, ob der Verstorbene Mann oder Frau, Geistlicher oder Laie, Bürger der Stadt oder Fremder gewesen ist. Die Prozessionen, besonders die der Osterwoche, bei denen z. B. die alten Silberlaternen mitgetragen werden, sind wie in Ouro Preto außerordentlich eindrucksvolle und ausgestaltete Zeremonien. Dafür sind auch die alten Stationskapellen, die *Passos,* aus dem 18. und 19. Jahrhundert in den Straßen Rua Duque de Caxias und Rua Getulio Vargas ein lebendiges Zeugnis. Besondere Musikstücke werden beim Anhalten der Prozession vor jedem dieser ›Passos‹ gespielt.

Die große *Matriz Nossa Senhora do Pilar* ist schon 1703 begonnen worden. Sie geht allerdings auf einen Auftrag von 1721 zurück. Das weite Schiff setzt sich in einer Chorkapelle fort, die eine gewölbte, ornamentierte Decke besitzt. Der große, tief angelegte Hauptaltar, der Triumphbogen und die zwei Seitenaltäre davor aus der Zeit um 1745 bilden stilistisch eine Einheit. Hinzu kommen die Wandmalereien im Chor, die Rokokodecken des Schiffs und der Sakristei. Die weiteren Altäre im Schiff sind recht verschiedener Art und die Fassade schon klassizistisch mit hübschem Vorplatz und einem Gitter, das erst zwischen 1820 und 1844 errichtet wurde.

Von den anderen Kirchen ist die *Igreja da Nossa Senhora do Carmo* auf derselben Stadtseite im Vergleich mit jenen Aleijadinhos interessant. Der ›Irmandade da Arquiepiscopal Ordem Terceira de Nossa Senhora do Carmo de São João Del Rei‹ gehörig, wurde sie 1734 begonnen. Bei dem langsamen Fortgang des Baues wurde die Fassade erst gut eine Generation später in für die zweite Hälfte des Jahrhunderts eigene Form mit Eckpilastern zu den zurückgesetzten Türmen aufgebaut. Ein kurvenreicher Giebel und das Portal mit der Nossa Senhora do Carmo und Gottvater im zentralen Relief, verkröpften Seitenpilastern zu dem vielfach profilierten und von Putten bekrönten Türsturz sind von einem sehr ähnlichen Portal Aleijadinhos an ›São Francisco‹ im gleichen Ort abhängig. Der Altar in der *Igreja do Carmo* wurde später einmal verändert und

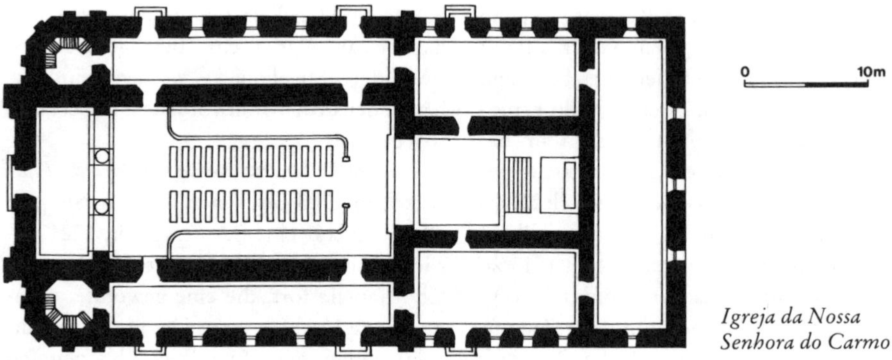

Igreja da Nossa Senhora do Carmo

gehört zur letzten Phase des Minasbarock, wohl erst im 19. Jahrhundert ausgeführt.

Die weitaus harmonischste Anlage in São João Del Rei ist zweifelsohne die *Igreja da Ordem Terceira de São Francisco da Penitência.* Sie wurde von Aleijadinho nach Plänen aus dem Jahre 1774 erbaut. Der Aufriß der Fassade ist als Originalzeichnung im Museum in Ouro Preto erhalten. Sie besitzt ein leicht konvex ausschwingendes Schiff und runde, in die breite Fassade eingebundene Türme. Der Zugang zum Haupteingang führt über einen Vorplatz mit Treppe und Balustraden; der Eingang selbst ist ein reich verziertes Portal, bekrönt von einem Wappenschild mit Marienfigur, kaiserlicher Krone und seitlichen Voluten, die wie öfters bei Aleijadinho, von Putten bekrönt sind. Im Giebelfeld über dem durch ein Rundfenster angehobenen Hauptgesims ist ein weiteres bewegtes Relief des Meisters mit dem vor dem gekreuzigten Christus knienden Heiligen Franziskus angebracht. Über dem Ganzen steht ein Patriarchenkreuz. Neben São Francisco in Ouro Preto ist es wohl die schönste und reifste Barockfassade in Minas. In dem vornehmen Innenraum wurden die einheitlichen Altäre, ausgeführt von Meister Francisco de Lima Cerquerira, später überarbeitet. Sie sind heute ohne Fassung und stellen in der zurückhaltenden Art im Ton des Holzes ein bedeutendes und be-

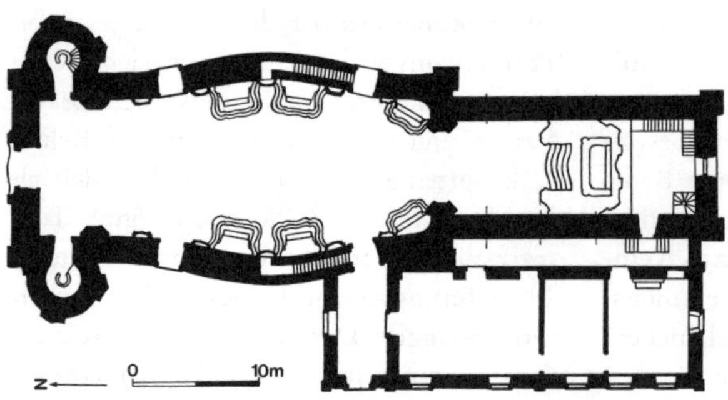

Igreja da Ordem Terceira de São Francisco da Penitência

zeichnendes Denkmal der Endphase des Barock dar.

In São João Del Rei gibt es auch eine Reihe bemerkenswerter Profanbauten, unter ihnen der *Solar da Baroneza de Itaberava*, der *Solar da Familia Lustosa* und der *Solar das Neves*, Patrizierhäuser mit repräsentativen Fassaden, deren letzterwähntes nun von der Familie im Andenken an Tancredo Neves besonders gepflegt wird. Ein im Stadtbild herausragender Block ist das *regionale Museum*. Erst in der Mitte des 19. Jahrhunderts, aber ganz in der Tradition der Kolonialzeit errichtet, beherrscht der dreistöckige Bau seine Umgebung. Er enthält eine umfangreiche Möbelsammlung, ansprechende Beispiele sakraler Skulptur und kleine Oratorien des 18. und 19. Jahrhunderts. Ein schöner Bau auf der anderen Seite des ›Corrego‹ ist der *Paço Municipal*, 1839 mit klassizistischen Fassaden errichtet. Die Stadt besitzt außerdem einen großen Bestand alter Partituren, da hier die in Minas beheimatete Barockmusik besonders gepflegt wurde und traditionelle Kammerorchester noch weiter bestehen.

Nach wie vor werden in São João Del Rei Zinn und Silber nach alten Traditionen verarbeitet. Die Werkstätten von John Sommers für Zinn und die Silbersachen, die auch in Tiradentes verkauft werden, sind es wert, angeschaut zu werden.

Tiradentes liegt von São João Del Rei nur 14 km entfernt. Der idyllische Ort, landschaftlich reizvoll vor der Felswand der ›Serra de São José‹ gelegen, ist sehr wenig durch spätere Bebauung verändert. Früher hieß er ›Arraial Velho‹, ›Arraial Santo Antonio‹ und anders, bis er nach dem Freiheitshelden der Unabhängigkeitsbewegung benannt worden ist. Die Straßenzüge mit kleinen Häusern, die Brunnen und die Kapellen auf den Hügeln bilden ein harmonisches Gesamtbild, das zum Verweilen einlädt. Der wichtigste Bau ist die Pfarrkirche *Matriz de Santo Antonio*, die hoch gelegen ist mit einem die Umgebung beherrschenden Vorplatz. Genaue Daten über den Baubeginn fehlen. Zuerst ist das Schiff um 1725 bis 1730 entstanden. Der großartige Hauptaltar mit Thron des Heiligen und einem Baldachin sowie die Vertäfelungen mit plastischen Ornamenten im Chor entstanden etwas später. Um 1750 wurde die Sängerempore und noch später die Orgel, in Porto hergestellt, hinzugefügt. Diese Orgel ist neben der in der Sé von Mariana ein besonders seltenes Werk und wurde mit Hilfe deutscher Firmen vor einigen Jahren restauriert. Die große flache Fassade hat ihren Grundstock im anfänglichen Bau und soll im oberen Teil mit dem Rundfenster und dem aufsteigenden Halbrund des Gesimses unter dem Giebelfeld nach einer Zeichnung Aleijadinhos von 1810 verändert worden sein. Auch das Portal entspricht dem Stil des Meisters in der Phase São João Del Rei, wurde jedoch auch später ausgeführt.

Die übrigen Kirchen und Kapellen des Ortes, wie die *Nossa Senhora do Rosário*, *Nossa Senhora des Mercês* oder *São Francisco de Paulo* sind einfache Landkirchen, ohne reicheren Schmuck, so daß ihnen nur im Gesamtbild des Städtchens eine gewisse Bedeutung zukommt. Ein großer öffentlicher Brunnen, der *Chafariz de São José* von 1749, ist mit einer ähnlich den Kirchenfronten abgerundeten Rückwand ein groß angelegtes Beispiel für die Wasserversorgung der Bevölkerung.

Breit angelegt ist das *Haus des Padre Toledo* nahe der Pfarrkirche. Es gehörte dem

Pfarrer Carlos Correia de Toledo e Melo, der an der Verschwörung der Inconfidentes maßgeblich beteiligt war. Er verbarg sich im Gebirge, wurde dann aber als Gefangener nach Lissabon geschafft. Der repräsentative Bau mit 18 Räumen ist heute Museum mit Möbeln und interessanten Gemälden. In den Kasettendecken der Haupträume sind Deckenmalereien mit symbolischen Darstellungen angebracht (die fünf Sinne oder im Speiseraum Früchte). Ein Haus in der Ortsmitte besitzt einen lustigen erhöhten Aussichtsbau und ein Haus in der Rua Getulio Vargas hat hübsche durchbrochene Fensterläden, die ›Rotulos‹.

Damit sei die Aufzählung der den Besuch so lohnenden Orte und Bauten in Minas Gerais, die das Spätbarock des 18. Jahrhunderts in eigener Ausprägung vertreten, beendet. Das bedeutet nicht, daß man nicht weitere Entdeckungen machen und viele andere Eindrücke sammeln kann.

16. Von Rio de Janeiro nach São Paulo auf der Autostraße

Von Rio de Janeiro nach São Paulo gibt es, abgesehen von der Luftbrücke zwischen beiden Städten zwei sehr verschiedene Wege. Beide können interessante Eindrücke vermitteln. Der direkte Weg folgt der sehr stark befahrenen Autobahn ›Via Dutra‹, die an vielen älteren Orten vorbeiführt, die großenteils schon stark industrialisiert sind. Manche kleinere Orte hinter den Bergen sind voller folkloristischer Traditionen und von der Entwicklung noch immer nicht berührt. Es ist im Ganzen keine Landschaft, die hervorragende Baudenkmäler in sich birgt.

Die andere Möglichkeit ist, von Rio de Janeiro aus der Küste zu folgen und kurz vor Santos auf der Autobahn ›Via Imigrantes‹ in das Gebirge hinauf nach São Paulo zu gelan-

Karte für die Routen 16, 17 und 19

gen. Diese Strecke ist wesentlich weiter, lohnt sich aber wegen der landschaftlichen Schönheiten. Die BR 101 bietet herrliche Aussichtspunkte an den zahlreichen Meeresbuchten, wo sie die abfallenden Hänge des Gebirges mit ihrer üppigen Vegetation nahe den idyllischen Stränden schneidet. Malerische alte Orte wie Angra dos Reis oder Paratí laden – neben vielen anderen – zum Verweilen ein. Sie werden sehr viel von Rio de Janeiro und São Paulo aus aufgesucht.

Es sei zuerst der schnellere Weg, die ›Via Dutra‹ (BR 116) beschrieben. Nach der Ausfahrt aus Rio de Janeiro verläuft sie zuerst durch die ebene ›Baixada Fluminense‹ und steigt dann die ›Serra dos Araras‹ hinauf, um bald die Senke, die hinter der ›Serra do Mar‹ und vor der ›Serra da Mantiqueira‹ liegt, zu erreichen. Es ist das fast bis nach São Paulo verlaufende Flußtal des Paraíba do Sul. Dieses war schon in der Kolonialzeit Verbindung zwischen beiden Städten. So liegt dort, nachdem man den mächtigen Gebirgsstock des Itatiaia passiert hat, eine Kette alter Ansiedlungen, die Thomas Ender auf seiner Reise 1817 bis 1818 nach São Paulo getreu zeichnete. Sie besitzen inmitten stark industrialisierter Umgebung noch ihre Kirchen aus dem 18. Jahrhundert. Westlich von der BR 116 geht die alte Straße Rio – São Paulo über Bananal und Silveiras durch das erste größere Kaffeeanbaugebiet des 19. Jahrhunderts. Sehr schöne Gutshäuser aus jener Zeit haben sich dort erhalten. In **Bananal** selbst, an der Praça da Matriz und der Praça do Rosário kann man ebenfalls ansehnliche Bauten betrachten. Nach einer Zeit des Verfalls werden sie heute wieder gepflegt, manche sind als ländliche Hotels und Raststätten ausgebaut. Bei **Resende,** wo sich neben der Autostraße die brasilianische Militärakademie ausdehnt, liegt im Gebirge der *Naturschutzpark des Itatiaia.* Die höchsten Gipfel, die AgulhasNegras sind 2787 m hoch. Dieses Gebiet ist von den Orten Penedo und Visconde de Mauá aus ein beliebtes Ziel für Wanderer und Bergsteiger. Aufgrund der Höhenlage hat es weniger tropischen Charakter.

Ab Queluz im Staat São Paulo folgen die Städte Lorena und Pindamonhangaba mit großen Häusern des 19. Jahrhunderts und Guaratinguetá mit einer auf das 17. Jahrhundert zurückgehenden und im 18. und 19. Jahrhundert sehr veränderten Hauptkirche. Von dort aus kann man in Richtung zur Serra do Mar nach Cunha fahren, einem sehr einfachen, hochgelegenen Ort, der viel Folklore bewahrt hat. Wieder auf der Autostraße, gelangt man sogleich nach **Aparecida do Norte,** das ein nationaler Wallfahrtsort ist. Die alte Kirche, mit Stiftungen von 1791 im Zentrum des Ortes ist hübsch anzuschauen. Für die Wallfahrten wurde ab 1939 eine monströse, ja neubyzantinisch zu nennende Basilika erbaut, zu der Hunderttausende strömen, die mit Omnibussen und Kraftfahrzeugen aller Art ankommen. Die kleine alte Figur der so hoch verehrten Muttergottes wurde der Legende nach von einem Fischer im Fluß gefunden; es ist eine sehr einfache Skulptur mit dem umhüllenden Schutzmantel. Man könnte beinahe hier den Goetheschen Vers ›Wundertätige Bilder sind meist nur schlechte Gemälde‹ zitieren.

Näher an São Paulo liegt **Taubaté,** wo die alten Kirchen der Franziskaner, der *Konvent Santa Clara* und die einfache *Nossa Senhora do Pilar* nur zu einem geringen Teil original erhalten sind. Für den Volkskunstfreund sei auf das oberhalb, das heißt östlich der Autostraße gelegene *Viertel São José* verwiesen, wo die Frauen in den kleinen Häusern Tonfigürchen fertigen, die ursprünglich nur in der Vorweihnachtszeit und für Krippen bestimmt waren. Heute haben sie einen erweiterten Motivkreis, viel Getier, üppige Pfauen und Volkstypen werden dargestellt. Leider werden sie nicht mehr so fein modelliert und oft mit Ölfarben bemalt. Von Taubaté und dem nächsten größeren Ort, São José dos Campos, kann man noch manche ältere und recht ursprünglich gebliebene Orte im Bergland zur Serra do Mar aufsuchen. São Luis de Paraitinga, Redenção da Serra, Jambeiro und Paraibuna seien an dieser Stelle genannt. In diesen Städtchen werden nach altüberlieferter Tradition Volksfeste im Mai und Juni gefeiert. Die ›Festa do Divino‹ zu Pfingsten und die Johannisfeiern sind Höhepunkte mit Prozession, Tänzen, unter anderem solche der afrikanisch beeinflußten Congada und Mozambique und werden mit einer allgemeinen Volksspeisung aus großen Kesseln gefeiert.

Die letzten 100 km ab Caçapava bis São Paulo und São José dos Campos sind noch stärker industrialisiert. Dort gehören die moderne Luftfahrthochschule mit ihren Instituten und Wohnblocks, das Institut für Raumforschung und die sehr aktive Flugzeugindustrie ganz zum neuen Brasilien und seiner Entwicklung. Neben der Straße liegen Inseln mit alter Bebauung wie Moji das Cruzes mit den Kirchen des ›Convento e Ordem Terceira de Nossa Senhora do Carmo‹, der schon 1629 gegründet wurde und einfache alte Ausstattungsstücke enthält.

17. Von Rio nach Santos an der Küste

Der lohnendere Weg von Rio in Richtung São Paulo ist die direkt an der Küste entlangführende Straße nach Santos, die auch von einer Omnibuslinie befahren wird. In der Ferienzeit oder an verlängerten Wochenenden ist dort viel Betrieb und eine Vorbestellung von Unterkünften erforderlich.

Die Ausfahrt aus Rio de Janeiro führt über Santa Cruz und Itaguai. Dort kann man zu dem idyllischen Guaratiba fahren, wo im ruhigen Meeresbusen hinter einer Art Nehrung, der ›Restringa de Marambaia‹, viele kleine Fischerboote bei der ›Pedra de Guaratiba‹ verankert sind. Der Ort, dem bereits die Industrieanlagen von Sepetiba näher rücken, hat eine kleine Kirche aus dem 18. Jahrundert. Schöner ist Itacuruçá, wo die vorgelagerten Inseln höhere Hügel haben und man mit Segelbooten, den sogenannten ›Saveiros‹ zwischen ihnen herumfahren kann. Auf der ›Ilha de Jaguanum‹ ist in paradiesischer Umgebung Unterkunft in den ›Chalés‹ des Hotels möglich, falls man rechtzeitig reserviert hat. Auf der weiteren Fahrt, immer mit wechselnden Ausblicken auf Gebirge und Meer folgt Mangaratiba, ein alter Ort mit einer Pfarrkirche vom Ende des 18. Jahrhunderts mit schönen Azuleijos innen und am Turm. Im klaren Wasser der Buchten ist Unterwasserfischerei sehr beliebt.

Nach einigen weiteren Buchten erreicht man **Angra dos Reis.** Dieser Ort wurde schon am Ende des 16. Jahrhunderts gegründet und war im 18. Jahrhundert Ausgangspunkt einer Straße nach Minas Gerais und demzufolge auch die Route für die Goldtransporte nach Portugal. Die Stadt ist damals an den Berghängen um den Hafen herum emporgewachsen. Die *Capela de Santa Luzia* am Hafen aus dem 17. Jahrhundert ist die älteste Kirche im Ort. Malerisch liegen hinter der Stadtmitte am Hang die Ruinen des *Convento de São Bernardino*, einer typischen Franziskanerarchitektur aus dem 18. Jahrhundert. Näher am Hafen liegen die *Igreja e Convento de Nossa Senhora do Carmo* aus dem 17. und 18. Jahrhundert, die einschließlich der Kirche des Dritten Ordens gut restauriert sind und mit den in der Nähe liegenden, z. T. auch alten Häusern eine ansprechende Baugruppe bilden. Im Hafen von Angra dos Reis werden viele Bootsfahrten zu den vorgelagerten Inseln und ihren Stränden geboten.

Die Straße folgt dem üppig bewachsenen Küstenstreifen mit weißen Stränden und je nach Wetter tiefblauem oder türkisgrünem Meer. Lediglich in Itacoara wird dieses Naturschauspiel durch das erste Atomkraftwerk Brasiliens unterbrochen, das nicht nur ungeteilte Zustimmung erfahren hat. An einer Reihe hübscher kleiner Siedlungen vorbei kommt man dann zum schönsten Ort der ganzen Strecke – **Paratí.** Das gesamte alte Städtchen steht heute unter Denkmalschutz. Es erhielt sich aufgrund langer Isolierung von den im letzten Jahrhundert geschaffenen Verkehrswegen. Dies war zwar nicht zum Vorteil seiner Bewohner, hat aber seinen Stadtkern in der Form, wie er am Ende des 18. Jahrhunderts vorhanden war, als einzigartiges Ensemble erhalten. Dem schon ziemlich starken Verfall der Häuser wurde gewissermaßen in letzter Stunde durch den Denkmalschutz und das neuerwachte Interesse an dem Ort Einhalt geboten. Der historische Teil wird nun besser denn je gepflegt und bewundert.

Die vielen Buchten und die bis zu 1600 m aufsteigende urwaldüberwucherte Serra do Mar und die kleinen Inseln im ruhigen Meer geben dem Flecken ein einmaliges Panorama.

Zur Zeit der Ankunft der ersten portugiesischen und französischen Schiffe war die Gegend von Guaiana-Indianern bewohnt. Bald bahnte sich Handel mit dem Pau Brasil und Gewürzen an. Bedeutung gewann der Ort aber erst, als ein beschwerlicher und steiler Verbindungspfad nach Minas Gerais dazukam, von wo die wichtigen Goldtransporte kamen. Trotz mancher Gefahren durch Wegelagerer im Gebirge und Piraten, die in den vielen tiefen Buchten der Vorgebirge Schlupfwinkel fanden, wuchs Paratí als Goldausfuhrhafen, später auch wichtig für die Verschiffung des Kaffee aus dem Vale do Paraíba, zu einem ansehnlichen Gemeinwesen an. Für die Schiffahrt heute ist die Bucht jedoch zu flach und so wurde die Entwicklung immer langsamer und kam schließlich zum Stillstand, als Rio und Santos mit Eisenbahnverbindungen die führenden Häfen geworden waren. Erst vor zwanzig Jahren wurde die Küstenstraße eher für den Tourismus ausgebaut.

Die Bausubstanz der 1726 angelegten Stadt mit regelmäßigen Straßen, die nach den Himmelsrichtungen angelegt sind, blieb durch die Generationen währende wirtschaftliche Stagnation erhalten. Betrieben wurde der Anbau von Zuckerrohr für den hier besonders guten ›Aguardente‹ oder ›Pinga‹ genannten Schnaps und Fischerei, die die Bewohner für eigenen Verbrauch betrieben. Schon vor dem Bau der Autostraße Rio–Santos kam eine beträchtliche Zahl brasilianischer Künstler und anderer Leute, die Häuser erwarben und wesentlich zur Pflege der Baudenkmäler beitrugen. Der gesamte Teil der Stadt einschließlich der Buckelpflaster-Straßen, sieht deshalb recht gepflegt aus. Kraftfahrzeuge dürfen in diesen einheitlichen inneren Teil nicht mehr einfahren, so daß man dort unbesorgt spazieren gehen kann. Die Eckpfeiler der zweistöckigen Häuser aus großen Steinblöcken wurden oftmals ornamentiert, wobei an den Kreuzungen drei verziert und einer glatt gelassen wurde; er trug Freimaurersymbole, denn die Logen spielten hier zu Beginn des brasilianischen Kaiserreiches eine große Rolle. Eine bunte Bemalung der Gesimse, Türen und Fensterrahmen vervollständigen das fröhliche Bild der Stadt, die man hier ebenso wie in Ouro Preto als Gesamtkomplex der brasilianischen Bauweise des 18. Jahrhunderts genießen kann. Die Kirchen der Stadt fügen sich harmonisch in das Gesamtbild ein. Die *Igreja de Santa Rita de Cassia* nahe dem Anlegeplatz der Schiffe und mit Anfangsdatum 1722 ist wohl die älteste. Neben ihr liegt der Friedhof mit Kapelle. Ihre alte Einrichtung ist mit einem Museum der kirchlichen Kunst von Paratí verbunden, das Kultgegenstände auch aus anderen Kirchen und Kapellen aufgenommen hat. Nach Streitigkeiten zwischen den Angehörigen verschiedener Rassen im Sprengel verblieb sie für den weißen Bevölkerungsanteil; die Farbigen bauten für sich um 1725 die bescheidenere *Nossa Senhora do Rosário des Homens Pretos* und die Kapelle São Benedito, die die Kirchen der Mulatten und Schwarzen einschließlich der Sklaven wurden. An der nördlichen Ecke des Stadtkerns wurde die malerisch gelegene *Nossa Senhora das Dores* errichtet, die nur vornehmen Damen für ihre Messen zur Verfügung stand und in traditionellen Formen um 1800 fertig wurde. An einem großen Platz dahinter liegt die eigentliche Pfarrkirche *Nossa Senhora dos Remedios.* Sie wurde ab 1787 erbaut und ist nicht mehr ganz vollendet worden. Die Fassade zeigt schon klassizistische Elemente mit schweren Pilastern, großem Gesims und einfachem Dreiecksgiebel. Auch ihre Türme wuchsen nicht mehr weiter empor.

Auf der anderen Seite des Flüßchens Perequé-Açu ist das *alte Hospital,* die ›Santa Casa de Misericordia‹, und auf dem Hügel dahinter, mit weiter Sicht über Stadt und Meeresbucht, Reste einer der Befestigungsanlagen zu sehen, die Paratí umgaben.

In Paratí ist noch heute das kirchliche Element mit den alten ›Irmandades‹ sehr wichtig, die viele sehenswerte Prozessionen veranstalten. Bei einem Rundgang wird man die Gastlichkeit fühlen, die den Ort in den Pensionen, ›Pousadas‹ genannt, in den Bars mit Volksmusik am Abend und dem guten Zuckerrohrschnaps auszeichnet.

Von den ehemals 150 Zuckerrohrmühlen und Brennereien ist eine, das *Engenho do Vapor* wieder hergerichtet und arbeitet weiter. Man kann die Mühle mit einem Boot über die Bucht erreichen. Reizvoll ist auch der Aussichtspunkt auf der Straße in Richtung Santos, der die ganze Schönheit der Lage von Paratí vor Augen führt.

Die bisher geschilderten Küstenorte liegen im Staat Rio de Janeiro. Auf dem Gebiet des Staates São Paulo ist nach 75 km **Ubatuba** der erste größere Ort. Er ist auch schon seit der Zeit der Entdecker bekannt; beispielsweise wird er von Hans Staden in seiner abenteuerlichen Reisebeschreibung erwähnt, als er dort Gefangener der Indianer war. Heute ist es ein ausgedehnter Badeort. Von seiner Bedeutung in der Kolonialzeit zeugen nur die große Pfarrkirche, etwas leer und schon aus dem 19. Jahrhundert, und nicht weit davon ein ansehnliches Haus, ›Sobrado do Porto‹, das zu Beginn des 19. Jahrhunderts in traditioneller Form erbaut wurde – das Magazin im Untergeschoß und die vornehmere Wohnung oben – und Sitz eines reichen Kaufmanns war.

Die Strecke in Richtung Santos durchquert Caraguatatuba, von wo aus eine Straße das Gebirge hinauf über São José dos Campos nach São Paulo führt. Auf der Küstenstraße weiter kommt man nach São Sebastião und zur Ilha de São Sebastião. In **São Francisco,** das mit seinen Ferienhäusern schon zu São Sebastião gehört, liegt oberhalb der Straße eine hübsche *Franziskanerkirche* des 17. und 18. Jahrhunderts mit einem kleinem Konvent. In São Sebastião selbst ist die *Pfarrkirche* ein alter, oft veränderter Bau. Auf der Uferpromenade stehen einige sehr ansehnliche ›Sobrados‹, von denen eines aus dem 18. Jahrhundert (in der Avenida Altino Arantes 32) hübsche Dekkenmalereien in seinem Obergeschoß hat. Für diejenigen, die von der herrlichen Landschaft begeistert sind, lohnt es sich, mit der Fähre nach der Insel hinüberzufahren. Kulturgeschichtlich interessant ist dort wieder eine sehr hübsch angelegte Zuckerrohrmühle und Brennerei, ›Engenho d'Agua‹ mit gut restaurierten Gebäuden.

Von São Sebastião ist die Straße in Richtung Santos noch neu und erreicht, schöne Strände und kleine Orte passierend, kurz vor Guarujá und Santos **Bertioga** mit dem sehr alten *Fort São João* an der Einfahrt zu dem die Insel Santo Amaro vom Festland trennenden Kanal. Es wurde schon 1547 mit Palisaden angelegt, zu der Zeit, als Hans Staden es verteidigen sollte. Später wurde es verstärkt und in Haustein ausgebaut. Heute

Die Gefangennahme Hans Stadens in Brasilien, nach einem Druck von 1593

befindet sich ein kleines historisches Museum darin. Hier endet die herrliche Küstenstraße und der Autofahrer kommt zu den modernen Autobahnen, die aufs Gebirge hinauf nach São Paulo führen. Das nahe Santos und São Vicente werden als ein Teil der Umgebung von São Paulo weiter unten beschrieben.

18. São Paulo

São Paulo ist bekanntermaßen nach Fläche und Einwohnerzahl die größte Stadt Südamerikas. Es beeindruckt den Ankömmling natürlich zuerst durch seine ungeheure Ausdehnung, mit den Hochhäusern und unendlichen Wohnsiedlungen, die sich besonders an den langen Ausfallstraßen hinziehen.

São Paulo, Übersichtsplan Innenstadt

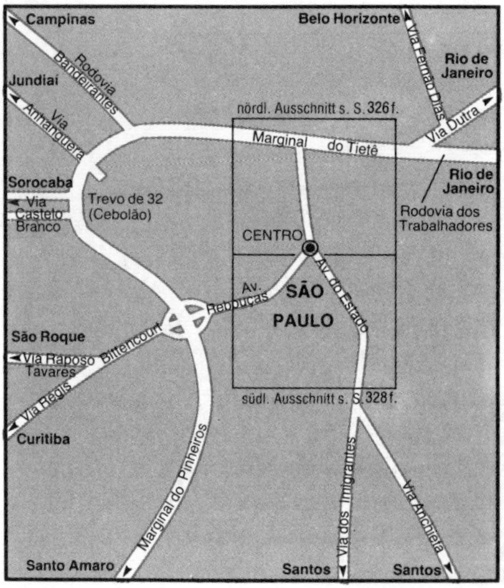

Wenige vornehme Viertel, in denen das Grün der Gärten vorherrscht, wurden durch Schutzmaßnahmen von diesem gigantischen Durcheinander ausgespart. Um so größer sind die weiten Flächen eng gedrängter ärmlicher Bebauung, mit Industrieanlagen und Favelas. Millionen wohnen dort in mehr als primitiven Behausungen und unzumutbaren sanitären wie verkehrsmäßigen Verhältnissen. Als Kontrast entstehen direkt an ihrer Seite Luxusappartements und Fünfsterne-Hotels, als wüste Blüten der Bodenspekulation. Mit über 13,5 Millionen Menschen ist in Groß-São Paulo 10% der Gesamtbevölkerung Brasiliens konzentriert.

Man fragt sich, wie diese Stadt, die sich seit der Blüte des Kaffeegeschäfts zu Beginn des 20. Jahrhunderts und der rasenden Industrialisierung nach dem Zweiten Weltkrieg enorm vergrößert hat, ihre kulturelle Tradition erhalten soll. Natürlich wurden ein Stadttheater und Bibliotheken gebaut. Es sind dies jedoch winzige und vereinzelte Punkte in der Steinwüste einer der am schnellsten gewachsenen Städte der Erde. Ist überhaupt noch etwas von einer früher auch beschaulichen Stadt geblieben? Das meiste ist tatsächlich der Spitzhacke zum Opfer gefallen, ehe daran gedacht wurde, wichtige historische Stätten der schon 1554 durch Manuel de Nobrega und José de Anchieta gegründeten Jesuitenniederlassung zu pflegen.

Der Ankömmling wird die gigantischen und noch ungelösten Probleme der Stadt selbst empfinden; ihre soziale Unsicherheit, das ganz unbrasilianische Hasten der Menschen liegen offen vor ihm. Man spürt es sofern man es nicht vorzieht, sich auf die Inseln des Wohlstands und der reichlich angebotenen Vergnügungen meist des amerikanischen ›Way of Life‹ zurückzuziehen und die Beobachtung der direkten Bezüge zum Leben der Stadt und ihrer Menschen zu negieren.

Auf der Suche, was an wertbeständigem Alten noch da ist und wo die gigantische Unternehmertätigkeit der neuen Zeit auch künstlerische Werte geschaffen hat, sei hervorgehoben, daß in letzter Zeit manches neu bewertet und geschützt worden ist. Kirchen und Museen in erster Linie zeigen nicht nur ihre Schätze, sondern auch die Problematik des Bewahrens.

Der Besuch des *Platzes des Jesuitenkollegs* (Patio do Colegio), dem ältesten Ansatzpunkt, zeigt uns nur an einer Seite eine Lehmmauer von Kirche und Konvent – durch eine Dach und Verglasung geschützt – in einer Umgebung protziger Bankpaläste. Das heute Existierende ist eine nach alten Ansichten aufgebaute Replik. Sie entbehrt so jeden Charmes, den ältere Bauten durch die noch spürbare Hand der Steinmetzen und den Einfluß der Zeit besitzen. Etwas oberhalb davon, an einigen Verwaltungsgebäuden vorbei, ist ein riesiger Platz aufgebrochen worden, die Praça da Sé, unter dem sich die Kreuzung zweier wichtiger U-Bahnlinien befindet. Sie ist eigentlich nicht mehr als Platz zu bezeichnen, da keine erfaßbare, geschlossene Umbauung besteht. In den Grünanlagen und Wasserspiegeln sind immerhin eine Anzahl moderner Skulpturen namhafter Bildhauer São Paulos und Brasiliens aufgestellt. Die topographisch obere Seite des weiten Platzes, der ursprünglich von einem Gebäudeblock unterteilt war, wird durch den klassisch-eklektischen *Justizpalast* eingenommen und an der anderen Hälfte durch die *erzbischöfliche Kathedrale* bekrönt. Dort stand die Hauptkirche, ›Sé‹, des 18. Jahrhunderts von bescheidener Form und Umfang, bis sie in unserem Jahrhundert einem neugotischen Bau beträchtlicher Dimensionen Platz machen mußte. Um die riesige neue Kirche in den italienischer, französischer und deutscher Gotik entlehnten Formen zu errichten, war viel Geld und Zeit erforderlich.

Auch das *alte Benediktinerkloster,* 1650 begründet und in der Folgezeit ein wichtiges kulturelles Zentrum, ist abgerissen worden und ab 1912 entsprechend dem Geschmack der aus Beuron gekommenen Mönche ›neuromanisch‹ wieder aufgebaut worden. Nur einige große Skulpturen in Ton von den benediktinischen Bildhauern Frei Agostinho da Piedade und Frei Agostinho de Jesus modelliert, eine Nossa Senhora do Monte Serrat im Kloster und die stark bemalten Statuen (Mitte des 17. Jahrhunderts) des São Bento und der Santa Escolástica im Hauptaltar sind im Besitz der Kirche.

Im alten Zentrum der Stadt stehen einige weitere einfache Kirchen des 18. Jahrhunderts recht unterdrückt. Die Kirche *Santo Antonio* an der Praça Patriarca hat einen hübschen Rokokoaltar, die Kirche *da Ordem Terceira do Carmo* eigenartige Malereien von Frei Jesuino do Monte Carmelo, dem wir in Itu wieder begegnen werden. Es sind Reste eines Spätbarock, das trotz der von São Paulo ausgehenden Erschließung des Hinterlandes von Minas Gerais durch die Bandeirantes wenig von der künstlerischen Konzentration besitzt, die sich dort dann entwickelte. São Paulo ist im Vergleich zum Nordosten und zu Minas Gerais eine Landschaft des ›armen Barock‹ geblieben. Diese Tatsache erscheint merkwürdig, da im Zeitraum vorher in der Umgebung von São Pau-

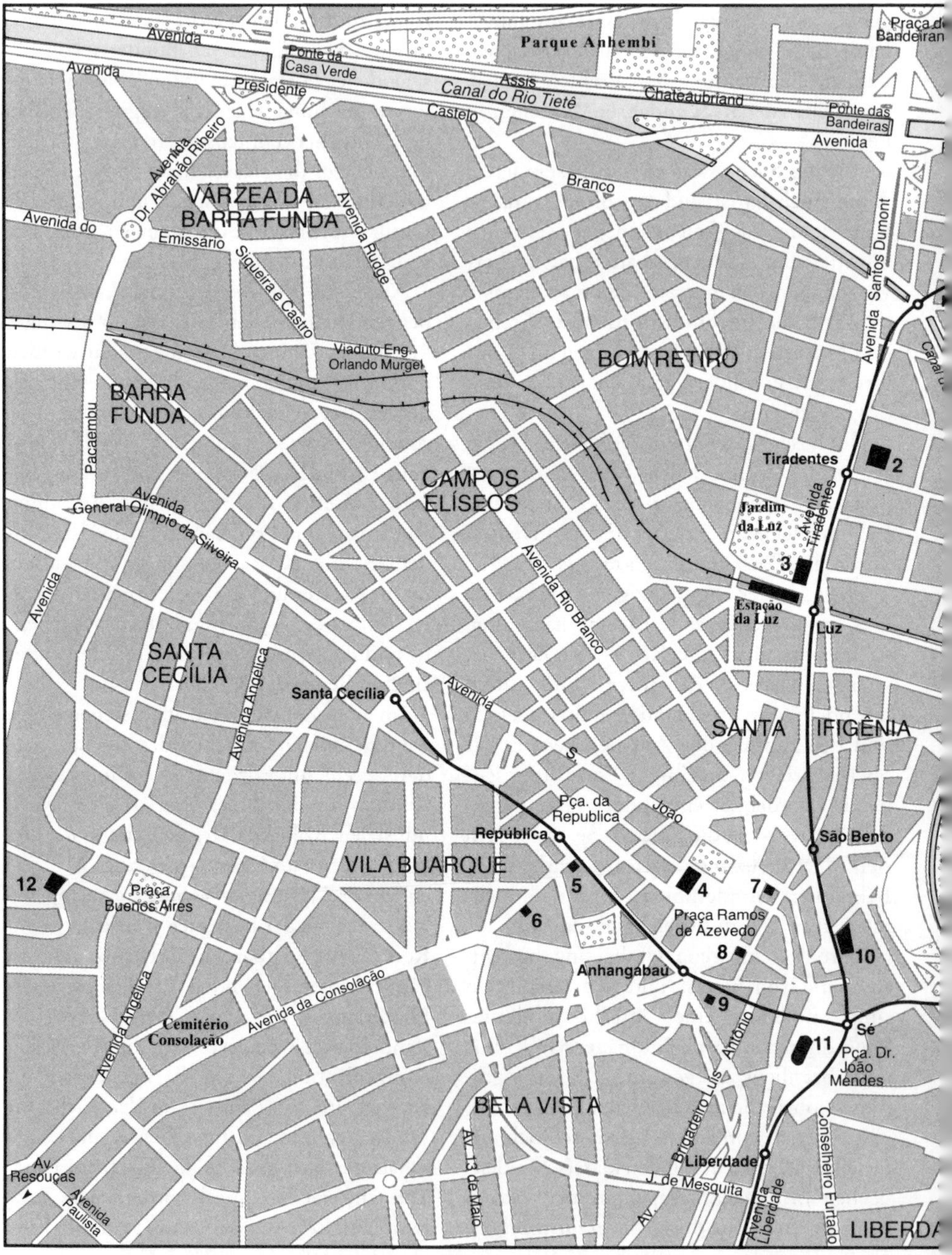
Praça d
Bandeiran
Parque Anhembi
Avenida
Avenida
Ponte da
Casa Verde
Presidente
Assis
Canal do Rio Tietê
Chateaubriand
Castelo
Ponte das
Bandeiras
Avenida
Branco
Avenida Dr. Abrahão Ribeiro
VÁRZEA DA
BARRA FUNDA
Avenida do
Emissário
Avenida Rudge
Siqueira e Castro
Avenida Santos Dumont
Viaduto Eng.
Orlando Murgel
BOM RETIRO
BARRA
FUNDA
Pacaembu
CAMPOS
ELÍSEOS
Tiradentes
2
Avenida
General Olimpio da Silveira
Jardim
da Luz
Avenida Tiradentes
3
Avenida Rio Branco
Estação
da Luz
Luz
Avenida
SANTA
CECÍLIA
Avenida Angélica
Santa Cecília
Avenida
SANTA IFIGÊNIA
S.
João
Pça. da
Republica
República
São Bento
VILA BUARQUE
12
5
4
7
Praça
Buenos Aires
6
Praça Ramos
de Azevedo
10
8
Anhangabaú
Avenida da Consolação
9
Cemitério
Consolação
Avenida Angélica
Sé
11
Brigadeiro Luís Antônio
Pça. Dr.
João
Mendes
BELA VISTA
Av. 13 de Maio
Conselheiro Furtado
Liberdade
Av.
Resouças
Avenida
Paulista
J. de Mesquita
Av.
Avenida
Liberdade
LIBERD

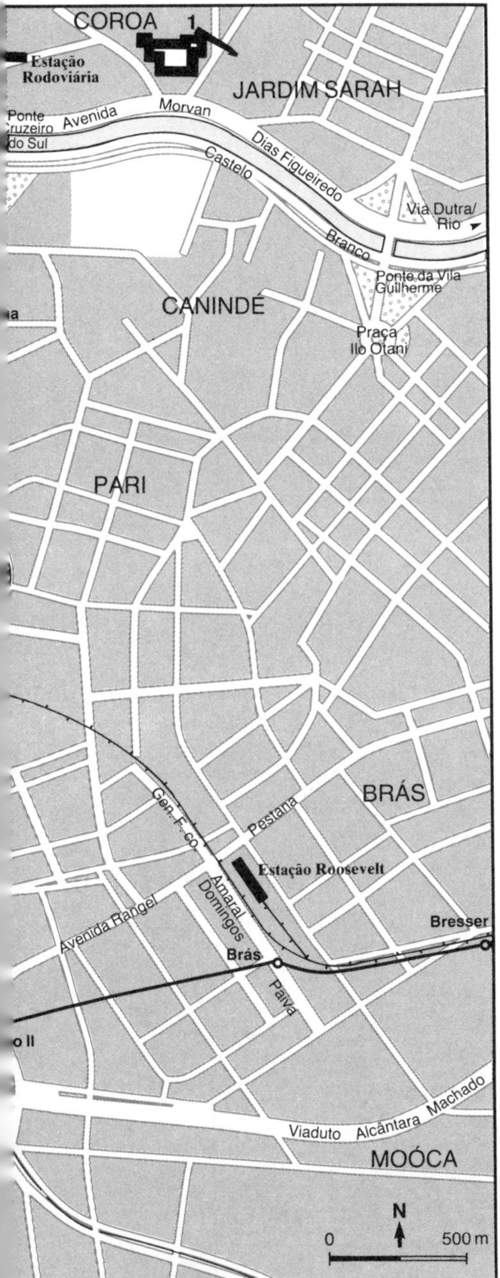

São Paulo, nördliches Zentrum

1 Shopping Center Norte
2 Museu de Arte Sacra
3 Pinacoteca do Estado
4 Teatro Municipal
5 Predio Esther
6 Copán
7 Predio Martinello
8 Igreja de Santo Antonio (Praça Patriarca) Igreja da Ordem
9 Igreja do Convento de São Francisco e Ordem Terceira de São Francisco da Penitência
10 Patio do Colegio, Casa e Capela de Anchieta
11 Catedral da Sé
12 Fundação A. A. Penteado

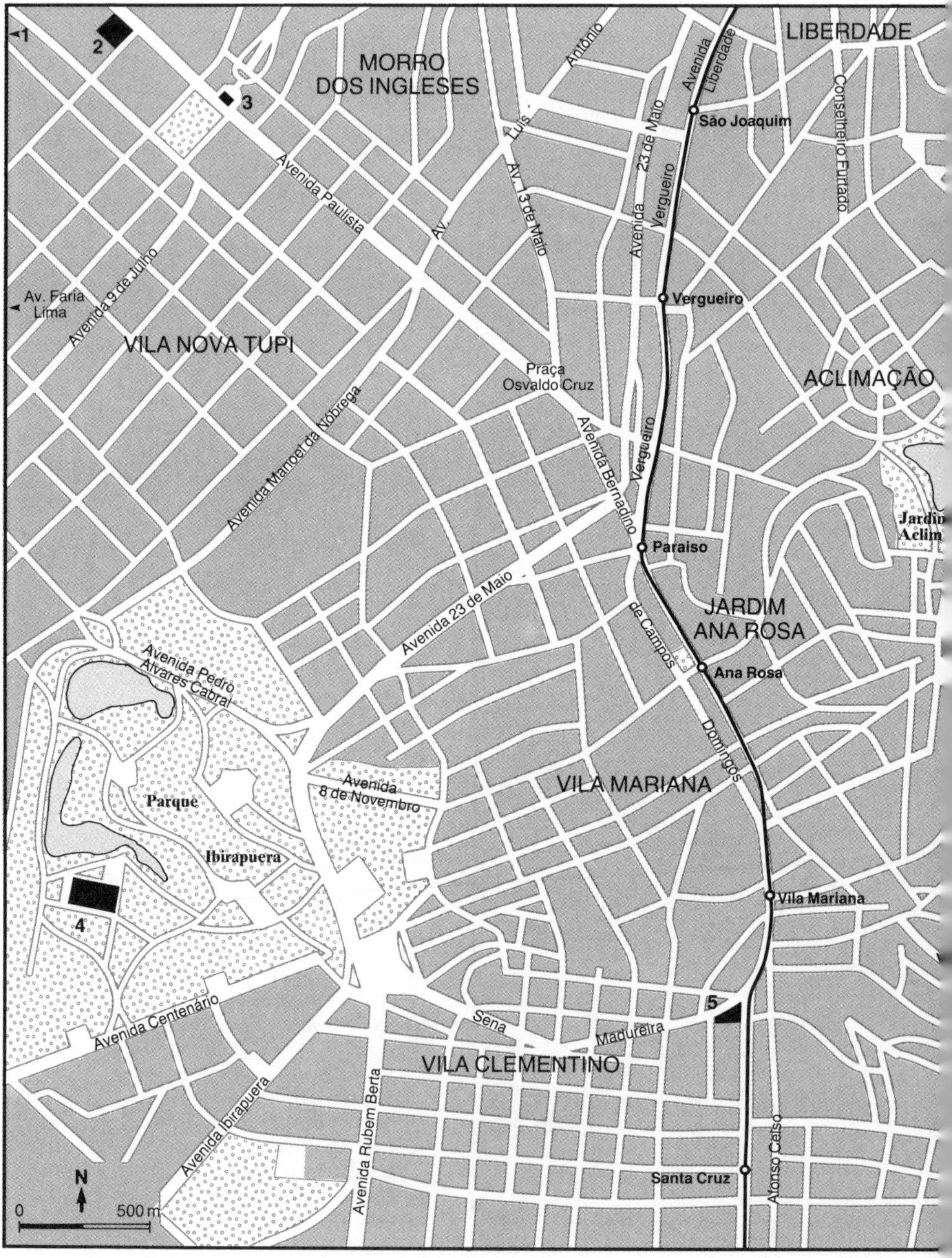
1
2
3
MORRO DOS INGLESES
LIBERDADE
Avenida Liberdade
São Joaquim
Conselheiro Furtado
Luis Antônio
Avenida 23 de Maio
Vergueiro
Avenida Paulista
Av. 13 de Maio
Av. Faria Lima
Avenida 9 de Julho
VILA NOVA TUPI
Vergueiro
Praça Osvaldo Cruz
ACLIMAÇÃO
Avenida Manoel da Nóbrega
Avenida Bernadino de Campos
Vergueiro
Jardim Aclim
Paraiso
Avenida 23 de Maio
JARDIM ANA ROSA
Avenida Pedro Alvares Cabral
Ana Rosa
Domingos
Avenida 8 de Novembro
VILA MARIANA
Parque Ibirapuera
4
Vila Mariana
5
Avenida Centenário
Sena Madureira
VILA CLEMENTINO
Avenida Ibirapuera
Avenida Rubem Berta
Afonso Celso
Santa Cruz
N
0
500 m

São Paulo, südliches Zentrum
1 Cidade Universitária
2 Conjunto Nacional
3 Museu de Arte de São Paulo
4 Museu de Artes é Técnicas Populares
5 Museu Lasar Segall
6 Museu Paulista
7 Museu de Zoología

lo reizvolle Arbeiten in den Ansiedlungen der Jesuiten, wie São Miguel Paulista, Embu und São Roque geschaffen wurden. Einige Bauten des 18. Jahrhunderts in São Paulo müssen trotzdem aufgezählt werden, um kein ungerechtes Urteil abzugeben.

Das *Franziskanerkloster* mit seiner Kirche am Largo São Francisco, 1642 gegründet und 1647 geweiht, geht nur in seiner Grunddisposition auf die erste Anlage zurück. Die Gesamtanlage ist vielfach verändert. Die Fassade wurde 1787 mit einer Vorhalle und Giebel versehen. Ab 1783 erfolgte ein Neubau der Kirche der Laienbruderschaft *Ordem Terceira de São Francisco da Penitência,* so daß eine den Platz beherrschende harmonische Baugruppe entstand, wie es schon in den Akten der Bruderschaft zum Ausdruck gebracht wurde. Die Fassade der Kirche des Laienordens wurde breiter und in ausgeglicheneren Proportionen aufgebaut. Das Innere hat, was sonst nicht üblich ist, eine vom Schiff abgesetzte Kuppel. Der alte, reich vergoldete Hauptaltar von 1735 befindet sich nun im damit entstandenen Querschiff. Ein neuer Hochaltar wurde 1788 bis 1791 errichtet. Er wird von einer ikonographisch interessanten Figurengruppe – Christus am Kreuz als Seraphim dem Heiligen Franziskus erscheinend – bekrönt, die als eine Weihgabe des ›Capitão-Mor‹ Manuel de Oliveira schon 1736–1741 ausgeführt worden ist. In den ersten Kapellen des Schiffs und im Chor sind Malereien von José Patricio ausgeführt (1790–1791), der anschließend auch die Kuppel ausschmückte. Mit zwölf Tafelbildern, 1768 von João Pereira da Silva auch für die Seitenkapellen geschaffen und anderen späteren Malereien ist diese Kirche für São Paulo das beste und typischste Beispiel von seinen Bauten des 18. Jahrhunderts. Die Klosterbauten links der Kirche des Konvents waren ein ausgedehnter Komplex, der aus alten Ansichten bekannt ist. Sie wurden ab 1828 für die juristische Fakultät benutzt, neben Recife eine der ältesten des Landes. Leider wurden sie in unserem Jahrhundert durch einen bombastischen Neurenaissancebau ersetzt.

Abseits vom alten Stadtkern war am Weg zum Tietefluß, an der heutigen Avenida Tiradentes, in der noch besiedelten Niederung im 16. Jahrhundert eine Kapelle der *Nossa Senhora da Luz* errichtet worden. Daraus entstand ein Konvent, der von den Schwestern der Heiligen Teresa und anderen vornehmen Damen als geeigneter angesehen wurde, um sich dort zur Meditation zurückzuziehen. Die Schwestern bewohnen noch heute, ganz abgeschlossen in ihrer Klausur, einen Teil des Klosters mitsamt den vergitterten Emporen zur Kirche. Diese wurde ab 1783 als Achteck erbaut. Sie ist lediglich durch eine Verlegung des Eingangs verändert. Ihre Innenausstattung mit sparsamen Umrahmungen der großen Wandfelder und Altäre läßt stilistisch das Ende des Rokoko und das Kommen klassizistischer Ideale ahnen.

Im größten Teil des *Convento da Luz* ist seit 1970 das *Museu de Arte Sacra de São Paulo* untergebracht. Es war auch hier eine glückliche Idee, die große Sammlung von Figuren und anderen sakralen Gegenständen, die die Diözese aus alten und zum Teil aufgegebenen Kirchen des Raumes um São Paulo aufgestapelt besaß, in den Klosterräumen in einer didaktisch ausgereiften Ausstellung zu vereinen. Mit den Museen in Salvador und Ouro Preto ist es zweifelsohne eine der umfassendsten und aufschlußreichsten Sammlungen kirchlicher Kunst in Brasilien. Neben einer Fülle in Ton modellierter Figuren sind viele Bildwerke des 18. Jahrhunderts, üblicherweise in dieser Zeit aus Holz geschnitzt und farbig gefaßt, wie es auch in Portugal dem Geschmack entsprach, zu sehen. Aus dieser Zeit stammen auch die meisten der schönen Hausaltäre (›Oratorien‹), die von Kapellen und größeren Landgütern kamen. Regionale Kunst sind die vielen, schon mehr der Volkskunst zugehörigen, kleinformatigen Heiligenfiguren, ›Paulistinhas‹ genannt, die in großer Zahl auch noch im 19. Jahrhundert von ›Santeiros‹ in den Orten des Landesinnern für die Gebetsnischen gefertigt wurden. Eine Serie teils primitiver, teils künstlerisch ausgearbeiteter Möbel, manche davon portugiesischen Ursprungs, zahlreiche Teile von Altarumrahmungen und andere Kultgegenstände vervollständigen die Sammlung. Goldschmiedearbeiten, Kelche und Leuchter, Kronen und Kreuze verschiedener Epochen und eine schöne, Aleijadinho zugeschriebene Schmerzensmutter sollte man nicht versäumen anzuschauen.

Die meisten der Museen von São Paulo sind noch junge Institutionen, besitzen aber viele mit Energie zusammengetragene wichtige Kunstwerke, sei es für das spezielle Verständnis der brasilianischen Kunst, sei es im Rahmen internationaler Entwicklungen.

Da ist in erster Linie das *Museu de Arte de São Paulo* hervorzuheben, das 1947 von dem damals bedeutendsten Zeitungsmanager Assis Chateaubriand de Bandeira e Mello gegründet wurde und seit 1968 in einem eigenen sehr modernen, von Lina Bo Bardi entworfenen Bau auf der Avenida Paulista zuhause ist. Es gehört zu den interessantesten und pulsierendsten neuen Kulturzentren São Paulos. Die Sammlung mehrerer Hundert Bilder großer Meister verdankt ihr Entstehen dadurch, daß ihr Gründer große Unternehmen dazu brachte, als Stifter die Chance zu nutzen und gleich nach dem Zweiten Weltkrieg durch Erwerb von Kunstwerken aus aller Welt ein Museum von Bedeutung zu schaffen. Rafael, Tizian, Mantegna, Bosch, El Greco, Velasquez, Rubens, Rembrandt, Goya – um nur einige Namen zu nennen – sind mit eindrucksvollen Bildern vertreten. Besonders glücklich waren Chateaubriand und sein Museumsleiter P. M. Bardi beim Erwerb einer großen Zahl von Bildern der Maler des Impressionismus. Die Sammlung von Bildern Manets, Renoirs, Cézannes, Monets, Degas', Toulouse-Lautrecs, Gauguins und van Goghs kann mit erstklassigen Beispielen aus dem Schaffen all dieser bedeutenden Künstler aufwarten. Selbst wenn es sich hierbei nicht um brasilianische Kunst handelt, ist der Besuch dieses Museums für den Kunstfreund verpflichtend.

Das *Museu de Arte* zeigt außer in seinen wechselnden Ausstellungen verhältnismäßig wenig brasilianische Meister. Es besitzt wichtige Werke aus der Epoche des Beginns der modernen Kunst mit Bildern von Anita Malfatti, Emiliano Di Cavalcanti und Lasar Segall sowie eine Reihe der bedeutungsvollsten Malereien von Candido Portinari. ›Retirantes‹, ›Enterro na Rede‹ und ›Criança Morta‹ gehören zu den stärksten seiner dem Expressionismus und einem gewissen Einfluß von Picasso zuzurechnenden Schöpfungen. Das Museum unterhält ein lebendiges Kulturprogramm mit Musik- und Filmdarbietungen und wird von der Jugend rege besucht.

Brasilianische Malerei und Skulptur, insbesondere des 19. Jahrhunderts, kann man in der *Pinacoteca do Estado* an der Avenida Tiradentes gut kennenlernen. Den Grundstock bilden dort Werke des Realismus, etwa J. F. Almeida Junior und Pedro Alexandrino. Diese Art Malerei war mehr in Rio de Janeiro konzentriert und ist darum dort noch mehr zu sehen. Von den Künstlern des Beginns der modernen Kunst, Anita Malfatti, Tarsila do Amaral, Lasar Segall und Candido Portinari sind auch schöne Bilder in dieser Sammlung. Sie wurde in letzter Zeit auf zeitgenössische Künstler erweitert, wobei die paulistaner Gruppe des ›Neokonkretismus‹ und auch jüngere Künstler aufgenommen wurden.

Das *Museu de Arte Contemporânea* der Universität São Paulo zeigt noch mehr auf diesem Gebiet. Es ist eine der größten Sammlungen der Kunst unseres Jahrhunderts und wurde 1948 noch als ›Museu de Arte Moderna‹ begründet, bekam dann große Bedeutung ab 1951 als Veranstalter der Internationalen Biennalen von São Paulo. Seit 1963 ist die Biennale eine selbständige Organisation als Stiftung und die Sammlung des Museums unter der neuen Bezeichnung der Universität São Paulo übereignet. Teile davon sind im Biennalegebäude in Ibirapuera und auf dem Universitätsgelände zu sehen. Ihre internationalen Teile bieten Werke von Picasso, Braque, Léger, De Chirico, Modigliani, mit schönem Selbstporträt, Max Ernst, Kandinsky, Willi Baumeister und anderen. Unter den Skulpturen sind bedeutende Werke von Umberto Boccioni, Henry Moore und Max Bill zu nennen. Das weit gespannte Spektrum der modernen brasilianischen Kunst kann gar nicht immer voll gezeigt werden. Es beginnt wieder mit Tarsila do Amaral, Anita Malfatti, Flavio de Carvalho, Ernesto de Fiori und geht dann über Werke der Maler der ›Familia Paulista‹ bis zu dem sehr geschätzten Alfredo Volpi. Von Emiliano Di Cavalcanti sind neben seinen typischen Bildern über 500 sehr lebendige Zeichnungen neben graphischen Arbeiten von Oswaldo Goeldi, Livio Abramo, Grassmann und Aldemir Martins dort, um nur einige Beispiele zu erwähnen. Viele Werke der abstrakten Malerei mit Flexor, Ianelli und Mabe und alle bis heute die brasilianische Kunst charakterisierenden Richtungen sind reich vertreten. Einige schöne Plastiken von Victor Brecheret zeigen sein Wirken besser als seine großen Denkmäler.

Das eben erwähnte ›Museu de Arte Moderna‹ hat sich neu konstituiert und besitzt Räume im Park Ibirapuera, wo Wechselausstellungen gezeigt werden.

Die *Fundação Armando Alvares Penteado* besitzt ebenfalls Beispiele moderner brasilianischer Kunst.

Dem Maler Lasar Segall ist in seinem ehemaligen Wohnhaus und Atelier, in der Rua Affonso Celso, ein besonderes Museum, das *Museu Lasar Segall,* gewidmet, das stets Wechselausstellungen aus dem Werk dieses Expressionisten organisiert. Dieses stellt wechselnd Teile des großen Bestands von Werken dieses Meisters des Expressionismus aus.

Im *Instituto de Estudos Brasileiros* der Universität São Paulo auf deren Campus ist die aus dem Nachlaß des Schriftstellers Mario de Andrade stammende kleine Kunstsammlung interessant, die nochmals die Anfangsphase der modernen Kunst in São Paulo seit der viel beschriebenen ›Semana de Arte Moderna de 1922‹ illustriert.

Das große *Museu Paulista* ist für viele kulturgeschichtliche Zweige sehr wichtig. Es steht auf dem historischen Boden des Ipirangahügels, wo 1822 Dom Pedro I. die Unabhängigkeit Brasiliens ausrief. Das Gebäude wurde 1881, vermutlich als Regierungspalast, errichtet, aber schon bald für die Unterbringung historischer und naturwissenschaftlicher Sammlungen umgebaut. Seine für ganz Brasilien bedeutenden Abteilungen sind die des anthropologischen und ethnologischen Materials, das auf vielen Forschungsreisen der am Museum tätigen Wissenschaftler zusammengetragen wurde. Daran hatten Forscher deutscher Herkunft wesentlichen Anteil. Stücke der Marajó, Santarem und Tupi-Guaraní Kulturen vertreten die präkolumbianischen Phasen. Material der bis heute existierenden Stämme der Craó, Tucuna, Karaja, Tapirapé und Uaurá Indianer ergänzt sie aufs reichste. Das Museum ist Zentrum der anthropologischen und ethnologischen Studien der Universität, zu der es auch gehört.

Ein weiteres *Museu de Arqueologia e Etnologia* auf dem Universitätsgelände selbst ergänzt den Kreis mit Sammlung von Gegenständen der alten Kulturen des übrigen Amerika, afrikanischer Kunst und einigem Material des klassischen Altertums.

Das *Museu de Artes e Técnicas Populares* in einem Kuppelbau im Park Ibirapuera, vereint brasilianische Volkskunst, Darstellungen und Materialien von Sitten und Gebräuchen, mit vielen typischen Gebrauchsgegenständen handwerklichen Ursprungs. Es ist eine überreiche Fundgrube von hübschen und originalen Arbeiten der an vielen versteckten Orten noch lebendigen Folklore.

Zur modernen Architektur in São Paulo soll an dieser Stelle ergänzt werden, was für die Lokalisierung und Charakterisierung der Bauten nützlich erscheint. Am Anfang unseres Jahrhunderts weitete sich das Stadtgebiet über den historischen Kern zwischen den Klöstern der Franziskaner und Benediktiner aus. Der heute noch benutzte Bahnhof *Estação da Luz* in der um 1900 aus Glasgow eingeführten Eisenkonstruktion, ist Beispiel zusammen mit vielen Häusern des Stadtteils ›Campos Eliseos‹. Die Hochhäuser begannen wiederum im alten Zentrum, das langsam zum Bankviertel wurde. Zuerst wurde das *Predio Martinelli* 1915 noch mit historisierender Verkleidung am Anfang der Avenida São João aufgeführt und bestaunt. Es liegt nahe der als Verkehrsader wichtigen Senke des Anhangabau, auf deren anderer Seite vom Stadttheater bis zur Praça da República die nächste Phase zu sehen ist. Dort steht das *Edificio Esther,* 1934/35 projektiert und erster funktioneller Bau seiner Art. Auch in der Folgezeit ist der obere Teil der Avenida Ipiranga und ihrer Abzweigung Avenida São Luis mit der Stadtbibliothek und dem Komplex *Copan* von Niemeyer (Abb. 51), dem ›Edificio Italia‹ von Heep, dem Hotel Hilton und anderen Gebäuden ein repräsentativer Raum geworden. In den fünfziger und sechziger Jahren begann dann die Bebauung größerer Gebiete. Der *Park Ibirapuera* (Abb. 50) mit den Niemeyer-Häusern und die ›Cidade Universitária‹ in Butantan, wo schon das Schlangenseruminstitut lag, zogen die Ausdehnung der Stadt nach Süden. Große Komplexe wuchsen an der ehemaligen Villenstraße der Kaffeebarone, der Avenida Paulista empor, die noch heute beeindruckt. Sie hat aber schon ihre Nachfolge in der weiter südlich gelegenen Avenida Faria Lima gefunden. Luxuriöse Wohnblocks ohne Zahl wuchsen auf den Hügeln von Morumbi und wurden an der Strecke nach Santo Amaro wie in anderen Richtungen gebaut. Krankenhäuser, Sportklubs und Fußballstadien und die sachlichen Stationen der Untergrundbahn sowie Schnellstraßen für vier Millionen Kraftfahrzeuge sind in dem heute unübersehbaren Weichbild der Stadt dazugekommen.

19. Die weitere Umgebung von São Paulo

Im weiteren Raum von São Paulo, dessen Natur die Millionen Menschen der Stadt, soweit sie es können, in ihrer Freizeit aufsuchen, sind von der 70 und mehr km entfernten Küste angefangen bis hinter die Gebirgsketten der Serra da Mantiquera hübsche Orte und ursprüngliche Bauten zu finden. Dies Gebiet wurde, einschließlich São Paulo selbst, von den Portugiesen und ihren Jesuitenmissionaren schon früh im 16. Jahrhundert erreicht. Es war eine sehr beschwerliche Landnahme, da gleich hinter der schmalen Küstenebene das steile und 800 bis 1000 m hohe Randgebirge mit seinem dichten Regenwald erklommen werden mußte.

Der chronologisch erste zu erwähnende Ort ist **São Vicente,** am Meer gelegen, heute eine ausgedehnte Stadt, die mit Santos zusammengewachsen ist. Schon seit 1532 als Faktorei mit günstigen Anlegeplätzen erwähnt, sieht man davon heute nur ein Denkmal der Landung des Martim Affonso de Souza mit seiner Flotte. Später wurde es in der Entwicklung von Santos überflügelt. Die alte Pfarrkirche, in neuzeitlicher Verkleidung und Bemalung wenig anziehend, bewahrt lediglich die Dimensionen der ursprünglichen Kirche; vier Säulen und das Gehäuse des Allerheiligsten sind eine schwache Erinnerung an ihre alte Ausstattung, zu der auch Tonfiguren des 17. Jahrhunderts gehörten.

In **Santos** hat die Modernisierung des bedeutendsten Hafens Brasiliens die historischen Stätten in die hintersten Ecken zurückgedrängt.

Einige der älteren Kirchen sind trotzdem noch vorhanden und zum Teil gut restauriert. Die Kirche des Karmeliterklosters *Nossa Senhora do Carmo* mit der des Laienordens *Ordem Terceira do Carmo* daneben bilden eine ansehnliche Baugruppe im Stadtkern. Ihre Niederlassung in Santos, 1589 gegründet, ist die älteste in Brasilien. Die bestehenden Bauten stammen aus dem 18. Jahrhundert. Beide parallel angelegten Kirchen haben mit Granitblöcken gefaßte Fassaden, die zwischen sich den Glockenturm einrahmen. Dieses Schema wurde in der Gegend von São Paulo öfters wiederholt. Für die Kirche des Dritten Ordens sind Baudaten mit 1752 bis 1760 bekannt und die Kirche des Mönchsordens dürfte auch damals entstanden sein. In beiden Kirchen stehen Altäre vom Ende des 18. Jahrhunderts.

Schöner und im ursprünglichen Zustand wiederhergestellt sind Kirche und Kloster *São Bento,* am Bergabhang nahe der Einfahrtsstraße von São Paulo gelegen. Die Gründung 1649 geht auf eine Stiftung des Geländes und Plan des Provinzialabts Frei Gregorio de Magalhães zurück. Die solide und gut proportionierte Arbeit der Benediktinermeister des 17. Jahrhunderts, die damals schon alle wichtigen Teile in Stein und Mörtel aufbauten, ist erkennbar, auch wenn manche der vorhandenen Bauteile aus dem 18. Jahrhundert stammen. Die saubere Wiederherstellung durch den Denkmal-

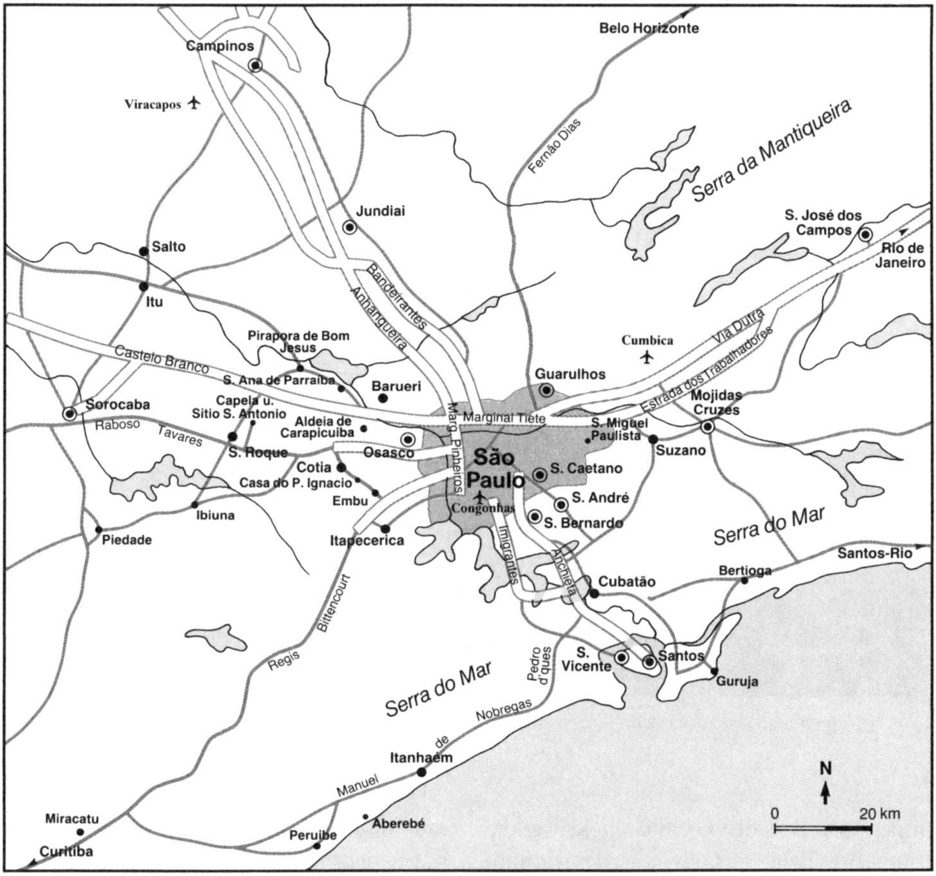

São Paulo und Umgebung

schutz hat die Anlage zu einem Objekt gemacht, das die Besichtigung lohnt.

Oberhalb der Stadt liegt die einfache Kapelle der *Nossa Senhora do Montserrat,* die primitive Teile und ein kurioses altes Modell für ihren geplanten Ausbau bewahrt. Sie ist wegen ihrer das Panorama von Santos beherrschenden Lage hübsch anzuschauen.

Außerdem zu erwähnen sind die in ihrer Art und Zweckbestimmung seltene *Casa do Trem* in der Rua Tiro Onze, eine militärische Anlage aus dem 17. Jahrhundert, und die stattliche *Antiga Casa da Câmara e Cadeia* von 1837 auf der Praça dos Andradas. Letztere ist in ihrer massiven Bauweise ganz den Traditionen der Kolonialzeit verpflichtet. Darin befindet sich heute ein *Museu dos Andradas.* Die Andradas waren eine begüterte Familie in Santos, deren Mitglied José Bonifacio de Andrada der bedeutendste Po-

Der Hafen von São Vicente in einer alten englischen Darstellung

litiker der Zeit der Unabhängigkeitserklärung Brasiliens war. Er war der einflußreichste Berater Dom Pedro I.; 1823 mußte er dann fortschrittlicheren Strömungen weichen. Auch seine Brüder waren politisch tätig.

Etwa 50 km südlich von Santos liegt **Itanhaém,** der Ort, wo Hans Staden 1552 nach seinem Schiffbruch an Land ging. Damals war es eine kleine Fischersiedlung an der Mündung des Itanhaémflusses. Die erste Kapelle wurde ab 1699 durch ein Franziskanerkloster auf dem Hügel über der Siedlung ersetzt, das 1733 noch nicht vollendet war. Es ist ein einschiffiger Bau mit barocker Fassade und einem Turm mit bizarrer Bekrönung, dessen Triumphbogen mit Azulejos verziert ist. Alte Figuren (16. und 18. Jahrhundert) der *Nossa Senhora da Conceição* sind dort wie auch in der Marktkirche erhalten. Im 1833 teilweise ausgebrannten Kloster sind in einem Raum hinter der Kirche interessante Tonfiguren aufgestapelt, wie sie ähnlich auch in São Vicente vorhanden gewesen sind; sie zeigen, daß die Tradition der berühmten Modelleure wie Frei Agostinho da Piedade und Frei Agostinho de Jesus im 17. Jahrhundert Nachfolge hatte und um São Paulo weit verbreitet war (s. S. 114ff.). Die *Pfarrkirche* von Itanhaém ist ein sehr

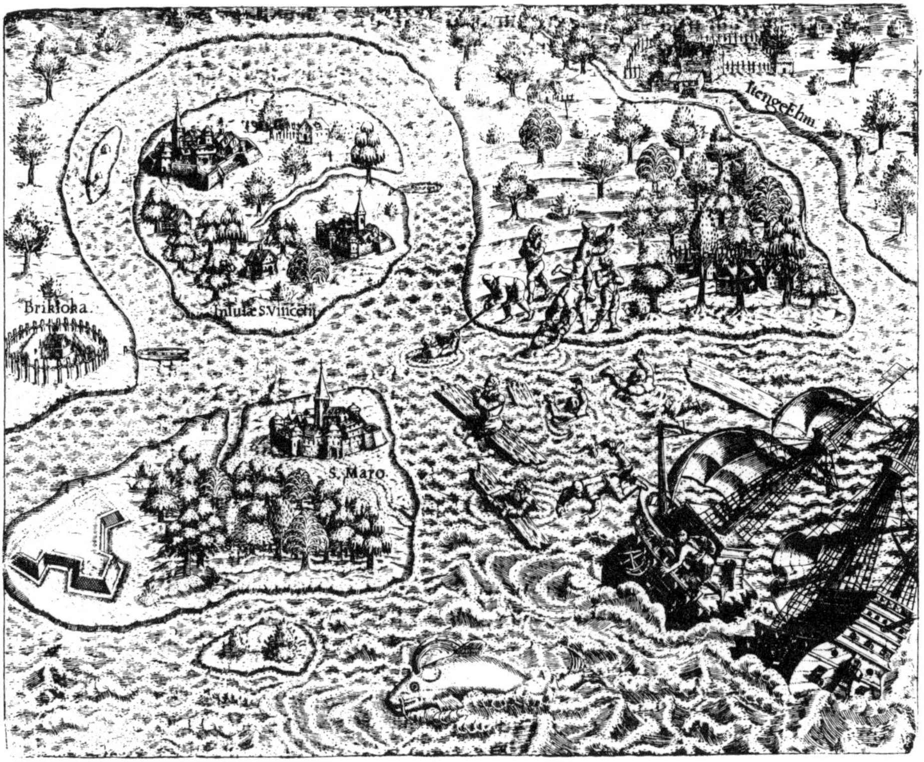

Der Schiffbruch Hans Stadens vor Itanhaém (›ItengeEhm‹), 1593

einfacher Bau mit dicken Bruchsteinmauern und Altarteilen mit dem Kultbild der Nossa Senhora da Conceição aus dem 18. Jahrhundert. Sie gibt dem Ort auf seinem Hauptplatz mit dem nahe gelegenen Klosterhügel ein ansprechendes Zentrum. Selbst südlich von Itanhaém existieren noch nahe der Küste alte Gründungen. Eine Ruine in Bruchsteinmauerung der Kiche Aberebé ist jedoch von Besuchern schon weitgehendst zerstört.

Nördlich von Santos liegt nach dem mondänen Badeort Guarujá das am Ende der Rio-Santos-Straße erwähnte **Bertioga** mit seinem *Fort São Tiago* oder São João, das hübsch wiederhergestellt ist. Von allen Befestigungsanlagen des Hafenbeckens von Santos ist sie wirklich besuchenswert.

In den oberhalb der Serra do Mar gelegenen Orten des ›Planalto‹ gibt es sehenswerte Bauten, die von der Stadt São Paulo leicht zu erreichen sind. Zumeist sind es Reste der alten Jesuitenniederlassungen, die für die Missionierung der Indianer vom Zentrum des Kollegs in São Paulo während des 16. und 17. Jahrhunderts erbaut wurden.

Die Kirche von **São Miguel Paulista,** schon 1586 erwähnt, ist architekturgeschichtlich sehr wichtig (s. o. S. 85). Eine

Inschrift vom 18. Juli 1622 auf dem Türsturz ist wohl das Datum der Weihe. Die gut erhaltene Kirche liegt heute auf dem städtischen Platz eines nördlichen Vororts von São Paulo, nahe der Eisenbahnlinie in Richtung Rio de Janeiro. In seiner ländlichen Einfachheit mit Vorhalle und seitlicher Veranda, einschiffig mit offenem Dachstuhl ist es eines der beachtenswertesten frühen Baudenkmäler des ganzen Landes. In derselben Richtung liegt **Moji das Cruzes,** eine frühe Niederlassung der Karmeliter, 1629 gegründet. Sie hat, wie in Santos, zwei parallele Kirchen des *Convento de Nossa Senhora do Carmo* und der *Ordem Terceira* und heute gut wiederhergestellte Bauten des 18. Jahrhunderts. Bei der Restaurierung wurden in der Kirche des Dritten Ordens Deckenmalereien gesichert.

Von São Paulo nach Südwesten liegt bei 22 km seitlich der Fernstraße ›Raposo Tavares‹ die kleine **Aldeia de Carapicuiba,** die aus einem abgerundeten Platz mit einem Kreuz, einer einfachen Kirche und kleinen Häusern besteht. So gibt der Ort noch getreu die ursprüngliche Disposition des von den Jesuiten angelegten Dorfes wieder, dessen Stiftung auf das Jahr 1615 zurückgeht. Die Kirche wurde zwar 1737 durch eine große ersetzt, bewahrt aber trotzdem den Typ der Landkirchen einfachster Form der ›Aldeias‹ mit Balkenstützen und offenem Dachstuhl. Der Ort, der unter Denkmalschutz steht, hat trotz der bedrohlich näherrückenden modernen Siedlungsbauten in der Umgebung den anheimelnden Charakter erhalten. Wer um die Zeit der ›Festa de Santa Cruz‹ in den ersten Maitagen in São Paulo weilt, sollte in Carapicuiba die abendlichen Tänze mit indianischen Rhythmen besuchen.

Die Kirche des kleinen Klosters von **Embu,** außen auch sehr einfach, ist sehr viel differenzierter in ihrer Ausstattung. Auch dieser Ort liegt nur einige zwanzig Kilometer von São Paulo entfernt, an der Fernstraße ›Regis Bittencourt‹, die nach Curitiba führt und hat am Wochenende einen vielbesuchten Markt, der das verschiedenartigste Kunstgewerbe bietet. Embu ist ebenfalls als ›Aldeia Jesuitica‹ gegründet und um die Wende zum 18. Jahrhundert durch den auch damals für Carapicuiba zuständigen Pater Belchior Pontes aufgebaut worden (Abb. 53). Die unscheinbare Kirche, einschiffig mit vertiefter Chorkapelle, zeichnet sich durch die plastisch verzierten Altäre aus, die die Formen der ersten ausgeprägten Phase des Barock haben (s. o. S. 106). Mit umrankten salomonischen Säulen und Rundbögen, bei den Seitenaltären mit habsburgisch-spanischem Doppeladler im Bogenfeld, sind sie der Kirche in Cabo Frio ähnlich und entsprechen stilistisch dem, was wenig später in den ersten Kirchen von Minas Gerais geschaffen wurde. Der Hauptaltar besitzt einen stufenweisen Aufbau in der Mitte, der im späten 18. Jahrhundert errichtet sein dürfte. Wände und Decke der Chorkapelle sind mit unterteilter Täfelung voller farbiger dekorativer Malerei geschmückt. Im kargen Schiff ist die alte hölzerne Kanzel mit dem IHS der Jesuiten ein bemerkenswerter Schmuck. Die Sakristei hat eine bemalte Kassettendecke, ein ›Lavabo‹ und ein hübsches Oratorium. Im Kloster ist ein kleines *Museum* eingerichtet. Die Kirche von Embu ist ein künstlerisches Kleinod aus jener Zeit, als diese Gegend fast noch Wildnis war.

Nicht weit von Embu, liegt an verschlungenen Wegen in Richtung **Cotia** eines der schönsten ›Casa dos Bandeirantes‹ genannten Häuser. Es heißt *Casa do Sitio do Padre Inácio* (Abb. 54), war eine Art Gutshaus aus Lehm mit geschnitzten Holzteilen der Vorhalle und des Dachgesimses. Das geschwungene Dach und der weite Innenraum geben ihm ein ausgesprochen elegantes Aussehen. In der Umgebung São Paulos sind einige Häuser dieses Bautyps aus der Wende zum 18. Jahrhundert erhalten, keines jedoch so gut wie dieses.

Ein weiteres sehr interessantes Landgut liegt bei **São Roque;** es hat außer einer sehr breiten ›Casa Grande‹ eine sehr typische Kapelle, die als *Capela do Sitio Santo Antonio* bekannt ist. In landschaftlich unberührter Lage steht das ›Sitio‹, das dem Bandeirante Fernão Vaz de Barros gehörte, es ist das wichtigste Beispiel dieser Anlagen und einen Besuch wert (Abb. 52). Die Kapelle von 1682 ist interessant wegen ihres noch manieristisch anmutenden Altaraufsatzes. Zwei an den Seiten des Schiffs vor dem Triumphbogen angebrachte Nischen sind mit sehr originellen Reliefschnitzereien in Holz versehen, die die Umsetzung europäischer Motive in der Arbeit einheimischer, vermutlich indianischer Kräfte zeigen.

Näher an São Paulo, von der Autobahn ›Rodovia Castelo Branco‹ in Barueri nach rechts abbiegend, kommt man nach **Sant Ana do Parnaíba.** Der Ort war eine alte Niederlassung der Benediktiner. Die große, nicht mehr vollständig original erhaltene Kirche besaß im 17. Jahrhundert viele Tonfiguren, von denen nur ein Hl. Benedikt übrig ist und die darauf hindeuten, daß bedeutende benediktinische Modelleure dort tätig waren. Am Kirchplatz sind einige alte Häuser aus der Zeit der Bandeirantes erhalten. Zu Fronleichnam schmückt die Bevölkerung die Straßen mit bunten Teppichen über die die Prozession dann schreitet (s. o. S. 86). Die Straße im Flußtal des Tiete führt dann noch nach **Pirapora de Bom Jesus,** einem volkstümlichen Wallfahrtsort, architektonisch ohne Bedeutung, aber durch das farbenfrohe Bild der ländlichen Wallfahrer ein lohnendes Ziel.

Von den weiter im Landesinneren liegenden Orten ist **Itu** am sympatischsten und aufgrund seiner Kirchen aus dem Ende des 18. Jahrhunderts besuchenswert. Die *Igreja Matriz Nossa Senhora da Candelaria* weist viele qualitativ hochstehende Gemälde von José Patricio da Silva Manso und Frei Jesuino do Monte Carmelo sowie Schnitzereien auf, die in der allerletzten Phase des brasilianischen Spätbarock entstanden. Außerdem ist in Itu noch das zweistöckige Gebäude erwähnenswert, in dem jetzt das historische *Museu Republicano da Convenção de Itu* untergebracht ist.

Andere Städte, wie **Sorocaba,** wo früher ein Umschlagplatz im Nord-Süd-Handel war, **Campinas,** das mit dem Vordringen der Kaffeekultur und der Eisenbahn anwuchs, **Piracicaba** und **Pirassununga,** wo der Zuckerrohranbau seit jeher eine große Rolle spielt, sind alle in der Neuzeit so angewachsen, daß die Industrialisierung stärker als die Pflege künstlerischer und historischer Werte zu spüren ist. In ihrer Umgebung liegen noch manche schöne und große Gutshäuser des vergangenen Jahrhunderts. Das weiter westlich gelegene Gebiet des flächenmäßig der Bundesrepublik Deutschland gleich großen Staates São Paulo ist jünger besiedelt und mit vielen Orten schneller wirtschaftlicher Entwicklung sowie höherer Bevölkerungsdichte als die anderen Staaten unergiebig für unseren Interessenkreis.

20. Der Süden Brasiliens – Paraná, Santa Catarina, Rio Grande do Sul

Südlich von São Paulo ist Brasiliens Klima nicht mehr tropisch. Hinter dem Küstenstreifen herrscht eine Mittelgebirgslandschaft gemäßigteren Klimas vor. Die Besiedlung erfolgte später als in den nördlicheren Regionen. Nur kleine portugiesische Stützpunkte waren vorhanden, und die Grenzorte zum spanischen Kolonialbereich wechselten oft den Besitzer. So entwickelten sich keine zu Städten erhobene Siedlungen, die mit denen in Bahia oder Minas vergleichbar wären. Es ist keine Region barocker Kunst, abgesehen von den spanisch beeinflußten Werken der ›Missiones‹. Es ist im ganzen ein Land mit spärlicheren künstlerischen Impulsen.

Bis die europäischen Siedler im 19. Jahrhundert die Region kultivierten, gab es nur verstreut lebende Indianergruppen und extensive Viehwirtschaft wo das möglich war.

An der Besiedlung waren die Deutschen stark beteiligt. Bauweise und Gastlichkeit sind Eindrücke, die sich dem Reisenden einprägen.

Auf der Fahrt von São Paulo nach Curitiba kann man, noch im Staat São Paulo, Abstecher zu zwei alten Orten an der Küste machen, **Iguape** und **Cananéia,** beide hinter einem vorgelagerten Inselstreifen gelegen. In ihnen stehen einfache alte, aber malerische Ruinen von Häusern und Kirchen. In beiden Orten sind gleichfalls volkstümliche religiöse Traditionen lebendig. – Bei **Eldorado** kann man zu einer ausgedehnten *Tropfsteinhöhle*, der ›Caverna do Diabo‹ abbiegen. Kommt man dann auf die Hochebene von Paraná, zeigen die hohen schirmförmigen Araukarien an, daß eine klimatisch andere Region beginnt. **Curitiba,** Hauptstadt des besiedlungsmäßig jungen Staates Paraná, ist eine saubere und aufgeräumte Anlage, wo früh genug eine Umgehungsstraße angelegt und das Verkehrschaos, das aus anderen Städten bekannt ist, durch eine Fußgängerzone im Zentrum vermieden wurde.

Sehr lohnend ist eine Fahrt von Curitiba nach **Paranaguá,** dem Hafen für den Export des Staates Paraná. Es gibt zwar eine moderne Autostraße hinunter, aber viel schöner und romantischer ist die Fahrt mit der Eisenbahn, deren Strecke auf vorgekragten Kurven mit schönen Ausblicken am Gebirgsabfall entlangführt. Paranaguá ist eine alte jesuitische Ansiedlung, wo auf Ansuchen der Bevölkerung ein *Kolleg* eingerichtet wurde. Es wurde als großer, in sich geschlossener Bau am Anfang des 18. Jahrhunderts in Bruchsteinmauerung errichtet. Die Anlage ist einstöckig zu der oberhalb verlaufenden Straße und dreistöckig zum Wasser hin und hat einen Innenhof mit Bögen im Erdgeschoß und mithin fast einen festungsartigen Aspekt. Die dazu geplante Kirche wurde nicht mehr ausgeführt. Heute befindet sich im Kolleg ein instruktives *Museum für die Archäologie und Volkskunst* der Region. Einige alte Häuser liegen nahe bei. Auf der Paranaguá vorgelagerten ›Ilha do Mel‹ (Honiginsel) ist ein breites Fort aus der Mitte des 18. Jahrhunderts erhalten.

Im Staat Paraná sind es die beeindruckenden Naturschauspiele, die einen Besuch auf jeden Fall lohnen. Eines sind die bizarr ausgewaschenen *Felstürme von Vila Velha.* Das andere sind die weltberühmten Wasserfälle des *Iguaçu*, die ganz im Westen an der Grenze zu Paraguay und Argentinien liegen. Sie bieten von den verschiedenen Seiten einen einmalig großartigen Eindruck, und man kommt leicht per Flugzeug oder Autobus nach **Foz do Iguaçu** (Abb. 56). Die nördliche gelegenen schönen Wasserfälle des Rio Paraná, die *Sete Quedas*, sind dem riesigen Wasserkraftwerk Itaipú zum Opfer gefallen.

In dem südlich an Paraná anschließenden Staat Santa Catarina liegt die Hauptstadt **Florianópolis** ungefähr in der Mitte des zu seinem Gebiet gehörigen abwechslungsreichen Küstenstreifens auf der schon seit altersher Santa Catarina genannten Insel. Diese Regionen lagen außerhalb der ursprünglich durch den Vertrag von Tordesilhas festgelegten westlichen Grenze der portugiesischen Besitzungen. Sie konnten deshalb nur langsam kolonisiert werden. Leute von den Azoren und Madeira kamen in der Mitte des 18. Jahrhunderts und befestigten die Insel. Heute ist Florianópolis eine Stadt mit hübschen Plätzen. Die vorgeschichtlichen Museen der Universität und des Colegio Catarinense sowie eine Gemäldesammlung des aus der Stadt stammenden akademischen Malers Vitor Meirelles sind wesentliche Sehenswürdigkeiten. Der Naturfreund kommt an der ›Lagoa da Conceição‹ bei der typischen Camarãosuppe und einer Wanderung über Dünen und Strände auf seine Rechnung.

Der von der deutschen Einwanderung des 19. Jahrhunderts mehr geprägte Teil des Staates Santa Catarina liegt nördlicher. Joinville und das dazu gehörige Hinterland mit Jaraguá do Sul, Rio Nerinho und São Bento do Sul, sowie Blumenau und Rio do Sul mit den nahen Brusque und Pomerode im Itajaital sind typische Orte, in denen man noch das Erbe dieser für die Entwicklung des Landes entscheidenden Besiedlung sehen kann. Die Namen der Mehrzahl der Orte, abgesehen vom nach seinem Begründer benannten Blumenau, wurden während der Nationalisierungswelle unter Getúlio Vargas abgeändert. Überall aber stehen weiterhin die Holzhäuser und Fachwerkbauten mit steilen Dächern und gepflegten Blumengärten. Sitten und Gebräuche in Kirchengemeinden und Vereinen, die traditionelle deutsche Küche werden gepflegt. Im Itajaital mit **Blumenau** als Zentrum hat sich daraus auch ein reger Tourismus entwickelt, da die Brasilianer hier gern die Produkte der traditionellen Firmen, Textilien, Glas und Porzellan kaufen. Die Stadt besitzt aber auch eine katholische Hauptkirche, die von Klemens Holzmeister entworfen wurde, die die kulturelle Verbindung zur Neuzeit verkörpert.

Joinville ist eine ebenso saubere Stadt mit Architekturformen, die an Deutschland erinnern. Man darf dort nicht den Besuch des *Museu Nacional de Imigrantes e Colonisação* versäumen. Es ist in dem villenartigen ›Palácio dos Principes de Joinville‹, einem hübschen Bau der Kaiserzeit installiert. Viele Bildnisse, Ansichten und Gerätschaften, mit den Wagen und Werkzeugen der Siedler in dem Garten des Museums vermitteln eine gute Übersicht zur Geschichte der deutschen Einwanderung. In der Stadt ist auch das moderne und interessante *Museu do Sambaqui* mit Stücken der steinzeitlichen Werkzeuge und Objekte dieser in Santa Catarina stark vertretenen Muschelhaufenkultur eingerichtet.

Der südlichste Staat Brasiliens, Rio Grande do Sul, flächenmäßig mit 282184 Quadratkilometern wieder sehr viel größer, hat

Joinville, Fotografie von 1909

einschließlich seiner Hauptstadt Porto Alegre die entscheidenden Kräfte für seine Entwicklung ebenfalls mit den Einwanderungswellen der Portugiesen von den Azoren und Madeira im 18. und der deutschen wie italienischen Kolonisierung des 19. Jahrhunderts erhalten. Lange vorher hatten lediglich spanische Jesuiten im weitab westlichen Teil, der zum Rio Uruguay und dem La Plata Becken orientiert ist, ihre ›Missiones‹ gegründet. Auch nach deren Vertreibung gab es noch lange Streitigkeiten zwischen Portugiesen und Spaniern um diese Ländereien. Noch die ›Revolução Farroupilha‹ (die Revolution der Zerlumpten) wollte 1835 Rio Grande do Sul verselbständigen. All dies zeigt, daß dort ein härterer Menschenschlag am Werk ist, der der ›Gauchos‹, die Tracht und Gewohnheiten der Viehhirten der weiten nach Uruguay und Argentinien reichenden Ebenen bewahrt haben.

Porto Alegre selbst besitzt einige repräsentative Bauten nachklassizistischer Architektur. Aus älterer Zeit ist in **Viamão,** von der Hauptstadt in Richtung zur Küste, eine Kirche in einfachen Bauformen des ländlichen Spätbarock zu sehen. Wie es damals dort mit künstlerischer Arbeit stand, ist daraus ersichtlich, daß die Gauchos die Figuren für die Ausstattung der Kirche in Bahia bestellten und anfertigen ließen. Heute ist Porto Alegre ein bedeutendes Zentrum modernen Kunstschaffens. Sehenswert ist vor allem die expressionistische, mit sozialen Themen beschäftigte Graphik.

Die Traditionen der deutschen Einwanderung, die mit der Ankunft der ersten Siedlergruppe im ›Vale dos Sinos‹ am 25. Juli 1824 begann, werden in São Leopoldo und Umgebung sehr gepflegt. Kulturell haben die Nachkommen der deutschen Einwanderer in ihren Kirchen und Vereinigungen die Pflege des Volkstums auch nach dem Sprachverbot des Zweiten Weltkriegs wieder aufleben lassen. Bis ins tiefe Hinterland, beispielsweise in **Ijui** mit seinem Seminar, kann man das feststellen.

Auch die höher im Gebirge, in der ›Serra Gaucha‹ liegenden Orte haben die deutsche Bauweise weiter gepflegt. **Gramado** mit seiner herrlichen Hortensienblüte und viel

Kunsthandwerk ist ein beliebter Ferienort. Nicht vergessen werden darf der von den deutschen Siedlern gepflegte Weinanbau, der in **Bento Gonçalves** und anderen Orten heute noch entwickelt ist. Die italienischen Siedler, speziell um Caxias do Sul und Garibaldi haben ebenso zur Kultivierung der riograndenser Weine beigetragen.

Sehr weit im Westen, bei **São Angelo,** über 400 km von Porto Alegre entfernt, liegen die monumentalen Ruinen von *São Miguel,* einer der ›Sete Povos das Missões‹ der Jesuiten, die heute auf brasilianischem Gebiet liegen und zu denen noch acht in Paraguay und fünfzehn in Argentinien kommen. In Brasilien ist nur São Miguel Zeuge dieser wagemutigen Missionswerke. Die große Kirchenruine am weiten rechteckigen Platz, um den Schule, Werkstätten und Unterkünfte noch vorhanden sind, verdeutlichen die hervorragende Organisation und urbanisch durchdachte Anlage, in der Indianer in verschiedenen Berufszweigen angelernt wurden. Der Plan der zwischen 1737 und 1744 erbauten Kirche in rotem Stein, der von weit herangeschafft wurde, stammt von dem italienischen Jesuiten Primoli; er beeindruckt auch noch in seiner rudimentären Erhaltung der Gebäude. Ein Museum der Missionen wurde im Auftrag der Denkmalspflege von Lúcio Costa in der Art der Vorhallen der Jesuitenbauten eingerichtet. Die Sammlung läßt an den ausdrucksvollen Figuren den spanisch-kolonialen Einschlag spüren, wie er in Paraguay und Argentinien zu Hause war. Einige Bruchstücke von Plastik zeigen deutlich die einfachere Steinmetzarbeit der Guaraní-Indianer. So ist São Miguel ein Kunstdenkmal, das zugleich die Vergänglichkeit des Menschenwerks unter dem unendlichen Himmel jener Breitengrade zeigt.

»Tupi or not tupi«

Literarische Streiflichter von Ray-Güde Mertin

»Die Illusion aber ist kein Trost für mich. Sie bewirkt lediglich, daß ich es noch mehr bereue, nicht eine ganze, magische Welt erschaffen zu haben«, sagt der Ex-Zauberer der Taverne Minhota, dem die Fähigkeit zu zaubern in eintönigem Beamten-Dasein abhandengekommen ist. Unterdessen entzückt und verärgert Teleco, das Häschen, seinen Gastgeber mit immer neuen Verwandlungen, vergnügt oder erschreckt die Nachbarschaft mit seiner Fähigkeit, verschiedene Tiergestalten anzunehmen. Eines Tages jedoch behauptet Teleco, in Gestalt eines abstoßenden Känguruhs, ein Mensch zu sein. Der Freund verweigert ihm diese Anerkennung und verweist den widerwärtigen Gefährten des Hauses. Jahre später kehrt das rätselhafte Wesen, Opfer seiner eigenen Verwandlungsmöglichkeiten, zurück und stirbt in den Armen des ratlosen Freundes als verwahrlostes Kind.

Verwandlungen, groteske Deformationen, die Wiederholbarkeit von Ereignissen, vor denen es kein Entrinnen gibt, kennzeichnen die Erzählungen eines Autors, der vor vierzig Jahren die ersten Geschichten veröffentlichte und erst zwei Jahrzehnte später von Kritik und Lesern begeistert aufgenommen wurde, eine Anerkennung, die 1986 aus Anlaß seines siebzigsten Geburtstags vielfältig bestätigt wurde. Kafka, an den manche dieser Geschichten erinnern, lernte der Schriftsteller Murilo Rubião erst Jahre nach der Veröffentlichung seiner ersten Texte kennen.

Rubião versucht, in der phantastischen Welt seiner Figuren der Absurdität der menschlichen Existenz beizukommen, macht das Absurde in seinen hintergründigen, beklemmenden Erzählungen kommentarlos, unmittelbar sichtbar.

Sein Kollege Rubem Fonseca dagegen – er suchte zwanzig Jahre lang vergeblich einen Verleger – schildert mitleidslos, als distanzierter Erzähler, die Brutalität des Großstadtalltags. Da besteigt ein ehrbarer Bürger jeden Abend nach dem Abendessen sein Auto, um auf einer der Straßen sauber, perfekt, einen Menschen zu überfahren. Dann kehrt er zu seiner Familie an den häuslichen Fernseher zurück, entspannt und höchst zufrieden, daß ihm das perfide, nächtliche Vergnügen wieder einmal mit äußerster Präzision gelungen ist.

Zwei Schriftsteller – zwei recht unterschiedliche Weisen der literarischen Verarbeitung einer Realität, die sich in der vielschichtigen, brasilianischen Literatur der Gegenwart mitteilt, eine jener Literaturen, die aus eurozentrischer Sicht unter dem Begriff Lateinamerika schlicht zu *der* lateinamerikanischen Literatur zusammengefaßt werden. Dabei war und ist häufig die spanischsprachige Literatur gemeint und Brasilien – auch und gerade, weil es sich durch die andere Sprache von den Nachbarländern abhebt – zu wenig vertreten. Es ist erfreulich, daß sich das in den vergangenen Jahren geändert und Brasilien in vielen Bereichen mehr Aufmerksamkeit gefunden hat, sich auch dank der wachsenden Zahl von Übersetzungen literarisch nachdrücklicher vorstellen kann.

Anhand der zur Zeit lieferbaren, bei uns heute übersetzten Bücher – die Gefahr der Vereinfachung wird bei einer solchen Übersicht nicht immer ausbleiben – sollen einige Aspekte der brasilianischen Literatur aufgezeigt werden, die dem an Brasilien Interessierten ein Hinweis auf Leseabenteuer sein können.

Wollte man allerdings die brasilianische Literatur nur nach den bisher bei uns übersetzten Büchern beurteilen, man erhielte eine recht lückenhafte Vorstellung von einer literarischen Tradition, die sich in der komplexen Gegenwartsliteratur des Landes fortsetzt.

Zunächst entsteht der Eindruck, Brasiliens Literatur beginne erst mit dem Klassiker Machado de Assis (Rio de Janeiro 1839–1908). Er führt – von einigen in Anthologien verstreuten Gedichten und Prosatexten früherer Autoren abgesehen – sozusagen als Ältester die Reihe der bei uns heute übersetzten Autoren an.

Machado, ein psychologischer Realist, porträtiert in einer klaren, geschmeidigen Sprache ironisch kritisch Gestalten aus der gehobenen Mittelschicht wie Quincas Borba oder Brás Cubas, Dom Casmurro und die treulose Capitu vor dem gesellschaftlichen Hintergrund seiner Zeit. Die Veröffentlichung seiner ersten Werke fiel in die für die brasilianische Literatur besonders fruchtbare Zeit der Romantik, von der er selbst sich jedoch bald entfernte. (*Die nachträglichen Memoiren des Brás Cubas* wurden kürzlich unter dem Titel ›Brás Cubas‹ von Júlio Bressane verfilmt.)

Machados Welt ist die urbane Welt von Rio de Janeiro. Dort wurde er, Sohn einer Portugiesin und eines Mulatten, in sehr bescheidene Verhältnisse hineingeboren, arbeitete sich als junger Mann über seine erste Stellung in einer Druckerei zielstrebig in die Welt der schreibenden Zunft hinein, war jahrelang journalistisch tätig und erhielt schließlich mit einem Amt im öffentlichen Dienst den notwendigen Rückhalt, der es ihm erlaubte, sich bis an sein Lebensende ohne finanzielle Sorgen seinen schriftstellerischen Arbeiten zu widmen. Als Autodidakt schulte er sich an europäischen Autoren, besonders jedoch an englischen Vorbildern, allen voran Laurence Sterne.

Nicht so sehr die zahlreichen literaturkritischen Arbeiten, Gedichte und Theaterstücke, sondern seine Erzählungen und Romane haben ihn berühmt gemacht. Machados Darstellung einer entstehenden, bürgerlichen Welt, seine feinsinnige Beobachtung der Menschen aus jener Zeit, vermögen dem heutigen Leser manches über seine eigene Vergangenheit und Gegenwart mitzuteilen.

Während Machado de Assis als Schauplatz stets die urbane Umgebung wählte, suchten viele seiner Kollegen, die sich für eine regionalistische Literatur aussprachen, gerade im Rückgriff auf das Leben in der Provinz und die Darstellung der Indios den Ausdruck brasilianischer Nationalität.

Themen der regionalistischen Literatur, die seit dem Ausgang des 19. Jahrhunderts immer wieder diskutiert wurden und sich als genuin brasilianische Literatur zu definieren versuchten, sind in Ansätzen bereits im literarischen Schaffen der Kolonialzeit erkennbar.

Zur Literatur des kolonialen Brasilien zählt vor allem das Werk der Chronisten, der Reisenden zwischen Alter und Neuer Welt und der Lyriker und Epiker, die sich an dem großen Vorbild des portugiesischen Epos *Die Lusiaden* von Luís de Camões orientieren, oder auch das Schrifttum wortgewaltiger Kirchenmänner wie Padre Anchieta oder Padre Antônio Vieira.

Anchieta (Teneriffa 1534–1597 Brasilien) – von ihm sind zahlreiche Chroniken, Predigten und Gedichte überliefert – ging in seinen ›Autos‹, die sich aus der Tradition des religiösen Theaters des Mittelalters herleiten und zur christlichen Unterweisung der Indios dienten, auch auf viele Einzelheiten der Sitten und Bräuche der Eingeborenen ein und vermittelte damit schon frühzeitig einen wertvollen Einblick in ihre Lebensweise.

Zu Beginn des 17. Jahrhunderts, in Europa bricht der Dreißigjährige Krieg aus, schreibt ein aus Portugal stammender Neuchrist – wie man heute annimmt, ein gewisser Ambrósio Fernandes Brandão – seine *Dialoge über die Herrlichkeiten Brasiliens (Diálogos das Grandezas do Brasil,* 1618) nieder. Erst 1848 wurden sie, ohne Angabe eines Verfassers, veröffentlicht. Zwei Männer – der eine ist gerade aus Portugal eingetroffen, der andere lebt schon seit längerem in der Kolonie, deren Naturschönheiten er begeistert schildert – unterhalten sich über die verschiedenen Capitanias der Kolonie, die kommerziellen Möglichkeiten des an Naturschätzen so reichen Landes, über die Nutzung der Sklavenarbeit, die Lebensumstände der Kolonialherren und ausführlich über die Lebensweise der Indios. Die ›Dialoge‹ sind eine unschätzbare, kulturhistorische Quelle für die frühe Kolonialzeit Brasiliens.

Einen Einblick ganz anderer Art vermittelt Padre Antonio Vieira (Lissabon 1608–Salvador 1697). Er kommt als Kind nach Salvador, tritt in den Jesuitenorden ein, arbeitet in Pernambuco und in Maranhâo und setzt sich dort in Predigten und Briefen für die nach Brasilien ausgewanderten Neuchristen ein. Er predigt gegen die allmächtige Inquisition, verteidigt die Indios gegen die Grausamkeit der Kolonialherren und geißelt den Sklavenhandel. Als die Jesuiten 1661 aus Maranhão ausgewiesen werden, muß er nach Portugal zurückkehren und sich selbst der Inquisition stellen. Er wird verurteilt, kann sich jedoch rehabilitieren und verbringt seinen Lebensabend wieder in Salvador. Seine Stellungnahmen zu politischen Fragen der Zeit, zu Problemen der Kolonisation, sein Engagement für Neuchristen, Indios und Schwarze, seine rhetorische Begabung machen ihn für beide Seiten diesseits und jenseits des Ozeans zu einer herausragenden Figur des Barockzeitalters.

Immer wieder – seit der Entdeckung Brasiliens bis ins neunzehnte Jahrhundert hinein – beschreiben Chronisten und Dichter geradezu hymnisch den Reichtum des großen Landes und besingen die Naturschönheiten Brasiliens als ein irdisches Paradies, das bevölkert ist mit stolzen, freundlichen aber auch kriegerischen Indios.

Mit der politischen Unabhängigkeit Brasiliens – das Druckverbot für die Kolonie war bereits aufgehoben worden – löst sich auch die Literatur zunehmend von Portugal, bleibt jedoch für einige Zeit noch vor allem französischen Vorbildern verpflichtet.

Auf der Suche nach einer Definition der eigenen, noch zu jungen Nationalität greift die Romantik historische Themen auf und findet in der Gestalt des Indios ihr eigenes, ihr brasilianisches Thema. Der Indio, der ›bon sauvage‹ – Frankreichs Einfluß ist hier unverkennbar – erscheint als das unverdorbene Naturkind edlen Gemütes, das jedoch auch in den Genuß europäischer, sprich französischer Bildung gekommen ist: bei Gonçalves Dias (Maranhão 1823–1864) – einem der großen Lyriker der Romantik, Sohn eines portugiesischen Kaufmanns und einer Sklavin – kann ein Indio einen Artikel aus Diderots Enzyklopädie referieren, offenbart jedoch kaum etwas von der Andersartigkeit seines eigenen Volkes.

Zehn Jahre älter als Machado de Assis, den er den »Vater der Literaturkritik« nannte, war der bereits um die Jahrhundertwende ins Deutsche übersetzte José de Alencar (Ceará 1829–1877 Rio de Janeiro). Die Schriftstellerin Rachel de Queiroz (geb. 1910 in Fortaleza) nennt ihn »den wahrhaften Vater unseres Romans«, der Literaturwissenschaftler Afrânio Coutinho sieht in Alencar den »Patriarchen der brasilianischen Literatur.«

Alencars Welt ist eine idealisierte Welt, Natur und Menschen werden in lyrisch rhythmischer Prosa verklärt, der Indio ist das edle, unverbildete Naturkind, tapfere Helden und schurkische Gestalten stehen gegeneinander auf. Die Typisierung und Idealisierung von Alencars Gestalten erklärt sich auch aus seiner Nähe zur Volksliteratur. Seine Helden – allen voran Iracema, die »Jungfrau mit den Honiglippen« – wurden denn auch von der Volksliteratur vereinnahmt und in den Heftchen der in Brasilien noch so lebendigen ›Literatura de Cordel‹, von der später zu reden sein wird, verewigt.

Bekannt wurde bei uns kürzlich ein anderes Werk der brasilianischen Romantik, die leidvolle Geschichte der Sklavin Isaura von Bernardo Guimarães (Ouro Preto 1825–1884). Sie kam, mit einiger Verspätung, auch auf bundesdeutsche Bildschirme: als Telenovela, eine der in Brasilien so beliebten Fernsehserien, die mittlerweile zum Kulturexportartikel geworden sind. In romantischer Idealisierung plädiert der Roman – der nicht zu des Autors gelungensten Werken zählt – für die Befreiung der Sklaven. Die Wirkung dieses Buches ist mit der des Romans ›Onkel Toms Hütte‹ von Harriet Beecher Stowe in den USA verglichen worden.

So waren die brasilianischen Romantiker mit der Forderung nach Menschenrechten und politischer Freiheit auch vehement für die Abschaffung der Sklaverei eingetreten wie der junge Castro Alves (Bahia 1847–1871) in seinem berühmten Gedicht *Navio Negreiro (Sklavenschiff*, 1868), das sich an Heines gleichnamigem Gedicht inspirierte.

Die Dichter des ausgehenden neunzehnten Jahrhunderts bemühen sich nun, unter der behutsamen, verständnisvollen und souveränen Kritik des mittlerweile zu großem Ansehen gelangten Machado de Assis, um eine realistischere Erfassung ihrer Wirklichkeit. Es entstehen reizvolle aber auch illusionslose Bilder des urbanen Milieus vor allem von Rio de Janeiro, die einen Einblick in das damalige Leben der bürgerlichen Schicht oder die Atmosphäre volkstümlicher Wohnviertel vermitteln. Nach Jahrhunderten emphatischer Naturbeschreibungen und der Verklärung der Eingeborenen beginnt eine kritischere Auseinandersetzung mit dem Völkergemisch der jungen Nation, mit den sozialen Gegebenheiten der Zeit, z. B. mit der Stellung der nun befreiten Schwarzen.

ANNO I - NUMERO I 500 rs. MAIO - 1928

Revista de Antropofagia

Direção de ANTONIO DE ALCANTARA MACHADO Gerencia de RAUL BOPP

ENDEREÇO: 13, RUA BENJAMIN CONSTANT — 3.º PAV. SALA 7 — CAIXA POSTAL N.º 1.269 — SÃO PAULO

ABRE-ALAS

Nós eramos xifópagos. Quási chegamos a ser deródimos. Hoje somos antropófagos. E foi assim que chegamos á perfeição.

Cada qual com o seu tronco mas ligados pelo figado (o que quer dizer pelo ódio) marchávamos numa só direcção. Depois houve uma revolta. E para fazer essa revolta nos unimos ainda mais. Então formamos um só tronco. Depois o estouro: cada um de seu lado. Viramos canibais.

Ai descobrimos que nunca haviamos sido outra cousa. A geração actual coçou-se: apareceu o antropófago. O antropófago: nosso pai, principio de tudo.

Não o indio. O indianismo é para nós um prato de muita sustância. Como qualquer outra escola ou movimento. De ontem, de hoje e de amanhã. Daqui e de fora. O antropófago come o indio e come o chamado civilizado: só êle fica lambendo os dedos. Pronto para engulir os irmãos.

Assim a experiência moderna (antes: contra os outros; depois: contra os outros e contra nós mesmos) acabou despertando em cada conviva o apetite de meter o garfo no vizinho. Já começou a cordeal mastigação.

Aqui se processará a mortandade (êsse carnaval). Todas as oposições se enfrentarão. Até 1923 havia aliados que eram inimigos. Hoje há inimigos que são aliados. A diferença é enorme. Milagres do canibalismo.

No fim sobrará um Hans Staden. Êsse Hans Staden contará aquillo de que escapou e com os dados dêle se fará a arte próxima futura.

E' pois aconselhando as maiores precauções que eu apresento ao gentio da terra e de todas as terras a libérrima REVISTA DE ANTROPOFAGIA.

E arreganho a dentuça.

Gente: pode ir pondo o cauim a ferver.

António de Alcântara Machado.

MANHÃ

O jardim estava em rosa, ao pé do Sol
E o ventinho de mato que viera do Jaraguá
Deixando por tudo uma presença de agua
Banzava gosado na manhã praceana.

Tudo limpo que nem toada de flauta.
A gente si quizesse beijava o chão sem formiga,
A bocca roçava mesmo na paisagem de cristal.

Um silêncio nortista, muito claro!
As sombras se agarrando no folhedo das árvores
Talqualmente preguiças pesadas.
O Sol sentava nos bancos, tomando banho-de-luz.

Tinha um sossêgo tão antigo no jardim,
Uma fresca tão de mão lavada com limão
Era tão marupiara e descansante
Que desejei... Mulher não desejei não, desejei...
Si eu tivesse a meu lado ali passeando
Suponhamos, Lenine, Carlos Prestes, Gandhi, um desses!...

Na doçura da manhã quasi acabada
Eu lhes falava cordialmente:--Se abanquem um bocadinho
E havia de contar pra êles os nomes dos nossos peixes
Ou descrevia Ouro Preto, a entrada de Vitoria, Marajó,
Coisa assim que puzesse um disfarce de festa
No pensamento dessas tempestades de homens.

MARIO DE ANDRADE

“Ali vem a nossa comida pulando”

(V. Hans Staden - Cap. 28)

Titelseite der ersten Nummer der ›Revista de Antropofagia‹, in der das ›Manifesto Antropófago‹ erschien

Am Anfang des neuen Jahrhunderts steht das sprachgewaltige Buch des Journalisten und Ingenieurs Euclides da Cunha (1866–1909), *Os Sertões,* ein Werk, das in seiner Art einzig ist in der brasilianischen Literatur. Als Techniker und genauer Beobachter entwirft der Autor ein umfassendes Bild vom ›Sertão‹, dem bis dahin wenig erforschten und zugunsten der Küstenzivilisation stets vernachlässigten Hinterland des Nordostens. Er formuliert den berühmten Satz »Der Sertanejo ist vor allem stark«. Seine Darstellung gipfelt in dem dramatischen Bericht von der Vernichtung des Ortes Canudos. Euclides da Cunha hatte als Berichterstatter für die Tageszeitung ›O Estado de S. Paulo‹ den letzten und schließlich siegreichen, grausamen Feldzug der jungen Republik gegen eine politisch angeblich gefährliche Gruppe ausgehungerter, besitzloser Nordestinos begleitet, die sich um die messianische Gestalt des Wanderpredigers Antonio Conselheiro geschart hatten. Die Geschichte von Canudos, der peruanische Romancier Mario Vargas Llosa hat sie – von brasilianischer Seite war dazu harsche Kritik zu hören – in seinem Roman *Krieg am Ende der Welt* verarbeitet, steht für eine der zahlreichen Gruppierungen der in Brasilien immer wieder aufkeimenden messianischen Bewegungen, die besonders in der von Dürreperioden und Überschwemmungskatastrophen heimgesuchten Region des Nordostens beheimatet sind. Das Werk von

Euclides da Cunha steht noch im Zeichen der positivistischen Weltsicht des späten neunzehnten Jahrhunderts, ist sogleich jedoch Vorläufer einer neuen, differenzierteren Interpretation der eigenen Geschichte und Gegenwart.

Um die Jahrhundertwende nehmen die literarischen Aktivitäten zu, die Dichter der Nation haben bereits eine Leserschaft gewonnen. Im Jahre 1897 wird nach französischem Vorbild in Rio de Janeiro die ›Academia Brasileira de Letras‹ gegründet. Einer der Gründungsväter und ihr erster Präsident bis zu seinem Tode ist Machado de Assis. Waren vormals viele Anregungen von der ehemaligen Hauptstadt Salvador ausgegangen, auch von São Luís in Maranhão, so treten jetzt die an den berühmten Rechtsfakultäten von Recife und São Paulo ausgebildeten jungen Intellektuellen im kulturellen Leben Brasiliens hervor.

Unterschiedlichste Strömungen innerhalb des Landes sowie neue Anregungen aus Europa (wie z. B. Dadaismus und Expressionismus) gipfeln 1922 in der ›Semana de Arte Moderna‹ von São Paulo. In einem Bekenntnis zur Avantgarde tat sich eine Gruppe von Künstlern und Schriftstellern zu einer Woche der Manifestation der Moderne zusammen und forderte vehement die Loslösung von traditionellen, europäischen Vorbildern, die Abkehr vom Akademismus, den endgültigen Abschied von der kulturellen und vor allem sprachlichen Vorherrschaft Portugals, die Hinwendung zur eigenen Geschichte und Kultur. Es war, im Zeichen des Futurismus, ein Ja zur modernen Technik und Zivilisation, ein Ja zum Alltag der Gegenwart, wider den Zwang überkommener Konventionen und Formen. Einer ihrer wichtigsten Köpfe, Oswald de Andrade (São Paulo 1890–1953), faßte im *Menschenfresserischen Manifest (Manifesto Antropófago*, 1928) seiner Bewegung die Ziele in die prägnante Formel »Tupi or not Tupi, that is the question«. In der Doppeldeutigkeit des Wortspiels to be – tupi (und ›to pee‹) liegt eine Parodie auf ehrwürdige, europäische Traditionen, mit der Berufung auf die bis ins 19. Jahrhundert als Verkehrssprache weit verbreitete ›língua geral‹ zugleich aber auch die Bestätigung einer genuin brasilianischen Identität. Die modernistischen ›Menschenfresser‹ fordern, das europäische Kulturerbe zu verschlingen und es sich in der eigenständigen Erneuerung einer nationalen Kultur anzuverwandeln.

Mário de Andrade (São Paulo 1893–1945), Mitstreiter und aktivster Vertreter der aufständischen Modernisten – er veröffentlichte zahlreiche Bände mit Lyrik und Prosatexten, Essays zur brasilianischen Musik, Literatur und Folklore – wurde hier erst mit großer Verspätung durch die Übersetzung seines 1928 erschienenen Buches *Macunaíma* bekannt, das dem brasilianischen Regisseur Joaquim Pedro de Andrade 1969 zur Vorlage für den großartigen, gleichnamigen Film diente, der Anfang der siebziger Jahre im bundesrepublikanischen Fernsehen gezeigt wurde.

Anfang der achtziger Jahre waren Macunaíma und seine ungewöhnlichen Abenteuer auch in einer berühmt gewordenen brasilianischen Inszenierung mehrfach auf deutschen Bühnen zu sehen. Macunaíma ist der »Held ohne jeden Charakter«, weil er viele Charaktere hat, weil er sich ständig verändert, verwandelt, unverhofft Raum- und Zeitgrenzen überspringt oder die Sprachebenen wechselt. Mário de Andrade hat diesen Mythos mit unzähligen Elementen indianischen, afrikanischen und europäischen Ursprungs aus der Volksmythologie verschmolzen und wollte damit eine Synthese Brasiliens darstellen, bewußt auch gegen die räumlichen und sprachlichen Begrenzungen der Regionalisten anschreiben. Wesentliche Teile der indianischen Mythen und Legenden verdankte er dem Buch des deutschen Ethnologen Koch-Grünberg, der die Ergebnisse einer zwischen 1911 und 1913 unternommenen Reise *Vom Roroima zum Orinoko* (1924) niedergeschrieben hatte. Eines der Glanzstücke des Romans ist Macunaímas Brief an die Icamiabas im heimatlichen Urwald, denen er in barockem Amtsstuben-Portugiesisch von der seltsamen Welt dieser Stadt berichtet.

1971, nach dem großen Erfolg der Macunaíma-Verfilmung, dreht Nelson Pereira dos Santos einen Film, der sich auf andere Weise mit dem Verhältnis der Eroberer zur Eingeborenen-Kultur auseinandersetzt. *Wie schmackhaft Du bist, mein kleiner Franzose (Como era gostoso o meu francês).* Er verwendet den lebendigen, mit vielen Details angereicherten Bericht des deutschen Kanoniers Hans Staden über seine Gefangenschaft bei den menschenfresserischen Indianern, der Tupinambás, an der Küste vor São Paulo (*Wahrhaftige Historia und Beschreibung einer Landschaft der wilden, nackten, grimmigen Menschenfresser* ... 1557). Daher ist auch die Perspektive eine andere. Es ist hier nicht ein Eroberer, der von den Eigenheiten der Eingeborenen schreibt, sondern ein Gefangener, der ausführlich aus dem Stammesleben der »wilden Menschenfresser« berichtet. Ihm, der zum Tode verurteilt ist und verzehrt werden soll, gewähren sie ungehindert Einblick in ihr Leben, da sie von der Vertrautheit des Fremden mit ihren Lebensumständen und Riten keine Gefahr zu gewärtigen haben. Im Gegensatz zu Hans Staden, der von Franzosen aus der Hand der Menschenfresser befreit wurde, entkommt dieser schmackhafte kleine Franzose im Film seinem Schicksal nicht.

Die Anstöße der Woche der Modernen Kunst wirken in den folgenden Jahrzehnten auf vielfältige Weise nach. Es entstehen eine Reihe bedeutender Interpretationen der eigenen Geschichte und Gegenwart.

Eines der berühmtesten Bücher jener Jahre schrieb ein junger Soziologe, Gilberto Freyre (Recife, *1900). Er hatte in den USA studiert und war nach seiner Rückkehr intensiv für die Förderung und Erhaltung des Regionalen eingetreten. Er stellte, nach einem neuerlichen Aufenthalt im Ausland, 1933 seine Interpretation von der Entstehung der brasilianischen Gesellschaft aus dem Zusammenleben verschiedener Rassen vor. Das umfangreiche Buch war brillant geschrieben, in ungewohnt kolloquialem und doch elegantem Ton. Hier verstand es einer, die Atmosphäre von *Herrenhaus und Skalvenhütte* (*Casa grande e senzala*, 1974 v. Nelson Pereira dos Santos mit S. Múniz und Th. Farkas verfilmt) plastisch und überaus interessant einzufangen. Noch heute ist dieses Werk, dem der Autor weitere Darstellungen über sein Land folgen ließ, eines der großartigsten Bücher über das Brasilien der Kolonialzeit, wenn auch nicht unumstritten. Freyres jüngerer Kollege Darcy Ribeiro setzt sich in einem höchst informativen Vorwort, das in seiner Essaysammlung *Unterentwicklung, Kultur und Zivilisation* (*Ensaios insólitos*, 1979) auch in deutscher Übersetzung vorliegt, voller kritischer Hochachtung mit dem berühmten Vorgänger auseinander.

Besonders nachhaltig wirkten sich die inhaltlichen Anregungen des Modernismus – auf bedeutende Lyriker wie Carlos Drummond de Andrade und Manuel Bandeira soll hier wenigstens hingewiesen sein – auf die Entwicklung des brasilianischen Romans aus.

Einen wichtigen Beitrag zur regionalistischen Literatur bedeuten die in den dreißiger Jahren entstandenen sozialkritischen Nordostromane. Rachel de Queiroz (geb. 1910 in Fortaleza) veröffentlichte 1930 ihren Roman *Das Jahr Fünfzehn (O Quinze)* über die furchtbare Dürre von 1915.

Den eindringlichsten Roman über die bedrohlichen Dürreperioden schrieb Graciliano Ramos (Alagoas 1892 – Rio de Janeiro 1953): *Karges Leben* (*Vidas Sêcas,* 1938). Ramos überschritt mit seinen Romanen die Enge regionalistischer Literatur. Er ist einer der großen Erzähler seines Landes. Die meisten Romane sind bereits übersetzt, viele wurden verfilmt (*Vidas secas,* 1963 von Nelson Pereira dos Santos; *São Bernardo,* 1972 von Leon Hirszman und 1984 die noch nicht übersetzten Gefängnismemoiren des 1936 inhaftierten Autors *Memórias do cárcere* von Nelson Pereira dos Santos). Diese Verfilmungen von Ramos' Werk zählen zu den Höhepunkten des brasilianischen Kinos.

In der Vertreibung von Mensch und Tier in das ungewisse, fremde Leben der Städte wiederholt sich seit Jahrzehnten das gleiche Drama der Entwurzelung der Landbevölkerung, ein Drama, das der aus Recife stammende Lyriker João Cabral de Melo Neto in seinem epischen Gedicht *Tod und Leben des Severino* (*Morte e vida severina,* 1954/55, später ebenfalls verfilmt) beschrieben hat. In der Vertonung von Chico Buarque de Holanda gewann die Inszenierung des Studententheaters der Katholischen Universität von São Paulo auf dem Weltfestival in Nancy 1966 die Goldene Palme.

Zwei Jahrzehnte später greift ein Schriftsteller aus Bahia, Antônio Torres, das Thema wieder auf in seinem Roman *Diese Erde* (*Essa terra,* 1976). Er läßt den jüngeren Bruder eines Mannes, der sein Dorf verließ, um in der großen Stadt im Süden eine bessere Existenz aufzubauen, von seinem Scheitern und der Reaktion der Dorfbewohner erzählen.

Wie kein anderer seiner Generation hat Jorge Amado die Region des Nordostens über die Grenzen Brasiliens hinaus bekanntgemacht. Sein Werk – in über vierzig Sprachen übersetzt – hat immer wieder Anlaß zu heftigen Auseinandersetzungen gegeben, vom sozialen Engagement der frühen Romane bis zu den späten Werken, die nicht immer frei sind von einem gewissen Hang zum Pittoresken und einer zuweilen ermüdenden Wiederholung von Erzählmustern. Mancher jüngere brasilianische Schriftsteller verdankt dem berühmten Autor kollegiale Förderung. Schauplatz von Amados Romanen ist die Kakaoregion im Staat Bahia (*Herren des Landes, Terras do sem fim,* 1943), wo er geboren wurde und aufwuchs, häufig aber auch Bahias Hauptstadt Salvador. Vor allem seine früheren Romane *Jubiabá* (1935), *Tote See* (*Mar Morto,* 1936) oder *Herren des Strandes* (*Capitães da Areia,* 1937, in der deutschen Ausgabe unverständlicherweise als Jugendbuch »ab 13« eingeordnet) vermitteln lebendig Atmosphäre und Szenerie dieser Stadt und ihrer Menschen. Fast immer stehen Menschen aus dem Volk im Mittelpunkt, populäre, stadtbekannte Figuren, häufig Neger oder Mulatten mit starker Bindung an afrobrasilianische Kulte. Unvergessen auch Gabriela, seine bekannteste Frauengestalt, *Gabriela wie Zimt und Nelken* (*Gabriela, cravo e canela,* 1958). Viele seiner Romane wurden verfilmt, im Fernsehen gezeigt oder in der ›Literatura de Cordel‹ umgedichtet (einer der erfolgreichsten Filme: *Dona Flor e seus dois maridos,* 1976 von Bruno Barreto, dt. *Dona Flor und ihre beiden Ehemänner).*

Anna Seghers, mit der Amado später eng befreundet war, sagte nach der Lektüre von *Herren des Landes,* ein brasilianischer Balzac spreche aus dem Urwald. Mit seinem bisher letzten Roman, *Der große Hinterhalt* (*Tocaia Grande,* 1985) führt Jorge Amado seine Leser noch einmal in die Welt der Kakaoregion zurück, in die Stadt Irisópolis, deren anspruchsvoller Name nichts ahnen läßt von dem »großen Hinterhalt«, der einmal am Beginn der Niederlassung stand. Die Feier ihres siebzigjährigen Bestehens ist für den Autor Anlaß, die turbulente Vergangenheit des Ortes aufzurollen, seine Entwicklung von einem gottverlassenen Flecken bis zur anerkannten Kreisstadt.

Immer wieder hat der noch heute sehr ausgeprägte Gegensatz zwischen Stadt und Land thematisch die Literatur Brasiliens bestimmt. Die Landschaft des Sertão, des trockenen, steinigen Hinterlandes, eine Region, in der die Bevölkerung die eigene Welt in mystisch abergläubischer Religiosität erlebt, in der Gott und Teufel noch ganz bildhaft empfunden werden, hat João Gumarães Rosa (1908–67) in Erzählungen und Romanen, vor allem in seinem Hauptwerk *Grande Sertão* (*Grande Sertão: Veredas,* 1956, vor kurzem im brasilianischen Fernsehen als Telenovela zu sehen) festgehalten. Dabei ging er über die noch traditionell erzählenden, regionalistischen Romane der dreißiger und vierziger Jahre weit hinaus. Er fand eine eigene, von Archaismen, Dialekt, Redewendungen, Fremdwörtern, Um- und Neubildungen durchsetzte Sprache, die seine Übersetzer in verschiedenen Ländern vor schier unlösbare Probleme stellte. In einem langen Monolog erzählt der Jagunço Riobaldo einem Zuhörer aus der Stadt von seinem abenteuerlichen Leben im Sertão, den Kämpfen verschiedener Banden und von seiner Freundschaft zu Diadorim, einem Gefährten, dessen Identität erst nach seinem Tod aufgedeckt wird. Hatte Machado de Assis das städtische Ambiente universal gültig in seinen Romanen dargestellt, so hat Guimarães Rosa den Sertão in die Weltliteratur eingeschrieben.

Im Herbst 1986 war in einer Hörspielsendung des WDR die Geschichte von zwei Fischern zu hören, die unverhofft Gottvater begegnen. Dieser bemüht sich um die Mitarbeit eines recht irdischen Heiligen, es ist die *Geschichte eines Fischgangs* von besonderer Art. Die Fischer leben auf der Insel Itaparica vor Salvador, und dort lebt auch der Autor dieser seltsamen, göttlichen Geschichte, João Ubaldo Ribeiro (*1941). Sein *Sargento Getúlio* (*Sargento Getulio,* 1971) erzählt sich selbst in einem langen Monolog. Im Auftrag eines Lokalpolitikers muß er einen Gefangenen aus dem Hinterland in die Hauptstadt bringen. Auf bedrückende Weise charakterisiert sich der Sargento in diesem endlosen Redefluß. Er flucht und wütet, foltert und mordet, liebt und fantasiert, fest überzeugt von der Rechtmäßigkeit seiner Aktion, noch als sich herausstellt, daß die Voraussetzungen sich umgekehrt haben und er den so brutal geschundenen Gefangenen freigeben muß. Er wird schließlich selbst ein Opfer dieses Auftrags. 1983 setzte Hermano Penna den langen Monolog des Sargento, die von Mythen, Helden und Grausamkeit und Träumen bevölkerte Welt des Getúlio, in Bilder um. Der Film erhielt mehrere Auszeichnungen. João Ubaldo Ribeiro, ein »radikaler Nordestino«, wie er sich sieht, lehnt jede Etikettierung als Regionalist ab. »Was soll denn einer wie ich, der unter Kühen aufgewachsen ist, über Paris schreiben? ... Sowas wie Regionalismus gibt es gar nicht. Ich schreibe in meiner Sprache und mache meine Sachen.« Hinter dieser

Abwehr jeglicher Etikettierung steht einer der großen Nordostromanciers der Gegenwart. Daß auch er seine Region zu vermitteln weiß, beweisen die Übersetzungen in viele andere Sprachen. Sein praller Roman *Viva o povo brasileiro (Es lebe das brasilianische Volk)* von 1984, in dem er dreihundert Jahre turbulenter Geschichte seiner Insel darstellt, wird bald auch dem deutschen Leser vorliegen.

Wie austauschbar die Rollen des Cangaceiros und des Polizisten im Sertão oft waren, geht aus einer Bemerkung von José Lins do Rego, einem Zeitgenossen von Graciliano Ramos, hervor: »Was gibt es schon für den Sertanejo«, sagt er in seinem Roman *Cangaceiros* (1953, die vergriffene deutsche Übersetzung erschien 1958 unter dem unglücklichen Titel *Rhapsodie in Rot*). »Wenn es nicht die Dürre ist, dann der Cangaceiro und der Soldat.« Und an anderer Stelle ergänzt eine der Figuren diese Aufzählung: »So ist der Sertanejo eben: da kommt ein Wanderprediger, kommen die Cangaceiros, kommt die Polizei.«

Die Vorstellung vom Cangaceiro wurde bei uns lange durch den heute recht sentimental anmutenden Film von 1953, *Cangaceiro,* bestimmt. Einer der großen Vertreter des ›Cinema Novo‹, der früh verstorbene Regisseur Glauber Rocha, ein enger Freund von João Ubaldo Ribeiro, hat diese Welt des Sertão Jahre später viel überzeugender filmisch umgesetzt, etwa in *Gott und Teufel im Land der Sonne* (*Deus e o diabo na terra do sol,* 1964).

Im selben Jahr kämpft der großmäulige, selbstherrliche Oberst Ponciano de Azeredo Furtado, ein Don Quijote des Sertão, um sein Ansehen und gegen den Untergang der ihm so vertrauten, alten Welt in dem meisterhaften Roman *Der Oberst und der Werwolf* (*O Coronel e o lobisomem,* 1964) von José Cândido de Carvalho.

Fabelwesen mächtigerer Gestalt mit diabolischen Zügen bevölkern auch das mythische Universum vom *Stein des Reiches* (*Romance d'A Pedra do Reino,* 1971), einem Roman des in Recife lebenden Autors Ariano Suassuna (Paraíba, *1927). Chevalreske Illusionen in der Nachfolge Karls des Großen und seiner zwölf tapferen Pairs, ein eigens geschaffener Sertão-Katholizismus, die Lektüre unzähliger Heftchen der ›Literatura de Cordel‹ bestimmen die komplexe, archaische Welt in diesem Roman. Suassuna war in Europa schon mit seinem Volksstück *Das Testament des Hundes* (*Auto da Compadecida,* 1957) bekannt geworden. Er hat sich in vielen Äußerungen immer wieder gegen die Überfremdung der brasilianischen Kultur durch den zunehmenden ›Kultur‹import aus den USA und Mitteleuropa gewandt. Sein Werk ist geprägt von der Bemühung um eine spezifisch brasilianische Literatur, die sich als Ergebnis der Verschmelzung dreier Rassen auf einen eigenständigen Weg zur ›brasilidade‹ begeben hat. Vor allem in der Volksliteratur seines Landes fand Suassuna immer wieder Anregungen für seine schriftstellerische Arbeit.

Der Nordosten ist eine an Volkskunst und folkloristischen Traditionen besonders reiche Region. Dieser Reichtum läuft allerdings Gefahr, durch eine falsche Verklärung und wachsenden Tourismus zerstört zu werden.

Die Volksdichter und -sänger Brasiliens, die ›Cantadores‹, sind gewissermaßen späte Nachfahren unserer Bänkelsänger. Neben improvisierten Streitgesängen, den ›desafios‹, die auf Märkten, zu Volksfesten oder anderen besonderen Anlässen vorgetragen werden, sind es vor allem die ›romances‹ oder ›folhetos‹, Heftchen im Oktavformat, die heute noch auf

Zwei Beispiele für die ›literatura de cordel‹. ›Der Nordestino im Süden‹ und ›Warum man Angst vor dem Heiraten hat‹

Märkten des Hinterlandes, aber längst auch schon in den Städten, auch den Großstädten Rio de Janeiro oder São Paulo, zu finden sind. Ihr Titelblatt schmückt oft ein naiver Holzschnitt, Grund genug für Sammler, diese Hefte mitzunehmen. In einfachen Reimen werden tragische und komische Begebenheiten von Karl dem Großen, der Heiligen Genoveva, von Fabeltieren und Abenteuern der Cangaceiros berichtet, werden gehörnte Ehemänner und zänkische Frauenzimmer verspottet. Auch der Tod des letzten Präsidenten, das Ergebnis der Wahlen oder die Fußballweltmeisterschaft finden ihren Dichter. Viele Stoffe kamen von der Iberischen Halbinsel in die Neue Welt und wurden durch mündliche Überlieferung weitergegeben, bis zu Beginn des 20. Jahrhunderts kleine Druckereien die ersten Hefte druckten, die seitdem an der Schnur, der ›Kordel‹, auf den Märkten feilgeboten werden.

Ein Stand mit ›cordel‹-Literatur

In São Paulo, der »größten Stadt des Nordostens« – wohin viele Nordestinos in der Hoffnung auf ein besseres Leben ziehen – finden sie die ihnen so vertraute Literatur, die allerdings von dem in Brasilien weit verbreiteten und sehr beliebten Fernsehen in ihrer Existenz bedroht wird. Der in den Süden gezogene Volksdichter verwandelt sich auch hier die andere Umwelt an, bedichtet sie in neuen Versen. So lautet ein Titel zum Beispiel *Wie der Paulista in der U-Bahn zum Gürteltier wurde.* Auch das ist Bewältigung des Großstadtalltags. – Das Schicksal eines Volksdichters, der aus dem Nordosten kommt und durch eine unglückliche Verwechslung in große Schwierigkeiten gerät, sich verzweifelt, aber auch witzig und aggressiv zu behaupten versucht, ist Thema eines Films von João Batista de Andrade, *Der ausgesaugte Mensch* (*O homem que virou suco,* 1980).

Die Großstadt beansprucht zunehmend Raum in der Szenerie der brasilianischen Gegenwartsliteratur. Nicht ohne Bitterkeit und Ironie, aber stets in großer Solidarität mit seinen Gestalten, denen die Gesellschaft Achtung und Aufmerksamkeit versagt, schildert der Journalist und Erzähler João Antônio (São Paulo, *1937) das Lumpenproletariat. 1978 dienten Antonios Geschichten Maurice Capovilla als Vorlage für den Film *O jogo da vida (Spiel des Lebens).* Kneipen, Spelunken, Billardsäle, miese möblierte Zimmer, schmutzige Gassen an der Peripherie oder die wenig ansehnlichen, alten Viertel im Zentrum der Großstadt sind die Schauplätze dieses Autors. Er schildert Männer und Frauen jeden Alters, aber auch jene Halbwüchsigen, die mit vielerlei Tricks die Spielregeln des Überlebens erlernen, dabei oft von gewissenlosen Erwachsenen mißbraucht und ausgebeutet werden. Hunderttausende obdachloser Jugendlicher schwärmen tagsüber aus, um sich auf mehr oder weniger ehrliche Weise etwas zu verdienen. In bundesrepublikanischen Kinos war vor einiger Zeit ein bedrückender Film über dieses Thema zu sehen, der leider – mit dem unglücklichen Titel *Asphalt-Haie* (*Pixote, a lei do mais fraco,* 1980 von Hector Babenco, nach einem Roman des in Rio lebenden Schriftstellers José Louzeiro verfilmt) – viel zu wenig Beachtung fand. In dem auch hier mehrfach gezeigten Film *Iracema* von Jorge Bodanzky und Wolf Gauer, 1974, wird der hoffnungslose Abstieg eines Mädchens in die Prostitution auf den Fernstraßen im Norden Brasiliens gezeigt. Diese Iracema hat mit jener »Jungfrau mit den Honiglippen« aus José de Alencars berühmtem Roman nur noch den Namen gemein.

Wie es am Rande der Großstadt – vor allem in den Favelas – aussieht, war bereits vor zwanzig Jahren bei Carolina Maria de Jesús nachzulesen. Sie hatte durch Vermittlung eines Journalisten ihr *Tagebuch der Armut* (*Quarto de despejo,* 1958) veröffentlicht, ein erschütternder Bericht über das Leben der Favelabewohner in São Paulo. Carolina wird über Nacht berühmt, wird von Presse und Fernsehen hofiert, zieht in ein *Haus aus Stein (Casa de alvenaria)* und stirbt Jahre später, ungeübt im Umgang mit ihrem Geld, von den Medien ausgenutzt, völlig verarmt in einem Häuschen außerhalb der Stadt. Anfang der achtziger Jahre begann Francisca da Silva, eine Hausangestellte, ihr Leben aufzuschreiben. Ihr *Tagebuch eines brasilianischen Dienstmädchens* (*Ai de vós,* 1983) ist in mancher Hinsicht eine Ergänzung zu dem Bericht von Carolina Maria de Jesús.

Die Nachtschattenseite der Stadt, ihre halbseidene Welt, hat Marcos Rey (São Paulo 1925) in seinen witzig ironisch geschriebenen Romanen und Erzählungen festgehalten.

Sein bekanntester Roman, *Die Memoiren eines Gigolo* (*Memórias de um gigolô*, 1968) wurde 1985 dank einer Fernsehserie noch einmal zu einem großen Publikumserfolg. In dem Film *Verborgene Stadt* (*Cidade oculta*, 1986) hat der Regisseur Chico Botelho gerade das nächtliche Milieu von Sâo Paulo eingefangen.

Unter der Herrschaft der Militärs, als Presse, Fernsehen, Film, Musik und Theater besonders stark von moralisierenden, jeden regimekritischen Aspekt verbietenden Zensurmaßnahmen betroffen waren, übernahm stellenweise die Literatur die Aufgabe, mißliebige Themen zu vermitteln. Für eine ganze Generation von Schriftstellern, die sich damals kritisch mit den sozialen und politischen Zuständen in ihrem Land auseinandersetzten, sei hier stellvertretend auf den Großstadtroman *Null* (*Zero*, 1974) des Paulistaner Journalisten und Schriftstellers Ignácio de Loyola Brandão (*1936) hingewiesen. Kaum ein Roman vermittelt von der monströsen Stadt, von Chaos und Einsamkeit, Mißständen und Sehnsüchten ein so eindringliches, auch verwirrendes Bild wie *Null.* Die Schrifsteller lernten, zwischen den Zeilen zu schreiben. Zensierte Passagen in den Zeitungen wurden durch abstruse Kochrezepte oder Auszüge aus dem portugiesischen Nationalepos *Die Lusiaden* von Luís de Camões ersetzt.

Ein junger Autor aus dem Amazonasgebiet, Márcio Souza (Manaus, *1946), wagte den Rückgriff auf die Geschichte. Die Veröffentlichung seines Romans *Galvez, Kaiser von Amazonien* (*Galvez, imperador do Acre*, 1976), kostete ihn seine Stellung im Kulturreferat von Manaus. Galvez eroberte sich darauf die Großstädte an der Küste und wurde ein großer Erfolg auch im Ausland. Souza hält seiner Gesellschaft einen Zerrspiegel vor. Sein Schauplatz ist das Amazonien des ausgehenden neunzehnten Jahrhunderts, als der Kautschukboom der Region zu unverhofftem Reichtum verhalf, ehe der Engländer Sir Henry Wickham die teuren Pflänzchen außer Landes schmuggelte und damit Brasiliens Monopolstellung auf dem Weltmarkt ein Ende fand. Der entliehene Glanz der Belle Epoque geht hier im tropischen Urwald nach einem letzten Rausch in den Pappmachékulissen des kurzlebigen Operetten-Reiches von Galvez unter. Das Buch ist voller Seitenhiebe auf die nordamerikanische und westeuropäische Zivilisation und ihr Lateinamerika-Bild. Souza, der mit Theaterstücken und Aufsätzen über seine Region auf ein vernachlässigtes Gebiet aufmerksam machen wollte, kritisiert mit dieser Parodie auf die damaligen Zustände auch die Abhängigkeit von ausländischen Interessen, verweist – wie in seinem Roman *Mad Maria oder das Klavier im Fluß* (*Mad Maria*, 1980), der Geschichte vom abenteuerlichen Bau einer Bahnstrecke im Urwald 1911/12 – auf die Gegenwart seines Landes.

Da viele Schriftsteller noch nicht in Einzelwerken übersetzt sind, ermöglicht die verdienstvolle Anthologie moderner brasilianischer Erzählungen, *Zitronengras*, herausgegeben von Kay-Michael Schreiner, einen Eindruck von Autoren, Themen und Erzählweisen der Gegenwart. Leider zögern Verlage oft, einen noch unbekannten Autor mit einem Erzählungsband vorzustellen, und gerade Erzählungen bzw. Kurzgeschichten nehmen in der brasilianischen Literatur der Gegenwart einen wichtigen Raum ein. Da stehen Phantastisches und Alltägliches, die komplizierten Verästelungen der Seele und die wachsende Grausamkeit der Städte nebeneinander. Da wird mit bösen Zungen *Ehekrieg* geführt wie bei

Dalton Trevisan (Curitiba, *1925), bei Osman Lins (1924–1978) in komplexer Erzählstruktur *Verlorenes und Gefundenes* (*Nove Novena*, 1966) miteinander verknüpft, oder es erforscht einer *Die Struktur der Seifenblase* wie bei Lygia Fagundes Telles (São Paulo, *1923).

Als sich Ende der siebziger Jahre die ›Abertura‹, die politische Öffnung Brasiliens abzeichnete, kehrten nach der 1979 ausgesprochenen Generalamnestie viele ehemals politisch Verfolgte oder im Untergrund Aktive zurück. Einer von ihnen, der Ex-Guerillero Fernando Gabeira, wurde bei seiner Ankunft stürmisch gefeiert. Gabeira hatte eine vielversprechende journalistische Laufbahn vor sich gehabt, bevor er in den Untergrund ging. Die Aktivitäten der Stadtguerilla, Planung und Entführung des amerikanischen Botschafters, Gabeiras Festnahme, verschiedene Gefängnisse, schließlich die Ausreise nach Algier im Austausch gegen den entführten deutschen Botschafter, all das erzählt er offen, mit einer in den Jahren des europäischen Exils gewonnenen Distanz, in seinem Buch *Die Guerilleros sind müde* (*O qué é isso, companheiro?*, 1979). Heute setzt er sich engagiert für die Minderheiten in seinem Land ein, ist zum Sprachrohr der wachsenden Umweltschutzbewegung geworden und kandidierte im November 1986 in Rio de Janeiro in einem Wahlbündnis mit den brasilianischen ›Grünen‹ für die Arbeiterpartei (Partido trabalhista). 1985 erschien in Brasilien ein kleiner Band mit Gesprächen des Autors mit seinem Freund Cohn-Bendit.

Eine Rückkehr ganz anderer Art bedeutet die heimliche Überquerung der bolvianisch-brasilianischen Grenze bei Corumbá in dem Roman *Lucinda* (*Sempreviva*, 1981) von Antonio Callado (Niterói, *1917). Quinho kehrt aus dem Exil zurück, um den politisch motivierten, grausamen Mord an seiner Freundin Lucinda zu rächen. Es ist eine Geschichte von der Faszination des Bösen und der verzweifelten Suche nach Vergeltung für den Verlust einer großen Liebe, eine Geschichte, die Callado in einer dichten, poetischen Sprache eingefangen hat. Erst wenn sein großer, unter dem Militärregime veröffentlicher Roman *Quarup* (1967) ins Deutsche übersetzt ist, wird Antonio Callado, der mit siebzig Jahren auf eine jahrzehntelange, engagierte Arbeit als Journalist und Schriftsteller zurückblicken kann und einer der geachtetsten Autoren seines Landes ist, auch dem deutschen Leser wirklich bekannt sein. Er ist ein ausgezeichneter Kenner der Indio-Problematik in Brasilien und hat mehrfach über dieses Thema geschrieben.

Auch der Ethnologe Darcy Ribeiro, in der Neuen Republik wieder aktiv in der Politik, hat sich in Essays und auch in seinem Roman *Maria* (1976) mit den Konflikten, die sich aus dem Zusammenstoß verschiedener Zivilisationen ergeben, auseinandergesetzt und in der Fabel *Utopia selvagem* (1982) eine abenteuerliche wilde Utopie gestaltet. Die schier unlösbaren Probleme der Isolation oder Integration der Indianer in die brasilianische Gesellschaft sind auch Gegenstand mehrerer Filme (z. B. *Uirá*, 1973 von Gustavo Dahl; *Terra dos índios*, 1979 von Zelito Viana, dt. *Land der Indios*).

Sicher gälte es noch einige mittlerweile vergriffene Bücher wiederzuentdecken wie die Romane von Autran Dourado (Minas Gerais, *1926), dessen *Oper der Toten* (*Ópera dos mortos*, 1967) mit zwanzigjähriger Verspätung in der Bundesrepublik veröffentlicht wurde oder den in den fünfziger Jahren übersetzten Romanzyklus *Die Zeit und der Wind* (O

Tempo e o vento, 1949–62) des Romanciers Erico Veríssimo (Porto Alegre 1905–1975), eine Saga über zweihundert Jahre Geschichte der Besiedlung Südbrasiliens, damals bei uns der meistgelesene brasilianische Roman. *Seine Exzellenz der Botschafter* (*O Senhor Embaixador,* 1965), eine Satire auf lateinamerikanische Diktatoren, deren konkreten Hintergrund Cuba zur Zeit der Revolution abgab, hat – betrachtet man die politische Landschaft Lateinamerikas – noch immer nichts an Aktualität eingebüßt.

Porto Alegre, die Stadt, in der Erico Veríssimo den größten Teil seines umfangreichen Œuvres verfaßte, ist auch Szenarium von Romanen, Novellen und Erzählungen eines jüngeren Autors, der die Integration der jüdischen Einwanderer, seiner Vorfahren, in die Neue Welt zum Hauptthema seiner Texte gemacht hat. Moacyr Scliar, ein Meister der ins Phantastische und Absurde gewendeten Kurzgeschichte, thematisiert in der mythologischen Gestalt des Zentauren (*O Centauro no jardim,* 1981, *Der Zentaur im Garten*) das Anderssein, die Schwierigkeiten der Anpassung. Immer wieder wählt er als Schauplatz das alte Stadtviertel Bom Fim von Porto Alegre, dessen Gesicht die aus Osteuropa eingewanderten Juden geprägt haben. Einer von ihnen ist Mayer Guinzburg. Schon immer ist er sehr eigenwillig gewesen. Statt Rabbi zu werden, wie sein Vater dies wünscht, liest Mayer Guinzburg Marx und Rosa Luxemburg und nährt den Traum von einer freien, neuen Republik Birobidjan. Dabei sind viele Hindernisse zu überwinden, zumal Genosse Schwein und Genossin Ziege sich so leicht zur Verwirklichung dieses Traumes nicht hergeben wollen. Welch ein Erfolg für die *Ein-Mann-Armee* (*O exército de um homem só,* 1973), als die Genossin Henne sich endlich – nach langer ideologischer Unterweisung – hat überzeugen lassen und kooperativ ein Ei legt. Aber der Kampf Mayer Guinzburgs alias Kapitän Birobidjan ist nicht nicht vorüber...

Nach so vielen Namen mag man den Eindruck gewonnen haben, die literarische Welt Brasiliens sei ganz und gar, in alter lateinamerikanischer Tradition, vom Mann bestimmt. Mitnichten. Es sei noch einmal an das erinnert, was eingangs bemerkt wurde: die ins Deutsche übersetzten Autoren sind nur ein kleiner Teil dessen, was es noch zu entdecken gibt.

In den vergangenen Jahren haben sich die brasilianischen Frauen mit vielfältigen Aktivitäten mehr und mehr in das öffentliche Bewußtsein gerückt, fordern nachdrücklicher Aufmerksamkeit für ihre Belange, mehr Unterstützung ihrer Bemühungen. Neben einer Fülle von Untersuchungen zur Stellung der Frau in Geschichte und Gegenwart sind zunehmend Romane, Erzählungen und Gedichtbände von Schriftstellerinnen erschienen.

Zu einer Zeit, als noch manche ihrer Kollegen auf durchaus traditionelle Weise die sozialen Probleme des Nordostens schilderten, schrieb Clarice Lispector (1925–1977) siebzehn Jahre alt, ihren ersten Roman, *Nahe der wilden Herzen* (*Perto do coração selvagem,* 1944). Er wurde veröffentlicht, als sie neunzehn war. Die Kritik horchte auf. Da war eine Erzählerin den Gedanken und Empfindungen ihrer Figuren bis an die Grenze des Sagbaren nachgegangen. Auch in den folgenden Romanen und Erzählungen war es nicht so sehr die Handlung, sondern immer wieder die Erkundung des Inneren, sprachlich kaum mehr Erfaßbaren. Clarice Lispector, die Zeichnerin subtilster Seelenvorgänge, läßt in ihrem letzten Buch, einem kleinen Roman, ein Stück Außenwelt eindringen. Das häßliche, linkische Mädchen aus dem Nordosten mit dem anspruchsvollen Namen Macabea, glaubt sich der *Sternstunde* (*A hora da estrela*, 1977) nahe, als ihr armseliges und wortkarges Leben plötzlich zu Ende ist. »Tut häßlich sein weh?« fragt eine hübsche, attraktive Arbeitskollegin Macabea einmal. Beklommen und fasziniert folgt der Leser dem Erzähler, den die Autrin erfand, Macabeas Geschichte zu schreiben. Das Mädchen habe das gehabt, was man ein Innenleben nennt, aber sie habe nicht gewußt, daß sie eines hatte. »Ich schwöre«, sagt Clarices Erzähler eingangs, »daß dieses Buch ohne Worte gemacht ist. Es ist eine stumme Fotografie. Dieses Buch ist ein Schweigen. Dieses Buch ist eine Frage.«

Suzana Amaral, die als Frau eines Arztes und Mutter von neun Kindern erst spät – nach einem Studium in São Paulo und New York – zum Film gekommen war, verfilmte Macabeas unscheinbares Leben, jene stumme Fotografie. Ihre Hauptdarstellerin, Marcélia Cartaxo, ist Laienschauspielerin. Zwei Lebensläufe ›zwei Brasilien‹, ein Ausdruck für das ›Land der Kontraste‹, wie zwei bekannte Bücher über Brasilien von den französischen Soziologen Jacques Lambert, *(Les deux Brésils)* und Roger Bastide, *(Brésil, terre des contrastes)* heißen. Der Film erhielt 1986 auf den Berliner Filmfestspielen drei Preise.

Zur Generation der Lispector gehört auch Lygia Fagundes Telles. Als eine der bedeutendsten Erzählerinnen der modernen brasilianischen Literatur und engagierte Vertreterin ihrer Kolleginnen und Kollegen wurde 1985 als dritte Frau in die ›Academia Brasileira de Letras‹ gewählt. Fast immer stehen Frauen im Mittelpunkt ihrer Prosa, deren Handlung im urbanen Milieu der großen Städte angesiedelt ist. Es ist die dekadente Atmosphäre vergangener Pracht aus der Zeit der Kaffeearistokratie, das Leben der Neureichen oder auch die Umgebung des sich in der fortschreitenden Industrialisierung ausbildenden Mittelstandes. Die Autorin wählt häufig die Ich-Perspektive, um den komplexen Konfliktsituationen besondere Intensität zu verleihen.

Vor kurzem beteiligte sie sich mit einer Erzählung an einer Anthologie erotischer Geschichten, die ihre junge Kollegin Márcia Denser (São Paulo, *1949) zusammenstellte. Es sind zwei schmale Bände, in denen brasilianische Schriftstellerinnen verschiedener Generationen vertreten sind. Lyrisch poetisch, mystisch verklärt, verhalten hintergründig, schonungslos offen erzählen sie von Erfahrungen und Phantasien, deren literarische Verarbeitung bisher fast ausschließlich den männlichen Kollegen zuzustehen schien, wie die Herausgeberin bemerkt.

Zu Recht verwahren die brasilianischen Autorinnen sich dagegen, unter dem Etikett ›Feminismus‹ abgehakt zu werden, denn sie nehmen bereits seit längerem thematisch und stilistisch in allen Bereichen der brasilianischen Literatur der Gegenwart einen festen Platz ein.

In der Neuen Republik befindet sich vieles im Umbruch, Künstler und Schriftsteller brauchen nicht mehr zwischen den Zeilen zu singen oder zu schreiben. Mancher kritische Film wurde freigegeben. Jüngere Autoren melden sich zu Wort.

Es sei an der Zeit, daß sie sich Gehör verschafften, meinte Marcelo Rubens Paiva. Er ist seit einem Badeunfall querschnittgelähmt an den Rollstuhl gefesselt. Mit einundzwanzig Jahren schrieb er mit dem *Spring in die Sonne* (*Feliz ano velho*, 1982) nieder, wie er sein

Leben bewältigt. Sein Buch ist auch eine Auseinandersetzung seiner Generation mit der jüngsten Vergangenheit. Im Herbst 1986 begann der Regisseur Roberto Gervitz mit den Dreharbeiten für den gleichnamigen Film.

Ignácio de Loyola Brandão hatte 1982 mit seinem Roman *Kein Land wie dieses (Não verás país nenhum)* die bedrückende Vision von einem ausgedörrten Land beschrieben, von Menschen, die nach dem Jahr 2000 in São Paulo zusammengepfercht sind, deren Leben bis ins Kleinste reglementiert wird. Nicht weit ist es von den Vögeln, die kürzlich vergiftet von Mexikos Himmel herabfielen bis zu den bei Brandão geschilderten Staubvögeln.

Marcelo Rubens Paiva erzählt in seinem letzten Buch, *Die fünfte Jahreszeit* (*Blecaute*, 1986) die Geschichte von drei jungen Leuten, die nach der Rückkehr von einem Ausflug entdecken, daß sie die einzigen Überlebenden in der Stadt São Paulo sind. Hier wie auch in anderen kürzlich erschienen Büchern läßt sich die Tendenz zu einer Art sozialkritischer Science Fiction herauslesen.

Diese beiden letzten Beispiele sollen die Streiflichter abschließen, Streiflicher, die vieles nicht beleuchten konnten, da als Leitfaden für den Leser lediglich die bereits ins Deutsche übersetzte Literatur diente.

Damit ist hoffentlich auch ein anderes Etikett abgelöst worden, daß nämlich die Literatur aus Lateinamerika und somit auch die brasilianische vor allem von ländlicher Exotik und dem vielzitierten magischen Realismus geprägt sei. In Wirklichkeit kennt sie auch andere Orte als jenes Macondo der *Hundert Jahre Einsamkeit* des Kolumbianers Gabriel García Márquez. Möge dieser Überblick ein wenig dazu beitragen, in eine Welt zu führen, von der wir weniger wissen als sie von uns, die aber in vieler Hinsicht auch die unsere ist.

Praktische Reisehinweise

Vor der Reise

Allgemeine Auskünfte

Auskünfte sind in der Bundesrepublik und deutschsprachigen Ländern durch die Lufthansa, Varig und in Reisebüros erhältlich.

Institut für Ibero-Amerika-Kunde
2000 Hamburg 36
Alsterglacis 8
Tel. 040/412011

Ibero-Amerikanisches Institut
Preußischer Kulturbesitz
1000 Berlin
Potsdamer Str. 37
Tel. 030/2665

Deutsch-Brasilianische Gesellschaft e. V.
5300 Bonn 1
Schumannstraße 2b
Tel. 0228/210707

Deutsch-Iberoamerikanische Gesellschaft
6000 Frankfurt 90
Gräfstraße 83
Tel. 069/779395

Für Fragen der Wirtschaft ist zuständig:

Deutsch-Südamerikanische Bank, Hamburg. Kunsthistorische Institute einiger Hochschulen besitzen wesentliche Publikationen.

Da das Büro der ›Embratur‹ (Empresa brasileira de turismo) in Frankfurt geschlossen hat, erteilt Auskunft

Embratur
Rua Mariz e Barros 13
20270 Rio de Janeiro

Diplomatische und Konsularische Vertretung Brasiliens

Botschaften in:

5300 Bonn 2
Kennedyallee 74
Tel. 0228/376976

1010 Wien
Am Lugeck 1/V/15
Tel. 0043/222/5120631 0/5206310

3007 Bern
Monbijou Str. 68
Tel. 0041/31/458515

Konsulate in:

1000 Berlin 15
Kurfürstendamm 11
Tel. 030/8831208

6000 Frankfurt 1
Stephanstraße 3
Tel. 069/290708

8000 München 22
Widenmayerstraße 47
089/227985

1201 Genf
12 Place Cornavin
Rue du Mont-Blanc 28
Tel. 0041/22/320930

8032 Zürich
Kreuzstraße 82
Tel. 0041/1/2518836

Die Lufthansa ist in der Bundesrepublik überall vertreten. Die Varig in:

6000 Frankfurt 1
Am Hauptbahnhof 16
Tel. 069/271020

4000 Düsseldorf
Königsallee 88
Tel. 0211/84746

2000 Hamburg
Glockengießerwall 13
040/321388

8000 München 1
Sophienstraße 2
Tel. 089/554901

7000 Stuttgart
Gymnasiumstraße 1
Tel. 0711/225055

Beste Reisezeit

Die Übergangsmonate zwischen Sommer und Winter sind als Reisezeit vorzuziehen. Der heiße brasilianische Sommer im Januar und Februar ist für Europäer hemmend, außerdem regnet es viel. Im brasilianischen Winter, Juni bis September, kann es im Süden des Landes recht ungemütlich kalt und in Bahia sehr regnerisch sein. Die Monate Dezember bis Februar, sowie Juli sind in Brasilien Ferienmonate mit sehr starkem innerbrasilianischen Reisebetrieb und somit Schwierigkeiten bei Reservierung in Verkehrsmitteln und Unterkunft, speziell an der gesamten Küste.

Anreise

Von Deutschland ist die Anreise mit dem Flugzeug nonstop mit der Lufthansa am einfachsten. Die brasilianische Varig und die Fluglinien anderer westeuropäische Länder haben auch regelmäßige – und billigere – Flüge nach Brasilien. Außerdem gibt es Charterflüge (LTU) nach Recife und Rio de Janeiro, über die die Reisebüros Auskunft geben. Ein Visum ist nicht erforderlich.

Leider gibt es keinen Schiffahrtsliniendienst nach Südamerika mehr. Einzig die großen Dampfer der italienischen Linie Costa-C, die zu Kreuzfahrten in der Ferienzeit nach Brasilien kommen, können auf ihrer Anreise von Europa für die Überfahrt benutzt werden, falls man nicht gute Beziehungen zu Frachtreedereien spielen lassen kann sowie Zeit und Geld nicht ausschlaggebend sind.

Reisepapiere, Einreiseformalitäten, Zoll und Geld

Ein gültiger Reisepaß, der nicht innerhalb von sechs Monaten abläuft, eventuell Pokkenimpfzeugnis, Flugkarte zur Rück- oder Weiterreise, gegebenenfalls any-way-ticket und der Nachweis über Mittel und Möglichkeiten für Unterhalt während des Besuchs werden für die Aufenthaltsgenehmigung als Tourist gefordert. In speziellen Fällen empfiehlt es sich, die brasilianischen Konsulate aufzusuchen.

Bargeld und Travellerschecks können in jeder Höhe mitgebracht werden. Bei der Ausreise sind sie offiziell beschränkt, werden aber kaum kontrolliert. Sehr große Beträge können bei der Einreise deklariert werden.

Die brasilianische Währung, seit Februar 1986 Cruzado genannt, wird allgemein im Devisenmarkt in ihrem Verhältnis zum US-Dollar quotiert. Neben dem offiziellen Wechselkurs gibt es einen ›parallelen‹ Markt in Wechselstuben, Reisebüros, Hotels usw. der günstigere Kurse ergibt. Andere Währungen werden nur in den Großstädten und bei einigen Banken akzeptiert. Sehr ungünstig ist es, wenn man zum Schluß viel Landeswährung wieder zurückwechseln muß. Es ist darum ratsam, Travellerschecks kleinerer US-Dollarbeträge mitzuführen und überhaupt nur das Nötigste einzuwechseln.

Ortszeit

Bei der Ankunft in Brasilien ist die Einstellung auf Ortszeit notwendig. Der normale Unterschied zwischen der mitteleuropäischen Zeit und der im größten Teil von Brasilien angezeigten ›Hora de Brasilia‹ beträgt 4 Stunden. Er ändert sich, wenn eine der beiden Seiten Sommerzeit hat. Ganz im Westen Brasiliens, in den Staaten Amazonas, den beiden Mato Grosso, Roraima und Rondonia muß man die Uhrzeit nochmals eine Stunde zurückstellen.

Gepäck und Bekleidung

Es ist wichtig, die richtige Auswahl zu treffen, allein um nicht zuviel schleppen zu müssen. Leichte Koffer, Reise- oder Rucksäcke sind überall benutzbar, nur gehen diejenigen, die sie verladen, oft nicht schonend damit um. Auf den großen Flughäfen sind auch in Brasilien Gepäckkarren vorhanden, sonst aber kaum zu finden, so daß man oft alles selbst tragen muß. Fotoausrüstung und andere Werte behält man am besten in unauffälligen Handtaschen oder Beuteln bei sich. Es empfiehlt sich, Foto- und Filmkameras sowie Ferngläser bei der Anreise eintragen zu lassen, um bei der Ausreise keine Schwierigkeiten mit dem Zoll zu haben.

Die Bekleidung muß auf jeden Fall auf verschiedene Temperaturen ausgerichtet sein. Pullover und Jacke nicht vergessen, denn selbst in den Tropen kann es nachts kalt werden. Lange Hosen und langärmelige Hemden braucht man dort, wo die Insekten zudringlich sind. Shorts und Badekleidung sollte man in den Stadtzentren, bei Besichtigungen – besonders von Kirchen – unbedingt vermeiden. Die heute übliche Sportbekleidung mit Jeans ist überall unauffällig und in Gebrauch. Dunkler Anzug mit Schlips, für die Damen Abendkleid sind bei abendlichen Veranstaltungen erwünscht.

Praktische Hinweise für den Aufenthalt und Reiseverbindungen in Brasilien

Gesundheitsvorsorge, Impfungen und Ärzte

Einige einfache Vorsichtsmaßnahmen sollte man nicht außer acht lassen, um Wohlbefinden und Erfolg der Reise nicht aufs Spiel zu setzen. Pockenimpfung ist nicht mehr Pflicht, und eine Pockengefahr ist nicht bekannt. **Gelbfieber** und Dengue sind in letzter Zeit viel und weit durch die Mücken ›Aedes aegyptii‹ aus dem Amazonasgebiet und Mato Grosso verschleppt worden, so daß **Impfungen notwendig** geworden sind. Für diejenigen, die in die westlichen und nördlichen Regionen fahren, sind auch Malaria-Prophylaxe und Typhusimpfung unbedingt zu empfehlen.

Gegen viele machmal folgenschwere Übel kann man sich selbst leicht helfen. Oberstes Gebot ist, kein Wasser aus zweifelhafter Quelle zu trinken. Es ist überall vorzuziehen, kein Leitungswasser, sondern die stets in verschlossenen Flaschen erhältlichen Mineralwasser zu sich zu nehmen. Beim Baden, das im Meer so schön ist, sind andere Gewässer, Lagunen oder Seen und unreine Flüsse möglichst zu meiden, da viele Krankheitserreger, speziell von Wurmkrankheiten, hier ihren Ausgangspunkt haben. Leider sind auch schon einige Strände in Rio de Janeiro, Santos und vor anderen Orten teilweise sehr verschmutzt.

Apotheken und Ärzte für Wundbehandlungen, Vergiftungen, Durchfall und Schmerzmittel sind in den meisten Orten selbst mit Nachtdienst und Bereitschaft am Sonntag vorhanden, so daß die Reiseapotheke nicht zu umfangreich sein muß. Deutschsprachige Ärzte sind durch die konsularischen Vertretungen zu erfragen. Meist muß man ärztliche Hilfe gleich bezahlen.

Vorsicht ist bei Temperaturunterschieden am Platz, beispielsweise, wenn man verschwitzt in geschlossene Räume oder in Verkehrsmittel mit Klimaanlage kommt. Erkältungen durch Zugluft können den Genuß der Reise sehr empfindlich stören.

Den Sonnenanbetern sei eine besondere Warnung gewidmet. Sie können nicht sogleich die tiefbraunen Mädchen und Cariocas an den Stränden von Rio oder ihre die tropische Bestrahlung schon gewohnten Partner in Bahia und unter dem Äquator nachahmen. In kürzester Zeit kann dies sehr unangenehme Verbrennungen und noch schwerere Folgeerscheinungen wie etwa Hitzestich mit sich bringen, die auch bei leicht nebligem Wetter und mit vielen Sonnenschutzmitteln kaum zu vermeiden sind. Vorsicht ist daher besonders in der ersten Zeit geboten.

An den Stränden mit starker Brandung sollte sich der Neuankömmling genau über die dort herrschenden Strömungen informieren, um nicht abgetrieben zu werden. Nicht überall ist, wie an der Copacabana, ein Rettungsdienst vorhanden.

Sprachliche Verständigung

Fast durchweg ist der sprachliche Verkehr nur in der Landessprache Portugiesisch möglich; der geringe Wortschatz eines kleinen Wörterbuches genügt in den meisten Fällen. Allerdings sprechen in den Städten immer mehr jüngere Leute englisch.

Nur auf den internationalen Flughäfen, in Fremdenverkehrsbüros, in besseren Hotels und den Restaurants der größeren Städte sowie manchen Fachgeschäften kann man mit Englisch als Sprachbrücke rechnen. Spanisch wird vielfach verstanden, ist aber für die Rückäußerung nicht beliebt. Deutsch wird im größten Teil des Landes nicht gesprochen, ist aber an manchen Stellen in São Paulo, in Santa Catarina und Rio Grande do Sul weiterhin in Gebrauch.

Informationsorgane in Brasilien

Schon auf den Flugplätzen und in den größeren Städten mit eigenen Büros und Kiosken stehen die staatlichen oder städtischen Fremdenverkehrsstellen für Informationen zur Verfügung. Für ganz Brasilien heißt ihre Organisation ›Embratur‹, für Rio de Janeiro ›Riotur‹, São Paulo ›Paulistur‹, in Bahia ›Bahiatursa‹ und so entsprechend in allen Staaten. Sie geben zum Teil ordentliche Führer mit Stadtplan, Öffnungszeiten der Museen und einen Veranstaltungskalender heraus. In den größeren Zentren wie Rio de Janeiro erscheint jeden Monat ein neues Heft.

Verkehrsmittel in Brasilien

Bei der Planung des weiteren Reiseweges spielt die zur Verfügung stehende Zeit die größte Rolle. Die Entfernungstabelle gibt eine genaue Vorstellung über die zu bewältigenden Strecken. Bei den meist großen Distanzen im Land ist es natürlich, daß man in erster Linie an die Flugverbindungen denkt, die sehr gut ausgebaut, aber auch sehr frequentiert sind. Eine rechtzeitige Planung und Buchung ist daher erforderlich. Zwischen den größeren Städten verkehren die Flugzeuge von Varig-Cruzeiro, Vasp und Transbrasil. Zu den kleineren Orten im Hinterland fliegen Maschinen der regionalen Fluggesellschaften ebenfalls regelmäßig. Außerdem gibt es zahlreiche Lufttaxis, die teurer als die Linienflugzeuge sind. Interessant ist der »Airpass« der verschiedenen brasilianischen Fluggesellschaften für 21 oder 14 Tage, der **nur außerhalb** Brasiliens zu erwerben ist (bei der Buchung des Fluges). Bei Ankunft in neuen Orten sollte man sich gleich um Reservierung der Weiterreise oder deren Bestätigung kümmern.

Das meistbenutzte Verkehrsmittel im Land ist der Omnibus. Die Linien sind, soweit das Straßennetz es zuläßt, gut organisiert und führen überall hin. In der Mehrzahl der Städte gibt es einen Omnibusbahnhof am Stadtrand, ›Estação Rodoviaria‹ genannt, wo alles abgewickelt wird. Die modernen Fernomnibusse, auch zwischen Rio und São Paulo, und vor allem auf den wirklich weiten Strecken, haben Toiletten und halten an Gaststätten. Für Nachtfahrten sind die etwas teureren, aber sehr bequemen Liegebusse, ›Onibus Leito‹, zu empfehlen.

Von den Flugplätzen wie von den Omnibusstationen gibt es meist Zubringerdienste,

Übersicht der Entfernungen
(in km zwischen Zentrum zu Zentrum der Städte)

	Aracajú	Belém	Belo Horizonte	Brasília	Campo Grande	Cuiabá	Curitiba	Florianópolis	Fortaleza	Goiania	
Aracajú	–	2437	1600	1743	2906	2870	2601	3049	1302	1946	6
Belém	2437	–	2824	2120	2973	2941	3207	3512	1571	2013	21
Belo Horizonte	1600	2824	–	716	1442	1609	1003	1297	2535	908	21
Brasília	1743	2120	716	–	1175	1133	1352	1651	2423	209	24
Campo Grande	2906	2973	1442	1175	–	693	1041	1353	3581	974	35
Cuiabá	2870	2941	1609	1133	693	–	1734	2044	3544	932	33
Curitiba	2601	3207	1003	1352	1041	1734	–	300	3542	1202	31
Florianópolis	3049	3512	1297	1651	1353	2044	300	–	3841	1507	34
Fortaleza	1302	1571	2535	2423	3586	3544	3542	3841	–	2620	6
Goiania	1946	2013	908	209	974	932	1202	1507	2620	–	26
João Pessoa	627	2170	2183	2420	3583	3304	3187	3486	693	2617	-
Maceio	307	2109	1863	2010	3173	3131	2966	3165	1052	2211	3
Manaus	5217	5298	3961	3482	3045	2357	4091	4396	5893	3289	58
Natal	799	2106	2355	2521	3684	3642	3359	3658	537	2718	1
Porto Alegre	3467	3843	1710	2039	1686	2379	711	476	4249	1838	38
Porto Velho	4316	4391	3060	2551	2149	1456	3190	3495	4962	2388	49
Recife	512	2083	2068	2217	3380	3338	3072	3371	800	2414	1
Rio Branco	4850	4925	3594	3125	2688	1990	3724	4029	5536	2922	55
Rio de Janeiro	1937	3236	434	1145	1433	2035	846	1140	2804	1346	25
Salvador	367	2107	1354	1529	2692	2650	2379	2678	1385	1726	9
São Luís	1861	806	2929	2225	3388	3346	3565	3864	1070	2422	16
São Paulo	2358	2936	586	1015	1009	1622	408	707	3122	919	27
Teresina	1425	947	2493	1789	2952	2910	3129	3428	634	1986	12
Vitoria	1417	3116	524	1238	1972	2139	1347	1646	2395	1438	20

in São Paulo auch die Metro zum Zentrum der Stadt. Bei Taxifahrten empfiehlt es sich aufzupassen, daß die Tarife eingehalten werden. Die Uhr kann schon eine höhere Anfangssumme aufweisen, wenn sie vorher gelaufen und nicht umgestellt ist. Mit den nach Tarifänderungen üblichen zusätzlichen Tabellen können leicht Phantasiepreise verlangt werden oder der Landesunkundige kann in Luxuswagen verfrachtet werden. Die ›Radio-Taxi‹ sind 20 % teurer, aber eine zuverlässige Organisation. Die gewöhnlichen Taxis, ›Taxi-Comum‹, kosten nach 22 Uhr und an Sonn- und Feiertagen gleichfalls

Maceió	Manaus	Natal	Porto Alegre	Porto Velho	Recife	Rio Branco	Rio de Janeiro	Salvador	São Luís	São Paulo	Teresina	Vitória
307	5217	799	3467	4316	512	4850	1937	367	1861	2358	1425	1417
2109	5298	2108	3843	4391	2083	4925	3236	2107	806	2936	974	3116
1863	3961	2355	1710	3060	2068	3594	434	1354	2929	586	2493	524
2010	3482	2521	2039	2551	2217	3125	1145	1529	2225	1015	1789	1238
3173	3045	3684	1686	2149	3380	2688	1433	2692	2388	1009	2962	1972
3131	2357	3642	2379	1456	3338	1990	2035	2650	3346	1622	2910	2139
2866	4091	3359	711	3190	3072	3724	846	2379	3565	408	3129	1347
3165	4396	3658	476	3494	3371	4029	1140	2678	3864	707	3428	1646
1052	5893	537	4249	4962	800	5536	2804	1385	1070	3122	634	2395
2211	3289	2718	1838	2388	2414	2922	1348	1726	2422	919	1966	1438
372	5890	190	3899	4959	125	5533	2524	954	1669	2764	1233	2004
–	5480	549	3579	4549	257	5123	2204	656	1608	2444	1172	1684
5480	–	5991	4791	901	5687	1445	4615	4999	5695	3969	5259	4708
549	5991	–	4171	5060	297	5634	2696	1126	1607	2936	1171	2176
3579	4791	4171	–	3825	3784	4359	1553	3070	4252	1115	3816	1908
4549	901	5060	3825	–	4848	544	3481	4068	4764	3073	4328	3590
257	5687	297	3784	4848	–	5330	2409	839	1582	2649	1146	1889
5123	1445	5634	4359	5445	5330	–	4015	4642	5338	3607	4902	4124
2204	4615	2696	1533	3481	2409	4015	–	1720	3004	429	2571	527
656	4999	1126	3070	4068	839	4642	1720	–	1601	1954	1170	1226
1608	5695	1607	4252	4764	1582	5338	3004	1601	–	3227	446	2417
2444	3969	2936	1115	3073	2649	3607	429	1954	3227	–	2791	870
1172	5259	1171	3816	4328	1146	4902	2571	1170	446	2791	–	2105
1684	4708	2176	1908	3590	1889	4124	527	1226	2417	870	2105	–

20% mehr. Bei größeren Strecken, die außerhalb des Stadtgebiets führen, empfiehlt es sich, einen Pauschalpreis zu vereinbaren. Taxifahren ist trotzdem noch preiswert. Das Netz der öffentlichen Verkehrsmittel in den Städten ist oft recht kompliziert, so daß die Benutzung für Ortsfremde umständlich ist.

Bei einem umfangreichen Reiseprogramm kann auch erwogen werden, mit dem Internationalen Führerschein und dessen Bestätigung in Brasilien mit Hilfe des ›Touring Club do Brasil‹ (in vielen Städten durch eine Niederlassung vertreten) für die Zeit des Aufenthalts einen Gebrauchtwagen zu erwerben, der vor der Abreise rasch wieder verkauft werden kann. Mit Hilfe einer fachkundigen Kraft ist dieses Verfahren preisgünstig. Die Mietwagen für Selbstfahrer, für die schon auf den Flugplätzen Agenturen bestehen, sind mit Grundgebühr, Kilometerkosten, Treibstoff und Versicherung so teuer, daß ihre Benutzung nur für kürzere Strecken oder mit mehreren Personen sinnvoll ist.

Dem Selbstfahrer ist viel Vorsicht zu empfehlen (nicht nach Regeln, nach Reaktion fahren!), da in der Verkehrsdichte der Städte wie auf dem anscheinend leeren Land stets mit undiszipliniertem, ja regelwidrigem Verhalten der anderen Verkehrsteilnehmer zu rechnen ist. Nächtliche Reisen sind unbedingt zu vermeiden.

Eisenbahn und Schiffe sind nur auf wenigen Strecken zu benutzen. Das gering ausgebaute Schienennetz dient vornehmlich dem Frachtverkehr. Zwischen Rio und São Paulo fahren nur wenige Züge. Von São Paulo aus kann man aber gut bis ins Pantanal und nach Brasília fahren.

Schiffe sind auf dem Rio São Francisco und dem Amazonas und seinen Nebenflüssen das romantischste Verkehrsmittel. Zwar sind die Linienschiffe von Belém nach Manaus bequem, es soll aber nicht verschwiegen werden, daß alle anderen Motorschiffe verschiedener Größe sehr primitive Boote sind. Vielfach muß man seine eigene Hängematte zum Schlafen mitbringen; die Verpflegung ist oft sehr eintönig.

Unterkunft

Brasilien ist schon soweit Reiseland, daß Unterkunftsmöglichkeiten aller Art und Preisstufen in den Städten und Orten die für Besucher von Interesse sind, zu finden sind. Der stark angewachsene innerbrasilianische Tourismus hat neue Möglichkeiten geschaffen. So entstanden in alten Gutshäusern und an der Küste sehr reizvolle ›Pousadas‹ (Rasthäuser). Die Luxushotels, mit denen São Paulo, Rio, Salvador, Fortaleza und andere Großstädte gesegnet sind, haben entsprechend sehr hohe Preise. Überall gibt es einfache Hotels und Pensionen; hier schaut man sich die Zimmer besser erst an, ehe man einzieht. Im Norden sind diese oft lediglich mit den Haken für die Hängematten ausstaffiert. Die an der Peripherie der Städte gelegenen und ›Motel‹ genannten Komplexe sind für intime Treffen vorgesehen.

Die Liste der verschiedenen Unterkunftsmöglichkeiten ist jedoch einem raschen Wechsel unterworfen. Man sollte darum den jedes Jahr neu erscheinenden Führer ›Guia Quatro Rodas‹ und die aktuellen Hefte der Fremdenverkehrsbüros wie ›Riotur‹ zu Rate ziehen. Die darin enthaltenen Hinweise sind recht zuverlässig. In den kleineren Orten ist in den Preis vielfach volle Verpflegung eingeschlossen. Der Morgenkaffee ist fast immer im Zimmerpreis eingerechnet. Vielfach ist längere Vorbestellung der Unterkünfte erforderlich, um Enttäuschungen zu vermeiden. Dies gilt insbesondere für die brasilianischen Ferienmonate, für die Orte am Meer und zur Zeit von Festen wie Karneval in Rio de Janeiro, Salvador und Recife.

Für die Campingplätze gibt es von ›Quatro Rodas‹ wie für Hotels und Gaststätten einen speziellen Führer mit Angaben über Lage und Art der anerkannten Plätze. Das Zelten in freier Landschaft ist oft recht gefährlich und vielerorts verboten.

Verpflegung – Die brasilianische Küche

Wer die typischen Gerichte und Früchte des Landes nicht mag, ist dem nicht ausgeliefert. Restaurants in üblicher Form sind für einfache Mahlzeiten leicht zu finden. In den zahlreichen Barbetrieben kann man neben Getränken belegte Brote und Schnellimbisse am Buffet bekommen. Die hygienischen Verhältnisse lassen dabei aber oft zu wünschen übrig. Die Auswahl an Gaststätten ist in den größeren Städten nach Geschmack und Preislage außerordentlich mannigfaltig. Auch in diesem Falle ist durch den ›Guia Quatro Rodas‹ und die Hefte der Fremdenverkehrsstellen eine entsprechende Vorauswahl möglich. An den Fernstraßen ist dort, wo viele Lastkraftwagenfahrer halten, gutes und kräftiges Essen zu haben.

Was man eigentlich brasilianische Küche nennen kann, ist regional sehr verschieden, da in dem so ausgedehnten Land von dessen Besiedlung her im Norden indianische Traditionen, in Bahia das afrikanische Element, in São Paulo italienische Gerichte und im Süden an einigen Stellen Überlieferung der deutschen Einwanderer ihren Charakter bestimmt haben.

Die Basis für viele Gerichte sind Reis und Bohnen, ›Feijão – Arroz‹, dazu kommt in den nördlicheren Regionen Maniokmehl. In ›Freijão – Arroz‹ und Maniokmehl hat auch die sehr beliebte, aber aufwendigere ›Feijoada‹ ihre Grundlage, die durch die verschiedensten Fleischsorten und Zubereitungsarten variiert wird.

In Rio de Janeiro werden schwarze Bohnen, in anderen Gegenden braune Bohnen genommen. Schweinerippchen, Öhrchen und Füßchen, Trockenfleisch, die ›Linguiça‹ genannte Wurst, Speck und andere Zutaten ergeben eine deftige, wohlschmeckende Mischung. ›Cove‹, ein fein geschnittener grüner Kohl, Apfelsinenscheiben und die ›Caipirinha‹, der Zuckerrohrschnaps mit Zitrone und Zucker, kommen zur besseren Verdauung hinzu. Nach Belieben kann man noch Pfeffersauce zusetzen, um dieses in seinem Ursprung aus dem, was früher die Sklaven bekamen, entstandene nationale Festmahl richtig zu genießen.

Vom Süden kommend, ist der Spießbraten ›Churrasco‹ die im Innern des Landes am weitesten verbreitete Art der Fleischzubereitung. In Rio Grando do Sul, wo er bei den ›Gauchos‹ zuhause ist, werden sehr große Stücke, fast halbe Rinder, am offenen Feuer gebraten. In den Städten, in den ›Churrascarias‹ und draußen, in den schon erwähnten Gaststätten an den Fernstraßen, wird er gern als ›Rodizio‹ serviert. Das ist eine Folge mehrerer Fleischsorten in ebenfalls noch großen Stücken am Spieß, von denen dann nach Wunsch abgeschnitten wird. Hier werden auch edlere Fleischsorten wie Filet, ›Picanha‹, ›Maminha‹, ›Alcatra‹, kleine würzige Würstchen, Schweinelende und Huhn angeboten.

Außer Reis und Maniokmehl ist auch gekochter oder gebratener Mais Teil der Speisekarte; er ist zwar eingeboren, hat sich aber ebenfalls in der italienischen Form der Polenta eingebürgert.

Teigwaren, speziell Spaghetti, ebenso Makkaroni, Lasagne, Ravioli oder Gnocchi sind von der Küche der italienischen Einwanderer zum Allgemeingut in der Speisenfolge des ganzen Landes geworden. So ist es auch bei den in den letzten Jahrzehnten von São Paulo ausgehend überall in großer Zahl entstandenen ›Pizzarias‹.

Durch die Bewohner verschiedenster Herkunft sind in den größeren Orten nebeneinander Restaurants mit deutschen, italienischen, spanischen, arabischen, chinesischen, japanischen und von den Einwanderern anderer Nationen kommenden Speisefolgen wie solche mit besonderen Gerichten anderer Regionen Brasiliens vorhanden.

Diese regional typischen Gerichte brasilianischer Küche sind der interessantere Teil. Sie gehen im Norden, im ganzen Amazonasgebiet, auf indianische Traditionen zurück. Der große Fischreichtum der Flüsse, viele Gerichte aus verschiedenen Schildkrötenarten, die Tucupisauce zur berühmten Tucupi-Ente, ›Pato no Tucupi‹, die auch aus den vielverwendeten Maniokwurzeln bereitet wird, dazu mehlartig ›Povilho‹ und ›Farofa‹, vielerlei Suppen und besonders viele Früchte charakterisieren, was dort geboten wird.

An der ganzen Küste sind Fisch- und Krabbengerichte frisch, gekocht oder gegrillt sehr lecker. Dazu wird auch dort viel Maniokmehl oft ganz trocken und ohne Beilage gegessen. Man kann natürlich auch Bratkartoffeln und Salat bestellen. Von Ceará bis Bahia werden auch die großen, ›Lagosta‹ genannten Hummer gefischt und kalt mit Mayonnaise oder warm wie beim ›Bobó de Lagosta‹ (Suppe aus braunen Bohnen und Dendé-Öl) gut zubereitet.

Im Nordosten ist luftgetrocknetes Fleisch (›Carne seca‹), aromatischer als ›Carne ao sol‹ und bei der Viehwirtschaft der Dürregebiete das Übliche. Die Küche im Innern von Bahia und den Nachbarstaaten ist im Grunde sehr einfach.

Die afro-brasilianische Küche von Salvador und Umgebung ist in der Zubereitung mit Palmöl, ›Oleo de Dendé‹ viel komplizierter und aufwendiger. Malaguetta-Pfeffer, Erdnußmasse, Kokosmilch und viele andere Gewürze spielen dabei eine große Rolle. Vatapá, Caruru, Efó sowie Moqueca de Peixe und Moqueca de Camarão sind die bekanntesten Gerichte dieser Art, die mit getrockneten Krabben, Erdnußmasse, Kokosmilch und vielen anderen Zutaten viel Arbeit erfordern. Sie reizen wegen ihrer exotischen Geschmacksrichtung und haben einen spezifischen, schönen Geschmack. Sie sind einschließlich der auf der Straße in siedendem Öl ausgebratenen ›Acarajé‹, Küchlein aus Bohnenmasse, getrockneten Krabben und Palmöl zwar sehr lecker, für europäische Mägen aber reichlich strapaziös. Die ›Batidas de limão, coco, amendoim‹ und andere Arten von Früchten mit dem Zuckerrohrschnaps müssen dann wieder helfen. Überall wird zu der typischen Kost wie überhaupt sehr viel verhältnismäßig leichtes Bier getrunken. Als alkoholfreie Getränke gibt es Fruchtsäfte und eine Limonade aus ›Guaraná‹, ursprünglich der geraspelten Schale der Guaranáfrucht, heute wie Coca-Cola mehr chemisch-industriell hergestellt.

Nicht nur an der Küste, sondern im ganzen von den Portugiesen entdeckten Land hat sich als eine ihrer traditionellen Gerichte der Klippfisch, ›Bacalhau‹, gehalten. Er wird getrocknet und gesalzen eingeführt, gewässert und mit Zutaten gekocht und ist recht teuer.

Auch ›Cozido‹ ist ebenso ein portugiesisches Erbe, bei dem Suppenfleisch, verschiedene Wurstsarten und Gemüse als Gekochtes meist in Gaststätten portugiesischer Tradition sehr geschmackreich zubereitet werden.

Huhn ist ein weit verbreitetes billigeres Fleisch, das gekocht oder gebraten als ›Frango‹ wie auch in der preiswerten ›Canja‹, einer Suppe mit Reis, Tomaten und Zwiebel, verkocht wird.

In Rio de Janeiro und São Paulo kann man alle erwähnten Speisearten, einschließlich der aus dem Nordosten Brasiliens finden. Sie haben dort jedoch nicht den Reiz, den sie an den Orten ihrer originalen und schönen Umgebung im Nordosten, in Minas oder im Süden auszeichnet. Noch manche andere Gerichte haben sich eingebürgert, so beispielsweise das vom Arabischen kommende Maisgericht des ›Couscous‹, das besonders in Minas beliebt ist.

In den deutschen Restaurants vor allem des Südens, in Joinville, Blumenau oder Gramado und kleineren Städtchen sind bei den brasilianischen Ferienreisenden die großen Portionen von Eisbein mit Sauerkraut, Kassler-Rippenspeer, Bratwurst und Leberkäs mit Apfelstrudel als Nachtisch sehr beliebt. Dort wird auch viel Bier getrunken, das noch verhältnismäßig preiswert ist. Vom Süden, aus Rio Grande do Sul, kommen auch die besten einheimischen Weinsorten, die inzwischen eine weite Verbreitung gefunden haben.

In dieser Region wird ebenfalls viel Kuchen gegessen, schon zum berühmten ›Café Colonial‹. Die Konditoreien fehlen im übrigen Brasilien, wo es wohl schöne Torten und besonders zuckrige Süßigkeiten gibt, die mit Kokosflocken und Fruchtpasten meist als Nachtisch aufgetragen werden. Sogenannte ›Brigadeiros‹ und ›Cocadas‹ sind traditionell, dann auch eine unserem Quittenmus ähnliche ›Goiabada‹, die oft mit weißem Käse gegessen wird. Gegenüber Kompotten und Konserven sind die immer vorhandenen vielen frischen Früchte oft viel einladender. Der ›Cafezinho‹ schließt dann die Mahlzeiten ab.

Feste und Feiertage

Viel und gern werden in Brasilien Feste und Feiertage wahrgenommen. Offizielle kirchliche Feiertage sind Weihnachten, Karfreitag, Fronleichnam, der Totengedenktag am 2. November, der eigentlich vom Staat eingesetzte Tag der Schutzheiligen Nossa Senhora de Aparecida am 12. Oktober und nicht zu vergessen der Karnevalsdienstag. Hinzu kommen die Feste der Titularheiligen der Stadtkirchen, die Kirchweihfeste und Prozessionen. Als Beispiel ist im Abschnitt über das Brauchtum auf S. 186 ff. der Festkalender von Salvador-Bahia eingesetzt, zu dem auch die Feste der afro-brasilianischen Kulte (S. 190 ff.) gehören. Man sieht daran, wie festfreudig die Bevölkerung ist. Staaten und Städte feiern dazu ihre Gründungstage und die vom Staat für das ganze Land deklarierten Feiertage, der Neujahrstag, der 21. April zum Gedenken an Tiradentes, der Tag der Arbeit am 1. Mai, der Unabhängigkeitstag am 7. September und der Tag der Ausrufung der Republik am 15. November kommen hinzu, die nun mit dem Wochenende verbunden montags gefeiert werden sollen. So ist für den Besucher reichlich Gelegenheit geboten, an den Volksfesten teilzunehmen, was ohne Hemmnisse möglich ist.

Besichtigung der Kunstdenkmäler, Öffnungszeiten der Museen und Kirchen

Die Zeiten für die Besichtigung von Kunstdenkmälern und Museen sind örtlich etwas verschieden. Meist sind diese am Nachmittag geöffnet, montags sind alle geschlossen. Auf jeden Fall geben die Broschüren der Fremdenverkehrsbüros aktualisierte Auskünfte über die jeweiligen Öffnungszeiten; sie sind auch in den größeren Hotels zu erfahren. Die Kirchen sind an manchen Orten noch den ganzen Tag zu besuchen. In anderen Städten, wie in Ouro Preto, haben sie über den Tag verteilte Öffnungszeiten, wofür es am Ort einen Karton mit Stundenplan gibt. Vielfach ist das Photographieren in den Innenräumen der Kirchen und Museen nicht erlaubt und bedarf einer besonderen Genehmigung durch die Priester oder Direktoren, manchmal sogar des Denkmalschutzes.

Einkäufe und Andenken

Für Kunstgewerbe und traditionelle Gegenstände der Volkskunst sind in den Routen die in den verschiedenen Städten bestehenden Märkte aufgeführt. Spezialgeschäfte mit meist höheren Preisen sind in den Fremdenverkehrszentren zahlreich und leicht aufzufinden. Der Kauf von Halbedelsteinen, Schmuck und Antiquitäten ist Vertrauenssache und erfordert gegebenenfalls sachkundige Beratung. Bei Antiquitäten, besonders Möbeln, gibt es mehr Nachahmungen als originale Stücke je vorhanden gewesen sind.

Die allgemeine Ladenzeit in den Städten ist von 8.00 oder 9.00 bis 18.30 Uhr. Supermärkte und Shopping-Center bleiben in der Mehrzahl bis 22.00 Uhr geöffnet. Samstags schließen die meisten Geschäfte am Mittag. Am Sonntag öffnen nur Lebensmittelgeschäfte und Zeitungsstände. Apotheken haben eingeteilten Nachtdienst und einen Bereitschaftsdienst am Wochenende. An den Türen ist dann angezeigt, welches die nächste Apotheke oder Drogerie ist, die Dienst hat. Die Öffnungszeiten der Gaststätten richten sich nach örtlichen Anforderungen. Manche Lokale, die sonntags öffnen, bleiben dann am Montag geschlossen.

Die Banken haben Montag bis Freitag von 10.00 – 16.30 Uhr Publikumsverkehr. Die Postämter allgemein an den Wochentagen von 8.00 – 18.00 Uhr. Verkauf von Briefmarken geschieht nur durch die Postämter; die besseren Hotels haben jedoch meist einen Vorrat verfügbar. Zur Aufgabe der Post sind sehr wenig Briefkästen vorhanden, beispielsweise auf den Flugplätzen; ansonsten muß man sie wieder auf den Postämtern aufgeben. Es empfiehlt sich, Ansichtskarten im Umschlag zu versenden, damit sie auch ankommen...

Zeitungen

São Paulo, Rio de Janeiro und Brasília besitzen Tageszeitungen mit internationalen Korrespondenten. Die Provinzzeitungen veröffentlichen nur wenig internationale Notizen. Deutsche und andere europäische

Zeitungen sind an zentralen Zeitungsständen der Großstädte und auf den Flughäfen mit etwa 3 Tagen Verspätung erhältlich.

Fernsehen

Das Fernsehen in Brasilien wird von mehreren privaten kommerziellen Sendern ausgestrahlt. Sie unterhalten ihre Dienste durch die vielen Reklamespots, die ihre Programme häufig unterbrechen. Zu festen Stunden senden sie von eigenen Diensten und internationalen Agenturen gespeiste Nachrichten.

Zur technischen Seite sei bemerkt, daß trotz des Pal-M-Systems europäische Empfangsgeräte nicht ohne Umstellung angeschlossen werden können.

Elektrischer Strom

Die brasilianischen Stromnetze haben Wechselstrom mit 60 Hz und 110 sowie 220 Volt Spannung, die meist beide vorhanden sind. Manche Geräte europäischer Fabrikation können wegen den unterschiedlichen Stromzyklen nicht angeschlossen werden.

Telefon

Ein weithin ausgebautes Selbstwählersystem erlaubt auch die Durchwahl in die europäischen Länder. Nach der Bundesrepublik Deutschland sind nacheinander zu wählen: 00 – für den internationalen Dienst, 49 – für die BRD, dann die Vorwahl der Stadt (ohne Null) und die Teilnehmernummer.

Trinkgelder

In Hotelrechnungen und bei Zahlungen in Restaurants sind meist schon 10% für Bedienung enthalten. Es empfiehlt sich trotzdem, Zimmermädchen, Kofferträgern, Kellnern und Taxifahrern eine kleine Anerkennung zukommen zu lassen, die allerdings nicht nochmals 10% der Rechnung betragen muß.

Vergnügungen

Von Theater und Musikveranstaltungen jeden Charakters und Niveaus geht das Angebot über Tanz mondäner wie volkstümlicher Art bis zu den Nachtlokalen, die wie in allen Großstädten der Welt, so auch in Brasilien mit Showbusiness und anderen Anreizen existieren. Die von den Fremdenverkehrsorganen herausgegebenen Führer geben darüber am ausführlichsten Auskunft.

Diplomatische und Konsularische Vertretungen in Brasilien

Falls in Brasilien ernstere Schwierigkeiten auftreten, wie durch Verlust des Reisepasses, Diebstähle oder Unfälle, seien die diplomatischen und konsularischen Stellen der deutschsprachigen Länder aufgeführt:

Botschaft der Bundesrepublik Deutschland, Brasília:
Avenida das Nações, 25; Tel. (Vorwahl 061) 2437466, 2437234.

Generalkonsulate der Bundesrepublik Deutschland in:
Curitiba, Avenida João Gualberto, 1237, Tel. (041) 2524244.
Porto Alegre, Rua Prof. Annes Dias, 112, Tel. (0512), 259592.
Recife, Avenida Dantas Barreto, 191, 4°, Tel. (081) 2243530, 2243488.
Rio de Janeiro, Rua Presidente Carlos de Campos, 417, Tel. (021) 2852333.
São Paulo, Avenida Brigadeiro Faria Lima, 1383, 12°, Tel. (011) 8146644.
Honorarkonsulate in Belém, Belo Horizonte, Blumenau, Campinas, Fortaleza, Goiania, Joinville, Manaus, Paranaguá, Rio Grande, Rolandia, Salvador und Vitoria.

Botschaft von Österreich in Brasília:
Avenida das Nações 40; Tel. (061) 2433111, 2433373, 2433421.
Generalkonsulate in:
Rio de Janeiro, Avenida Atlantica 3804; Tel. (021) 2270040, 2270048, 2270049.
São Paulo, Alameda Lorena 1271; Tel. (011) 2826223.
Konsulate in:
Belo Horizonte, Rua José Americo Cancado Bahia, 199; Tel. (031) 3333622.
Curitiba, Rua Marechal Floriano Peixoto, 228, 17°; Tel. (041) 2246795.
Florianópolis, Rua Conselheiro Mafra 17; Tel. (0482) 229448.
Porto Alegre, Rua 7 de Setembro 1069, sala 1714; Tel. (0512) 246077, 246085.
Salvador, Avenida Almirante Marques Leão 46, Apt. 33; Tel. (071) 2476013.

Botschaft der Schweiz in Brasília:
SHI – Sul, QL 11, conj. 5, casa 13; Tel. (061) 2484034.

Generalkonsulate in:
Rio de Janeiro, Rua Candido Mendes 157, 11°; Tel. (021) 2221896.
São Paulo, Avenida Paulista, 1754, 4°; Tel. (011) 2891033.
Konsulate in:
Recife, Rua da União 27, Boa Vista, Tel. (081) 2214321.
Salvador, Rua Lucaia 281, Rio Vermelho, Tel. (071) 2372929.

Botschaft der Deutschen Demokratischen Republik in Brasília, SHIS – QL 6, conj. 8, casa 17; Tel. (061) 2381008.
Handelsvertretung mit Amtssitz eines Konsuls in:
São Paulo, Rua Cardoso de Almeida 881; Tel. (011) 2628288.
Porto Alegre, Vertreter; Tel. (0512) 400669.

Den an Wirtschaftsfragen interessierten Reisenden und denen, die direkt als Geschäftsreisende oder Unternehmer kommen, stehen speziell die Deutsch-brasilianischen Handelskammern zur Verfügung. Die wichtigsten Unternehmen mit deutschem Mutterhaus, aber auch viele an Beziehungen zum deutschen Raum interessierte brasilianische Firmen sind dort Mitglied.

Câmara de Comercio e Industria Brasil-Alemanha
Rio de Janeiro, Avenida Rio Branco 123, 7°; Tel. (021) 2242123.
Câmara de Comercio e Industria Brasil-Alemanha
São Paulo, Rua Padre João Manoel 923, 7°; Tel. (011) 2827555.

Câmara de Comercio e Industria Brasil-Alemanha
Porto Alegre, Rua Coronel Vicente 252; Tel. (0512) 247522.

Für den am Kulturaustausch interessierten Reisenden ist der Besuch der Goethe-Institute in Rio de Janeiro, São Paulo, Belo Horizonte, Porto Alegre und Salvador lohnend.

Goethe-Institut
Instituto Cultrual
Brasileiro-Germânico
Rua Duque de Caxias, 4
Caixa Postal 1285
80001 Curitiba-Paraná
Tel. (005541) 2222327

Instituto-Cultural
Brasileiro-Alemão
Rua 24 de Outubro–112
Caixa Postal 2511
90002 Porto Alegre RS
Tel. (0055512) 227832,
223354

Instituto Cultural
Brasil-Alemanha
Av. Graça Aranha 416/9⁰
andar
Caixa Postal 245–20000 RJ
20001 Rio de Janeiro RJ
Tel. (005521) 2241862

Instituto Cultural Brasil-Alemanha
Av. 7 de Setembro, 1809
Caixa Postal 756
40000 Salvador-Bahia
Tel. (005571) 2370120

Instituto Goethe
Rua Lisboa, 974
Caixa Postal 30642
05413 São Paulo SP
Tel. (005511) 2804288

Goethe-Institut
Sociedade Cultural Teuto-Brasileira
Avenida Carandai 587
Caixa Postal 1629
30000 Belo Horizonte
Tel. (005531) 2242429

Instituto Cultural
Brasil-Alemanha
Setor Comercial Sul,
Bloco A, 114–118
Edificio Dom Bosco
Caixa Postal 04–0119
70000 Brasilia D.F.
Tel. (005561) 2246773,
2246522

Weiter- und Rückreise

Bei dem regen Reiseverkehr nach und von Brasilien empfiehlt es sich, die Reservierung und Bestätigung der Passagen möglichst rechtzeitig vorzunehmen.
Die Lufthansa hat in Brasilien die nachfolgenden Büros:
Rio de Janeiro, Avenida Rio Branco 156, Tel. 2621022, 2620273, 2620223;
Internationaler Flughafen, Tel. 3983470;
Auskünfte über Ankunft und Abflug, Tel. 5210239.
São Paulo, Avenida São Luis 59, Tel. 2569833;

Flugplatz Congonhas, Tel. 2410151 und 610574
Viracopos, Tel. 475654.
Belo Horizonte, Rua Goitacases 33, loja 1, Tel. 2260311.

Blumenau, Rua Quinze de Novembro 534, sala 75, Tel. 225033.
Brasília, Galeria do Hotel Nacional, L/1, Tel. 2238202.
Campinas, Avenida Francisco Glicério 698, Tel. 318444, 318311.
Curitiba, Apta Ltda., Rua do Cerro Azul, 325, Tel. 2231164.
Porto Alegre, Edif. London Bank, Praça Alfandega 12, conj. 901, Tel. 269455, 269697.
Salvador, Edif. City Bank, Rua Miguel Calmon 555, Tel. 2415100.

Im Umgang mit den Menschen

Nirgends macht sich der Besucher beliebt, wenn er überheblich auftritt, kritisiert und dauernd ausspricht, daß ›Bei uns alles besser‹ sei. Den verschiedenen Rassen und Rassenmischungen im brasilianischen Volk, seiner von Herkunft unterschiedlichen Bildungsstufe, seiner Religion und seinen politischen Anschauungen sollte man mit Respekt begegnen. Besonders die Politik in Brasilien ist Sache der Brasilianer und muß nicht unbedingt am deutschen Wesen genesen, wie es manche politische Publikationen über die Dritte Welt, Lateinamerika und Brasilien fordern.

Die brasilianische Bevölkerung ist von Natur aus freundlich. Auskünfte sind jedoch manchmal nicht sehr stichhaltig. Für den Reisenden ist es wohl überall von Vorteil, wenn er unauffällig auftritt. Dazu gehört auch, nicht zu vertrauensselig zu sein. Vorsicht mit Geld, Fotoausrüstung, Uhren und Ausweisen ist durchaus geboten. Schmuck soll man lieber zu Hause lassen. Manche Viertel der größeren Städte, nicht nur die Favelas, auch im Zentrum von Rio und São Paulo sind ein gefährliches Pflaster. Der einzige Schutz gegen größere Verluste bei Diebstahl und Überfällen ist, nichts außer dem unbedingt Erforderlichem bei sich zu haben und sich nicht in Streit einzulassen. Viele Versicherungen fordern eine Anzeige, die den Verlust schriftlich bestätigt. Auf Hilfe von Passanten oder Polizei ist dabei wenig zu rechnen. Trotzdem ist der Spaziergang durch Brasilien ein Vergnügen, besonders außerhalb der schon von Industrialisierung durchsetzten Zentren mit ihren schwierigen sozialen und urbanen Problemen.

Auswahlbibliographie

Diese Bibliographie enthält die wichtigsten benutzten Quellen und soll darüber hinaus ein eingehenderes Studium der brasilianischen Kunst ermöglichen.

Entdeckung, Land und Leute

Andrae, Helmut: Der Brief des Pero Vaz de Caminha über die Entdeckung Brasiliens 1500. In: Staden Jahrbuch, Beiträge zur Brasilkunde. São Paulo 4 (1956), S. 67–100
Boxer, C. R.: A Idade de Ouro do Brasil. São Paulo, Ed. Nacional 1963
Debret, Jean Baptiste: Voyage pittoresque et historique au Brésil, ou Séjour d'un artiste français au Brésil, depuis 1816 jusquau 1831 inclusivemente. Paris, Firmin Didot Fr. 1834–39 (3 Bde.)

Ferrez, Gilberto: O Brasil de Thomas Ender. Rio de Janeiro, Fundação João Moreira Salles 1976. Zeichnungen und Aquarelle v. Thomas Ender i. d. Akademie der Bildenden Künste Wien.

Fouquet, Carlos: Der deutsche Einwanderer und seine Nachkommen in Brasilien, 1808, 1824, 1974. São Paulo, Instituto Hans Staden 1974

Freyre, Gilberto: Herrenhaus und Sklavenhütte. Stuttgart 1982

Freyre, Gilberto: Das Land in der Stadt. Die Entwicklung der urbanen Gesellschaft Brasiliens. Stuttgart 1982

Holanda, Sergio Buarque de: Historia Geral da Civilisação Brasileira. São Paulo 1960–67 (5 Bde.)

Koshiba, Luiz und Denise Manzi Frayze Pereira: Historia do Brasil. São Paulo, Atual 1980

Leite, Serafim S. J.: Historia da Companhia de Jesus no Brasil. Rio de Janeiro, Imprensa Nacional, 1938–50 (10 Bde.)

Marcgraf, Georg und Wilhelm Piso: Historia Naturalis Brasiliae. Amsterdam, Jan de Laet 1642 (12 Bde.)

Oberacker, Karl Heinz: Der Deutsche Beitrag zum Aufbau der brasilianischen Nation. São Paulo, Herder 1955

Res Brasiliae Imperante Illustr. mo Compte J. Mauritio Nassoviae ..., Gaspar Barlaeus, Amsterdam 1647; großformatige Kupferstiche, meist nach Zeichnungen von Frans Post, Neuausgabe unter dem Titel » O Brasil que Nassau Conheceu«. Recife, Secretaria de Educação e Cultura 1979

Röwer, Basilio OFM: A Ordem Franciscana no Brasil. Petropolis, Vozes 1947

Rugendas, Johann Moritz: Voyage pittoresque au Brésil. Paris 1835. Verkleinerte Neuausgabe: João Mauricio Rugendas: »Viagem Pitoresca através do Brasil«. São Paulo, Martins 1972

Scarano, Julita: Devoção e Escravidão. São Paulo, Ed. Nacional 1976

Sousa-Leão, Joaquim: Frans Post. 2. Ausg., Amsterdam 1973

Spix, Johann Baptist von, und Carl Friedrich Philipp von Martius: Reise in Brasilien in den Jahren 1817–1820. München 1823–1831. 3 Textbände und 1 Tafelband, Neudruck: Stuttgart, Brockhaus 1967

Staden, Hans: Wahrhaftig historia und beschreibung eyner Landtschaft der Wilden Nacketen, Grimmigen Menschenfresserleuthen in der Newenwelt America. (1. Ausgabe) Marburg 1557; neu herausgegeben von R. Maack und K. Fouquet. Marburg/Lahn, Transweller und Fischer 1964

Theatrum Rerum Naturalium Brasiliae, 7 Bände mit 800 Zeichnungen und Malereien, Albert Eckhout und Georg Marcgraf zugeschrieben; aus der Staatsbibliothek Berlin im Zweiten Weltkrieg ausgelagert und erst kürzlich in der Jagielo-Bibliothek in Krakau wieder entdeckt

Thomsen, Thomas: Albert Eckhout. Kopenhagen 1938

Valladares, Clarival do Prado: Albert Eckhout. Rio de Janeiro, Recife 1981

Wagner, Zacharias: Zoobiblion. Livro de Animais do Brasil. Hrsg. v. Edgard de Cerqueira Falcão. São Paulo, Brasiliensis Documenta 1964 (Sammlung seiner Zeichnungen und dazugehörigen Texte im Kupferstichkabinett Dresden)

Willeke, Frei Venancio OFM: Franziskanermissionen in Brasilien 1500–1966. Schriftenreihe der Neuen Zeitschrift für Missionswissenschaft XXIX (1973)

Vorgeschichtliche und indianische Kunst

Baldus, Herbert: Lendas dos Indios Brasileiros. São Paulo 1946

ders.: Tapirapé, Tribo tupí no Brasil Central. São Paulo, Editora Nacional 1970

Bisillat, Maureen: Xingú. São Paulo, Livraria Cultura Ed. 1978

Herança, a expressão visual do brasileiro antes da influência do europeu. São Paulo, Empresa Dow 1984

Hilbert, Peter Paul: Archäologische Untersuchungen am mittleren Amazonas. Berlin, Reimer 1968 (Marburger Studien zur Völkerkunde, Bd. 1)

Menezes, Ulpiano Bezerra de: A arte período précolonial. In: »História Geral da Arte no Brasil«. Hrsg. v. Walter Zanini. São Paulo, Inst. W. Moreira Salles 1983. Bd. I, S. 19–45

Ribeiro, Darcy: Arte índia. In: »História Geral da Arte no Brasil«. Hrsg. v. Walter Zanini, São Paulo 1983, Bd. I, S. 47–87

Schulz, Harald: Hombú. Rio de Janeiro, Editora Kosmos 1973

Barock

Amaral, Aracy A.: A Hispano-América na Arte Seiscentista do Brasil, São Paulo, ECA-USP 1972

Arte no Brasil. São Paulo, Abril Cultural 1979 (2 Bde.)

Avila, Affonso u. a.: Barroco Mineiro; Glossário de Arquitetura e Ornamentação. Belo Horizonte, São Paulo 1980

ders.: Iniciação ao Barroco Mineiro. São Paulo, Nobel 1984

Barroco. Revista de Ensaio e Pesquisa. Belo Horizonte, Universidade Federal de Minas Gerais 1969ff.

Bazin, Germain: Aleijadinho et la Sculpture baroque au Brésil. Paris, Ed. Le Temps 1963

ders.: L'Architecture Religieuse du Baroque au Brésil. Paris, Plon 1956 (2 Bde.)

Bottineau, Yves: Baroque Ibérique, Espagne, Portugal, Amérique Latine. Fribourg 1969. Dt. München 1969

Costa, Lúcio: A Arquitetura Jesuitica no Brasil. In: Revista do PHAN. Rio de Janeiro, Ministerio da Educação e Saude, Nr. 5 (1941), S. 1–100

Del Negro, Carlos: Contribuição ao Estudo da Pintura Mineira. Rio de Janeiro, Ministério da Educação e Saude 1958

ders.: Escultura ornamental barroca do Brasil, Portadas das igrejas de Minas Gerais. Belo Horizonte, Ed. Arquitetura 1967 (2 Bde.)

Ferreira Santos, Paulo: O barroco e o jesuitico na arquitetura do Brasil. Rio de Janeiro, Ed. Kosmos 1951

ders.: Subsídios para o estudo da arquitetura religiosa em Oura Preto. Rio de Janeiro, Ed. Kosmos 1951

Flexor, Maria Helena Ochi: Mobiliário Brasileiro – Bahia. São Paulo, Editora de Arte ESPADE 1978

Keleman, Pál: Baroque and Rococo in Latin America. New York, Dover 1951; 2. Ausg. 1967

Kubler, George and Martin Soria: Art and Architecture in Spain and Portugal and their American Dominions 1500–1800. Baltimore, Penguine Books 1959 (Pelican History of Arts)

Leite, Serafim: Artes e Oficios dos Jesuitas no Brasil. Lissabon, Rio de Janeiro 1953

Levy, Hannah: Modelos Europeus na Pintura Colonial. In: Revista do PHAN. Rio de Janeiro, Ministerio de Educação Saude, Nr. 8 (1944)

Machado, Lourival Gomes: Barroco Mineiro. São Paulo, Ed. Perspectiva 1973

Norberg-Schulz: Arquitectura Barroca Tardia y Rococo. Madrid, Aguilar 1973

ders.: Arquitectura Barroca. Madrid, Aguilar 1972

Oliveira, Myriam Andrade Ribeiro de: O Santuário do Senhor Bom Jesus de Matosinhos de Congonhas, Roteiro histórico artístico. In: Cultura 8 (1979)

Rodrigues, J. Wasth: Mobiliário do Brasil Antigo. São Paulo, Ed. Nacional 1958

Santos, Reinaldo dos Santos: Historia de Arte em Portugal. Porto 1942

Silva Nigra, Dom Clemente da: Três Artistas Beneditinos, Frei Bernardo de São Bento, O Arquiteto Seiscentista do Rio de Janeiro, Frei Domingos da Conceição, O Escultor Seiscentista do Rio de Janeiro, Frei Ricardo do Pilar, O Pintor Seiscentista do Rio de Janeiro. Rio de Janeiro, Ministério da Educação e Saude 1950

ders.: Construtores e Artistas do Mosteiro de São Bento do Rio de Janeiro. Salvador, Tipgrafia Beneditina 1950

ders.: Os dois escultores Frei Agonstinho da Piedade – Frei Agostinho de Jesus e o arquiteto Frei Macário de São Joao. Salvador, Universidade Federal da Bahia 1971

Smith, Robert Chester: Arquitetura Colonial no Brasil (Sec. XVI–XIX). In: Separata der Revista do PHAN. Rio de Janeiro 1971

ders.: The Art of Portugal 1500–1800. London 1968

Telles, Augusto Carlos da Silva: Atlas dos Monumentos Históricos e Artísticos do Brasil. Rio de Janeiro 1975

Toledo, Benedito Lima de: Do Séc. XVI ao Inicio do Séc. XIX: Maneirismo, Barroco e Rococo. In: »História Geral da Arte no Brasil«. São Paulo 1983. Bd. I, S. 89–298

Valladares, Clarival do Prado: Nordeste Históri-

co e Monumental, Vol. III, Pernambuco, Alagoas, Sergipe. Salvador, Ed. Construtora Norberto Odebrecht 1983
ders.: Aspectos da Arte Religiosa no Brasil, Bahia, Pernambuco, Paraíba. Salvador 1981

Kunst und Kultur des 19. und 20. Jahrhunderts

Almeida, Paulo Mendes de: De Anita ao Museu. São Paulo, Ed. Perspectiva 1976
Amaral, Aracy A.: Artes Plásticas na Semana de 22. São Paulo, Ed. Perspectiva 1970
ders.: Tarsila, sua obra e seu tempo. São Paulo, Ed. Perspectiva 1975
Barata, Mario: Século XIX, Transicão e inicio do século II, Do Neoclassicismo e Romantismo até Ecletismo. In: »História Geral da Arte no Brasil«. São Paulo 1983. Bd. I, S. 377–451
Bardi, P. M.: Lasar Segall. São Paulo, Ed. del Milione 1959
Batista, Marta Rossetti: Anita Malfatti no tempo e no espaço. São Paulo, IBM 1985
Beccari, Vera D'Horta: Lasar Segall e o Modernismo Paulista. São Paulo, Ed. Brasiliense 1984
Brasilia 26 anos. In: Módulo, edicão 89/90, Rio de Janeiro 1986 (Sondernummer mit Wiederabdruck der 1956 und 1960 veröffentlichten Pläne und Bauten)
Cavalcanti, Carlos und Walmir Ayala: Dicionário brasileiro de artistas plásticos. Brasília, Instituto Nacional do Livro 1973–80 (4 Bde.)
Desenhos de Di Cavalcanti na Coleção do MAC. São Paulo, Museu de Arte Contemporânea da Universidade de São Paulo 1985
Ferraz, Geraldo: Warchavchik e a introdução da nova arquitetura no Brasil, 1925 a 1940. São Paulo, Museu de Arte de São Paulo 1965
Goodwin, Philip L.: Brazil builds, architecture new and old, 1652–1942. New York, Museum of Modern Art 1943
Lemos, Carlos A. C.: Arquitetura Contemporânea. In: História Geral da Arte no Brasil. São Paulo 1983. Bd. II, S. 823–865
Mindlin, Henrique E.: Modern Architecture in Brazil. Rio de Janeiro, Colibris 1956
Motta, Flavio L.: Art Nouveau, modernismo, ecletismo e industrialisação. In: »História Geral da Arte no Brasil«. São Paulo 1983. Bd. I, S. 453–484
Niemeyer, Oscar: Minha experiência em Brasilia. Rio de Janeiro, Vitória 1961
ders.: A forma na arquitetura. Rio de Janeiro, Avenir 1978
Papadaki, Stamo: Oscar Niemeyer. New York, Brasiller 1960
Pontual, Roberto: Dicionário das Artes Plásticas no Brasil. Rio de Janeiro, Civilisação Brasileira 1969
Zanini, Walter: Arte Contemporânea. In: »História Geral da Arte no Brasil«. São Paulo 1983. Bd. II, S. 499–821

Volkskunst, Brauchtum und Feste

Araújo, Alceu Maynard: Folclore Nacional. Bd. I: Festas, Bailados, Mitos e Lendas; Bd. II: Danças, Recreação, Música; Bd. III: Ritos, Sabença, Linguagem, Artes e Técnicas. São Paulo, Ed. Melhoramentos 1964
Bastide, Roger: Le Candomblé da Bahia. Paris, La Haye 1958
Cascudo, Luis da Camara: Dicionário do Folclore Brasileiro. Rio de Janeiro, Inst. Nac. do Livro 1962 (2 Bde.)
Cunha, Mariano Carneiro da: Arte Afro-brasileira. In: »História Geral da Arte no Brasil«. São Paulo 1983. Bd. II, S. 973–1033
Lange, Francisco Curt: Religious Music of the Capitania Geral das Minas Gerais (Brazil 18. Century). Austin, The University of Texas 1980
O Reinado da Lua, Ecultores Populares do Nordeste. Textos de Coimbra, Silvia Rodrigues, Martins, Flavia e Duarte, Maria Leticia. Rio de Janeiro, Ed. Salamandra 1980
Ramos, Arthur: O Folclore Negro do Brasil. Rio de Janeiro, Casa do Estudante do Brasil 1954
Rodrigues, Abelardo: Cerâmica. Recife, Prefeitura Municipal 1965
Tradição e Ruptura, Síntese de Arte Cultura Brasileiras. São Paulo, Fundação Bienal 1984–85 (Ausstellungskatalog)
Verger, Pierre: Dieux D'Afrique, Culte des Orishas et Vodouns à l'ancienne Côte des Esclaves en Afrique et à Bahia, la Baie de tous les Saints au Brésil. Paris, Hartmann Ed. 1954

Deutsche Übersetzungen brasilianischer Literatur

Eine Auswahl der im Buchhandel erhältlichen Titel (in Klammern die vom Deutschen stark abweichenden Originaltitel) von Ray-Güde Mertin

Alencar, Tito de: Brasilianische Passion. Dokumente des Widerstandes. A. d. Französ. übers. v. Paul Helfenberger, Biel-Benken. Basel, Friedrich Reinhardt Verlag 1979

Amado, Jorge: Die Abenteuer des Kapitäns Vasco Moscoso. Übers. v. Curt Meyer-Clason. Frankfurt, Suhrkamp 1984 (BS 850)
(A completa verdade sobre as discutidas aventuras...)
Die Auswanderer vom São Francisco. Roman. A. d. Französ. übers. v. Herbert Bräuning. Wuppertal, Peter Hammer, 2. Aufl. 1986
(Seara vermelha)
Dona Flor und ihre zwei Ehemänner. Roman. Übers. v. Curt Meyer-Clason. München, Piper 1986 (SP 666)
Gabriela wie Zimt und Nelken. Roman. Übers. v. Gerhard Lazarus u. E. A. Nicklas. Reinbek, Rowohlt 1980 (rororo 838)
Herren des Landes. Roman aus dem brasilianischen Urwald. Übers. v. Ludwig von Schönfeldt. München, Goldmann 1987 (Goldmann Buch 8624)
(Terras do sem fim)
Herren des Strandes. Roman. Übers. v. Ludwig von Schönfeldt. Reinbek, Rowohlt 1982 (rororo rotfuchs 68)
(Capitães da areia)
Der gestreifte Kater und die Schwalbe Sinhá. Übers. v. Karin v. Schweder-Schreiner. München, Bertelsmann Herbst '87
Das Land der goldenen Früchte. Roman. Übers. v. Roland Erb. Wuppertal, Peter Hammer 1979
oder: München, Goldmann Sept. '87 (Goldmann Buch 8842) (São Jorge dos Ilhéus)
Das Nachthemd und die Akademie. Roman. Übers. v. Andreas Klotsch. München, Bertelsmann 1985
(Farda, Fardão, camisola de dormir)
Nächte in Bahia. Roman. Übers. v. Curt Meyer-Clason. München, Piper, 2. Aufl. 1986 (SP 411)
(Os pastores da noite)
Tocaia Grande. Der große Hinterhalt. Roman. Übers. v. Karin v. Schweder-Schreiner. München, Bertelsmann 1987
Die drei Tode des Jochen Wasserbrüller. Erzählung. Übers. v. Curt Meyer-Clason. Frankfurt, Suhrkamp 1984 (BS 853)
(A morte e a morte de Quincas Berro D'Agua)
Viva Teresa. Roman. Übers. v. Ludwig von Schönfeldt. München, Piper 1985 (SP 454)
(Teresa Batista cansada de guerra)

Andrade, Mário de: Macunaíma, der Held ohne jeden Charakter. Übers. v. Curt Meyer-Clason. Frankfurt, Suhrkamp 1982

Andrade, Carlos Drummond de: Gedichte. Port. u. deutsch. Ausgew., übers. u. mit einem Nachw. v. Curt Meyer-Clason. Frankfurt, Suhrkamp 1982 (BS 765)
Poesie. Texte in zwei Sprachen. Übers. u. mit einem Nachw. v. Curt Meyer-Clason. Frankfurt, Suhrkamp 1965

Assis, Joaquim Maria Machado de: Dom Casmurro. Roman. Übers. v. Harry Kaufmann. Frankfurt, Suhrkamp 1980 (BS 699)
Die nachträglichen Memoiren des Brás Cubas. Roman. Übers. u. hrsg. v. Wolfgang Kayser. Zürich, Manesse 1950
Meistererzählungen. Übers. v. C. Meyer-Clason. Zürich, Diogenes, Herbst '87 (dtb 21504)

Quincas Borba. Roman. Übers. u. m. einem Nachw. v. Georg Rudolf Lind. Frankfurt, Suhrkamp 1982 (BS 764)

Bandeira, Manuel: Der Weg nach Pasárgada. Gedichte und Prosa. Ausgew. u. übers. v. Karin v. Schweder-Schreiner u. m. einem Nachwort von Bella Jozef. Zweisprachig. Frankfurt. Vervuert 1986

Bisilliat, Maureen (Fotos)/Rosa, João Guimarães (Text): Hinterland. Übers. v. Curt Meyer-Clason. Deutsch-Portugiesisch. St. Gallen/Wuppertal, Edition diá 1987

Bisilliat, Maureen (Fotos)/Villas-Boas, Orlando u. Claudio (Text): Xingu. Bei den Wald-Indianern im Herzen Brasiliens. A. d. Engl. übers. v. Hans Hermann. München, List 1980

Boal, Augusto: Nuestra América. Wahre Satiren aus Süd-Amerika. A. d. Span. übers. v. Karin Gleixner. Hamburg, Buntbuch 1986

Theater der Unterdrückten. Hrsg. u. übers. v. Marina Spinu u. Henry Thorau. Frankfurt, Suhrkamp 1982 (es 987)

Boff, Leonardo: Kirche: Charisma und Macht. Studien zu einer streitbaren Ekklesiologie. Übers. v. Horst Goldstein u. Karel Hermans. Düsseldorf, Patmos, 3. Aufl. 1986

Aus dem Tal der Tränen ins Gelobte Land. Der Weg der Kirche mit den Unterdrückten. Übers. v. Horst Goldstein. Düsseldorf, Patmos, 2. Aufl. 1984

Theologie hört aufs Volk. Ein Reisetagebuch. Übers. v. Annelie Johannemann. Düsseldorf, Patmos, 2. Aufl. 1985

Brandão, Ignácio de Loyola: Kein Land wie dieses. Aufzeichnungen aus der Zukunft. Übers. v. Ray-Güde Mertin. Frankfurt, Suhrkamp 1986 (es 1236)

Null. Prähistorischer Roman. Übers. v. Curt Meyer-Clason. Frankfurt, Suhrkamp 1980 (1982: st 777)

Oh-ja-ja-ja. Bruchstücke. Ansichten. Halluzinationen. Aufzeichnungen. Berlin 1983. Übers. v. Henry Thorau. Berlin, Literarisches Colloquium 1983 (LCB-Editionen 72)

Buettner, Edgar Ricardo von: Literatura de Cordel. Broschüren im Originaltext. St. Gallen/ Wuppertal, Edition diá 1980

Cabral de Melo Neto s. Melo

Callado, Antonio: Lucinda. Roman. Übers. v. Karin v. Schweder-Schreiner. Köln, Kiepenheuer & Witsch 1985
(Sempre viva)

Câmara, Helder: Fragen zum Leben. Übers. v. Horst Goldstein. Zürich, Pendo 1984

Hoffen wider alle Hoffnung. A. d. Frz. übers. v. Alfred Kuoni. Zürich, Pendo 1981

Mach aus mir einen Regenbogen. Mitternächtliche Meditationen. Übers. v. Ingrid Schwamborn u. a. d. Frz. v. Alfred Kuoni. Zürich, Pendo 1981
(Mille raisons pour vivre)

Selig, die träumen. 5-Minuten-Radiopredigten. Übers. v. Horst Goldstein. Zürich, Pendo 1982
(Um olhar sobre a cidade)

Carvalho, José Cândido de: Der Oberst und der Werwolf. Roman. Übers. v. Curt Meyer-Clason. Frankfurt, Suhrkamp 1979

Carvalho Neto, Paulo de: Mein Onkel Atahualpa. Roman. Übers. v. Andreas Klotsch. Wuppertal, Peter Hammer 1978

Cunha, Euclides da: Sertões. Licht und Finsternis. Eine fotografische Folge von Maureen Bisilliat zu Texten von Euclides da Cunha. Übers. v. Berthold Zilly. Einf. v. Edgar Ricardo v. Buettner u. Würdigung v. Mario Vargas Llosa, übers. v. Monika López. St. Gallen/ Wuppertal, Edition diá 1984

Cunha, Helena Parente: Ich und die Frau die mich schreibt. Roman. Übers. v. Moema Parente u. Johannes Augel. St. Gallen/Wuppertal, Edition diá 1986

Dourado, Autran: Oper der Toten. Übers. v. Curt Meyer-Clason. München, Hanser 1986

Fonseca, Rubem: Buffo und Spallanzani. Roman. Übers. v. Karin v. Schweder-Schreiner. München, Piper Herbst '87

Freire, Paulo: Pädagogik der Unterdrückten. Übers. v. Werner Simpfendörfer. Reinbek, Rowohlt 1981 (rororo 6830)

Freyre, Gilberto: Herrenhaus und Sklavenhütte. Ein Bild der brasilianischen Gesellschaft. Übers. v. Ludwig von Schönfeldt u. m. Einleitg. v. Hermann Mathias Görgen. Stuttgart, Klett-Cotta 1982
(Casa grande e senzala)

Das Land in der Stadt. Die Entwicklung der urbanen Gesellschaft Brasiliens. Übers. von L. von Schönfeldt. Stuttgart, Klett-Cotta 1982
(Sobrados e mocambos)

Gabeira, Fernando: Die Guerilleros sind müde. Übers. v. Marina Spinu u. Henry Thorau. Nachw. v. Hans Füchtner. Frankfurt, Suhrkamp 1982 (st 737)
(O que é isso, companheiro?)
Guimarães, Bernardo: Die Sklavin Isaura. Übers. v. Barbara Winter-Petz. Köln, vgs 1987 (Edition Telenovela)
Gullar, Ferreira: Faule Bananen und andere Gedichte. Ausgew., übers. u. m. Nachw. v. Curt Meyer-Clason. Frankfurt, Vervuert 1986
Schmutziges Gedicht. Poema Sujo. Port. u. deutsch. Übers. u. m. Nachw. v. Curt Meyer-Clason. Frankfurt, Suhrkamp 1985 (BS 893)
Jesús, Carolina Maria de: Das Haus aus Stein. Die Zeit nach dem Tagebuch der Armut. Übers. v. Johannes Gerold. Bornheim, Lamuv 1984 (Lamuv TB 34)
(Casa de alvenaria)
Tagebuch der Armut. Das Leben in einer brasilianischen Favela. Übers. v. Johannes Gerold. Bornheim, Lamuv 3. Aufl. 1986 (Lamuv TB 30)
(Quarto de despejo)
Lateinamerikaner über Europa. Hrsg. v. Curt Meyer-Clason. Frankfurt, Suhrkamp, Herbst '87 (es)
Lins, Osman: Avalovara. Roman. Übers. v. Marianne Jolowicz. Frankfurt, Suhrkamp 1976
Die Königin der Kerker Griechenlands. Roman. Übers. v. Marianne Jolowicz. Frankfurt, Suhrkamp 1980
Verlorenes und Gefundenes. Erzählungen. Übers. v. Marianne Jolowicz. Frankfurt, Suhrkamp 1978
(Nove, Novena)
Lispector, Clarice: Der Apfel im Dunkeln. Roman. Übers. v. Curt Meyer-Clason. Frankfurt, Suhrkamp 1983 (BS 826)
Nahe dem wilden Herzen. Roman. Übers. v. Ray-Güde Mertin. Frankfurt, Suhrkamp 1981 (1984: BS 847; 1987: Weißes Programm: Im Jahrhundert der Frau)
Eine Lehre oder das Buch der Lüste. Übers. v. Christiane Schrübbers. Berlin, Lilith 1982
Die Nachahmung der Rose. Erzählungen. Übers. u. m. einem Nachw. v. Curt Meyer-Clason. Frankfurt, Suhrkamp 1982 (BS 781)
Die Passion nach G. H. Übers. v. Ch. Schrübbers, bearb. v. S. Brandt. Berlin, Lilith 1984
Die Sternstunde. Übers. v. Curt Meyer-Clason. Frankfurt, Suhrkamp 1985 (BS 884)
Lorscheider, Aloísio: Impulse aus Lateinamerika. Übers. v. Ferdinand Regelsberger. Graz, Styria 1981
Märchen, brasilianische: Übers. u. hrsg. v. Felix Karlinger u. Geraldo de Freitas. Köln, Diederichs 1977
Mello, Thiago de/Wester, Manfred: Horoskop für alle, die am Leben sind. Übers. v. Katharina Wendt. Fotos v. Conrad Contzen. Wuppertal, Jugenddienst 1984
Die Statuten des Menschen. Übers. v. Katharina Wendt, mit Fotografien v. Edgar Ricardo v. Buettner u. m. einer Widmung v. Pablo Neruda. St. Gallen/Wuppertal, Edition diá 1986
Melo Neto, João Cabral de: Tod und Leben des Severino. Übers. u. Nachw. v. Curt Meyer-Clason. St. Gallen/Wuppertal, Edition diá 1985
Moraes, Vinicius de: Saravá. Gedichte und Lieder. Ausgew. u. übers. v. Kay-Michael Schreiner, m. Einl. v. Antônio Cândido. Zweisprachig. Frankfurt, Vervuert 1985
Paiva, Marcelo Rubens: Sprung in der Sonne. Eine Jugend in Brasilien. Übers. v. Karin v. Schweder-Schreiner. Reinbek, Rowohlt 1986 (rororo panther 5708)
(Feliz ano velho)
Die fünfte Jahreszeit. Roman. Übers. v. Ines Koebel, Reinbek, Rowohlt, Herbst '87 (rororo panther 12117)
(Blecaute)
Poesie der Welt: Lateinamerika. Hrsg. v. Hartmut Köhler. Berlin, Ullstein 1986 (Poesie der Welt 5582)
Ramos, Graciliano: Angst. Roman. Übers. v. Willy Keller. Frankfurt, Suhrkamp 1978 (BS 570)
Karges Leben. Roman. Übers. v. Willy Keller. Frankfurt, Suhrkamp 1981 (st 667)
Rey, Marcos: Die Memoiren eines Gigolo. Roman. Übers. v. Karin von Schweder-Schreiner. Stuttgart, Klett-Cotta 1987
Ribeiro, Darcy: Amerika und die Zivilisation. Die Ursachen der ungleichen Entwicklung der amerikanischen Völker. Übers. v. Manfred Wöhlcke. Frankfurt, Suhrkamp 1985
Maíra. Roman. Übers. v. Heidrun Adler. Frankfurt, Suhrkamp 1982 (st 809)

Der zivilisatorische Prozeß. A. d. Span. übers. u. m. Nachw. v. Heinz Rudolf Sonntag. Frankfurt, Suhrkamp 1971 (1983: stw 433)
Unterentwicklung, Kultur und Zivilisation. Ungewöhnliche Versuche. Übers. v. Manfred Wöhlcke. Frankfurt, Suhrkamp 1980 (es 1018)
Wilde Utopien. Sehnsucht nach der verlorenen Unschuld. Eine Fabel. Übers. v. Maralde Meyer-Minnemann. Frankfurt, Suhrkamp 1986 (es 1354)
Ribeiro, João Ubaldo: Sargento Getúlio. Roman. Übers. u. m. einem Nachw. v. Curt Meyer-Clason. Frankfurt, Suhrkamp 1984 (es 1183)
Rosa, João Guimarães: Doralda, die weiße Lilie. Roman. Übers. v. Curt Meyer-Clason. Frankfurt, Suhrkamp 1982 (BS 775)
Mein Onkel der Jaguar. Erzählung. Übers. v. Curt Meyer-Clason. Köln, Kiepenheuer & Witsch 1981
Sagarana. Erzählungen. Übers. v. Curt Meyer-Clason. Köln Kiepenheuer & Witsch 1982
Grande Sertão. Roman. Übers. v. Curt Meyer-Clason. Köln, Kiepenheuer & Witsch 1987 (1. Aufl. 1964)
Rubião, Murilo: Der Feuerwerker Zacharias. Erzählungen. Übers. u. Nachw. v. Ray-Güde Mertin. Frankfurt, Suhrkamp 1981
Schön wie ein Ja in einem Saal voller Nein. Euclides da Cunha u. a. A. d. bras. Port. v. Berthold Zilly, a. d. Span. v. Monika López. St. Gallen/ Wuppertal, Edition diá 1985
Scliar, Moacyr: Der Zentaur im Garten. Roman. Übers. v. Karin v. Schweder-Schreiner. Hamburg, Hoffmann und Campe 1985
Die Ein-Mann-Armee. Roman. Übers. v. Karin v. Schweder-Schreiner. Stuttgart, Thienemann 1987 (Edition Weitbrecht)
Silva, Francisca Souza da: Tagebuch eines brasilianischen Dienstmädchens. Übers. v. Silvia Merkle-Schmidt. München, Knaur 1986 (KN 8049)
(Ai de vós!)
Souza, Márcio: Galvez, Kaiser von Amazonien. Roman. Übers. v. Ray-Güde Mertin. Köln, Kiepenheuer & Witsch 1983
Mad Maria oder das Klavier im Fluß. Roman. Übers. v. Ray-Güde Mertin. Köln, Kiepenheuer & Witsch 1984
Suassuna, Ariano: Der Stein des Reiches oder Die Geschichte des Fürsten vom Blut des Geh-und-kehr-zurück. Übers. u. m. einem Nachw. v. G. R. Lind. Stuttgart. Klett-Cotta 1979
Das Testament des Hundes oder Das Spiel von Unserer Lieben Frau der Mitleidvollen. Übers. v. Willy Keller. Nachw. v. Ray-Güde Mertin. St. Gallen/Wuppertal, Edition diá 1986
Telles, Lygia Fagundes: Die Struktur der Seifenblase. Unheimliche Erzählungen. Übers. v. Alfred Opitz. Frankfurt, Suhrkamp 1983 (st 932)
Torres, Antônio: Diese Erde. Roman. Übers. u. mit Nachw. v. Ray-Güde Mertin. Frankfurt, Suhrkamp 1986 (es 1382)
Trevisan, Dalton: Ehekrieg. Erzählungen. Übers. v. Georg Rudolf Lind. Frankfurt, Suhrkamp 1980 (es 1041)
Urban, João/Furtado, Teresa Urban: Bóias-Frias. Tagelöhner im Süden Brasiliens. Übers. v. Ray-Güde Mertin. St. Gallen/Wuppertal Edition diá 1984
Vasconcelos, José Mauro de: Meine Brüder, der Wind und das Meer. Roman. Übers. v. Marianne Jolowicz. Düsseldorf, Marion von Schröder/Paul Zsolnay 1972
Wenn ich einmal groß bin. Roman. Übers. v. Marianne Jolowicz. München, Deutscher Taschenbuch Verlag 1981 (dtv 864)
Zitronengras. Neue brasilianische Erzähler. Ein Lesebuch. Hrsg. v. Kay-Michael Schreiner. Übers. v. Karin Schweder-Schreiner, Köln, Kiepenheuer & Witsch 1982

Zusätzliche Bücher über Brasilien

Augel, Moema Parente: Brasilianisch kochen. Gerichte und ihre Geschichte. St. Gallen/ Wuppertal, Edition diá 1985
Levi-Strauss, Claude: Traurige Tropen. Übers. v. Eva Moldenhauer. Frankfurt, Suhrkamp 1978 (auch: stw 240)
Monegal, Emir Rodríguez (Hrsg.): Die Neue Welt. Chroniken Lateinamerikas von Kolumbus bis zu den Unabhängigkeitskriegen. Frankfurt, Suhrkamp 1982 (st 811)
Oviedo, José Miguel (Hrsg.): Lateinamerika. Gedichte und Erzählungen 1930–1980. Frankfurt, Suhrkamp 1982 (st 810)
Rama, Angel (Hrsg.): Der lange Kampf Lateinamerikas. Texte und Dokumente von José

Martí bis Salvador Allende. Frankfurt, Suhrkamp 1982 (st 812)
Rey, Romeo: Reportagen aus Brasilien. Vom Wirtschaftswunder in die Krise. Basel/Frankfurt, Helbing & Lichtenhahn 1986
Schreiner, Claus: Música popular brasileira. Handbuch der folkloristischen und der populären Musik Brasiliens. Darmstadt, Tropical Music, 1977 (überarb. Aufl. 1985)
Schumann, Peter B.: Handbuch des lateinamerikanischen Films. Frankfurt, Vervuert 1982
Strausfeld, Mechthild (Hrsg.): Brasilianische Literatur. Frankfurt, Suhrkamp 1984 (st materialien 2024)
Wöhlcke, Manfred: Brasilien, Anatomie eines Riesen. München, Beck 1985 (Beck'sche Schwarze Reihe 804)

Glossar

Spezielle brasilianische Ausdrücke, die in Verbindung mit Bauten und Kunstwerken aller Art auftreten.

Adro
Kirchenvorplatz, vor allem üblich bei den Franziskanerkirchen; er ist vielfach mit einem großen Kreuz geschmückt.

Aldeia
Kleine Siedlung mit Kirche, wie sie zu Anfang der Kolonisation von den Jesuiten auf dem Lande angelegt wurden. Ihre Gesamtform ist entweder rund wie die Indianersiedlungen oder rechteckig nach europäischer Stadtanlage.

Alfaias
Schmuckgegenstände für die Altäre, meist aus Edelmetallen; sie haben verschiedene Formen wie Palmwedel, Blumensträuße u. a.; sonst auch: dekorative Elemente an Profanbauten.

Almofada
›Kissen‹; hier die plastisch gearbeiteten Füllungen der Türflügel und Wanddekorationen mit Reliefrahmungen.

Alpendre
Überdachter Raum vor der Kirchenfront, seitlich offen. In ihm nahmen die noch nicht Getauften etwas außerhalb des sakralen Raumes bei der Messe Aufstellung.

Altar-mor
Hauptaltar im Chor der Kirche, im Gegensatz zu Altar-Lateral, Seitenaltar.

Alvenaria
Mauerwerk aus Ziegeln oder Bruchstein, bei letzterem mit oder ohne Mörtel.

Anjo
Engel, für alle Arten der Darstellung der Engel, Putten in den Dekorationen, Cherubine mit großen Flügeln.

Anjos-tocheiros
Leuchterengel

Arcanjos
Erzengel

Basílica
In Brasilien Bezeichnung nicht nur für die seit der altchristlichen Baukunst bekannte Form der Anordnung der Kirchenschiffe,

sondern vom Papst verliehener Ehrentitel für besonders wichtige Kirchen.

Caboclo
Bezeichnung für die einfachen Landbewohner weißer und indianischer Abstammung.

Cachorro
›Hund‹. Bezeichnung für die verzierten vorspringenden Balken des Dachstuhls; sie sind zuweilen mit stilisierten Tierköpfen versehen.

Cadeira
›Stuhl‹ (allgemein)

Caiçara
Bezeichnung für die Bevölkerung der Küste

Caipira
Bezeichnung für die Bevölkerung des Landesinnern

Câmara e Cadeia
Sitz der Gerichtsbarkeit in den Orten des kolonialen und kaiserlichen Brasiliens

Cantaria
Mauerwerk aus regelmäßig behauenen Steinblöcken

Capela
Kapelle; kleine ländliche Bauten, aber auch Teil größerer Anlagen.

Capela-mor
Chorraum der Kirchen mit Hauptaltar

Carioca
Name der Bewohner Rio de Janeiros; gebildet aus den indianischen Bezeichnungen für cari = ›weiß‹ und oca = ›Haus‹.

Carranca
Gallionsfiguren, in Brasilien besonders die früher an den Schiffen auf dem Rio Sao Francisco angebrachten figürlichen Darstellungen, die wilden Löwenköpfe u. a.; heute kunstgewerbliche Dekorationsstücke.

Carnaçao → Encarnaçao

Casa de Bandeirante → Bandeirantes

Casa Grande
Herrenhaus auf den Landgütern

Chafariz
Öffentlicher Brunnen mit Wasserzufuhr aus Quellen und Speirohren mit Verzierung sowie Wasserbecken.

Claustro
Kreuzgang in den Klöstern

Colegio
Schule, zunächst im kirchlichen Bereich, da die Orden während der Kolonisierung auch die Erziehung übernahmen.

Coluna
Säule, mit glattem oder verziertem Schaft

Coluna Salomónica
gedrehte barocke Säulen

Console
Konsole, besonders Wandkonsole für Figuren, auch ›peanha‹ genannt.

Cruz
Kreuz; Cruz da Penitência oder Cruz de Lorena, zwei Querbalken (3. Orden der Franziskaner u. a.); Cruz Pontifical, päpstliches Kreuz mit drei Querbalken.

Cruzeiro
Kreuz im Freien, auf Anhöhen wie auch auf dem Kirchenvorplatz.

Douramento
Vergoldung

Emboabas
Die Fremden, die nicht aus São Paulo, sondern aus anderen Orten am Anfang des 18. Jahrhunderts nach Minas Gerais zur Ausbeutung der Gold- oder Edelsteinlagerstätten kamen.

Encarnação
Fleischfarbene Fassung entsprechender Figurenteile bei bemalten Skulpturen.

Engenho
Anlage für die Verarbeitung des Zuckerrohrs mit Zuckersiede und Alkoholdestille. Der moderne Großbetrieb heißt ›Usina‹.

Ex-Voto
Weihgabe bei Gelübden, auch Danksagung für wunderbare Heilung oder Rettung.

Favela
Elendssiedlung mit Hütten aus Altmaterialien am Rande der Großstädte.

Forum
Sitz der Gerichtbarkeit, früher → Câmara e Cadeia

Frontal
auch ›Antependio‹, Verkleidung der Vorderseite des Altartisches.

Frontão
Bekrönung einer Fassade, ebenso bei Portalen und Fenstern.

Galileia
Eine in den Baukörper der Kirche einbezogene Vorhalle, direkt hinter der Fassade. Sie hatte in den Orden auch liturgische Bedeutung (Zeremonien mit Umzug). Selten in Minas Gerais. Im Gegensatz zu → Alpendre.

Garimpo
Fundstelle von Gold oder Edelsteinen

Garimpeiro
Ausbeuter dieser Fundstellen, meist Einzelgänger, der sein Gewerbe außerhalb der Legalität ausübt.

Guarita
Schilderhäuschen aus Stein und auf den Ekken und an Eingängen der Befestigungsanlagen

Guilhotina
Schiebefenster mit horizontaler Unterteilung

Imaginária
Bildhauerische wie gemalte Darstellung von biblischen oder historischen Personen, besonders Heiligenfiguren

Imposto
Steuer

Intendantur
Kontrollbehörde für die Gold- und Diamantenfunde. Der Intendant war der von der portugiesischen Krone dafür eingesetzte Aufsichtsbeamte.

Itacolomito
Gestein in der Gegend um Ouro Preto

Jenipapo
Südamerikanischer Baum (Genipe americana), aus dessen Früchten ein Saft gewonnen wird, der in der Luft schwarz wird. Er schützt als Körperbemalung gegen Sonne und Insekten. In anderen Gegenden wird aus ihm ein aromatischer Likör hergestellt.

Ladrilho
Ton- bzw. Keramikplatten für Fußboden- oder Wandbelag, meist unglasiert.

Luminárias
Beleuchtungskörper aller Art; alles, was zur

Beleuchtung (iluminaçao) angebracht werden kann.

Marajoara
Bezeichnung der Keramik vor allem die von der Insel Marajó in der Amazonasmündung, gleichviel ob es sich um alte Stücke der Blüte der Marajó-Kultur oder modernes Kunstgewerbe, das deren Form verwendet, handelt.

Mata-Burro
Grube, die quer im Weg und mit Holzbalken oder Eisengitter mit Zwischenräumen verhindern soll, daß Vieh aus einem eingezäunten Bereich entweichen kann.

Matriz
Mutterkirche, d. h. Hauptpfarrkirche der Ortschaften mit weiteren Kirchen.

Medidas
Maße; außer dem heute allgemein gebrachten Metersystem wird oft auf alte Längen- und Flächenmaße verwiesen. Die geläufigsten sind: 1 polegada = 1 Zoll = 2,75 cm; 1 palmo = 8 Polegadas = 22 cm; 1 pé = 1 Fuß = 1,5 palmo = 33 cm; 1 milna brasileira = 1 Meile = 2,2 km; 1 braça = 2,20 m; 1 légua brasileira = 3000 braças = 6,6 km.
Alqueira: Flächenmaß für Ländereien; alqueire paulista = 24 000 m^2; alqueire mineira = 48 000 m^2.
Alte Gewichte → Pesos

Mestre
Meister; Mestre de obras = Bauführer

Muxarabi
Aus in Mustern zusammengesetzte Erkerverkleidung, die Hinausschauen ohne selbst gesehen zu werden erlaubt; ursprünglich maurischen Einflusses in Portugal.

Nartex
Vorhalle von Kirchen → Galileia

Nave
Kirchenschiff

Nicho
Nische, meist halbkreisförmiger Grundform und mit Halbkuppel, um Heiligenfiguren aufnehmen zu können.

Óculo
›Auge‹, Rundfenster auch in Dachschrägen; auch ›oho de Boi‹ genannt.

Oratório
Gebetsnische oder Gebetsschrein

Orgão
Orgel

Ourivesaria
Goldschmiedekunst

Paço
früher Residenz der Könige und Bischöfe, dann aber in Brasilien Sitz der Stadtoberhäupter.

Painel
Großes Bild, besonders Wandbild, als Mosaik und in anderen Techniken.

Pára-Vento
Windfang, z. B. im Eingang zu Kirchen.

Parede
Wand

Passo, Passos da Paixao
Passionsstationen, kleine Kapellen, Oratorien oder auch Kreuzwegstationen in kirchlichen Bauten, vor denen die Prozessionen haltmachen.

Pátio
Innenhof

Pau-a-pique
Konstruktion mit ›barro‹ (Lehm) auf einem Geflecht von Ruten.

Paulista
Name der Bewohner von São Paulo

Pedra de Lioz
Marmorartiger Stein aus Portugal, für Kirchenbauten nach Brasilien gebracht.

Pedra-Sabão
Seifenstein, in Minas Gerais benutzt für Schmuckformen an Bauten, Figuren wie auch für Gefäße.

Pesos
Gewichte; alte Maßeinheiten z. B. Grao = Korn – 0,5 g; Quilate = 4 Graos = 0,2 g; Onça = 28,691 g; Libra = 460 g (altes Pfund); Arroba = 15 kg.

Pia batismal
Taufbecken

Pia de agua bente
Weihwasserbecken

Pintura mural
Wandmalerei

Policromia
Farbige Fassung, vor allem bei Figuren und Architekturteilen.

Pórtico
Umrahmung eines Portals mit großen Flügeln

Púlpito
Kanzel

Quilate
Karat; Maßeinheit beim Wiegen von Edelsteinen; bei Gold auch für seine Reinheit. 24 Quilates = absolut reines Gold.

Quilombo
Eine Bezeichnung afrikanischen Ursprungs für die befestigten Lager der flüchtigen schwarzen Sklaven.

Quinto
Abgabe ähnlich des ›Zehnten‹

Reboco
Verputz von Mauerwerk

Relevo
Relief, wobei Alto Relevo = Hochrelief und Baixo Relevo = Flachrelief sind

Relicário
Reliquienbehälter, in verschiedener künstlerischer Ausformung u. a. als Kasten, Monstranz oder Büste.

Renda
Spitze, in verschiedenen Techniken wie Klöppelspitze u. a. gefertigt.

Resplendor
Strahlenkrone, meist aus Silber, den Köpfen der Heiligenfiguren aufgesetzt.

Retábulo
Altaraufsatz

Roca, Imagens de Roca
Lebensecht gestaltete Heiligenfiguren auf Altären und in Oratorien, die aus einem Gestell mit aufgesetztem Gesicht, Händen, Füßen und Haaren bestehen. Ihre Gewänder sind aus Stoff usw. angefertigt.

Rustico
grob, massiv in den Formen; rustikal

Sacrário
Verschlossener Teil im Zentrum des Altars zur Aufbewahrung des Allerheiligsten

Sacristia
Sakristei

Sambaqui
Hügel und Material der Muschelhaufenkulturen an der Atlantikküste; besonders in Santa Catarina.

Santeiro
Schnitzer von Heiligenfiguren, vornehmlich in altüberlieferter, primitiver Form.

Sineira
Glockenstuhl, auch Glockenturm (sino = Glocke).

Sobrado
Zwei- oder mehrstöckiges Haus

Solar
Palastähnliches großes Haus reicher Familien.

Taipa
Material für Lehmbauten, Lehm mit Pflanzenfasern vermischt.

Tartaruga
Schildkröte; auch Schildpatt, das für Dekorationen mit Intarsien und für verschiedene kunstgewerbliche Gegenstände verwendet wird.

Telha
Dachziegel; verschiedene Formen, kolonial oder canal = halbrund im Querschnitt; flamenga = S-Form; francesa = industriell gepreßt mit Rändern, die ineinandergreifen.

Tocheiro
Leuchter → Anjo tocheiro

Torneado
Gedrechselt, Teile von Altaraufbauten, Dekorationen und Möbeln, die auf der Drehbank bearbeitet sind, die → Balaústres von Geländern, Chorschranken und Beine von Möbeln beispielsweise.

Transepto
Kirchenquerschiff

Urucum
Tropischer Busch (Bixa ovellana), aus dessen Früchten roter Farbstoff gewonnen wird. Als Körperbemalung ornamental, schützt auch gegen Sonne und Insekten.

Varanda
Überdachte Terrasse, meist offen zum Garten

Viga
Tragbalken

Vila
eine → Aldeia, die als Zentrum eines Landbezirks (Arraial) Bevölkerungszuwachs verzeichnete; sie bekam von der portugiesischen Regierung dann den Status einer Vila.

Vinha
Verzierung mit geschnitzten Weinlaubblättern

Abbildungsnachweis

Dieter Blum, Esslingen Farbabb. 19, 24
Henning Christoph, Essen Abb. 9, 16, 22
Wolfgang Otto Hugo, Würzburg Abb. 2, 47
Gerold Jung, Ottobrunn Abb. 3, 8, 24, 46, 56
Will Keller, Hamburg Farbabb. 14
Udo Kultermann, St. Louis Textabb. S. 168, 169
Rüdiger Nehberg, Hamburg Farbabb. 25
Pro Memoria, São Paulo Frontispiz; Textabb. S. 127, 162
Herbert Rittlinger, Frasdorf Abb. 58, 59
Madalena Schwartz, São Paulo Textabb. S. 184, 189
Marcos Santilli, São Paulo Abb. 60, 61, 64
Harald Sioli, Plön Farbabb. 23; Abb. 57, 62, 63
Ullstein Bilderdienst, Berlin Textabb. S. 40, 47, 169 (Bernd Moosburger)

Alle anderen Abbildungen sind von Günter Heil, Berlin, oder entstammen den Archiven des Autors und des Verlages.

DuMont Kunst-Reiseführer

»Kunst- und kulturgeschichtlich Interessierten sind die DuMont Kunst-Reiseführer unentbehrliche Reisebegleiter geworden. Denn sie vermitteln, Text und Bild meist trefflich kombiniert, fundierte Einführungen in Geschichte und Kultur der jeweiligen Länder oder Städte, und sie erweisen sich gleichzeitig als praktische Führer.« *Süddeutsche Zeitung*

Alle Titel in dieser Reihe:

- Ägypten und Sinai
  - Entdeckungsreisen in Ägypten 1815–1819
- Algerien
- Arabien
  - Entdeckungsreisen in Südarabien
- Belgien
- Brasilien
- Bulgarien
- Bundesrepublik Deutschland
  - Das Allgäu
  - Das Bergische Land
  - Bodensee und Oberschwaben
  - Bremen, Bremerhaven und das nördliche Niedersachsen
  - Die Eifel
  - Franken
  - Hessen
  - Kölns romanische Kirchen
  - Die Mosel
  - München
  - Münster und das Münsterland
  - Zwischen Neckar und Donau
  - Der Niederrhein
  - Oberbayern
  - Oberpfalz, Bayerischer Wald, Niederbayern
  - Ostfriesland
  - Die Pfalz
  - Der Rhein von Mainz bis Köln
  - Das Ruhrgebiet
  - Sauerland
  - Schleswig-Holstein
  - Der Schwarzwald und das Oberrheinland
  - Sylt, Helgoland, Amrum, Föhr
  - Der Westerwald
  - Östliches Westfalen
  - Württemberg-Hohenzollern
- Volksrepublik China
- DDR
- Dänemark
- Frankreich
  - Auvergne und Zentralmassiv
  - Die Bretagne
  - Burgund
  - Côte d'Azur
  - Das Elsaß
  - Frankreich für Pferdefreunde
  - Frankreichs gotische Kathedralen
  - Korsika
  - Languedoc–Roussillon
  - Das Tal der Loire
  - Lothringen
  - Die Normandie
  - Paris und die Ile de France
  - Périgord und Atlantikküste
  - Das Poitou
  - Die Provence
  - Drei Jahrtausende Provence
  - Licht der Provence
  - Savoyen
  - Südwest-Frankreich
- Griechenland
  - Hellas
  - Athen
  - Die griechischen Inseln
  - Alte Kirchen und Klöster Griechenlands
  - Tempel und Stätten der Götter Griechenlands
  - Korfu
  - Kreta
  - Rhodos
- Großbritannien
  - Englische Kathedralen
  - Die Kanalinseln und die Insel Wight
  - London
  - Schottland
  - Süd-England
  - Wales
- Guatemala
- Das Heilige Land
- Holland
- Indien
  - Ladakh und Zanskar
- Indonesien
  - Bali
- Irland
- Italien
  - Apulien
  - Elba
  - Das etruskische Italien
  - Florenz
  - Gardasee, Verona, Trentino
  - Die Marken
  - Ober-Italien
  - Die italienische Riviera
  - Von Pavia nach Rom
  - Rom – Ein Reisebegleiter
  - Rom in 1000 Bildern
  - Das antike Rom
  - Sardinien
  - Sizilien
  - Südtirol
  - Toscana
  - Umbrien
  - Venedig
  - Die Villen im Veneto
- Japan
  - Nippon
- Der Jemen
- Jordanien
- Jugoslawien
- Karibische Inseln
- Kenya
- Luxemburg
- Malta und Gozo
- Marokko
- Mexiko
  - Unbekanntes Mexiko
- Nepal
- Österreich
  - Kärnten und Steiermark
  - Salzburg, Salzkammergut, Oberösterreich
  - Tirol
  - Wien und Umgebung
- Pakistan
- Papua-Neuguinea
- Portugal
  - Madeira
- Rumänien
- Die Sahara
- Sahel: Senegal, Mauretanien, Mali, Niger
- Die Schweiz
  - Tessin
  - Das Wallis
- Skandinavien
- Sowjetunion
  - Kunst in Rußland
  - Sowjetischer Orient
- Spanien
  - Die Kanarischen Inseln
  - Katalonien
  - Mallorca – Menorca
  - Südspanien für Pferdefreunde
  - Zentral-Spanien
- Sudan
- Südamerika
- Südkorea
- Syrien
- Thailand und Burma
- Tunesien
- USA – Der Südwesten

»Diese Einführungen in Kunst, Kultur, Geschichte und Landschaft eines Landes gehören zum Besten, was man heute zur Vorbereitung einer Reise in die Hand nehmen kann. Der Informationswert liegt sehr hoch, die vielen Abbildungen geben Anregung und Erinnerung. Selbst auf einen Teil mit mehr praktischen Hinweisen wurde nicht verzichtet.« *Literaturreport*

Alle Bände mit vielen, zum Teil farbigen Abbildungen; dazu Zeichnungen, Karten, Grundrisse, praktische Reisehinweise.

»Richtig reisen«

»Richtig reisen«: Ägypten
Von Marianne Doris Meyer

»Richtig reisen«: Algerische Sahara
Reise-Handbuch. Von Ursula und Wolfgang Eckert

»Richtig reisen«: Amsterdam
Von Eddy und Henriette Posthuma de Boer

»Richtig reisen«: Arabische Halbinsel
Saudi-Arabien und Golfstaaten
Reise-Handbuch. Von Gerhard Heck und Manfred Wöbcke

»Richtig reisen«: Australien
Reise-Handbuch. Von Johannes Schultz-Tesmar

»Richtig reisen«: Bahamas
Von Manfred Ph. Obst. Fotos von Werner Lengemann

»Richtig reisen«: Von Bangkok nach Bali
Reise-Handbuch. Von Manfred Auer

»Richtig reisen«: Berlin
Von Ursula von Kardorff und Helga Sittl

»Richtig reisen«: Budapest
Von Erika Bollweg

»Richtig reisen«: Cuba
Reise-Handbuch. Von Karl-Arnulf Rädecke

»Richtig reisen«: Elsaß
Von Uwe Anhäuser

»Richtig reisen«: Ferner Osten
Reise-Handbuch. Von H.-J. Aubert

»Richtig reisen«: Finnland
Von Reinhold Dey

»Richtig reisen«: Florida
Von Manfred Ph. Obst. Fotos von Werner Lengemann

»Richtig reisen«: Friaul – Triest – Venetien
Von Eva Bakos

»Richtig reisen«: Graz und die Steiermark
Von Christine Metzger (Sommer '87)

»Richtig reisen«: Griechenland
Delphi, Athen, Peloponnes und Inseln. Von Evi Melas

»Richtig reisen«: Griechische Inseln
Reise-Handbuch. Von Dana Facaros

»Richtig reisen«: Großbritannien
England, Wales, Schottland. Von Rolf Breitenstein

»Richtig reisen«: Hawaii
Von Kurt Jochen Ohlhoff

»Richtig reisen«: Holland
Von Helmut Hetzel

»Richtig reisen«: Hongkong
Mit Macau und Kanton. Von Uli Franz

»Richtig reisen«: Ibiza/Formentera
Von Ursula von Kardorff und Helga Sittl

»Richtig reisen«: Irland
Von Wolfgang Kuballa

»Richtig reisen«: Istanbul
Von Klaus und Lissi Barisch

»Richtig reisen«: Jamaica
Von Brigitte Geh

»Richtig reisen«: Kairo
Von Peter Wald

»Richtig reisen«: Kalifornien
Von Horst Schmidt-Brümmer und Gudrun Wasmuth

»Richtig reisen«: Kanada und Alaska
Von Ferdi Wenger

»Richtig reisen«: West-Kanada und Alaska
Von Kurt Jochen Ohlhoff

»Richtig reisen«: Kreta
Von Horst Schwartz

»Richtig wandern«: Kykladen
Von Kurt Schreiner

»Richtig reisen«: London
Von Klaus Barisch und Peter Sahla

»Richtig reisen«: Los Angeles
Von Horst Schmidt-Brümmer

»Richtig reisen«: Madagaskar
Reise-Handbuch. Von Wolfgang Därr und Anne Wodtcke

»Richtig reisen«: Malediven
Reise-Handbuch. Von Norbert Schmidt

»Richtig reisen«: Marokko
Reise-Handbuch. Von Michael Köhler

»Richtig reisen«: Mauritius
Reise-Handbuch. Von Wolfgang Därr

»Richtig reisen«: Moskau
Von Wolfgang Kuballa

»Richtig reisen«: München
Von Hannelore Schütz-Doinet und Brigitte Zander

»Richtig reisen«: Nepal
Kathmandu: Tor zum Nepal-Trekking. Von Dieter Bedenig

»Richtig reisen«: Neu-England
Von Christine Metzger

»Richtig reisen«: Neuseeland
Von Joachim Fischer

»Richtig reisen«: New Mexico
Santa Fe – Rio Grande – Taos
Von Horst Schmidt-Brümmer

»Richtig reisen«: New Orleans
und die Südstaaten Louisiana, Mississippi, Alabama, Tennessee, Georgia
Von Hanne Zens, Horst Schmidt-Brümmer und Gudrun Wasmuth

»Richtig reisen«: New York
Von Gabriele von Arnim und Bruni Mayor

»Richtig reisen«: Nord-Indien
Von Henriette Rouillard

»Richtig reisen«: Norwegen
Von Reinhold Dey

»Richtig reisen«: Paris
Von Ursula von Kardorff und Helga Sittl

»Richtig reisen«: Paris für Feinschmecker
exklusiv. Von Patricia Wells

»Richtig reisen«: Philippinen
Von Roland Dusik

»Richtig reisen«: Portugal
Reise-Handbuch. Von Thomas Fischer

»Richtig wandern«: Rhodos
Von Günter Spitzing

»Richtig reisen«: Rom
Von Birgit Kraatz

»Richtig reisen«: San Francisco
Von Hartmut Gerdes

»Richtig reisen«: Die Schweiz und ihre Städte
Von Antje Ziehr

»Richtig reisen«: Seychellen
Reise-Handbuch. Von Wolfgang Därr

»Richtig reisen«: Sizilien
Von Eva Gründel u. Heinz Tomek

»Richtig reisen«: Sri Lanka
(Ceylon) Von Jochen Siemens

»Richtig reisen«: Südamerika 1
Kolumbien, Ekuador, Peru, Bolivien. Von Thomas Binder

»Richtig reisen«: Südamerika 2
Argentinien, Chile, Uruguay, Paraguay. Von Thomas Binder

»Richtig reisen«: Südamerika 3
Brasilien, Venezuela, die Guayanas. Von Thomas Binder

»Richtig reisen«: Süd-Indien
Von Henriette Rouillard

»Richtig reisen«: Texas
Von Horst Schmidt-Brümmer und Gudrun Wasmuth

»Richtig reisen«: Thailand
Von Renate Ramb und Stefan Loose

»Richtig reisen«: Toscana
Von Nana Claudia Nenzel

»Richtig wandern«: Toscana und Latium
Von Christoph Hennig

»Richtig reisen«: Türkei
Reise-Handbuch. Von Dux Schneider (Sommer '87)

»Richtig reisen«: Tunesien
Reise-Handbuch. Von Michael Köhler

»Richtig reisen«: Venedig
Von Eva Bakos

»Richtig reisen«: Wallis
Von Antje Ziehr

»Richtig reisen«: Wien
Von Wolfgang Kuballa und Arno Mayer

»Richtig reisen«: Zypern
Von Klaus Bötig

Register

Personen

Orte

(Nicht alle Kirchen und Institute sind mit ihrem vollen Namen angegeben; es bedeuten: N. S. Nossa Senhora, O. T. Ordem Terceira, Inst. Instituto, Ed. Edificio, Pal. Palácio)

Legende zur hinteren Klappenkarte
Rio de Janeiro – Innenstadt

1 Alfândega Antiga 2 Aqueduto da Carioca 3 Catedral 4 Correios (Ex-Palácio dos Vice-Reis) 5 Igreja N.S. da Lampadosa 6 Igreja de N.S. do Carmo da Antiga Sé 7 Igreja de N.S. do Carmo da Lapa do Desterro 8 Igreja de Santa Luzia 9 Igreja de São José 10 Igreja e Convento de Santo Antonio 11 Igreja e Mosteiro de São Bento 12 Igreja e Museu da Ordem Terceira de São Francisco da Penitência 13 Igreja e Museu da Ordem Terceira do Carmo 14 Igreja e Museu Sacro da Santa Cruz dos Militares 15 Igreja N.S. da Candelária 16 Igreja N.S. da Lapa dos Mercadores 17 Igreja N.S. do Bonsucesso 18 Museu de Arte Moderna 19 Museu do Inst. Hist. e Geográfico Brasileiro 20 Museu do Palácio do Itamarati 21 Museu Histórico Nacional/Casa do Trem 22 Museu Nacional de Belas Artes 23 Museu Naval e Oceanográfico 24 Palácio Duque de Caxias 25 Santa Casa de Misericórdia/Museu de Farmácia 26 Teatro Municipal 27 Ministerio de Educação e Saude 28 Igreja da Santa Cruz dos Militares 29 Palácio de Conceição